HOTEL SACHER

Sacher

DAS KOCHBUCH

DIE FEINE ÖSTERREICHISCHE KÜCHE

Alexandra Winkler (Hg.)

Rezepte: Werner Pichlmaier
Redaktion: Birgit Schwaner

Fotos: Michael Rathmayer

pichler verlag

Le 29. 10. 99

Huitres

Bouillon

Truites bleue sce hollande

Boeuf bouilli garni

Faisans flanqué

des cailles

Salade - Compotes

Parfait au chocolat

Fruits

Fromages

Alexandre

Inhalt

Ein Grandhotel für lukullische Genüsse

KOCHKUNST IM „SACHER" – EINE TRADITION MIT ZUKUNFT

Haben Sie schon von Szemere gehört? Nein? Dann sollten wir einen Zeitsprung wagen – zurück, ins zunehmend ferne 20. Jahrhundert. In die faszinierende Ära der Belle Époque, die Jahre um 1900, nach Wien.

In der Hauptstadt der Donaumonarchie regiert Kaiser Franz Joseph, pflichtbewusst vom frühen Morgen an, seit über fünfzig Jahren sein auseinanderbrechendes Vielvölkerreich. Ein ausgedehnter, sich Zeit lassender Beamtenapparat regelt mithilfe einer Unmenge Verordnungen zugleich die Ordnung der Gesellschaft. Während sich die Welt rundum rapide verändert. Industrialisierung, technischer und wissenschaftlicher Fortschritt, auch die noch junge Eisenbahn bringen Menschen ungeahnt Neues und sensationelle Erfahrungen, wie die einer unbekannten Schnelligkeit und Mobilität. Vielleicht ist die Eisenbahn das Herz dieser Veränderungen. Dessen Schlag in weiter Ferne hört, wer nach Szemere fragt. Denn Szemeres Geschichte ist mit der des Hotels Sacher verwandt. Und das Sacher in Wien – mittlerweile wohl weltbekannt – gäbe es nicht ohne Eisenbahn ... Denn wo, meine Herrschaften, sollen die noblen Reisenden wohnen, wohin die frischgebackenen Touristen abends die müden Köpfe betten? ... und so entstehen schon bald, sozusagen als Schienenanschluss, an attraktiven Reisezielen und in Metropolen wie Wien, die luxuriösesten Grandhotels.

1876 wird das Hotel Sacher eröffnet – anfangs unter dem Namen „Hôtel de l'Opera", da es sich gleich hinter der Oper befindet. Nahe der Hofburg, in der der Kaiser zum Symbol der vergehenden Ordnung erstarrt. Und es scheint, als ob auch das neue Hotel von Beginn an ein wenig in nobler Distanz zur Gegenwart steht, obwohl es gänzlich zu ihr gehört. Gleichsam: als eigene Kategorie. Ja, man möchte fast von einer „Hotel-Persönlichkeit" sprechen – hätte man es nicht doch mit einem Mikrokosmos zu tun.

Zu dem auch ein Teil des kaiserlichen Hofstaats gehört: Die Herren der Adelsgesellschaft, kulinarisch oft höchst verwöhnt, finden sich hier von Anfang an ein. Um vielleicht nach einer kleinen, feinen Jause bei Champagner, Burgunder und Mokka, anregende Gespräche zu führen. Oder um andere Gäste zu treffen. Erzherzöge, Minister und Abgeordnete, Eisenbahnbarone und Millionäre der k. u. k. Monarchie, englische Lords und polnische Gräfinnen: Ihnen und ihresgleichen ist das elegante Grandhotel Bühne, Treffpunkt und Rückzugsort in einem ... Und hier residiert, mitten im Geschehen, Nikolaus von Szemere. Der ungarische Magnat, Spieler und Rennstallbesitzer hat in der Beletage, Opernblick, mehrere Appartements als Wohnung gemietet. Seine Gäste empfängt er manchmal in einer leopardenfellverbrämten Phantasieuniform, und man weiß, dass er, aus obskurem Aberglauben, nie zwei gleichfarbene Socken trägt.

Das Sacher als „Tempel der Gastronomie"

Zu Szemeres Zeiten wird das Hotel von Anna Sacher geführt. Die Respekt einflößende, stadtbekannte Hotelière raucht dicke kubanische Zigarren – das lernte sie, heißt's, vom ungarischen Exzentriker – und hat ein großes Faible für kleine Bulldoggen. Als selbst erklärter „Herr im Haus" sorgt sie charmant und entschieden, sozusagen mit goldnem Wienerherz, für Luxus und Rendite. Dafür, dass der Service perfekt ist, ja glänzend, die Einrichtung stilvoll und der Komfort in Zimmern, Suiten und Séparées modernsten

Bedürfnissen entspricht – so findet man im Sacher, als einem der ersten Hotels, elektrische Luster, angebracht von der Firma Lobmeyr. Vorzüge, die Anlass genug wären, hier zu logieren. Aber nicht für Szemere! Er schätzt, neben der einzigartigen Hausherrin, das Sacher aus einem Grund: wegen seiner Küche!

Schätzt? Ach, welche Untertreibung! Der ungarische Feinspitz schlägt sogar eine Diner-Einladung des Thronfolgers Franz Ferdinand aus. Sein Argument: Nicht einmal im Schloss Belvedere könne er so gut speisen wie im Restaurant des Sacher! Und das ist, was auch ein Thronfolger weiß, das Bekenntnis eines Experten.

Ein geborener Koch expandiert

Warum wird hier von Szemere erzählt? Ganz einfach: um Ihnen eine Ahnung davon zu geben, wie sehr gerade „das Sacher" in Wien ein besonderes Hotel war und ist. Ein Original. Und wie sehr dieses bis heute als Familienbetrieb geführte Luxushotel, welches Mitglied der „Leading Hotels of the World" ist, seine eigene glanzvolle Tradition besitzt – auch was die Kochkunst angeht. Was wohl nicht zuletzt daran liegt, dass Hotelgründer Eduard Sacher ein begnadeter Koch war. Ebenso wie seine Frau Anna. Und natürlich sein Vater Franz, der 1832 als Küchenlehrling im Haus des Fürsten Metternich die Original Sacher-Torte erfand *(siehe Seite 17)**.*

Vor rund 180 Jahren jedoch spielte das Prunkstück mit Schokoladenglasur zunächst kaum eine Rolle für Franz Sacher, der sich umfassend den Ruf eines Künstlers der feinen, gehobenen Küche erwarb: eines Meisters der gastronomischen Alchemie. Denn was wäre die subtile, instinktsichere Zusammenstellung von Aromen und Substanzen, unter Bedacht ihrer Bekömmlichkeit und Wirkung, anderes als ein Handwerk und eine Kunst? Wie ein Maler die Dichte und Leuchtkraft seiner Farben, so müssen Koch und Köchin die Konsistenz ihrer Zutaten kennen und wissen, wie diese gelagert, kombiniert und zubereitet sein wollen, um Hunger und Appetit zu befrieden und den Geschmackssinn – über den manch einer das Mensch-Sein lieben lernt – zu erfreuen. Ganz, wie der Philosoph unter den Feinschmeckern, Brillat-Savarin, rund sieben Jahre vor Erfindung der Original Sacher-Torte schreibt: „Die Entdeckung eines neuen Gerichtes ist für das Glück der Menschheit wichtiger als die Entdeckung eines neuen Sterns."

Von Franz Sacher (1816–1907) hieß es, er habe bereits mit fünf Jahren sämtliche Küchenkräuter gekannt. Ein geborener Koch also. Mit wachem Geschäftssinn dazu. 1849 entdeckt er eine Marktlücke: Den Spitzenköchen in Wien, in den Palais des Adels und der Gründerzeitmillionäre, fehlt ein Zulieferer für erstklassige Lebensmittel. So eröffnet er in der Weihburggasse eine feine Delikatessenhandlung, in der man – eine weitere Novität – an Stehtischen die angebotenen Köstlichkeiten sofort probieren kann. Und sein Einfallsreichtum geht weiter: Wenn er schon die Zutaten lieferte – warum nicht gleich fertige Speisen? Bald beschäftigt „der Sacher" zwölf Köche und verköstigt auf Wunsch eine ganze Gesellschaft. Wird also zum ersten Caterer der Monarchie. Auch die Karriere der Schokoladentorte à la Sacher kommt nun in Schwung. Regelmäßig steht sie in der Auslage und ist, kaum hineingestellt, wieder verkauft ...

Vom Restaurant- zum Hotelbesitzer

Doch das ist erst die Vorgeschichte. Die die nächste Generation im großen Stil vollendet: Franz' Sohn Eduard, der in Paris und London zum Gastronom ausgebildet wurde, eröffnet in Wien ein Restaurant und bald darauf sein elegantes Grandhotel, das sofort zum Lieblingslokal der altösterreichischen Crème de la Crème wird. Übrigens hat Eduard Sacher sein luxuriöses Hotel mit einer innenarchitektonischen Pariser Spezialität ausgestattet: kleinen Privatsalons oder Chambres Separées. Die Treffen in den intimen Speisezimmern sind aber wohl seltener erotischer denn politischer Natur (obwohl die Hotelgeschichte von heftigen Gelagen junger Offiziere weiß).

In einem der Gänge im Erdgeschoss des jetzigen – mehrfach vergrößerten und umgebauten – Hotels lässt sich zwischen Salons und Sälen noch ein historischer Separée-Eingang entdecken. Eine schwere Holztür mit emailliertem Schild – für wen sie sich wohl einst geöffnet hat? Hilfestellung bieten historische Porträtaufnahmen und Autogrammkarten, die – mit den Bildern prominenter Gäste der Jetzt-Zeit – die Wände zieren. Die ältesten hat Anna Sacher gesammelt.

Noch einmal: Anna Sacher

Die hübsche Fleischhauerstochter aus der Leopoldstadt heiratet Eduard Sacher im Jahr 1880; zwei Jahre später schon ist sie Witwe. Doch was für eine! Als Kochtalent passt sie hervorragend in die Familie; wenn sie ihren Schwiegervater Franz besucht, experimentieren beide am Herd ... Und als Doyenne führt sie das Hotel, das ihr den Namen „Hotel Sacher" verdankt, in eine Blütezeit. Erkennbar an bedeutenden Gästen, deren Besuch sie begeistert dokumentiert. Die Bedeutendsten lässt sie auf einem Tischtuch unterschreiben und stickt die Unterschriften, wie um sie auf ewig in Stoff zu prägen, eigenhändig nach. Doch wer wollte angesichts der Prominenz, der man im Sacher begegnete (und noch immer begegnet), keine Erinnerungsstücke sammeln? Auf den alten Fotografien sieht man einst umjubelte Operndiven, elegante Dandys, schneidige Militärs, Prinzen und Staatsmänner. Was sie sich wohl servieren ließen?

Eine Ahnung erhält heute noch, wer mit offenen Augen den Gang zwischen dem hoteleigenen Restaurant „Anna Sacher" und der „Blauen Bar" entlanggeht. Hier hängen kunstvoll mit Jugendstil- und Art-déco-Ornamenten geschmückte Menükarten; selbstverständlich auf Französisch, wie in der Belle Époque (und im Sacher noch bis 1980) üblich, als die Cuisine française das Nonplusultra der Kochkunst verkörperte. Und als in der Sacher-Küche im Souterrain zwei Chefköche, einander ergänzend, regierten: ein österreichischer und ein französischer. Und draußen rollten, beladen mit Silberschüsseln, die Wagen „des Sacher" durch Wiens Straßen und Gassen, zu kleineren und größeren Festen.

Aber die Zeiten wandeln sich, nach 1918 ist die Gesellschaft unwiderruflich im Umbruch. Anna Sacher, die während des Krieges einen Teil ihrer verarmten Stammgäste gratis verköstigte, sind die „wilden Zwanzigerjahre" und die loseren Umgangsformen der neuen Hotelgäste suspekt. Doch wie stets geht man, in nobler Distanz, mit der Zeit. Hält sich zurück, ist den meisten voraus. Setzt auf Zukunft mit Tradition. Eine Bar wird eingebaut, die Chefin lässt sich halt seltener blicken. Immerhin bleibt ihr Schlimmeres erspart: Sie stirbt 1930.

1934 übernehmen zwei Ehepaare das Hotel: die Sillers – sie besitzen ein großes Kaffeehaus in der Innenstadt – sowie der Anwalt Hans Gürtler und seine Frau Poldi. Das Haus wird vollkommen renoviert, erhält sogar eine Leuchtschriftanzeige; dann ist der Zweite Weltkrieg da. Während in den Kinos der Spionagefilm „Hotel Sacher" läuft, träumt das Hotel vorerst von früherem Glanz ...

Die Sacher-„Trendition"

*Seit 1962 ist das „Sacher" nun im alleinigen Besitz der Familie Gürtler, die es inzwischen in der dritten und vierten Generation leitet. Was im beginnenden 21. Jahrhundert per se bemerkenswert ist: ein Hotel dieser Luxusklasse – offiziell: ein *****-Superior-Hotel –, das nach wie vor als Familienbetrieb existiert! Sozusagen als Unikat.*

Und dies auf eine Weise, die sogar eine bodenständige und ehrbare „Maria Theresia der österreichischen Gourmandie" (Joseph Roth) wie Anna Sacher, die unsere schnelllebige Epoche zweifellos mit Skepsis betrachten würde, an Vertrautes erinnern könnte – nämlich an ihr eigenes, unübertroffenes Rezept für dieses Hotel: die Kombination von klassischer Eleganz, wohltuender Traditition und allem

Komfort, den die Gegenwart zu bieten hat. Das Motto lautet „Sacher in motion". Man bewahrt Eigenart, geht mit der Zeit. Die Sacher-Familie prägte hierfür ein eigenes Wort: Trendition.

Heutzutage, wo sich die Welt wieder einmal in rasendem Tempo zu verändern scheint, wird ein Hotel wie dieses zur Oase. Freilich der luxuriösesten eine. Wer sich hier niederlässt, wird verwöhnt. Sei es im hauseigenen Spa oder kulinarisch in einem der beiden Restaurants, der „Roten Bar" und dem „Anna Sacher". Szemere hätte seine Freude an den Menüs, die Chefkoch Werner Pichlmaier (er hat dem „Anna Sacher" zwei Hauben erkocht) und seine 43 Mitarbeiter und Mitarbeiterinnen in der Küche im Souterrain zubereiten. So, dass der große Jean Anthelme Brillat-Savarin, der einst eine eigene Muse der Kochkunst erfand, wohl meinen könnte, sie sei hier am Werk – pardon, Herd.

Neben den Klassikern der Wiener Küche finden Gäste unter anderem stets ein „Menü Innovativ" auf der Karte. Beides entspricht der Linie des Hauses. Kulinarische Tradition in Vollendung und daneben die zeitgemäße Küche, die unsere globale, komplexe Welt widerspiegelt. Mit überraschenden Kombinationen der Zutaten und Zubereitungsweisen – und zugleich der Besinnung auf regionale, qualitativ hochwertige Produkte. Die in diesem Kochbuch versammelten Rezepte wurden von Werner Pichlmaier für Sie ausgesucht. Klassiker treffen auf Gerichte einer jungen, zeitgemäßen Küche: Möge Sie beides lukullisch beglücken!

Hotel Sacher Wien

Das Hotel Sacher Wien ist eines der großartigsten Luxushotels der Welt in einer der kulturell bedeutendsten Städte in Europa. Wien ist die Wiege der Psychoanalyse und eine Stadt der Musiker, Künstler, Philosophen und Architekten. Zu den Gästen unseres Hauses zählten Indira Gandhi, Queen Elizabeth II und John F. Kennedy. Unsere Geschichte und unser erstklassiger Standort erfüllen uns mit Stolz. Wir bieten Gästen eine einzigartige Kombination aus charmanter Tradition, exzellentem Service und modernster Ausstattung.

Oben: *Deluxe Junior Suite „Béatrice et Bénédict"*
Rechte Seite oben: *Restaurant „Rote Bar" · Restaurant „Anna Sacher"*
Rechte Seite unten: *„Blaue Bar"· Marmorsaal*

Hotel Sacher Salzburg

In der Kulturmetropole Salzburg, am Ufer der Salzach, liegt das Hotel Sacher Salzburg, ehemals Hotel Österreichischer Hof und seit 1988 Teil der Sacher-Familie.

Das Hotel Sacher Salzburg ist der Inbegriff der einzigartigen Sacher-Philosophie: Die Verschmelzung von Tradition und modernem luxuriösem Komfort. Genauso wie in unserem Haus in Wien spielt Musik im Hotel Sacher Salzburg eine große Rolle. Hier, in der Geburtsstadt Mozarts, sind bei uns regelmäßig weltberühmte Musiker, internationale Politiker, Geschäftsleute, Künstler und viele andere bekannte Persönlichkeiten zu Gast.

Linke Seite oben: *Superior Junior Suite im Hotel Sacher Salzburg*
Linke Seite unten: *Hotel Sacher Salzburg bei Nacht*
Oben: *Restaurant „Zirbelzimmer" · Sacher Bar*
Unten: *Lobby Lounge · Wintergarten mit atemberaubendem Ausblick auf die Salzach und die Salzburger Altstadt*

Café Sacher

Genießen in einzigartiger Lage in den Bundesländern:
Die Sacher Cafés in Wien, Salzburg, Graz und Innsbruck sind der perfekte Ort, um die traditionelle österreichische Kaffeehauskultur kennen zu lernen. Gönnen Sie sich eine unserer erlesenen Kaffeespezialitäten und ein Stück Original Sacher-Torte.

Linke Seite: *Das Café Sacher Wien in den 1950er-Jahren. Foto: Karl Scherb.*

Oben: *Café Sacher Wien · Café Sacher Salzburg*
Unten: *Café Sacher Innsbruck · Café Sacher Graz*

Die Original Sacher-Torte

Ein echtes Stück Wien

Seit 1832 ist die Original Sacher-Torte die wohl berühmteste Torte der Welt. Das Originalrezept ist ein streng gehütetes Geheimnis unseres Hauses. Saftiger, flaumiger Schokoladenkuchen wird mit Marillenmarmelade verfeinert. Perfektioniert wird diese köstliche Torte mit einer edlen Kuvertüre. Die Original Sacher-Torte wird in reiner Handarbeit von unseren erfahrenen Konditoren hergestellt.

Siegeszug rund um die Welt

Die Geschichte der weltberühmten Original Sacher-Torte begann im Jahre 1832, als der allmächtige „Kutscher Europas", Wenzel Clemens Fürst Metternich, den Befehl erteilte, für hohe Gäste ein besonders wohlschmeckendes Dessert zu kreieren: „Dass er mir aber keine Schand' macht, heut Abend!" Gerade zu diesem Zeitpunkt war der Chefkoch jedoch verhindert und der Auftrag wurde an den 16-jährigen Kochlehrling Franz Sacher weitergegeben. Wie der aufgeweckte „Bua" auf das Rezept gekommen ist, bleibt bis heute ein Geheimnis.

Sicher ist jedenfalls, dass die Torte von Franz Sacher den Herrschaften außerordentlich mundete. Der junge Koch behielt sich während der Lehrzeit seinen Geniestreich gut im Gedächtnis. Die Gesellenjahre brachten Franz Sacher an den Hof der Fürsten von Esterházy, erst nach Pressburg, dann nach Budapest. Und als der ausgelernte Koch den Schritt in die Selbständigkeit wagte, bot er seine erfolgreiche Tortenkomposition erneut an – diesmal im großen Stil. Und Franz Sacher reüssierte damit: Die „Torte vom Sacher" war alsbald überall sehr gefragt und der Siegeszug der wohl berühmtesten aller Torten um die ganze Welt begann.

Nicht nur zum Frühstück

Vom Ei à la Sacher zum Fiakergulasch: Kleine Speisen für jede Tageszeit

Ein gutes Frühstück ist der Auftakt eines geglückten Tags. Wenn die Ernährungswissenschaft heute betont, dass erst das richtige Frühstück jene Energie verleiht, die wir brauchen, um dem Alltag ins nicht immer nette Gesicht zu sehen – so ist man dem im Sacher einen Schritt voraus. Jeder Tag ist unwiederbringlich, jeder Morgen ein Neubeginn. Nicht nur Gesundheit zählt, sondern auch Genuss. Was wären wir ohne Lebensfreude? In diesem Sinn umsorgt man Frühaufsteher und Langschläfer, Schlaflose wie Nachtschwärmer, die, nach einem rauschenden Ballbesuch den Abglanz der Morgenröte in den Augen, hier ein kleines Gulasch bestellen. Das Frühstück im Sacher ist legendär. In diesem Sinn: Warum es sich nicht zu Hause, in den eigenen vier Wänden, zubereiten?

Linke Seite: Souffliertes Ei · Rezept Seite 21

Bircher Müsli

ZUTATEN
10 EL Bircher-Müsli-Mischung
250 g Beeren nach Saison
(z. B. Erdbeeren, Schwarzbeeren, Himbeeren u.a.)
120 ml Milch
250 g Joghurt
2 EL Honig
Minzspitzen

● Die Müslimischung mit Milch, Joghurt und Honig in einer Schüssel verrühren, abdecken und an einem kühlen Ort ruhen lassen – am besten über Nacht. Anschließend vorsichtig die Beeren unterheben.
In Gläsern anrichten und mit Minzspitzen garnieren.

TIPP: Übrigens: Sie können dieses Rezept nach Geschmack auch mit einer anderen, gerne selbst zubereiteten Müslimischung probieren.

Souffliertes Ei mit Alba-Trüffel und Spinatcreme

ZUTATEN
4 Eier
4 Soufflérförmchen
2 EL Butter zum Ausstreichen der Formen
1 kleine Alba-Trüffel (Trüffelhobel!)
Salz

SPINATCREME
200 g Blattspinat, geputzt, blanchiert und gut ausgedrückt
20 ml reduzierter, heißer Geflügelfond (s. Seite 101)
1 EL Trüffelbutter
Muskatnuss, frisch gerieben
Salz
frisch gemahlener Pfeffer

❶ Blattspinat putzen und blanchieren. Gut ausdrücken, in den Mixer geben und zusammen mit dem Gefügelfond mixen. Dann Spinatmasse durch ein feines Sieb streichen und mit Salz, Pfeffer und frisch geriebener Muskatnuss würzen. Die Trüffelbutter zergehen lassen und in die Spinatmasse einrühren, bis diese eine cremige Konsistenz erhält. Abdecken und warm stellen.

❷ Soufflérförmchen mit Butter ausstreichen. Mit Klarsichtfolie so auslegen, dass die Folie am Rand übersteht. Nun bei den vier Eiern die Eiklar von den Eidottern trennen und dabei darauf achten, dass die einzelnen Eidotter unversehrt bleiben und nicht auslaufen. (Am besten vier Schälchen bereitstellen und je einen Dotter vorsichtig hineingleiten lassen.)

❸ Die Eiklar mit einer Prise Salz zu steifem Schnee schlagen und in einen Spritzbeutel füllen. Damit Eischnee so in die Soufflérförmchen spritzen, dass er Boden und Ränder bedeckt. In die Mitte behutsam die rohen Eidotter setzen und mit dem restlichen Schnee bedecken.

❹ Nun die Förmchen mit der überstehenden Folie bedecken und in ein 80 °C warmes Wasserbad stellen. Zugedeckt 6 Minuten pochieren.

❺ Beim Anrichten erst die Spinatcreme mittig auf Teller geben. Dann die souffliertten Eier vorsichtig aus den Förmchen und der Folie nehmen und auf den Spinat setzen. Trüffel fein darüber hobeln.

TIPP: Sie können die Trüffel auch durch Speck-Brot-Croûtons (Rezept siehe unten) ersetzen. FOTO Seite 18

Eierspeise mit Kernöl und Speck-Brot-Croûtons

ZUTATEN
12 Eier
60 g Butterschmalz

SPECK-BROT-CROÛTONS
4 Scheiben Gewürzbrot, würfelig geschnitten
90 g Speck, würfelig geschnitten
echtes Kürbiskernöl
Schnittlauch
Salz, frisch gemahlener Pfeffer

❶ Die Eier in eine Schüssel schlagen und verrühren – aber nicht zur Gänze: Eiklar und Eigelb sollten noch zu unterscheiden sein. Salzen und pfeffern. Butterschmalz in der Pfanne erhitzen, Eimasse dazugeben und auf kleiner Flamme langsam anstocken lassen, dabei mit einer Gabel kreuzweise durcheinanderziehen.

❷ Gleichzeitig in einer zweiten, erhitzten Pfanne die Speckwürfel leicht anrösten, Brotwürfel dazugeben und beides knusprig anrösten.

❸ Die fertige Eierspeise auf Tellern anrichten, Speck-Brot-Croûtons darübergeben. Mit Kernöl beträufeln und mit gehacktem Schnittlauch bestreuen.

TIPP: Für diese Eierspeise sollten Sie unbedingt 100-prozentiges, „echtes" steirisches Kernöl verwenden – und kein Salatkernöl, dem immer noch ein anderes Pflanzenöl beigemischt wurde.

Pochiertes Ei à la Sacher

ZUTATEN
4 Eier
1 l Wasser
250 ml Essig

REDUKTION:
1 Schalotte, fein geschnitten
100 ml Weißwein
50 ml Rindsuppe
1 cl Apfelessig
1 kleiner Zweig Estragon
4 Pfefferkörner

BUTTERSAUCE:
2 Eidotter
200 g braune Butter
2 EL geriebener Kren, gehackt
etwas Tabascosauce
Salz

AUSSERDEM:
2 Stück Laugengebäck, halbiert (selbst gebacken nach dem Rezept auf s. S. 114 oder frisch vom Bäcker)
6 Scheiben Original Sacher-Trüffelschinken, in feine Streifen geschnitten
Kerbel und Estragon für die Garnitur

❶ Für die Buttersauce zunächst eine Reduktion zubereiten. Dafür Weißwein, Rindsuppe und Apfelessig in einen Topf gießen. Estragon, Pfefferkörner und die fein geschnittene Schalotte dazugeben, alles verrühren. Aufkochen und auf etwa 120 ml einkochen. Etwas abkühlen lassen, abseihen.

❷ Braune Butter erwärmen oder – falls nicht vorrätig – schnell zubereiten (Butter in einem kleinen Topf zum Schmelzen bringen und etwa zehn Minuten langsam köcheln, bis sie goldbraun aussieht und nussig schmeckt, dann durch ein Passiertuch abseihen).

❸ Nun die abgeseihte Reduktion mit den zwei Eigelb in einem Topf oder einer Metallschüssel im – nicht über 90 °C (sonst flockt das Ei aus!) – heißen Wasserbad schaumig schlagen. Die etwa 50 °C warme braune Butter in die Reduktion einfließen lassen; kräftig schlagen, bis die Buttersauce etwas dickflüssig wirkt. Mit Salz, Tabascosauce und Kren abschmecken. Mit einem Tuch abdecken und warmstellen.

❹ Vier Suppentassen jeweils mit einem großen Stück Klarsichtsfolie auslegen und in der Mitte mit einem Spritzer Essig beträufeln. Nun in jede Tasse vorsichtig ein aufgeschlagenes Ei hineingleiten lassen, ohne das Eigelb zu beschädigen. Dann die Folie zu einem Säckchen drehen und gut verschließen (mit Spagat). In einem großen Topf Wasser mit dem restlichen Essig zum Kochen bringen, Säckchen hineingeben und die Eier knapp unterm Siedepunkt bei etwa 90 °C fünf Minuten ziehen lassen.

❺ Zuletzt die zwei Stück Laugengebäck halbieren, toasten, auf Teller legen. Säckchen mit den pochierten Eiern aus dem Wasser holen. Eier behutsam aus der Folie gleiten lassen und je ein Ei auf eine getoastete Gebäckhälfte setzen. Mit der warmgestellten Buttersauce übergießen und darauf den in Streifen geschnittenen Trüffelschinken verteilen. Mit etwas Kerbel und Estragon garnieren.

TIPP: Die Buttersauce können Sie auch in der iSi-Flasche (oder einem anderen Oberssyphon) zubereiten und warmhalten; in die iSi-Flasche müssen Sie dazu zwei Patronen einsetzen.

Der Original Sacher-Trüffelschinken

Franz Sacher erfand nicht nur die Original Sacher-Torte – er war auch der erste Caterer der Monarchie. Mithilfe seiner sechs Köche belieferte er Mitte des 19. Jahrhunderts tout Vienne mit kalten und warmen Platten, feinsten Terrinen, Pasteten und Sulzen, Suppen, Torten und Desserts. Wer wollte, konnte zudem in Sachers Traiteurie-Geschäft Delikatessen aller Art kaufen. Oder, später, im Geschäft seines Sohnes Eduard, das sich im Hotelgebäude befand. – Heute besinnt man sich wieder auf diese Tradition; in Zukunft soll das Angebot der hauseigenen Confiserien – in denen sich bis vor kurzem die Welt vor allem im Tortenkreis drehte – um pikante Spezialitäten erweitert werden. Wie den Original Sacher-Trüffelschinken, der, der Marke „Sacher" gemäß, nach einem besonderem Rezept aus bestem Fleisch und schwarzen Trüffeln hergestellt wird.

Omelett

mit Frühlingsgemüse

ZUTATEN

12 Eier
500 g Gemüse der Saison
(z.B. Karotten, Erbsen, Spargel, Bärlauch, Blattspinat)
Schnittlauch
1 Schuss Schlagobers
80 g Butterschmalz
Salz, frisch gemahlener Pfeffer

❶ Das Gemüse putzen, in Würfel schneiden und blanchieren. Eier und Schlagobers gut mit dem Schneebesen verschlagen, salzen und pfeffern. 20 g Butterschmalz in einer Pfanne erhitzen und ein Viertel der Eimasse einfließen lassen. Mit einer Gabel ständig rühren und die Pfanne leicht kreisförmig schwenken. Kurz bevor die Eimasse anstockt, auf einer Hälfte etwa ein Viertel der Gemüsewürfel verteilen.

❷ Das Omelett mit einer Palette zur Mitte hin einschlagen und auf einen Teller stürzen. Diesen Vorgang noch dreimal wiederholen. Die Omeletts sollten innen leicht cremig bleiben und außen goldbraun sein. Abschließend mit Kräutern bestreuen.

TIPP: Sie können unter die Gemüsewürfel auch Kräuter mischen, zum Beispiel Schnittlauch, Gartenkresse, Petersilie oder andere, ganz nach Belieben.

Walnussbrot
mit Vacherin und Trüffel

ZUTATEN
4 Scheiben Walnussbrot vom Bäcker Ihres Vertrauens
200 g Vacherin Mont d'Or
20 g schwarze Trüffeln
2 frische Feigen, geachtelt
4 Schnittlauchhalme als Garnitur

● Trüffel in feine Streifen schneiden, einige davon zur Seite legen. Die übrigen Streifen in feine Würfel schneiden und in den zimmerwarmen Käse einarbeiten. Die Brotscheiben in der Pfanne ohne Öl auf einer Seite anrösten. Herausnehmen und die nicht angeröstete Seite mit der Käsemasse bestreichen, mit den restlichen Trüffelstreifen, den Feigenachteln und Schnittlauchhalmen garnieren. Lauwarm servieren.

TIPP: Statt des Vacherin können Sie auch einen Bergkäse verwenden.

Bauernbrot
mit Frühlingsaufstrich und Gemüsespänen

ZUTATEN
4 Scheiben Bauernbrot, leicht getoastet
Butter

AUFSTRICH
300 g Topfen, 40 % Fett
1 Bund Kräuter (Petersilie, Schnittlauch, Kerbel, Bärlauch)
40 g Mandelkerne, geröstet und gehackt
100 ml Schlagobers
Salz, frisch gemahlener Pfeffer

GEMÜSESPÄNE
1 geschälte Karotte
1 geschälte gelbe Rübe
2 Stück Stangensellerie
1 Salatherz, gezupft
4 Radieschen
weißer Balsamico-Essig
Olivenöl

GARNITUR
Gartenkresse

❶ Für den Aufstrich Topfen, Kräuter und geröstete, gehackte Mandelkerne sowie Schlagobers miteinander vermengen und pikant abschmecken. In einen Spritzbeutel füllen und kühl stellen.

❷ Vom Gemüse mit einen Sparschäler dünne Streifen schälen und diese mit weißem Balsamico und Olivenöl marinieren.

❸ Dann die leicht getoasteten Brotscheiben mit Butter bestreichen. Den Aufstrich auf das Brot dressieren. Mit Gemüsestreifen und aus dem Salatherz gezupften Blättchen dekorativ belegen, zuletzt mit Kresse bestreuen

TIPP: Etwas würziger schmeckt es noch, wenn man Schafstopfen verwendet.

FOTO linke Seite

Sacherstangerl
mit Thunfischaufstrich

Für 20 Stangerln

ZUTATEN

20 Stück länglich geformtes Gebäck nach Belieben
125 g Thunfisch, gekocht (Dose)
2 hartgekochte Eier, gehackt
1 Zwiebel, gehackt und blanchiert
60 g Essiggurkerln, gehackt
1/2 EL Kapern, gehackt
75 g QimiQ
125 g Topfen
1/2 EL Dijonsenf
etwas Tabascosauce
Salz
frisch gemahlener Pfeffer

● Alle Zutaten gut zu einer cremigen Masse verrühren. Stangerl der Länge nach leicht einschneiden und etwas auseinanderdrücken, sodass eine Öffnung für die Creme entsteht. Masse in einen Dressiersack mit glatter Tülle füllen und in die Öffnung hineinspritzen. Nach Belieben garnieren – zum Beispiel je mit einem halben Wachtelei.

Sacherstangerl
mit Radieschenaufstrich

Für 20 Stangerln

ZUTATEN

20 Stück länglich geformtes Gebäck nach Belieben
240 g (1 kleiner Bund) Radieschen
25 g Schnittlauch
125 g QimiQ
125 g Topfen
125 g Gervais
etwas Tabascosauce
Salz
frisch gemahlener Pfeffer

● Die gut gewaschenen Radieschen reiben, salzen, kurz ziehen lassen und ausdrücken. Schnittlauch fein schneiden. QimiQ, Gervais und Topfen zu einer cremigen Masse verrühren, gut mit Radieschen und Schnittlauch vermengen. Stangerl der Länge nach leicht einschneiden und etwas auseinanderdrücken, sodass eine Öffnung für die Creme entsteht. Den Radieschenaufstrich in einen Dressiersack mit glatter Tülle füllen und in die Öffnung hineinspritzen. Nach Belieben garnieren – zum Beispiel mit Schnittlauch oder Käsewürfeln.

Rollmops vom geräucherten Lachs

mit Fenchelkraut und Kaviarrahm

ZUTATEN
200 g Räucherlachs, geschnitten

FENCHELKRAUT
1 Fenchelknolle mit möglichst viel Fenchelgrün
30 g Pinienkerne, gehackt
1 Schalotte, fein geschnitten
5 ml Pernod
5 ml Noilly Prat
50 ml Geflügelfond (Rezept s. Seite 101)
1 Schuss weißer Balsamico-Essig
1 TL Pinienkernöl
2 EL Olivenöl

KAVIARRAHM
2 EL Kaviar Ihrer Wahl (Saibling-, Lachs-, Forelle- oder Beluga-Kaviar)
Saft von 1/2 Limette
100 g Crème fraîche
100 g griechisches Joghurt
Salz
Cayennepfeffer

GARNITUR
10 Dillespitzen

❶ Das Fenchelgrün von der Knolle zupfen und fein hacken. Fenchelknolle halbieren; eine Hälfte dünn hobeln und die andere in feine Würfel schneiden. In einer Pfanne das Olivenöl erhitzen, Schalotte und Fenchelwürfel darin anschwitzen. Mit Pernod und Noilly-Prat ablöschen und den Alkohol fast gänzlich einkochen lassen. Dann mit Geflügelfond aufgießen. Die Flüssigkeit leicht köcheln lassen und auf die Hälfte reduzieren. Wenn der Fenchel weich ist, die Mischung mit dem Stabmixer mixen. Dann durch ein feines Sieb passieren. Mit Pinienkernöl zu einer Vinaigrette aufmixen, mit Salz, Pfeffer und Balsamico abschmecken. Die Fenchelvinaigrette erwärmen, das gehackte Fenchelgrün dazugeben, verrrühren. Dann mit den hauchdünnen Fenchelscheiben vermengen.

❷ Sämtliche Lachsscheiben auf einer Klarsichtsfolie zu einem Rechteck auslegen. Ein wenig Fenchelvinaigrette für die Garnitur aufbewahren. Mit der übrigen Vinaigrette den Lachs bestreichen. Dann das Lachs-Rechteck straff zu einer Roulade einrollen und die Enden gut verschließen. Kühl stellen.

❸ Für den Kaviarrahm Crème fraîche, Joghurt und Limettensaft zu einer cremigen Masse verrühren, mit Salz und Cayennepfeffer würzen. Danach vorsichtig die Kaviarperlen untermengen.

❹ Beim Anrichten jeweils einen Spiegel aus Kaviarrahm in die Tellermitte setzen. Die Lachsroulade vorsichtig ausrollen und in acht Stücke schneiden. Pro Teller zwei Lachs-Rollen auf den Kaviarrahm setzen. Mit der restlichen Fenchelvinaigrette und Dillespitzen garnieren

Honni soit qui mal y pense

„Kaviar muss man nicht essen, aber wenn man ihn isst, dann nur mit einem Suppenlöffel", lautet ein berühmter Ausspruch Anna Sachers. Die gestandene Hotel-Chefin bevorzugte, wie man wusste, kubanische Zigarren. Indessen mochte der delikate Geschmack, den man dem Rogen des Störs nachsagt, ihren Bullies munden. Das jedenfalls vermuteten die Stammgäste des Sacher angesichts einer verdächtig kaviarähnlichen, schwarzglänzenden und leicht körnigen Masse, die nicht selten die Futternäpfe der herzigen Bulldogen füllte. Als einer von ihnen Anna Sacher scherzhaft fragte, ob sie ihren Hunderln Kaviar kredenze, schüttelte sie – so knapp wie verlegen – den Kopf: „Powidl. Zwetschkenmarmelade, Durchlaucht". Da man einen höllischen Respekt vor der Regentin des Sacher hatte, ließ man ihr, wie oft, das letzte Wort.

Gebeizter Wildlachs

mit Erdäpfelpuffern und Malossol-Kaviar

ZUTATEN

1 Lachs von 4–5 kg, in zwei Lachsseiten, mit Haut, geschnitten (oder vom Fischhändler filetiert: zwei große Lachsfilets à ca. 2 kg mit Haut)
2 cl Sherry, trocken
2 unbehandelte Zitronen
2 unbehandelte Orangen
200 g Wurzelwerk
2 Bund Dille
1 Bund Petersilie
25 g Senfkörner
25 g Pfefferkörner
25 g Koriander
150 g Salz
30 g Pökelsalz
75 g Zucker

ERDÄPFELPUFFER

400 g festkochende Erdäpfel
1 Ei
Butterschmalz zum Braten
Salz, frisch gemahlener Pfeffer

SAUERRAHM-DIP

100 g Sauerrahm
100 g griechisches Joghurt
Saft von einer halben Zitrone
1 Bund Schnittlauch, fein geschnitten
Salz, Cayennepfeffer

AUSSERDEM

1 kleine Dose Malossol-Kaviar

❶ Drei bis vier Tage vorher den gebeizten Wildlachs zubereiten. Dafür bei den Lachsseiten die Gräten entfernen. Bauchlappen mit einer Schere wegschneiden.

❷ Senf- und Pfefferkörner sowie Koriander in eine heiße Pfanne geben und anrösten (ohne Zugabe von Fett! So kann sich das Aroma optimal entfalten). Anschließend im Mörser zerstampfen. Mit einem Zestenreißer von den Zitronen und Orangen die Schale schneiden. Zitronen- und Orangenschale sehr fein hacken. Das Wurzelgemüse grob faschieren. Dille und Petersilie grob hacken. Dann alles – zerstampfte Gewürze, fein gehackte Fruchtschalen, Wurzelgemüse und Kräuter – in eine Schüssel geben und vermengen. Salz, Pökelsalz und Zucker dazugeben und gut vermischen.

❸ Eines der Lachsfilets in ein längliches, tiefes Gefäß legen und mit Sherry beträufeln. Mit der vorbereiteten Gemüsemischung bedecken und darauf das zweite Lachsfilet, mit der Hautseite nach oben, legen. Nun die zwei Zitronen und die zwei Orangen in Scheiben schneiden und die Scheiben gut auf dem oberen Lachsfilet verteilen. Das Gefäß mit Klarsichtfolie abdecken und für drei bis vier Tage bei einer Temperatur von ca. 8–10 °C (oder im Kühlschrank) beizen. In dieser Zeit die Lachsfilets ab und an wenden und mit der sich bildenden Lake begießen.

❹ Nach drei bis vier Tagen die Filets aus dem Gefäß nehmen, die Beize entfernen. Lachsfilets schräg in acht fingerdicke Scheiben schneiden. Kühlstellen. (Wichtig: den Lachs nicht länger beizen als drei bis vier Tage – sonst wird er trocken und hart.)

❺ Für die Puffer Erdäpfel schälen. Grob reiben, salzen und etwas ausdrücken. Dann die Erdäpfel mit dem Ei verrühren und mit Salz und Pfeffer würzen. Butterschmalz in einer großen Pfanne erhitzen, mit einem Löffel nacheinander acht Nockerln Erdäpfelmasse hineinsetzen und diese etwas flachdrücken. Auf beiden Seiten goldgelb braten. Wenn sie gar sind, herausnehmen und auf Kückenkrepp setzen, damit das überschüssige Fett aufgesaugt wird. Im vorgeheizten Backrohr bei 70 °C warmhalten.

❻ Für den Dip Sauerrahm, Joghurt, Zitronensaft, gehackten Schnittlauch und Gewürze vermengen und zu einer cremigen Masse rühren.

❼ Zum Anrichten je einen Erdäpfelpuffer auf einen Teller setzen, mit einer Lachsscheibe belegen und den Vorgang nochmals wiederholen. Die zuoberst liegende Lachsscheibe mit dem Sauerrahmdip bestreichen. Abschließend mit einem Löffelchen jeweils mit einem Nockerl Kaviar garnieren.

TIPP: Der gebeizte Lachs eignet sich hervorragend als Vorspeise, wenn Sie ihn ohne Erdäpfelpuffer und zum Beispiel mit einer Senfsauce servieren. Hier ein schnelles Senfsaucen-Rezept: Zwei Esslöffel Honig, zwei Esslöffel Dijonsenf, zwei Esslöffel gehackte Dille mit 100 g Sauerrahm vermengen, mit Salz und Pfeffer abschmecken.

Original Sacher-Trüffelschinken-Kipferl

Für ca. 10 Stück

ZUTATEN

1 Blätterteig
130 g Original Sacher-Trüffelschinken, fein gewürfelt
1 Schalotte, fein gewürfelt
etwas Petersilie, gehackt
2 Eidotter
2 EL Crème fraîche
etwas Tafelöl
Salz
frisch gemahlener Pfeffer

❶ Den Blätterteig wie auf Seite 114 beschrieben zubereiten.

❷ Die in feine Würfel geschnittene Schalotte in Tafelöl anschwitzen und dann mit dem fein gewürfelten Schinken, Crème fraîche, einem Eidotter, Petersilie, Salz und Pfeffer vermengen.

❸ Den Blätterteig dünn ausrollen und in ca. 8 cm große Dreiecke schneiden. Die Füllmasse jeweils in der Nähe der Breitseite dressieren. Nun die einzelnen Teigdreiecke von unten zur Spitze hin einrollen. Die Enden abwinkeln, so dass die typische Kipferlform entsteht. Nun den restlichen Eidotter mit dem Schneebesen verschlagen. Die Kipferl mit dem Eidotter bestreichen, auf ein mit Backpapier ausgelegtes Blech legen und im vorgeheizten Backrohr bei ca. 240 °C etwa 10 Minuten goldbraun backen. Lauwarm servieren.

TIPP: Zu diesen Kipferln können Sie auch eine Schnittlauchsauce reichen (Rezept siehe S. 106).

Gabelbissen
mit Original Sacher-Trüffelschinken und Wachtelei

ZUTATEN

4 Scheiben Original Sacher-Trüffelschinken
4 Wachteleier, hart gekocht
100 g Erdäpfel, geschält gekocht, in Würfel geschnitten
80 g Erbsen, blanchiert
200 g Suppengrün, geschält, in Würfel geschnitten und blanchiert
60 g Gewürzgurke, fein gewürfelt
Gurkerlessig
1 Blatt Gelatine, in kaltem Wasser eingeweicht
140 g Mayonnaise (Rezept s. Seite 107)
Salz, frisch gemahlener Pfeffer

SAFRANGELEE

1/4 l Rindsuppe
6 Blatt Gelatine, in kaltem Wasser eingeweicht
1 Schuss weißer Balsamico-Essig
1 Messerspitze Safran, Salz

❶ Zunächst die Rindsuppe mit Safran aufkochen und die ausgedrückten sechs Blatt Gelatine beigeben, verrühren. Mit Salz und Balsamico abschmecken. Abkühlen lassen.

❷ Nun das extra eingeweichte Gelatineblatt ausdrücken und in einem Topf erwärmen. Mit einem Esslöffel Mayonnaise verrühren, dann schnell die restliche Mayonnaise dazugeben und verrühren. Nun das Gemüse in die Mayonnaise einrühren, mit Salz, Pfeffer und Gurkerlessig abschmecken.

❸ Die Gemüsemayonnaise in vier Gläser füllen. Die Schinkenscheiben jeweils passend zum Glasdurchmesser zuschneiden und darüberlegen, Wachteleier darauf platzieren. Abschließend das Safrangelee in die Gläser geben und mit Kerbel und Kaviar garnieren.

FOTO linke Seite

Focaccia

mit Beef-Tatar und Senfmayonnaise

ZUTATEN
600 g Rindslungenbraten
4 Schalotten, fein gewürfelt und blanchiert
1 Bund Petersilie, Olivenöl
etwas Tabascosauce
Salz, frisch gemahlener Pfeffer

GEWÜRZPASTE
4 Cornichons
1/2 EL Salzkapern
4 Sardellenfilets
3 EL Ketchup, 1 EL Dijonsenf

SENFMAYONNAISE
Mayonnaise (Menge wie im Rezept, Seite 107)
3 EL grober Dijonsenf
Salz
frisch gemahlener Pfeffer

FOCACCIA
25 g Germ, 250 g Mehl
30 ml Olivenöl
Rosmarin, gehackt
5 g Salz

❶ Für das Focaccia: Germ und Salz in 175 ml lauwarmem Wasser auflösen und mit dem Mehl zu einem zähen Teig schlagen. Das Olivenöl auf den Teig geben und diesen 20 Minuten bei Raumtemperatur gehen lassen. Dann Teig und Öl zu einem ca. 2 cm dicken Fladen formen, auf ein mit Backpapier ausgelegtes Backblech geben und nochmals 20 Minuten gehen lassen. Backrohr auf 220 °C vorheizen, Focaccia mit Rosmarin bestreuen und ca. 20 Minuten goldgelb backen. Abkühlen lassen.

❷ Für die Gewürzpaste alle Zutaten in einer Küchenmaschine fein zu einer Paste mixen.

❸ Für die Senfmayonnaise: Mayonnaise und Dijonsenf verrühren, salzen und pfeffern.

❹ Nun das sauber zugeputzte, gut gekühlte Fleisch fein hacken und in eine Schüssel geben. Schalotten, Petersilie und Gewürzpaste beigeben. Alles gut verrühren, pikant abschmecken und mit einem Schuss Olivenöl vollenden. Das Focaccia aufschneiden und mit Beef-Tatar belegen. Mit Mayonnaise bestreichen und mit Kräutern garnieren.

TIPP: Nach dem gleichen Rezept können Sie ein Thunfischtatar zubereiten. Dafür statt Rindslungenbraten rohen Thunfisch nehmen. Statt der Mayonnaise passt dazu eine Avocadocreme.

Knusprige Pizzaschnitte
mit Thunfisch und Paradeisern

ZUTATEN
1 Pizzateig (Rezept s. Seite 115)
80 g Büffelmozzarella, fein gewürfelt
12 Scheiben roher Thunfisch à 10 g
abgeriebene Schale und Saft von 2 unbehandelten Limetten
200 ml Paradeis-Sugo
50 ml Olivenöl
12 Basilikumspitzen
Salz, frisch gemahlener Pfeffer

PARADEIS-SUGO
(einen Tag vorher zubereiten)
500 g reife Kirschparadeiser
50 g geröstete Pinienkerne
je ein Zweig Rosmarin und Thymian
100 ml Paradeisersaft
20 ml Paradeiseressig
200 ml Olivenöl
Salz, frisch gemahlener Pfeffer

❶ Am Tag vorher den Sugo zubereiten: Kirschparadeiser halbieren und im Backrohr ca. 30 Minuten bei 60 °C halb trocknen lassen. Olivenöl, Salz und Kräuterzweige in eine Schüssel geben und die Paradeiser darin einen Tag ziehen lassen.

❷ Danach die Kräuterzweige entnehmen. Paradeiseressig und Pinienkerne hinzugeben und alles im Mixer zu einer feinen Masse mixen. Mit Paradeisersaft vermengen und abschmecken.

❸ Den schon vorbereiteten Pizzateig mit Sugo einstreichen und mit gewürfeltem Mozzarella belegen. Dann ca. 7 Minuten bei 250 °C ins vorgeheizte Backrohr geben.

❹ Thunfischscheiben auflegen, mit dem Limettenabrieb bestreuen und mit etwas Olivenöl und Limettensaft beträufeln. Leicht salzen und mit den Basilikumspitzen garnieren.

TIPP: Den Sugo können Sie auch einige Tage vorher zubereiten. Im Kühlschrank hält er sich bis zu einer Woche. Und den Belag der Schnitte können Sie natürlich nach Belieben variieren. Sehr gut schmeckt es zum Beispiel auch, wenn man die Thunfischscheiben durch Parmaschinken ersetzt.

Sacherburger

ZUTATEN
450 g Rindfleisch, faschiert
4 Scheiben Hamburgerspeck oder Bauchspeck
60 g Zwiebeln
80 g Paprikaschote (grün oder rot)
4 Burger-Semmeln
4 EL Cocktailsauce
Koriander und Kümmel, gemahlen
Salz, frisch gemahlener Pfeffer
Öl zum Braten oder Grillen

❶ Das Fleisch nicht zu fein faschieren und mit Salz, Pfeffer, Kümmel und Koriander würzen. Aus der Masse vier flache Laibchen formen und diese ca. 7–8 Minuten mit etwas Öl entweder beidseitig in der Pfanne braten oder am Grill garen.

❷ Die Hamburgersemmeln halbieren und auf der Innenseite toasten oder grillen.

❸ Zwiebeln und Paprika in dünne Streifen schneiden. Den Speck knusprig anbraten und jeweils die Unterseite der Semmeln damit belegen. Mit Zwiebel- und Paprikastreifen bestreuen. Nun darauf je einen Esslöffel Cocktailsauce verteilen und auf diese die Fleischlaibchen legen. Mit der zweiten Semmelhälfte bedecken.

Knusperbaguette
mit Rinderfiletscheiben und Rucola

ZUTATEN
4 Mini-Baguettes
800 g zugeputztes Rinderfilet, in 12 Scheiben geschnitten
4 Handvoll Rucola-Salat
12 Kirschparadeiser
Parmesan (für die Garnitur), gehobelt
Balsamico-Dressing (Rezept s. Seite 108)
Olivenöl
Rosmarin und Thymian
etwas Zucker
Salz, frisch gemahlener Pfeffer

GUACAMOLE-DIP
Saft von 1 Limette
2 reife Avocados
2 Schalotten, fein geschnitten
1/2 Chilischote, klein geschnitten
Salz, frisch gemahlener Pfeffer

❶ Kirschparadeiser halbieren, auf ein Blech geben und mit Olivenöl beträufeln. Zuckern, salzen und pfeffern sowie Thymian und Rosmarin darauf verteilen. Bei 60 °C im vorgeheizten Backrohr ca. 30 Minuten halb trocknen.

❷ Für den Guacamole-Dip die Avocados halbieren. Die zwei Kerne entfernen, das Fruchfleisch herausschaben und sofort mit dem Limettensaft vermischen. Die fein geschnittenenen Schalotten dazumengen. Mit Salz, Pfeffer und Chili abschmecken. Anschließend mit dem Mixstab pürieren.

❸ Die Rinderfiletscheiben auf beiden Seiten salzen und pfeffern. Olivenöl in einer Pfanne erhitzen und die Filetscheiben auf beiden Seiten scharf anbraten. Filetscheiben herausnehmen und im Rohr bei ca. 60 °C warmstellen.

❹ Die Mini-Baguettes halbieren, Hälften mit etwas Olivenöl beträufeln und toasten (oder in der Pfanne kurz anrösten). Rucola-Salat mit Balsamico-Dressing marinieren.

❺ Die vier unteren Baguettehälften jeweils mit Guacamole-Dip bestreichen, mit Filetscheiben belegen. Den marinierten Rucola daraufsetzen. Die halb getrockneten Paradeiser auf dem Rucola verteilen. Parmesan darüber hobeln und alles mit der oberen Baguettehälfte bedecken.

TIPP: Dieser Snack ist auch im Sommer erfrischend – besonders, wenn der Guacamole-Dip mit etwas zusätzlichem Limettensaft säuerlich angemacht wird.

FOTO rechte Seite

Gulaschsuppe

ZUTATEN
200 g Wadschinken vom Rind
100 g geräucherter Bauchspeck
200 g Erdäpfel, 150 g Zwiebeln
1l Rindsuppe zum Aufgießen
3 Knoblauchzehen, gehackt
1 Pfefferoni, klein geschnitten
1 EL Tomatenmark
20 g Maisstärke (Maizena) zum Binden
4 EL Schweineschmalz (oder 2 EL Öl, 2 EL Schmalz)
1 EL Paprikapulver, edelsüß
1 TL Majoran, gerebelt, 1 Lorbeerblatt
1/2 TL ganzer Kümmel, gehackt (im Mörser zerstoßen)
Salz, frisch gemahlener Pfeffer

❶ Das saubere, zugeputzte Rindfleisch in ca. 1 cm große Würfel schneiden. Den Speck klein würfeln. Die Zwiebeln fein hacken. Nun in einer Kasserolle Schmalz (Schmalz und Öl) erhitzen und darin den Speck anbraten. Zwiebeln hinzufügen und mitrösten, bis sie goldbraun sind. Paprizieren. Tomatenmark hinzugeben, gründlich durchrühren und schnell mit Rindsuppe aufgießen. Aufkochen lassen und die Rindfleischwürfel dazugeben. Dann Knoblauch, Pfefferoni, Majoran, Kümmel und Lorbeerblatt in die Suppe geben. Etwa eine Stunde auf mittlerer Flamme köcheln lassen.

❷ Dann Erdäpfel schälen, in ca. 1 cm große Würfel schneiden und in die Suppe geben. Weitere 10 bis 15 Minuten kochen (bis die Erdäpfel weich sind). Anschließend Maisstärke mit etwas Wasser verrühren, in die Suppe einrühren und noch 5 Minuten einkochen lassen. Mit Salz und Pfeffer abschmecken.

Wiener Saftgulasch

Für 4 bis 5 Portionen

ZUTATEN

1 kg Wadschinken vom Rind
900 g Zwiebeln
1–2 EL Tomatenmark
ein Spritzer Essig
100 g Schweineschmalz
oder 100 ml Öl
1–2 EL Tomatenmark
3–4 EL Paprika, edelsüß
2 Knoblauchzehen, gepresst
1 TL Majoran, gerebelt
1 TL Kümmel, gehackt oder
im Mörser zerstoßen
2 Wacholderbeeren
2 Lorbeerblätter
Salz
frisch gemahlener Pfeffer
ca. 1, 6 l Wasser

❶ Zwiebeln schälen und würfeln. Rindfleisch putzen und in große Würfel von je ca. 40–50 g schneiden. Schmalz oder Öl in einem Topf erhitzen, die Zwiebeln hineingeben und unter Rühren goldgelb rösten. Dann die angedrückten Wacholderbeeren, Lorbeerblätter, Majoran, Kümmel, Salz und Pfeffer dazugeben, kurz mitbraten. Paprizieren und gleich das Tomatenmark und den Knoblauch dazugeben. Schnell mit etwa 800 ml Wasser und einem Spritzer Essig ablöschen, aufkochen lassen und das gewürfelte Fleisch dazugeben. Mindestens 2 1/2 Stunden auf niedriger Stufe weich dünsten (Dauer je nach Fleischqualität), dabei immer wieder umrühren. Falls nötig, ein wenig Wasser aufgießen. Wenn das Fleisch fast gar ist und die Sauce eine mollige Konsistenz erreicht, gründlich durchrühren und so weit mit Wasser auffüllen, dass das Fleisch ganz bedeckt ist. Nun den Herd auf eine höhere Stufe stellen und das Gulasch noch einmal durchkochen.

❷ Als klassische Beilage für ein Frühstücks-, Galbelfrühstücks-Mitternachts- oder Jederzeit-Saftgulasch nimmt man in Wien frische Kaisersemmeln. Wenn Sie das Saftgulasch als Haupt- oder Zwischenspeise servieren, empfehlen sich Salzerdäpfel oder Semmelknödel.

TIPPS: Sie möchten nicht auf den guten Geschmack verzichten, den das Schmalz dem Gulasch verleiht, und doch „leichter" kochen? Dann nehmen Sie nur die halbe Menge Schmalz und ersetzen den Rest durch Öl. Und: Ein Gulasch wird besonders gut, wenn Sie viel davon kochen und ihm auch etwas länger Zeit geben. Am besten schmeckt es übrigens am nächsten Tag, wenn es gerastet hat und wieder aufgewärmt wird.

Saftgulasch rund um die Uhr

Die Wiener lieben ihr Saftgulasch derart, dass sie es beinahe jeden Tag und zu jeder Tageszeit essen können – also auch zum Frühstück. Das Besondere am Wiener Saftgulasch ist, dass es nicht mit Mehl, Brot oder Sonstigem gebunden wird. Der Saft erhält seine schöne mollige Konsistenz von den zerkochten Zwiebeln!
Wichtig: Nur die vordere Wade vom Rind, der Wadschinken, liefert das richtige Fleisch für ein Saftgulasch, da die darin enthaltenen Flachsen (Sehnen) für einen guten Saft benötigt werden.

Fiakergulasch mit Sacherwürsteln

Für 4 bis 6 Portionen

ZUTATEN
Wiener Saftgulasch
(Rezept s. Seite 39)

AUSSERDEM, JE NACH ANZAHL DER PORTIONEN (4–6)
2–3 Paar Original Sacher-Würstel
4–6 Eier
4–6 Essiggurkerl
Butter zum Braten
Salz, frisch gemahlener Pfeffer

❶ In einem Topf Wasser aufkochen, Topf von der Kochstelle nehmen; Sacherwürstel ins heiße Wasser legen und zehn Minuten ziehen lassen. Inzwischen das Saftgulasch erhitzen. Butter in einer Pfanne (Spiegeleierpfanne) heiß werden lassen und darin vier bis sechs Spiegeleier braten. Die Gurke fächrig schneiden.

❷ Anschließend das heiße Saftgulasch auf tiefe Teller verteilen und je ein Spiegelei und einen „Einspänner" – ein einzelnes Würstel – daraufsetzen. Mit Fächergurkerl garnieren.

Die Original Sacher-Würstel

Zur Zeit der Belle Époque fand man in der Traiteurie des Hotelbegründers und Hoflieferanten Eduard Sacher nicht nur süße Spezialitäten. Ein pikanter Verkaufsschlager waren zum Beispiel die Sacherwürstel. Sie sind eine verfeinerte und leicht größere Variante der zu Beginn es 19. Jahrhunderts in Wien erfundenen „Franktfurter", welche man als „Champagner unter den Würsten" pries. Da sie so beliebt waren, kombinierte man die Frankfurter – und bald die Sacherwürstel – in der Wiener Küche auch mit anderen Gerichten, wie dem Gulasch (siehe Fiakergulasch). Das Besondere an den Sacherwürsteln: Sie sind extra lang und schlank. Mit einem Durchmesser von 2 cm wiegt ein knackiges Paar etwa 180 g. Als Standardgericht gibt es sie natürlich allerorten in Wien. Etwas Besonderes ist die hoteleigene Marke: die „Original Sacher-Würstel" aus magerem Schweinefleisch, Rindfleisch und Speck von heimischen, artgerecht gehaltenen Tieren – hergestellt werden sie vom Betrieb Stefan Windisch (wo man auch ein spezielles Verfahren für die optimale „Knackigkeit" entwickelte), exklusiv für die Sacher-Confiserien und das Hotel, wo man, Noblesse oblige, die eleganten Würstel in der Silberkasserole und noch im heißen Wasser serviert. Begleitet, wie sich's gehört: von Handsemmeln, Estragonsenf, frisch geriebenem Kren. Übrigens: „Original Sacher-Würstel", Frankfurter oder die deutschen „Wiener Würstchen" schmecken am besten, wenn Sie sie auf folgende Weise erhitzen: Wasser im Topf aufkochen, Topf von der Herdstelle nehmen, Würstel ins heiße Wasser legen und zehn Minuten ziehen lassen. Guten Appetit!

Festliche Eröffnung des Menüs

Mit Zarenlachsfilet und Bunten Paradeisern: Hors d'œuvres

*Vorhang auf für die Hors d'œuvres!
Die Tradition feiner „Appetizer" ist
nicht unbedingt wienerisch zu nennen.
Waren doch Vorspeisen eher eine
Spezialität der romanischen Küche
– und von den Österreichern hieß es,
sie liebten ihre Suppen über alles und
machten daraus Vorspeis genug.
Ein Vorurteil, das angesichts unzähliger
Arten von Suppeneinlagen nicht von
der Hand zu weisen ist – oder war.
Inzwischen sind Hors d'œuvres,
Antipasti und Tapas zur Selbst-
verständlichkeit geworden.
Und in der Küche des Sacher
arbeitet man längst an der
neuen Wiener Vorspeisenkultur ...*

Linke Seite: Gefüllter Spitzpaprika mit Rucola und „Vulcano"-Schinken
Rezept Seite 63

Sacher-Tafelspitzsulz
mit Vogerlsalat

ZUTATEN
600 g gekochter Tafelspitz
600 ml Rindsuppe
2 Karotten
2 gelbe Rüben
1/4 Knolle Sellerie
4 EL Schnittlauch,
fein geschnitten
10 Blatt Gelatine,
in kaltem Wasser eingeweicht
Salz, frisch gemahlener Pfeffer
etwas Öl für die Form

VOGERLSALAT
200 g Vogerlsalat
4 EL Maiskeimöl
2 EL Rindsuppe
3 EL Apfelessig
Salz

❶ Zuerst die Suppe unter Beigabe von 200 ml Wasser aufkochen. Karotten, gelbe Rüben und Sellerie schälen. Dann mit dem Sparschäler in dünne Streifen (Durchmesser ca. 3 Millimeter) schneiden, in die Suppe geben und kurz mitkochen, bis sie weich sind. Dann Gemüsestreifen aus der Suppe heben und abkühlen lassen.

❷ Die in kaltem Wasser eingeweichte Gelatine gut ausdrücken und in der Suppe auflösen. Dann die Suppe mit Salz und Pfeffer abschmecken und vom Herd nehmen. Eine Terrinenform mit Öl ausstreichen und der Länge nach mit Klarsichtfolie auslegen. (Die Folie sollte möglichst glatt an der Form anliegen – notfalls können Sie sie mithilfe von etwas Küchenkrepp glattstreichen.)

❸ Nun den Tafelspitz mit der Brotschneidemaschine in dünne Scheiben schneiden (Durchmesser ca. 2 mm). Nacheinander einige Scheiben in die noch warme Suppe tauchen und dann die Form damit auskleiden. Dabei darauf achten, dass die Fleischscheiben die Ränder der Form um etwa 6 cm überlappen (sie werden später nach innen geklappt).

❹ Etwas Suppe in die Terrinenform gießen, mit einem Drittel des gehackten Schnittlauchs bestreuen. Darüber in Längsrichtung etwa ein Drittel der Gemüsestreifen legen. Diesen Vorgang – Tafelspitzscheiben in Suppe tauchen, in die Form geben, Schnittlauch einstreuen, Gemüse darüber – noch dreimal wiederholen. Abschließend die restliche Suppe in die Form gießen und die Ränder der Tafelspitzscheiben darüber klappen. Mit der Folie gut verschließen und für etwa drei Stunden kalt stellen.

❺ Kurz vorm Servieren für den Vogerlsalat Maiskeimöl, Rindsuppe und Essig mit einem Schneebesen verrühren. Mit Salz abschmecken und den Salat damit marinieren. Dann die Terrine stürzen und die Folie abziehen. Die Tafelspitzsulz in Scheiben schneiden. Mit dem Vogerlsalat auf gekühlten Tellern anrichten.

TIPP: Zusätzlich mit fein geschnittenem Schnittlauch bestreuen und mit Kürbiskernpesto (Rezept s. Seite 119) servieren.

Tellersulz von der Bachforelle
mit Spargel

ZUTATEN
2 größere Bachforellenfilets mit Haut, geräuchert
500 g sehr reife Paradeiser
6 Stangen Solospargel
2 Schalotten
4 Blatt Gelatine, in kaltem Wasser eingeweicht
200 ml Mineralwasser, sprudelnd
1/2 Sternanis
6 Pfefferkörner
1 Lorbeerblatt
etwas Sherry-Essig
Salz

SPARGEL
Saft von 1 Zitrone
1 altbackene Semmel
1 Prise Zucker
Salz

GARNITUR
1 Handvoll frische Kräuter (z.B. Basilikum, Estragon, Kerbel, Kresse), gewaschen, gezupft
2 EL Forellenkaviar
3 EL griechisches Joghurt (oder Joghurt > 3, 5 % Fett)
etwas Sherry-Essig
1 EL Traubenkernöl
Tabascosauce
Salz

❶ Die Paradeiser waschen und zusammen mit etwas Salz mixen. Paradeisermasse in ein Küchentuch geben und das Tuch fest zusammendrehen, mit Spagat fest zubinden und so aufhängen, dass der Saft in eine darunterstehende Schüssel abtropft. (Sie können das Tuch z.B. im Kühlschrank zwischen den Fächern aufhängen.) Ungefähr eine Stunde lang abtropfen lassen.

❷ Spargel unter fließendem Wasser waschen, nicht zu dünn schälen und die holzigen Enden großzügig wegschneiden. Dann in Wasser mit Salz, Zitronensaft, einer Prise Zucker und der altbackenen Semmel (zum Aufsaugen der Bitterstoffe) bissfest kochen. Anschließend Spargel aus dem Topf nehmen, beiseite legen und abkühlen lassen.

❸ Von den Forellenfilets die Haut abziehen. Haut mit dem zuvor aufgefangenen klaren Paradeisersaft, Mineralwasser, Sternanis, Pfefferkörnern, Lorbeerblatt und ein wenig Sherry-Essig einmal kurz aufkochen; Topf vom Feuer nehmen und zehn Minuten ziehen lassen. Dann den Paradeiserfond abseihen. Sie sollten jetzt etwa 400 ml Fond haben. Die vorher eingeweichte Gelatine ausdrücken, darin auflösen; anschließend den Topf mit dem Fond ins Eiswürfelbad stellen und bis knapp vorm Gelieren abkühlen lassen, dabei ab und zu umrühren.

❹ Zum Anrichten die Forellenfilets in kleinere Stücke schneiden; den Spargel in mundgerechte Stücke schneiden. Auf vorgekühlten tiefen Teller je zwei Esslöffel vom gelierenden Fond verteilen, die Forellenstücke hineinlegen und wieder mit Fond überziehen. Dann die Spargelscheiben auflegen, mit Fond überziehen und alles ca. 20 Minuten kalt stellen.

❺ Inzwischen Traubenkernöl mit etwas Sherry-Essig und Salz verrühren und damit die frischen Kräuter marinieren. Zur gekühlten Sulz auf die Teller geben und mit einem Tupfer Joghurt und Forellenkaviar garnieren.

TIPP: Die Sulz kann gut vorbereitet werden. Sie schmeckt übrigens auch mit anderem Räucherfisch, gegarten Garnelen oder Muscheln.

Original Sacher-Gänselebertorte

nach einem Rezept von Hans Peter Fink

Für eine Torte von 22 cm Ø
(12 Stück)

ZUTATEN

1 Sachertortenboden, ca. 5 mm hoch, Ø 22 cm (s. Seite 299)
200 g Gänseleberterrine
100 g Bitterkuvertüre, mind. 70 % Kakaoanteil
2 cl alter Apfelbrand oder Calvados

GÄNSELEBERMOUSSE

350 g Gänseleberterrine (s. S. 48)
200 ml Obers, halb steif geschlagen
4 Blatt Gelatine, in kaltem Wasser eingeweicht
2 cl Portwein
Salz

MARILLENFÜLLE

100 g getrocknete Marillen
1 EL Périgord-Trüffelwürfel (im Feinkosthandel erhältlich)
1 EL weißer Balsam-Apfelessig
1 EL Kristallzucker

EISWEINGELEEE

2 Blatt Gelatine, in kaltem Wasser eingeweicht
50 ml Consommé oder kräftige Rindsuppe
50 ml Eiswein

❶ Für die Mousse Portwein erhitzen und die zuvor eingeweichte, ausgedrückte Gelatine darin bei ca. 60 °C auflösen. Etwas abkühlen lassen. Portwein und Gelatine in die zimmerwarme Gänseleberterrine mixen. Anschließend durch ein feines Sieb streichen, salzen. Das nicht zu kalte, halb steifgeschlagene Obers vorsichtig unterziehen.

❷ Für die Marillenfülle die getrockneten Marillen fein würfeln. In einem Topf 250 ml Wasser zum Kochen bringen, Marillenwürfel, Zucker und Essig dazugeben und zehn Minuten köcheln lassen. Dann Trüffelwürfel hineingeben und abkühlen lassen.

❸ Ein flaches Backblech mit Klarsichtfolie auslegen. Die Kuvertüre im warmen Wasserbad schmelzen. Möglichst dünn – und etwa im Durchmesser des Tortenbodens – auf die Folie aufstreichen. Den Tortenboden auf die Kuvertüre legen und einen Tortenreifen aufsetzen. Dann den Tortenboden mit Apfelbrand oder Calvados beträufeln und ca. 1 cm hoch mit Gänselebermousse bestreichen. Nun die Terrine in Scheiben von 5 bis 6 mm Dicke schneiden und diese – eher mittig, mit etwa eineinhalb Zentimeter Abstand zum Rand – auf die Mousseschicht legen. Dann auf die Scheiben eine weitere Schicht Mousse – aber jetzt nur etwa 5 mm hoch – auftragen und darauf, wiederum eher mittig, die vorbereitete Marillenfülle streichen. Abschließend noch einmal Mousse darübergeben, schön glattstreichen und die Torte für eine Stunde in den Kühlschrank stellen.

❹ Inzwischen das Eisweingelee zubereiten. Dafür etwas Rindsuppe erhitzen und die zwei eingeweichten, ausgedrückten Gelatineblätter darin auflösen. Restliche Suppe und Eiswein dazugießen, alles verrühren.

❺ Die Torte aus dem Kühlschrank nehmen, mit Gelee überziehen und nochmals eine Stunde kalt stellen. Danach den Tortenring vorsichtig abziehen, Torte in Stücke teilen.

❻ Zusammen mit etwas Marillenchutney oder eingelegten Preiselbeeren (Rezept s. die Seiten 120, 121) servieren – und wer die Gänselebertorte stattdessen mit eingelegten Vogelbeeren garniert, erweitert das Geschmackserlebnis dieser speziellen süß-pikanten Variante einer „Sachertorte" noch um eine neue, interessante Nuance.

TIPP: Als dazu passendes Gebäck werden im Hotel Sacher Haselnussbrioches serviert. Dafür einfach nach dem Rezept von Seite 115 einen Briocheteig zubereiten und mit Haselnussblättchen bestreuen, ehe Sie sie ins Backrohr schieben.

Gänseleberterrine

Für 1 Kilogramm Terrine

ZUTATEN

1 kg Gänseleber
6 cl Weinbrand
6 cl weißer Portwein
4 cl Süßwein,
z.B. Sauternes
1 KL Pökelsalz
1 KL Staubzucker
weißer Pfeffer,
frisch gemahlen

❶ Für die Marinade zunächst Weinbrand, weißen Portwein und Süßwein in einen Topf gießen, zum Kochen bringen und auf die Hälfte reduzieren. Die Reduktion abkühlen lassen. Dann mit Pökelsalz und Staubzucker verrühren, mit weißem Pfeffer würzen und in den Kühlschrank stellen.

❷ Die Gänseleber vor dem Zuputzen gründlich unter fließend kaltem Wasser säubern. Behutsam mit Küchenkrepp abtrocknen. Die Haut abziehen und beiseite legen. Das Fleisch in ca. daumengroße Stücke schneiden, dabei die Äderchen entfernen und zur Haut legen. Eine Schüssel ins Eiswasserbad setzen und die schönsten Stücke hineinlegen. Die anderen Stücke sowie Haut und Äderchen durch ein feines Sieb passieren und die passierte Masse zu den schönen Leberstücken in die gekühlte Schüssel geben. Marinade aus dem Kühlschrank nehmen, darübergießen. Dann alles wieder kalt stellen und rund vier Stunden lang ziehen lassen, dabei die Leberstücke gelegentlich wenden. Anschließend alles mit der Hand gut verkneten.

❸ Eine Form mit Frischhaltefolie auslegen und die Lebermasse hineinfüllen. Mit Folie bedecken und bei 100 °C Umluft ca. zehn Minuten (bis die Gänseleber zu gerinnen anfängt) ins vorgeheizte Backrohr schieben. Abkühlen lassen und nochmals für rund vier Stunden in den Kühlschrank geben.

TIPP: Die Gänseleberterrine ist die wesentliche Zutat der Original Sacher-Gänselebertorte. Sie können Sie aber auch so genießen; als Beilage empfehlen sich etwa ein Brioche, eingelegte Preiselbeeren und Marillenchutney (Rezepte s. Seiten 115, 121, 120).

ÜBRIGENS: Foie gras bedeutet wörtlich übersetzt nichts anderes als „Fettleber" und die ist bei Enten und Gänsen etwas ganz Natürliches, denn die Tiere nutzen ihre Leber als Kalorien-Speicher für die lange Reise in den Süden. Dieses Phänomen machte man sich seit Tausenden von Jahren (bereits im antiken Ägypten wurden Gänse gemästet) zunutze und gab den Tieren dabei das zu fressen, was sie mögen und was besonders kalorienhaltig ist: Datteln, Feigen, Rosinen etc. Die Tiere fressen dann von alleine so viel, dass sie eine Fettleber bekommen – ganz ohne Stopfen. Dazu viel frische Luft und Auslauf, und das Leben der Vögel ist ein wahres Paradies. Natürlich kosten derartige „ungestopfte" Luxuslebern aus artgerechter Haltung deutlich mehr als unter bedenklichen Bedingungen künstlich angemästete Stopflebern aus zumeist Osteuropa, dafür schmecken sie hundertmal so gut – es liegt allein in unserer Verantwortung, was wir erwerben und verarbeiten.

Zarenlachsfilet
mit Essig-Wurzelgemüse und Kaviar

ZUTATEN

400 g Zarenlachsfilet
2 EL Beluga-Kaviar
1 Karotte, würfelig geschnitten, kurz blanchiert
1 gelbe Rübe, würfelig geschnitten, kurz blanchiert
1 kleiner Rettich, würfelig geschnitten, kurz blanchiert
4 Mini-Maiskolben, in kleine Scheiben geschnitten, kurz blanchiert
1 Senfgurke, würfelig geschnitten
einige Zweiglein Kerbel und Dille (Garnitur)
125 g Crème fraîche

FÜR DEN ESSIGSUD

600 ml Gemüsefond
80 g geschälte Schalotten, in kleine Ringe geschnitten
50 g Stangensellerie
4 Zweige Dille
3 Zweige Petersilie
3 Kerbelzweige
1 Estragonzweig
weißer Balsamico-Essig
1 EL Olivenöl
5 zerdrückte Wacholderbeeren
1 Lorbeerblatt
5 Pfefferkörner, weiß
25 g Zucker
10 g Salz

❶ Das Essig-Wurzelgemüse können Sie auch einige Tage vorher zubereiten; spätestens sollte es jedoch am Vortag angesetzt werden (damit es Gelegenheit hat, gut durchzuziehen): Zunächst wie oben angegeben das geputzte Gemüse schneiden und kurz blanchieren.

❷ Dann für den Essigsud den Esslöffel Olivenöl in einem Topf erhitzen, Schalotten und Stangensellerie beigeben und anschwitzen. Mit Gemüsefond aufgießen und die restlichen Kräuter und Gewürze hineingeben. Den Fond aufkochen und auf ein Drittel einkochen lassen. Reduktion durch ein feines Sieb passieren. Mit Balsamico abschmecken.

❸ Anschließend die vorher blanchierten Gemüsewürfel und -scheibchen in ein Rexglas (Einmachglas) geben, mit dem Essigsud begießen. Rexglas verschließen und in den Kühlschrank stellen, wo das Gemüse im Sud ziehen kann; je länger es zieht, desto feiner schmeckt es.

❹ Vorm Servieren den Lachs in zwölf dünne Tranchen schneiden. Je drei Tranchen auf einem Teller anrichten, mit dem kalten Gemüse umlegen. Etwas Crème fraîche auf den Tellern verteilen und den Beluga-Kaviar daraufsetzen. Mit Kerbel- und Dillezweiglein garnieren.

TIPP: Sollte kein Zarenlachs zuhanden sein, kann man ersatzweise Räucherlachs nehmen. Und: Das säuerlich-pikante Wurzelgemüse passt auch zu vielen anderen Gerichten – zum Beispiel im Sommer als erfrischende Beilage zu Kalbfleischgerichten wie Vitello Tonnato. Im Kühlschrank hält es sich bis zu zwei Wochen; Sie können es aber auch einrexen: Dafür das verschlossene Einmachglas mit Gemüse und Essigsud – statt es kaltzustellen – etwa 30 Minuten im Wasserbad oder über Dampf zugedeckt ziehen und danach abkühlen lassen. So hält es monatelang!

ÜBRIGENS: Unter „Zarenlachs" versteht man keine spezielle Lachsart, sondern einen Zuschnitt: Hinter diesem verbirgt sich das besonders feine Rückenfilet vom Lachs, das ausgelöst und sauber pariert wurde. Zarenlachsfilet wird meist geräuchert angeboten und ist in dieser Form ein geschützter Markenname.

Gebeizter Huchen

mit bunten Rüben und Gewürzjoghurt

ZUTATEN

4 Huchenfilets
Fischbeize (Menge wie im Rezept, Seite 116, angegeben)
1 Bund Wurzelwerk (Karotte, gelbe Rübe, Petersilienwurzel, Sellerie)
1 Bund Petersilie
1 Bund Dille
1 unbehandelte Limette

BUNTE RÜBEN

1 weiße Rübe
1 goldene Rübe
1 rote Rübe
1 Gioga
Kümmel
Salz

MARINADE

5 EL Haselnussöl
2 EL weißer Balsamico-Essig
2 EL Gemüsefond
1 EL Kren, frisch gerieben
Salz
frisch gemahlener Pfeffer

GEWÜRZJOGHURT

250 g griechisches Joghurt
Kräuter nach Saison (z.B. Petersilie, Schnittlauch, Minze)
Gewürze nach Belieben (z.B. Kümmel- und Korianderpulver)
Salz

GARNITUR

Gartenkräuter

❶ Einige Stunden – am besten einen Tag – vorher den Huchen zubereiten: Die Huchenfilets mit der Fischbeize würzen. Wurzelwerk (Karotte, gelbe Rübe, Petersilwurzel und Sellerie) waschen, schälen und mit einer Reibe grob reiben. Petersilie und Dille waschen, zupfen, fein schneiden; mit dem geriebenen Wurzelwerk mischen. Limettenschale fein darüber reiben und alles gleichmäßig auf den Fischfilets verteilen. Mit Frischhaltefolie abdecken und in den Kühlschrank legen. (Je länger der Huchen durchzieht, desto geschmackvoller wird er.)

❷ In zwei Töpfen Wasser zum Kochen bringen, jeweils Salz und ganzen Kümmel hineingeben. Nun darin die Rüben weichkochen, wobei die rote Rübe separat in einem Topf gegart werden muss, nicht mit den anderen vermischt werden darf.

❸ Inzwischen Haselnussöl, Balsamico, Gemüsefond und Kren zu einer Marinade vermischen, mit Salz und Pfeffer abschmecken. Joghurt mit Kräutern und Gewürzen verrühren, pikant abschmecken.

❹ Anschließend die gekochten Rüben schälen und würfelig schneiden. Die rote Rübe separat mit einem Teil der Marinade vermischen. Die restlichen Rüben zusammen marinieren.

❺ Den Huchen von der Beize befreien und in Tranchen schneiden.

❻ Nun in der Mitte jedes Tellers einen Joghurtspiegel auftragen. Rübenwürfel auf dem Joghurtspiegel verteilen. Darauf Huchenstücke legen und mit Gartenkräutern garnieren.

TIPP: Falls Sie keine goldene Rübe – die es nur im Herbst gibt – oder keine Gioga (eine Mischung aus weißer und roter Rübe) bekommen, können Sie Rüben jeder Art nehmen.

Bretonischer Hummer

mit Avocado und Kressesalat

ZUTATEN
2 Hummer
1 Bund Dille
Kümmel, ganz

AVOCADO-GELEE
75 g Avocadocreme (siehe unten)
35 ml Geflügelfond
1 1/2 Blatt Gelatine
1 TL Chlorophyllpulver
(zum Färben; aus der Apotheke)
2,5 g Pektin NH (zum Gelieren)

AVOCADOCREME
2 reife Avocados
20 g Salatgurke, gewaschen
Saft von 4 Limetten
1 Chilischote (ohne Kerne)
1 Bund Koriander
1/2 Bund Petersilie
1 Knoblauchzehe
2 EL griechisches Joghurt
4 EL Zitronen-Olivenöl
4 TL brauner Zucker
Salz
frisch gemahlener Pfeffer

JOGHURTCREME
2 EL griechisches Joghurt
Saft von 1/2 Limette
Salz
frisch gemahlener Pfeffer

MARINADE
1/8 l Süßwein
2 EL Himbeeressig
3 EL Haselnussöl

GARNITUR
4 Handvoll Kressemix
(Bohnenkresse, Daikonkresse, Afilakresse, Gartenkresse)

❶ In einem großen Topf Wasser aufkochen. Stark salzen, Dille, Kümmel und die beiden Hummer – mit dem Kopf voran – ins sprudelnde Wasser geben. Zugedeckt 5 Minuten ziehen lassen. Anschließend Hummer herausnehmen und im Eiswasser abschrecken. Die Scheren abdrehen, zurück in den Topf geben und noch etwas nachziehen lassen. Den Rest kalt stellen. Nach zwei Minuten die Scheren aus dem Topf nehmen, abschrecken und kalt stellen.

❷ Dann bei jedem Hummer den Schwanz vom Körper wegdrehen und ausbrechen. (Dabei hält man am besten mit beiden Händen Körper und Schwanz fest und dreht dann den Schwanz heraus.) Die Flossen am Schwanzende abbrechen. Auf die Hummerschwänze drücken, bis die Schale aufbricht (ohne das Fleisch zu verletzen). Schwänze wieder umdrehen, Schale zu beiden Seiten hin wegdrücken und das Fleisch herauslösen. Den Darm – er sieht aus wie ein schwarzbrauner Faden – entfernen. Hummerfleisch kaltstellen.

❸ Die Scheren am unteren Gelenk ausdrehen. Bei jeder Schere die schmale untere Hälfte nehmen und sie hin und her bewegend, ausbrechen. Dann mit einem Messer die Scheren aufbrechen; dabei wieder darauf achten, dass das Fleisch nicht verletzt wird. Und: Damit beim Aufbrechen kein gutes Messer beschädigt wird, sollten Sie eher ein altes nehmen oder, wie in der Hotelküche des „Sacher", den Messerrücken eines Hackmessers. Anschließend das Fleisch aus den Scheren kühlstellen.

❹ Für die Avocadocreme die beiden Avocados schälen und halbieren. Die zwei Kerne entfernen. Avocados in Stücke schneiden, in eine Schüssel geben und sofort Limettensaft darübergießen (die Säure verhindert die Oxydation bzw. das Braunwerden des Avocadofleischs). Die anderen Zutaten – Chili, gezupfte Koriander- und Petersilienblätter, Knoblauch, 2 Esslöffel Joghurt, Salatgurke, Zitronen-Olivenöl, Zucker – dazugeben, alles im Mixer fein pürieren. Dann durch ein Sieb streichen, salzen und pfeffern.

❺ Für das Gelee eineinhalb Blatt Gelatine in kaltem Wasser einweichen. Den Geflügelfond mit Chlorophyllpulver, 30 g Avocadocreme und Pektin NH aufkochen. Die eingeweichte Gelatine gut ausdrücken und im Fond auflösen, noch 45 g Avocadocreme dazugeben und verrühren. Alles in eine quadratische Form füllen und sofort kalt stellen. Die übrige Avocadocreme in einen Spritzbeutel füllen.

❻ Nun für die Joghurtcreme das griechische Joghurt mit Limettensaft, Salz und Pfeffer verrühren.

❼ Für die Marinade den achtel Liter Süßwein auf etwa zwei Esslöffel Flüssigkeit einkochen, mit Haselnussöl und Himbeeressig mischen, mit Salz und Pfeffer abschmecken.

❽ Abschließend die Hummerschwänze in Medaillons schneiden. Das Fleisch aus den Scheren marinieren. Avocado-Gelee in Rechtecke schneiden und diese auf Tellern platzieren, die Hummermedaillons daraufsetzen. Mit Avocadocreme und Joghurtcreme aus dem Spritzbeutel garnieren, zuletzt mit Kresse belegen.

Bachkrebse

mit Sellerie und Granny Smith

ZUTATEN
16 Bachkrebse
1 Zweiglein Dille
etwas Kümmel, ganz
Salz

AUSSERDEM
4 Stück Stangensellerie
250 g Sellerie, geschält
1 Granny-Smith-Apfel
Saft von 1 Zitrone
1 EL Crème fraîche
125 ml Schlagobers
50 g Butter
Salz
frisch gemahlener Pfeffer

MARINADE
2 EL Gemüsefond
2 EL Himbeeressig
5 EL Walnussöl
Salz
frisch gemahlener Pfeffer

❶ Die Krebse zusammen mit etwas Kümmel und Dille in kochendes Salzwasser geben und für 2 Minuten köcheln lassen. Im Eiswasser abschrecken. Die Schwänze aus dem Körper herausdrehen, die Scheren ausbrechen. Die Schwänze etwas zusammendrücken, bis die Schale knackt und bricht. Das Krebsfleisch auslösen (Darmfäden entfernen!) und kaltstellen.

❷ Die vier Stangen Sellerie schälen, in feine Stifte schneiden und blanchieren. Das Stück Sellerieknolle schälen, daraus vier Ringe ausstechen und blanchieren; die übrige Sellerie würfelig schneiden. Selleriewürfel in einem Topf mit erhitzter Butter anschwitzen, salzen und pfeffern. Leicht dünsten, dann mit Obers und Crème fraîche aufgießen. Einmal aufkochen lassen und anschließend mit dem Stabmixer fein pürieren. Mit Zitronensaft, Salz und Pfeffer abschmecken.

❸ Für die Marinade Walnussöl, Himbeeressig und Gemüsefond verrühren, mit Salz und Pfeffer abschmecken. Nun Krebsfleisch, Stangensellerie und Selleriringe mit der Marinade vermengen, nach Geschmack nachsalzen und -pfeffern.

❹ Kurz vorm Servieren den Granny-Smith-Apfel gründlich waschen und ungeschält in feine Streifen schneiden. Das Püree mittig auf vier Teller aufstreichen, darauf jeweils einige Stangensellerie-Stifte und einen Sellerierring setzen. Krebsfleisch darüber verteilen und mit Apfelstreifen belegen.

TIPP: Falls Sie keine frischen Bachkrebse bekommen, können Sie auch andere hochwertige Krebse in der Salzlake oder Garnelen kaufen und für dieses Gericht verwenden.

Barbarie-Entenbrust

mit Orangen-Thymian-Vinaigrette auf Vogerlsalat

ZUTATEN
2 Barbarie-Entenbrüste
100 g Vogerlsalat
1 EL Maiskeimöl
zum Braten
Salz
frisch gemahlener Pfeffer

ORANGEN-THYMIAN-VINAIGRETTE
2 unbehandelte Orangen
2 Zweige Thymian
100 ml weißer Portwein
50 ml Grand Marnier
50 ml Weinessig
100 ml Olivenöl
1 Stange Zimt
1 TL Staubzucker

❶ Zunächst werden die Orangenfilets für die Vinaigrette vorbereitet. Dafür Orangen schälen; die Schale einer halben Orange aufbewahren. Beide Orangen in Filets teilen und mit einem scharfen, spitzen Messer die Haut abziehen und auch alles Weiße sorgfältig entfernen. Orangenfilets in Frischhaltefolie wickeln und beiseite stellen.

❷ Nun von den Entenbrüsten die Haut abziehen und zur Seite legen. Maiskeimöl in einer Pfanne erhitzen, die Entenbrüste salzen, pfeffern, und rundum im heißen Öl anbraten. Dann auf ein Gitter in einer Bratenpfanne legen, ins vorgeheizte Backrohr schieben und bei 110 °C noch etwa 25 Minuten weiter garen lassen (das Innere sollte zartrosa sein). Anschließend in Alufolie verpacken und warm stellen. Die aufbewahrte Haut klein würfelig schneiden. Eine Pfanne erhitzen, die Entenhaut hineingeben, auslassen und zu knusprigen Grammeln braten. Anschließend auf Küchenkrepp legen (der das überschüssige Fett aufsaugt), salzen.

❸ Für die Vinaigrette Staubzucker in eine kleine Kasserolle geben, erhitzen und goldgelb karamellisieren. Mit Essig, Grand Marnier und Portwein ablöschen. Orangenschale und Zimt beigeben. Von den zwei Thymianzweigen die Blätter entfernen, beiseite legen. Die nackten Zweiglein ebenfalls in den Sud geben und diesen nun zum Kochen bringen und auf die Hälfte reduzieren. Anschließend Sud abseihen und so lange abkühlen lassen, bis er nur mehr lauwarm ist. Olivenöl in den lauwarmen Sud gießen und dabei mit dem Schneebesen verrühren, Orangenfilets und Thymianblätter dazugeben.

❹ Vogerlsalat gut waschen, trocknen und auf vier Teller verteilen. Die lauwarme, in Scheiben geschnittene Entenbrust darauf anrichten und mit Orangenvinaigrette übergießen.
Mit Knuspergrammeln bestreuen.

Original Sacher-Trüffelschinken-Röllchen

mit grünem Spargel

ZUTATEN
8 Scheiben Original Sacher-Trüffelschinken
200 g Ricotta
100 g „Picotta"-Frischkäse
(besonders grobkörniger Frischkäse)
150 g geriebener Schnittkäse
etwas Tabascosauce, Salz

GARNITUR
12 grüne Spargelspitzen
2 EL Sonnenblumenöl
1 frische Sommertrüffel
(ersatzweise eingelegte Trüffel)
1 EL weißer Balsamico-Essig
1 Handvoll junger Blattspinat, Kerbel
und Friséesalat
(oder: Rucola, Vogerlsalat etc.)
Sacher-Hausdressing (S. Seite 108)

❶ Die Schinkenscheiben flach nebeneinander auf Frischhaltefolie legen. Ricotta, Frischkäse und geriebenen Schnittkäse vermischen, mit Salz und Tabascosauce würzen. In einen Spritzsack mit glatter Tülle füllen und auf die Längsseite der Schinkenscheiben aufspritzen. Dann die Scheiben straff einrollen. Jeweils zwei Röllchen auf einem Teller anrichten.

❷ Für die Garnitur Spargelspitzen in Salzwasser bissfest kochen. Kalt abschrecken und im Sieb abtropfen lassen. Sonnenblumenöl, Balsamico und Salz vermischen und damit die Spargelspitzen marinieren. Den Salat mit Sacher-Hausdressing marinieren. Zuletzt Spargelspitzen und Salat optisch ansprechend auf und neben den Schinkenröllchen verteilen.

TIPP: Sie können das Rezept auch ohne Trüffel-, mit einem guten Kochschinken zubereiten. Oder die Frischkäse-Creme mit frischen Kräutern der Saison anmachen, den Spargel durch anderes, junges Gemüse ersetzen …

Tatar vom Milchkalb

mit Trüffelcreme und roten Rüben

ZUTATEN

400 g Kalbfleisch,
doppelt faschiert (Fleischwolf!)
oder fein würfelig geschnitten
2 EL Schnittlauch,
fein geschnitten
50 ml Rapsöl
etwas Zitronensaft
etwas Tabasco-Sauce
Salz
frisch gemahlener Pfeffer

ROTE RÜBEN

4 sehr kleine rote Rüben
200 ml Roter-Rüben-Saft
4 Blatt Gelatine

TRÜFFELCREME

1 Ei, wachsweich gekocht
(ca. 5 Minuten)
65 g Trüffelabschnitte
1 kleine schwarze,
eingelegte Trüffel
(Trüffelscheibe für die Garnitur)
2 Blatt Gelatine
150 ml Geflügelfond
40 ml Trüffelsaft
100 g Crème fraîche
20 ml Apfelbalsam-Essig
100 ml Maiskeimöl
Salz
frisch gemahlener Pfeffer

❶ Die kleinen roten Rüben waschen, schälen und in dünne Scheiben scheiden. Den Rote-Rüben-Saft erhitzen und etwa ein Viertel davon (ca. 50 ml) über die Rübenscheiben gießen, ziehen lassen.

❷ Gelatineblätter im übrigen Saft auflösen, dann in eine rechteckige Schale gießen und zum Gelieren kalt stellen. Wenn das Gelee fest geworden ist, in gleichmäßige Würfel (1 cm x 1 cm) schneiden.

❸ Für die Trüffelcreme den Trüffelsaft erhitzen und die beiden Gelatineblätter darin schmelzen lassen. Dann alle anderen Zutaten außer den Trüffelabschnitten – also das Ei, Geflügelfond, Maiskeimöl, Crème fraîche, Essig – beigeben und mixen. Von der Trüffel vier feine Scheiben schneiden – die brauchen Sie später zum Garnieren; den Rest der Trüffel sowie Trüffelabschnitte fein schneiden und unter die Creme rühren. Mit Salz und Pfeffer abschmecken.

❹ Kalbstatar mit Schnittlauch, Öl und Zitronensaft vermengen, mit Salz, Pfeffer und Tabasco abschmecken. Tatar in eine beliebige Ausstechform pressen und jeweils mittig auf einen Teller setzen. Rote-Rüben-Scheiben aus dem Saft nehmen und, mit etwas Abstand zwischen sich, um das Tatar herum auflegen. Die Trüffelcreme in einen Spritzbeutel füllen und zwischen die Rübenscheiben spritzen. Abschließend die Gelee-Würfel aus Rote-Rüben-Saft dekorativ auf den Tellern platzieren und jede Portion mit einer Trüffelscheibe garnieren.

TIPP: Falls Sie Ihr Kalbfleisch nicht faschiert, sondern lieber fein würfelig geschnitten verarbeiten möchten, sollten Sie es vorher in dünne Scheiben schneiden und diese kurz im Tiefkühlfach anfrieren lassen.

Mariniertes Rinderfilet

mit Spargel, Morcheln und Friséesalat

ZUTATEN

400 g Rinderfilet
30 g Gartenkräuter (Petersilie, Schnittlauch, Kerbel, Basilikum)
8 Stangen Solospargel
200 g frische kleine Morcheln
eine Handvoll Friséesalat
1 altbackene Semmel
Saft von 1 Zitrone
Olivenöl
Salz, frisch gemahlener Pfeffer

MARINADE

2 EL Walnussöl
1 Spritzer weißer Balsamico-Essig

❶ Am Vortag das Filet zubereiten: Gartenkräuter hacken, auf einen Teller geben und mischen. Rinderfilet mit Salz und Pfeffer würzen, mit Olivenöl einreiben und durch die gehackten Kräuter ziehen. Auf Frischhaltefolie legen, straff einrollen und zusätzlich in Alufolie einwickeln. Ins Tiefkühlfach geben und kurz gefrieren. (Das Fleisch muss nach dem Gefrieren noch geschnitten werden können; das heißt: Wenn Sie eine Brotschneidemaschine verwenden, kann es etwas stärker gefroren/härter sein und etwas länger im Tiefkühlfach bleiben.)

❷ Am nächsten Tag Spargel schälen und die holzigen Enden entfernen. In einem Topf Salzwasser mit der altbackenen Semmel, Zitronensaft und einer Prise Zucker aufkochen, den Spargel beigeben und bissfest kochen. Im Eiswasser abschrecken.
Die Morcheln putzen, mit kaltem Wasser abspülen und trocknen. Dann Morcheln kurz in Olivenöl ansautieren. Abkühlen lassen. Friséesalat putzen, mit kaltem Wasser abspülen und trocken schleudern.

❸ Für die Marinade Walnussöl und etwas weißen Balsamico verrühren, salzen und pfeffern. Spargel in mundgerechte Stücke schneiden. Spargelstücke, Morcheln und Salat marinieren.

❹ Schließlich Rinderfilet aus dem Kühlfach nehmen, auspacken und in hauchdünne Scheiben schneiden. Vier Teller mit den Filetscheiben auslegen, mit etwas Salz und Pfeffer bestreuen, mit Olivenöl beträufeln. Die marinierten Spargelstücke, Morcheln und den Friséesalat ansprechend auf dem Filet platzieren.

TIPP: Ausschlaggebend für den Geschmack ist hier vor allem die Qualität des Rinderfilets.

Warmer Tafelspitz
mit Senfkruste und Endiviensalat

ZUTATEN
4 Scheiben Tafelspitz, kalt
(Rezept s. Seite 267)
Senf (zum Einreiben)
etwas Mehl
Butterschmalz

ENDIVIENSALAT
1 Kopf Endiviensalat
1/2 Knoblauchzehe
ca. 25 ml Apfelessig
50 ml echtes Kürbiskernöl
Salz

❶ Die 4 Scheiben Tafelspitz jeweils mit Senf einreiben und in Mehl wenden. In heißem Butterschmalz knusprig herausbacken.

❷ Für den Salat aus Essig, Öl und Salz eine Marinade bereiten. Eine Schüssel mit der halben Knoblauchzehe ausreiben. Den gewaschenen und trocken geschleuderten Endiviensalat hineingeben, mit der Marinade vermischen.

❸ Vor dem Servieren den Salat mit dem Tafelspitz auf Tellern anrichten.

TIPP: Mit fein geschnittenem Schnittlauch garnieren. Herzhafter wird dieses Gericht, wenn man zum Endiviensalat noch etwas „Knusperspeck" – knusprig gebratene, dünne Scheiben Bauchspeck – serviert; entweder ganz oder kleingeschnitten und unter den Salat gemischt.

Marinierter Sellerie

mit Schaffrischkäse und Cox Orange

ZUTATEN

4 Stangen Sellerie, geschält und in Stifte geschnitten
250 g Sellerie geschält, in Kügelchen ausgestochen
2 EL Gemüsefond
5 EL Walnussöl
2 EL Himbeeressig
Salz
frisch gemahlener Pfeffer

APFEL-SELLERIE-EIS

400 g Sellerie
6 Äpfel (Cox Orange)
Saft von 2 Limetten
300 ml Läuterzucker
20 g Glukosesirup

COX-ORANGE-GELEE

40 g Stangensellerie, würfelig geschnitten
200 g Apfelsaft (Cox Orange)
1,2 g Agar Agar

FRISCHKÄSECREME

2 Eidotter
50 ml Milch
40 g Schaffrischkäse
100 ml Maiskeimöl
Salz

KARAMELLISIERTE PEKANNUSSKERNE

40 ml Wasser
40 g Zucker
100 g Pekannusskerne, gehackt
Salz nach Geschmack

GARNITUR

Apfelstückchen und Gartenkresse, vermischt

❶ Als Erstes wird das Apfel-Sellerie-Eis zubereitet. Dafür Sellerie und Äpfel schälen, in Würfel schneiden und mit Limettensaft, Läuterzucker und Sirup in eine Schüssel geben und zusammenmixen. Anschließend alles entweder in der Eismaschine frieren oder ins Tiefkühlfach geben. (Achtung: Bei der Variante „Tiefkühlfach" müssen Sie die Eismasse immer wieder umrühren.)

❷ Nun kommt das Cox-Orange-Gelee an die Reihe: Zunächst ein flaches Blech mit Frischhaltefolie belegen. Vier Ausstechringe auf die Folie setzen. Die 40 g Stangensellerie in feine Würfel schneiden und diese gleichmäßig in den Ringformen verteilen. Dann Apfelsaft in einem Topf erwärmen, Agar Agar unterrühren und aufkochen lassen. Topf vom Herd nehmen und den Fond abkühlen lassen, bis er lauwarm ist. Anschließend Fond so in die Formen füllen, dass die Selleriewürfel bedeckt sind. Kalt stellen.

❸ Für die Käsecreme die zwei Eidotter, Milch und Frischkäse in eine Schüssel geben, alles gut vermengen und mit Salz abschmecken. Nun das Maiskeimöl einlaufen lassen, dabei andauernd rühren, bis eine gebundene cremige Masse entsteht. Kalt stellen.

❹ In einem kleinen Topf Wasser mit Zucker aufkochen, die gehackten Pekannusskerne hineinschütten und unter ständigem Rühren karamellisieren. Etwas Salz dazugeben, verrühren. Die karamellisierten Nussstücke auf einem leicht geölten Blech verteilen und abkühlen lassen.

❺ Für den marinierten Sellerie die 4 Stück Stangensellerie schälen und in Streifen schneiden. Das Stück Sellerieknolle schälen und daraus kleine Kugeln ausstechen.

❻ Stifte und Kügelchen blanchieren, kalt abschrecken. Gemüsefond, Walnussöl und Himbeeressig zu einer Marinade verrühren, mit Pfeffer und Salz abschmecken. Die – abgekühlten – Selleriestreifen und -kügelchen darin marinieren.

❼ Vorm Servieren das Sellerie-Gelee aus den Ausstechringen lösen und jeweils mittig auf die Teller platzieren. Rundherum die marinierten Selleriestreifen und -kugeln verteilen und auf die freien Flächen kleine Tupfer Käsecreme geben. Mit einem Löffel Apfel-Sellerie-Eis ausstechen und auf das Gelee setzen. Pekannusskerne darüberstreuen. Alles mit einer Mischung aus kleinen Apfelstückchen und Gartenkresse garnieren.

Marinierter Spargel
mit Brimsennockerln

ZUTATEN
20 schöne Stangen
weißer Spargel, gleich dick
100 g Zucker- oder Kaiserschoten, schräg in Streifen geschnitten
1 gelbe Rübe, fein gewürfelt
5 EL geschmolzene Butter
1 altbackene Semmel
Saft von 1 Zitrone
1 Prise Zucker
Salz
frisch gemahlener Pfeffer

VINAIGRETTE
5 EL Spargelfond
2 EL weißer Balsamico-Essig
3 EL Traubenkernöl
4 EL Olivenöl
etwas Zitronensaft
Salz
frisch gemahlener Pfeffer

BRIMSENNOCKERLN
200 g Brimsen
(ersatzweise Schafs- oder Ziegenfrischkäse)
3 EL Obers, geschlagen
Saft von 1/2 Zitrone
1 EL Olivenöl
weißer Pfeffer, frisch gemahlen
Salz

GARNITUR
4 Wachteleier, gekocht, evtl. eingelegt
essbare Blüten
Kerbel

❶ Spargel schälen und die holzigen Enden großzügig wegschneiden. Dann im kochenden Salzwasser mit der altbackenen Semmel, Zitronensaft und einer Prise Zucker bissfest garen. Abseihen und dabei etwa 5 EL Spargelfond für die Vinaigrette zurückbehalten. Anschließend die Spargelstangen in eine feuerfeste Form legen, die geschmolzene Butter darüberträufeln und mit Alufolie bedecken. Im auf 80 °C vorgeheizten Backrohr warmhalten.

❷ Für die Vinaigrette den lauwarmen Spargelfond mit weißem Balsamico, Traubenkern- und Olivenöl verrühren und mit Salz, Pfeffer und Zitronensaft pikant abschmecken. In eine längliche Schüssel (Wanne) gießen, die warmen Spargelstangen dazugeben und in der Vinaigrette abkühlen und ziehen lassen.

❸ Einen kleinen Topf Wasser zum Kochen bringen, Salz hineingeben und darin die fein gewürfelte Rübe und die Zuckerschotenstreifen bissfest blanchieren. Mit Eiswasser abschrecken und im Sieb abtropfen lassen.

❹ Für die Nockerln den Brimsen mit Zitronensaft, Salz und Pfeffer pikant abschmecken. Geschlagenes Obers unterheben, Olivenöl einrühren. Alles zu einer cremigen Masse verarbeiten. Für 15–20 Minuten in den Kühlschrank stellen.

❺ Zum Servieren je fünf Stangen Spargel mit ein wenig Vinaigrette auf einem Teller anrichten. Darauf Rübenwürfel und Zuckerschoten in die Vinaigrette legen, durchziehen lassen, salzen, pfeffern und den Spargel damit überziehen. Anschließend aus der Nockerlmasse mit zwei Löffeln – die Sie immer wieder in heißes Wasser tauchen müssen (sonst bleibt die Käsecreme daran kleben) – Nockerln formen. Pro Teller zwei Nockerln auf den Spargel setzen.

TIPP: Der Spargel wird feiner und zarter im Geschmack, je länger er in der Vinaigrette ziehen kann. Sie können ihn also gut einige Stunden vorher zubereiten.

ÜBRIGENS: Brimsen ist ein spezieller Schafsfrischkäse aus der Slowakei und den polnischen Karpaten. Ursprünglich stammt er wahrscheinlich aus Siebenbürgen, wird aber in der Slowakei mindestens seit dem 14. Jahrhundert erzeugt. Heute trägt er eine von der EU geschützte Herkunftsbezeichnung. In der österreichischen Küche ist der Brimsen die Hauptzutat für den mit u.a. Paprikapulver gewürzten „Liptauer", den man, neben Grammelschmalz, in jedem Heurigenlokal als Brotaufstrich bekommt.

Weißer Spargel

mit confiertem Eigelb, Rohschinken, Junglauch und Kohlrabi

ZUTATEN

12 Stangen weißer Spargel, gekocht
12 weiße Spargelspitzen, gekocht
3 bis 4 Kohlrabi (Sie brauchen 12 kleine, aus den gekochten Kohlrabiknollen ausgestochene Kugeln)
12 Scheiben Rohschinken, gerollt
8 Stangen Junglauch, blanchiert
20 g Schalotten
20 g Rohschinken
eine altbackene Semmel (zum Spargelkochen)
100 ml Rindsuppe zum Ablöschen
Butter

CONFIERTES EIGELB

200 g Eidotter (von ca. 12–14 Eiern)
etwas Champagneressig
Salz
frisch gemahlener Pfeffer

GARNITUR

Vogelmiere
Schafsgarbe
4 Brotchips
Olivenöl (zum Marinieren)

❶ Das confierte Eigelb können Sie gut einige Tage vorher zubereiten und einrexen. Hierfür die Eidotter von 12 bis 14 Eiern (je nach Größe mehr oder weniger) im Wasserbad bei 68 °C 45 Minuten garen. Im Eiswasser abschrecken, dann durch ein Sieb streichen, glattrühren und mit Essig, Salz und Pfeffer abschmecken. Anschließend einrexen (siehe Seite 49) und lagern.

❷ Spargel und Kohlrabi bissfest kochen (Spargel im kochenden Salzwasser mit einer altbackenen Semmel, Zitronensaft und einer Prise Zucker). Aus den Kohlrabi kleine Kugeln ausstechen.

❸ Schalotten und Rohschinken in sehr feine Würfel schneiden.

❹ Vier Teller vorwärmen. Die Eigelbcreme auf die vorgewärmten Teller streichen und die Creme unterm Grill warm werden lassen. Inzwischen Butter in einer Pfanne erhitzen und schaumig werden lassen. Die kleinen Schalotten- und Schinkenwürfel hineingeben, kurz anschwitzen und mit etwas Fond ablöschen. Kohlrabi-Kügelchen und Spargelspitzen kurz dazugeben. Alles herausnehmen, warm stellen und die warmen Spargelstangen noch kurz durch die Pfanne schwenken, salzen und pfeffern.

❺ Gewaschene, getrocknete Kräuter mit Olivenöl marinieren. Anschließend alles auf den Tellern mit der warmen Eigelbcreme anrichten: Pro Teller zuerst drei Spargelstangen auflegen und darauf oder daneben drei Spargelspitzen, drei Kohlrabikügelchen und drei Schinkenrollen dekorativ platzieren. Alles mit Schalotten- und Schinkenwürfeln bestreuen. Mit Kräutern und Brotchips garnieren.

TIPP: Brotchips können Sie auch zu den meisten Salaten reichen. Sie lassen sich leicht selbst machen: ein halbes Baguette kurz tiefgefrieren, dann mit der Brotmaschine in sehr dünne Scheiben schneiden und diese im Backrohr bei 70–80 °C trocknen lassen.

Spargel à la Florian Prelog

Das feine Frühlingsgericht ist eine Empfehlung des jüngsten Küchenchefs der Sacher-Restaurants: Florian Prelog wurde 1982 in Graz geboren. Bevor er 2011 die Leitung des Café-Restaurants Sacher in Innsbruck übernahm, machte er bereits Station in bekannten Gourmet-Lokalen, darunter im vielgerühmten „Taubenkobel" von Eveline und Walter Eselböck. Für das Sacher Innsbruck erkochte das aufstrebende Talent bereits nach kurzer Zeit eine Haube. Seither gehört das Innsbrucker Sacher auch offiziell zu den besten Restaurants in Tirol.

Bunte Paradeiser

mit Avocado, Burrata und Basilikum

ZUTATEN

2 Avocados, in Spalten geschnitten
2 grüne Zebraparadeiser
2 gelbe Paradeiser
2 schwarze Paradeiser
2 Fleischparadeiser
1 Bund Basilikum, fein geschnitten
2 Stück Burrata (ersatzweise Büffelmozzarella)
3 EL weißer Balsamico-Essig
2 EL Zitronenöl
3 EL gutes, kalt gepresstes Olivenöl
Zucker
Salz, frisch gemahlener Pfeffer

❶ Die bunten Paradeiser blanchieren. Im Eiswasser abschrecken, schälen. Vierteln und Kerne entfernen. Zum Abtropfen auf Küchenkrepp legen.

❷ Für die Marinade Oliven- und Zitronenöl sowie weißen Balsamico verrühren, mit Zucker, Salz und Pfeffer abschmecken. Paradeiser und Avocados in einer Schüssel marinieren.

❸ Zum Anrichten die Paradeiser und Avocados auf Teller verteilen. Burrata mit der Hand in kleine Stücke reißen, auf die Paradeiser setzen und das fein geschnittene Basilikum darüberstreuen.

TIPP: Als zusätzliche Dekoration können Sie Basilikumkresse verwenden.

Butterhäuptlsalat

mit Brot und knusprigem Ziegenkäse

ZUTATEN

1 Butterhäuptlsalat (besonders zarter Häuptl-, Kopf- oder Romanasalat)
frische Kräuter (Kresse, Schnittlauch oder Kerbel)
4 Stück Picandou (Ziegenkäsetaler)
ca. 4 Scheiben Toastbrot ohne Rinde
2 Schwarze Nüsse, in Scheiben geschnitten
4 EL Butterschmalz

MARINADE

5 EL Walnussöl
2 EL weißer Balsamico-Essig
2 EL Gemüsefond
etwas Zucker
Pfeffer, frisch gemahlen
Salz

❶ Für die Marinade Öl, Essig und Fond gut verrühren, mit Salz, Pfeffer und Zucker abschmecken. Vom Salat die äußeren Blätter großzügig entfernen und nur die inneren, knackigen Blätter verwenden. Ein paar Kräuter für die Garnitur aufheben, die anderen fein zerpflücken. Salat und Kräuter gut putzen, waschen und in einer Salatschleuder trocknen.

❷ Die Toastbrotscheiben in Größe der vier kleinen Käsetaler ausstechen. Zwischen je zwei Brotscheiben einen Käse legen und zusammendrücken. Das übrige Toastbrot in 1 cm breite Streifen schneiden. Alles in Butterschmalz goldbraun braten, anschließend auf Küchenkrepp gut abtropfen lassen. Warm stellen.

❸ Nun Salat und Kräuter mit der Marinade vermischen und auf Teller verteilen. Darauf den Käse, die knusprigen Brotstangerln und die in Scheiben geschnittenen Schwarzen Nüsse dekorativ anrichten, mit Kräutern garnieren.

TIPP: „Schwarze Nüsse" sind Walnüsse, die noch grün eingelegt werden. Sie erhalten Sie im Feinkosthandel – und ein Rezept für ihre nicht ganz unaufwendige Zubereitung finden Sie auf Seite 121. Ansonsten können Sie sie hier auch durch geröstete Walnusskerne ersetzen.

Gefüllter Spitzpaprika
mit Rucola und „Vulcano"-Schinken

ZUTATEN
4 Stück roter Spitzpaprika
jeweils 1 kleiner roter, grüner und gelber Paprika, würfelig geschnitten
1 Paradeiser, geschält, entkernt und würfelig geschnitten
1 Knoblauchzehe fein gehackt
1 TL frische Petersilie, fein geschnitten
Olivenöl
Salz
frisch gemahlener Pfeffer

AUSSERDEM
20 Blatt dünn geschnittener „Vulcano"-Schinken (oder ein anderer guter luftgetrockneter Rohschinken)
4 Handvoll Rucola
2 EL Balsamico-Essig
5 EL Olivenöl
Salz
frisch gemahlener Pfeffer

❶ Die Spitzpaprika mit einem Bunsenbrenner außen schwarz verbrennen oder: bei 250 °C so lange ins vorgeheizte Backrohr geben, bis sie außen schwarz werden. Haut abribbeln. Deckel abschneiden, beiseitelegen (nicht wegwerfen!) und die Spitzpaprika aushöhlen.

❷ In einer Pfanne Olivenöl erhitzen und die vorbereiteten, bunten Paprikawürfel darin anschwitzen. Dann den würfelig geschnittenen Paradeiser, Petersilie und Knoblauch dazugeben, vermischen und durchdünsten. Auskühlen lassen. Dann die Gemüsemasse in einen Spritzbeutel geben und die ausgehöhlten Spitzpaprika befüllen.

❸ Olivenöl und Balsamico vermischen, mit Salz und Pfeffer würzen und den Rucolasalat damit marinieren.

❹ Abschließend die gefüllten Spitzpaprika jeweils in die Mitte des Tellers setzen, mit den Schinkenscheiben und marniertem Rucola garnieren.

WISSENSWERT: „Vulcano"-Schinken – benannt nach der gleichnamigen Fleischmanufaktur im oststeirischen Vulkanland – ist ein luftgetrockneter Rohschinken, der nach acht, fünfzehn oder siebenundzwanzig Monaten Reifung verkauft wird (also mehr mild oder würzig schmeckt). Seine hohe Qualität, beruhend auf artgerechter Haltung und Fütterung der Schweine, sichert ihm einen festen Platz in der Küche des Sacher in Wien.

FOTO Seite 42

Artischocken

mit Pilzen und Kräutersalat

ZUTATEN
12 Babyartischocken (Poweraden)
80 g Bauchspeck
2 Schalotten
2 Knoblauchzehen
Saft von 1 Zitrone
280 ml Geflügelfond
Weißwein, weißer Portwein zum Ablöschen
1 EL Crème fraîche
Olivenöl
etwas Zucker
Salz
frisch gemahlener Pfeffer

PILZE
250 g gemischte Pilze nach Saison
Erdnussöl

KRÄUTERSALAT
4 Salatherzen
12 Kirschtomaten
200 g Gartenkräuter (Kerbel, Schnittlauch, Petersilie)
2 Zweiglein Thymian
3 EL weißer Balsamico-Essig
2 EL Zitronenöl
3 EL gutes, kalt gepresstes Olivenöl
Zucker
Salz
frisch gemahlener Pfeffer

❶ Artischockenböden zuschneiden und mit Zitronensaft beträufeln.

❷ Für die Artischockencreme eine Schalotte und die Knoblauchzehen hacken. Vier Artischockenböden in kleine Stücke schneiden und zusammen mit Schalotte und Knoblauch in einer heißen Pfanne mit Olivenöl anschwitzen. Mit einem Schuss Weißwein und Portwein ablöschen. Leicht salzen und zuckern, dann mit ca. 200 ml Geflügelfond aufgießen und die Flüssigkeit komplett einkochen lassen. Crème fraîche beigeben und pürieren (in Thermomixer oder Küchenmaschine).

❸ Olivenöl in einem Topf erhitzen, die zweite Schalotte hacken und mit dem Bauchspeck darin anbraten. Die übrigen acht Artischockenböden beigeben und ca. 2 Minuten dünsten. Anschließend mit dem restlichen Geflügelfond aufgießen und ca. 5 Minuten schmoren lassen. Danach aus der Pfanne heben und vierteln.

❹ Die Pilze in einer Pfanne mit heißem Erdnussöl kurz anbraten. Salzen und pfeffern.

❺ Für den Salat Oliven- und Zitronenöl sowie weißen Balsamico verrühren, mit Zucker, Salz und Pfeffer abschmecken. Salatherzen vierteln und damit marinieren.

❻ Zum Anrichten die Artischockencreme mittig auf Teller streichen. Mit den Salatherzen belegen. Die Artischocken mit Pilzen, Tomaten und Kräutern daraufsetzen.

TIPP: Kaufen Sie kleine violette Artischocken, auch Poweraden genannt. Diese Babyartischocken können ganz gegessen werden. Gute Artischocken bekommen Sie übrigens von April bis Dezember; die beste Zeit für dieses gesunde Gemüse (das eigentlich eine Pflanze ist), sind die Monate Juni und Juli.

Diner mit dem Kronprinzen

Ein hochwohlgeborener Stammgast bei Anna Sacher war Kronprinz Rudolf. Der Thronfolger, der unter Pseudonym in der liberalen „Neuen Freien Presse" politische Artikel verfasste und auf so tragische Weise in Mayerling aus dem Leben schied, lud seinerzeit gerne ins Sacher ein. Als Kostprobe dessen, was ein festliches Diner in jenen Tagen bedeutete, sei die Menü-Abfolge einer Feier Rudolfs am 14. Dezember 1887 zitiert: „Austern, Schildkrötensuppe, Hummerkotelett à l'Américaine, blaugesottene Forellen mit Venezianersauce, Hammelrücken mit Pfefferminzsauce, Wachtelragout, Krammetsvögelpastete, Punsch, französische Poularden, Salade Romaine, Kompott, frische Spargel, Kastanienpudding, Eis, Obst und Käse. Dazu Chablis, Mouton Rothschild, Röderer Crystall und Sherry Superieur."

Fein & kräftig

Gutes aus dem Suppentopf:

Klare Suppen
Wiener Suppeneinlagen
Gebundene Suppen
Kalte gebundene Suppen
Warme gebundene Suppen

Wahrscheinlich lag es am Kaiserhof, dass der Suppe in der Wiener Küche eine Hauptrolle zukommt. Die imperiale Vorliebe für den täglichen Genuss von Suppen ist bis zurück ins 16. Jahrhundert verbürgt, als Kaiser Ferdinand I. pro Mahlzeit mit 24 bis 30 Gerichten verköstigt sein wollte. Besonders der klaren Rindsuppe sagte man nach, Leib und Seele zu stärken. Auch die auf Ferdinand I. folgenden Kaiser blieben dieser Gewohnheit treu – und so kam es, dass sich in der Wiener Küche nicht nur das gekochte Rindfleisch, sondern auch die Rindsuppe etablierte. Damit ihr täglicher Genuss nicht langweilig wurde, erfanden die Wiener Köche und Köchinnen fortwährend neue Suppeneinlagen: Backerbsen, Milzschnitten, Leberknödel, Frittaten, Pofesen etcetera. Mancher Koch behauptete sogar, er kenne 365 – eine Suppeneinlage für jeden Tag im Jahr. Auf den folgenden Seiten finden Sie eine kleine Auswahl, dazu klare und gebundene Suppen, klassische und zeitgemäße Rezepte.

Linke Seite: Pastinakenschaumsuppe mit Bachkrebsen
Rezept Seite 89

Klare Suppen

Klassische Wiener Rindsuppe

ZUTATEN
300 g Siedefleisch
300 g Knochen vom Rind
350 g Suppengrün
(ohne Karotten!)
1 kleiner Bund Liebstöckel
2 Zwiebeln mit Schale
1 Stange Lauch
1 Lorbeerblatt
ein paar Pfefferkörner
Salz
frisch gemahlener Pfeffer

❶ Siedefleisch und Knochen unter fließend kaltem Wasser waschen, mit Küchenkrepp trocknen. Siedefleisch grob würfelig schneiden und mit den Knochen in kaltem Wasser aufsetzen und kurz blanchieren. Dann kalt abschrecken, erneut in einen Topf geben, mit Wasser bedecken, langsam aufkochen und dabei ständig den Schaum abschöpfen. Nun die Gewürze beigeben und das Ganze schwach wallend etwa 2–2 1/2 Stunden kochen. Die Zwiebeln mit Schale halbieren, mit den Schnittflächen nach unten in eine erhitzte Pfanne (ohne Öl) geben und anbräunen. Dann – etwa eine Stunde vor Garungsende – die Zwiebeln mit dem gewaschenen Suppengrün, Lauch und Liebstöckel zu Fleisch und Knochen in den Topf geben.

❷ Anschließend die Suppe abseihen, durch ein Passiertuch (Etamin) gießen und abschmecken.

❸ Vorm Servieren nach Belieben eine der – auf den nächsten Seiten beschriebenen – Wiener Suppeneinlagen hineingeben. Mit Schnittlauch oder Petersilie bestreuen.

Consommé (geklärte Kraftsuppe)

ZUTATEN
2 l Rindsuppe, kalt
800 g Rindfleisch, grob faschiert
150 g Suppengrün, grob faschiert
6 Eiklar
Salz

❶ In einem großen Topf zunächst einen halben Liter der kalten Suppe mit dem faschierten Rindfleisch, Suppengrün, den sechs Eiklar und Salz sehr gut vermengen (das Eiklar muss vollkommen eingearbeitet sein). Etwa eine halbe Stunde ziehen lassen. Dann mit der restlichen kalten Rindsuppe aufgießen und unter ständigem Rühren langsam aufkochen. Anschließend die Hitze reduzieren und die Consommé auf niedrigster Stufe etwa 2 Stunden ziehen lassen. Durch ein Passiertuch (oder ein sehr feines Spitzsieb) abseihen und abschmecken.

Wiener Suppeneinlagen

Frittaten

ZUTATEN
2 Eier
100 ml Milch
60 g Mehl, glatt
Butterschmalz (zum Backen)
Salz

❶ Die zwei Eier mit der kalten Milch versprudeln. Mit Salz und Mehl gut zu einem dünnflüssigen Palatschinkenteig verrühren. Butterschmalz in einer flachen Pfanne (Palatschinkenpfanne) erhitzen. So viel Teig hineingießen – eventuell durch Schwenken verteilen –, dass der Pfannenboden dünn bedeckt ist. Zuerst eine Seite der Palatschinke goldbraun backen, dann wenden und die zweite Seite backen. Anschließend aus der Pfanne nehmen und die nächsten Palatschinken genauso backen (bei Bedarf noch etwas Schmalz in die Pfanne geben) –, bis der Teig aufgebraucht ist.

❷ Palatschinken abkühlen lassen. Anschließend jede zu einer Roulade zusammenrollen und mit einem scharfen Messer fein nudelig schneiden.

❸ Vorm Anrichten die Frittaten auf vier Suppenteller verteilen. Die heiße Rindsuppe aufgießen, mit fein geschnittenem Schnittlauch oder Petersilie bestreuen.

TIPP: Statt Butterschmalz können Sie auch Öl zum Ausbacken der Palatschinken verwenden – die Frittaten werden so leichter, verlieren aber auch an Geschmack. Und: Wenn Sie fein geschnittenen Schnittlauch oder Petersilie in den Teig einarbeiten, erhalten Sie Kräuterfrittaten.

Kräuter- oder Spinatpofesen

Für 6–7 Portionen

ZUTATEN
4 Scheiben Toastbrot
100 g Hendlbrustfilet
2 EL Kräuter, fein gehackt (oder 2 EL blanchierter, passierter Blattspinat)
2 Eier
1 Eidotter
100 ml Schlagobers, kalt
Öl (zum Ausbacken)
Muskatnuss, frisch gerieben
Salz, frisch gemahlener Pfeffer

❶ Eine Weile vorher die Hendlbrust gut waschen, trockentupfen und in feine Würfel schneiden. In den Kühlschrank stellen.

❷ Dann mit der Brotschneidemaschine jede Scheibe Toastbrot noch einmal – in zwei dünne Scheiben – halbieren. Das gut gekühlte Hendlfleisch, Dotter und kaltes Schlagobers in der Küchenmaschine cuttern. Die fein gehackten Kräuter (oder den passierten Spinat) mit der Hendlfleischmasse vermengen. Mit Salz, Pfeffer und ein wenig Muskatnuss würzen.

❸ Eine der dünnen Toastscheiben etwa 2 mm dick mit der Farce bestreichen. Eine zweite Scheibe darüberlegen, andrücken. Wiederum mit der Farce bestreichen und mit einer dritten Scheibe bedecken. Diese ebenfalls mit Farce bestreichen und bedecken (auf die letzte, vierte Scheibe Toast keine Farce mehr geben!) – und den ganzen Vorgang wiederholen, so dass Sie zuletzt zwei Pofesen haben, jede mit vier dünnen Schichten Toast.

❹ Nun die beiden Eier versprudeln. Ausreichend Öl in einer tiefen Pfanne erhitzen. Die Pofesen durch die versprudelten Eier ziehen und langsam im heißen Öl goldbraun herausbacken. (Das Öl sollte nicht zu heiß sein, damit die Pofesen am Ende der Backzeit nicht nur außen die richtige Farbe haben, sondern auch wirkliche durch sind.) Dann aus der Pfanne heben und auf etwas Küchenkrepp legen, damit das überschüssige Öl aufgesaugt wird. Etwas abkühlen lassen und in mundgerechte Würfel oder Rauten schneiden.

Grießnockerln

ZUTATEN
100 g Hartweizengrieß
1 Ei mittlerer Größe (50 g)
40 g Butter, handwarm
Muskatnuss, gerieben
weißer Pfeffer,
frisch gemahlen
Salz

❶ Die handwarme Butter in eine Schüssel geben und schaumig rühren. Das Ei dazugeben und mit der Butter vermengen. Grieß unterrühren. Dann den Teig mit Salz, Muskatnuss und Pfeffer abschmecken und zehn Minuten rasten lassen.

❷ Anschließend in einem großen Topf Wasser zum Kochen bringen und salzen. Mit zwei Löffeln, die immer wieder in warmes Wasser getaucht werden, aus der Teigmasse Nockerln formen und ins kochende Salzwasser einlegen. Einmal aufkochen, mit kaltem Wasser kurz abschrecken und zugedeckt noch etwa zwanzig Minuten ziehen lassen.

TIPP: Eine schmackhafte Variante sind Trüffel-Grießnockerl – hierfür müssen Sie nur etwas kleingeschnittene, eingelegte schwarze Trüffeln in den Nockerlteig einarbeiten.

Schinkenschöberln

Für ein Backblech (10 Portionen)

ZUTATEN
150 g Kochschinken
2 Scheiben Toastbrot
2 Schalotten
2 EL frische Kräuter, gehackt
(nach Belieben: Schnittlauch, Petersilie, Kerbel, Estragon, Liebstöckel)
2 Eier
1 Eigelb
etwas Milch zum Einweichen
40 g Weißbrotbrösel
2 EL Mehl
100 g handwarme Butter
1 EL Butter zum Anschwitzen
Muskatnuss, frisch gerieben
weißer Pfeffer
Salz

❶ Schinken fein würfelig schneiden. Schalotten fein schneiden. Beides in etwas Butter anschwitzen, danach kalt stellen.

❷ In einer Schüssel die 100 g Butter schaumig schlagen. Eier trennen, Eiklar aufheben und beide Dotter sowie das dritte Eigelb mit der Butter verrühren. Von den Toastscheiben die Rinde abschneiden. Toast in Milch einweichen, danach ausdrücken und zusammen mit den Bröseln, der Schinken-Schalotten-Mischung und den gehackten Kräutern unter die Butter-Ei-Masse rühren. Mit Salz, weißem Pfeffer und Muskatnuss würzen. Die Eiklar zu – nicht ganz festem – Eischnee schlagen und dann den Eischnee abwechselnd mit dem Mehl vorsichtig in die Teigmasse einrühren.

❸ Backpapier auf ein Backblech legen und die Teigmasse – etwa 2 cm dick – aufstreichen. Ins vorgeheizte Backrohr schieben und bei 180 °C Umluft etwa 8 bis 10 Minuten backen. Dann mit einem scharfen Messer den Teig in Rauten schneiden. Die Schöberln in tiefe Teller geben, mit heißer Suppe übergießen und sofort servieren (ehe sich die Schöberln mit Suppe vollsaugen).

TIPP: Falls noch Schöberln übrig sind, können Sie sie als Knabberei servieren oder im Kühlschrank aufbewahren – wo sie sich drei Tage halten. Und: Naturgemäß lässt sich auch diese Suppeneinlage variieren: So können Sie zum Schinken noch gekochte Erbsen in den Teig geben. Wenn Sie den Schinken durch etwas geriebenen Hartkäse (gut eignet sich etwa Parmesan) ersetzen, erhalten Sie Kaiserschöberln. Und Kräuterschöberln, wenn Sie stattdessen Kräuter unter den Teig mengen.

Fleischstrudel

Für 1 Strudel (6–8 Portionen)

ZUTATEN

1 Strudelteig, selbst gemacht oder fertig gekauft
200 g gekochtes Rindfleisch, faschiert
100 g mageres Rindfleisch, faschiert
2 EL Öl
80 g Zwiebel, in fein würfelig geschnitten
2 Eier
1 Knoblauchzehe, gehackt
1 Bund Petersilie, gehackt
flüssige Butter (zum Bestreichen)
Butter (zum Bestreichen des Teigs)
Majoran, getrocknet
Salz
frisch gemahlener Pfeffer

❶ Falls kein Fertigteig verwendet wird, zuerst einen Strudelteig nach dem Rezept auf Seite 113 bereiten.

❷ Dann in einem Topf Öl erhitzen, Zwiebelwürfel darin anrösten. Dann gekochtes sowie rohes Rindsfaschiertes beigeben und kurz durchrösten. Abkühlen lassen. Mit den Eiern, gehacktem Knoblauch und Petersilie verrühren und gut mit Majoran, Salz und Pfeffer abschmecken.

❸ Strudelteig auf einer bemehlten Fläche ausrollen und mit den Händen zu einem Rechteck (etwa 50 x 70 cm) auseinanderziehen und mit handwarmer Butter bestreichen. Längs einen Rand lassen und daneben etwa zwei Drittel des Teigs mit der Füllung belegen; oben und unten jeweils einen Rand von etwa 2 bis 3 cm lassen. Diese beiden Ränder (oben und unten) einschlagen und von der Seite mit der Füllung her den Teig zu einem Strudel einrollen. Ein Blech mit Backpapier ausgelegen. Den Strudel vorsichtig aufs Blech legen, mit flüssiger Butter bestreichen. Im vorgeheizten Rohr bei 200 °C etwa 30 Minuten backen.

❹ In ca. zwei Finger breite Stücke schneiden, diese in tiefe Teller geben und mit heißer Suppe übergießen.

Markknödel

ZUTATEN

50 g Knochenmark, gewässert
1 EL Petersilie, gehackt
2–3 Scheiben Toastbrot
60 g Weißbrotbrösel
1 Ei
Milch (zum Einweichen)
10 g weiche Butter
Muskatnuss, frisch gerieben
Salz
frisch gemahlener Pfeffer

❶ Das Mark in einer Pfanne auslassen und durch ein Sieb in eine Schüssel passieren. Die weiche Butter dazugeben und alles schaumig schlagen. Dann das Ei langsam unterrühren. Das Toastbrot entrinden und in der Milch einweichen. Dann ausdrücken, passieren und ebenfalls in die Schüssel geben, mit der Butter-Mark-Masse verrühren. Gehackte Petersilie unterheben und alles mit Salz, Pfeffer, Muskatnuss gut abschmecken.

❷ In einem großen Topf Salzwasser aufkochen. Aus der Masse kleine Knödel formen und im Salzwasser etwa 5 Minuten schwach wallend kochen. In heißer Suppe servieren.

TIPP: Markknödel sind auch eine hervorragende Beilage zu anderen Gerichten (siehe Seite 257).

Kalbsleberknödel

ZUTATEN
160 g Kalbsleber
2 Hendllebern
1 Schalotte
1 Knoblauchzehe
1–2 EL Petersilie, gehackt
Majoran

1 Scheibe Toastbrot, entrindet
40 g Weißbrotbrösel
(oder Semmelbrösel)
1 Ei
Milch (zum Einweichen)
3 EL Schweineschmalz oder Öl
Salz
frisch gemahlener Pfeffer

❶ Die Schalotte fein schneiden. Schmalz oder Öl in einer Pfanne erhitzen und Schalotte darin anschwitzen. Abkühlen lassen.

❷ Die entrindete Scheibe Toast in lauwarmer Milch einweichen. Kalbs- und Hendlleber gut waschen, trocken tupfen, putzen und anschließend zusammen mit der Schalotte und dem gut ausgedrückten Toastbrot im Fleischwolf fein faschieren. Knoblauchzehe, Petersilie und frischen Majoran fein hacken.

❸ Die Leber-Toastbrot-Masse in einer Schüssel mit dem Ei, Weißbrotbröseln, Knoblauch, Petersilie und Majoran gut vermengen, mit Salz und Pfeffer würzen. Zudecken und in den Kühlschrank stellen, dort etwa 20 Minuten ziehen lassen.

❹ Anschließen in einem großen Topf Wasser zum Kochen bringen, Salz hineingeben. Mit nassen Händen aus der Masse kleine Knödel formen (oder milhilfe von zwei Löffeln Nockerln abstechen) und diese im siedenden Salzwasser etwa 8 bis 10 Minuten ziehen lassen.

TIPP: Sie können die Leberknödel, statt sie zu kochen, auch in heißem Öl herausbacken. Diese herzhaftere Variante wird in Wien besonders geschätzt.

Milzschnitten

ZUTATEN
150 g Milz vom Kalb oder Rind,
fein geschabt
1 kleine Zwiebel, fein geschnitten
1 Knoblauchzehe, gehackt
1 Bund Petersilie, gehackt
2 Semmeln, in Milch eingeweicht
und passiert
4 Scheiben Toastbrot
1 Ei
1 EL Öl
Butterschmalz (zum Backen)
Majoran
Salz
frisch gemahlener Pfeffer

❶ In einer Pfanne Öl erhitzen und darin die fein geschnittene Zwiebel anrösten. Danach Zwiebel in eine Schüssel geben; die vorher in Milch eingeweichten, ausgedrückten und durch ein Sieb passierten Semmeln, die Milz, Eier sowie gehackte Petersilie und Knoblauch dazugeben und alles gut vermengen. Mit Majoran, Salz und Pfeffer abschmecken.

❷ Butterschmalz in einer Pfanne erhitzen. Die Toastbrotscheiben mit der Milzmasse bestreichen. Toastscheiben erst mit der Seite nach unten in die Pfanne legen, auf die Sie die Masse gestrichen haben. Dann beidseitig goldgelb backen. Herausnehmen und auf Küchenkrepp abtropfen lassen. Toast in mundgerechte Stücke schneiden. In heißer Suppe servieren.

Suppenhuhn

Für 6 bis 8 Portionen

ZUTATEN

1 Suppenhuhn, ca. 1,8 kg, kochfertig (im Ganzen oder zerlegt)
1 Bund Suppengrün
1 Zwiebel, 1 kleiner Thymianzweig
1 Lorbeerblatt, 2 Gewürznelken
3 Körner Piment (Neugewürz)
4 Pfefferkörner
1 kleines Leinensäckchen (für die Gewürze)
Salz, frisch gemahlener Pfeffer

AUSSERDEM

Bandnudeln, Gemüse (Erbsen, Karotten u.a.) als Einlage
1 EL Schnittlauch, fein geschnitten

❶ Das kochfertige Huhn gut waschen und trockentupfen. Die Leber entnehmen und kühlstellen. In einen Topf zwei bis drei Liter Wasser füllen, das Suppenhuhn (mitsamt Herz und Magen) hineinlegen und zum Kochen bringen. Die Zwiebel halbieren und beide Zwiebelhälften in einer sehr heißen Pfanne ohne Fett dunkelbraun anrösten. Die Gewürze – Thymian, Lorbeer, Nelken, Pfeffer- und Pimentkörner – in ein kleines Leinensäckchen geben, dieses mit Zwirn fest zubinden. Gewürzsäckchen, Zwiebelhälften sowie das gewaschene Suppengrün zum Huhn geben. Das Huhn muss nun etwa eine Stunde köcheln (Garzeit hängt von Alter und Größe ab; natürlich ist auch ein zerlegtes Huhn schneller gar als ein ganzes) – so lange, bis sein Fleisch weich ist. Währenddessen den aufsteigenden Schaum (Eiweiß) regelmäßig abschöpfen. Zehn Minuten vor Ende der Garzeit die Leber dazugeben und mitkochen.

❷ Wenn das Huhn gar ist, den Topf vom Herd nehmen, Suppe durch ein Sieb abseihen und kurz beiseitestellen. Hühnerfleisch von den Knochen lösen. Fleisch und Innereien kleinschneiden.

❸ Suppe nochmals aufsetzen, Bandnudeln und Gemüse köchelnd garen. Zuletzt das geschnittene Hendlfleisch dazugeben und abschmecken. In tiefen Tellern anrichten und mit Schnittlauch bestreuen.

Borettane-Zwiebel-Suppe

mit Entenleber und Espuma-Baguette

ZUTATEN

1 l heiße Consommé (Rezept s. Seite 68)
300 g Borettane-Zwiebeln (ersatzweise Schalotten)
3 EL Öl
Salz, frisch gemahlener Pfeffer

ENTENLEBER

4 Scheiben Entenleber à 30 g (oder eine ganze Entenleber)
1 EL Öl
Gänselebergewürz (s. Seite 116)
Salz

ESPUMA-BAGUETTES

200 g Schalotten, Zwiebelsprossen
4 Scheiben Baguette
geriebener Käse (ideal: Bergkäse)
4 Eier, 500 ml Schlagobers
50 g Butter, Cayennepfeffer, Salz

❶ Das Espuma können Sie am Vortag zubereiten und kühlstellen. Dafür die 200 g Schalotten schälen, in feine Scheiben schneiden. In einem Topf die Butter schmelzen und die Schalotten darin anschwitzen. Dann mit Obers aufgießen und weichkochen. Mixen. Durch ein Sieb streichen und kühlstellen. Dann die Eier einrühren, alles abschmecken und in der iSi-Flasche mit zwei Patronen aufbewahren (oder einem anderen Oberssiphon, worin das Espuma steif genug werden kann). Anschließend kühlstellen.

❷ Für die Suppe Zwiebeln schälen und in sehr feine Streifen schneiden (Julienne). Dann Öl in einem Topf erhitzen, Zwiebeln hineingeben und braun rösten. Mit der heißen Consommé aufgießen. Die Zwiebeln kernig kochen. Dann abschmecken.

❸ Entenleber waschen, trockentupfen und, falls Sie eine ganze Leber gekauft haben: in vier Scheiben schneiden. Die Leberscheiben mit Gänselebergewürz und Salz bestreuen. Öl in einer Pfanne erhitzen, die Entenleber einlegen und beidseitig braten. Herausnehmen und auf Küchenkrepp abtropfen lassen.

❹ Die vier Baguette-Scheiben toasten, mit Espuma bespritzen, mit Käse bestreuen und im – auf Grillfunktion eingestellten – Rohr gratinieren. Mit Zwiebelsprossen garnieren.

❺ Vorm Servieren je eine gebratene Scheibe Entenleber und eine Espuma-Baguette-Scheibe in tiefe Teller setzen und mit heißer Suppe angießen.

Paradeiseressenz

mit Büffel-Mozzarella und Basilikum

ZUTATEN

2 l Rindsuppe oder Gemüsefond (Rezepte s. Seiten 68, 100)
750 g vollreife Paradeiser
1 Dose Pelati (Ersatz: geschälte Paradeiser)
2 Karotten
2 Stück Stangensellerie
4 Schalotten
1 Knoblauchzehe, geschnitten
40 ml Olivenöl

ZUM KLÄREN

1 Bund Petersilie, grob geschnitten
4 Eiklar
6 EL Paradeisermark
2 cl Gin
1 Tasse Eiswürfel
eine Prise Zucker
Salz
frisch gemahlener Pfeffer

EINLAGE

3 Fleischparadeiser
2 Stück Büffel-Mozzarella
1 Bund Basilikum
weißer Balsamico-Essig
Olivenöl
eine Prise Zucker
Salz
frisch gemahlener Pfeffer

GARNITUR

Basilikumkresse

❶ Für die Essenz zunächst das Gemüse vorbereiten: Vollreife Paradeiser waschen und kleinschneiden, Karotten schälen und würfeln. Schalotten und Knoblauch schälen, fein schneiden. Stangensellerie waschen. In Stücke schneiden.

❷ Olivenöl in einem Topf erhitzen und darin die kleingeschnittenen Paradeiser und Gemüse anschwitzen. Dann Pelati (geschälte Paradeiser) dazugeben. Mit Rindsuppe auffüllen und bei schwacher Hitze etwa 20 Minuten köcheln lassen. Vom Herd nehmen und kühl stellen.

❸ Zum Klären die Petersilie waschen, grob hacken. Die Eiklar mit Pardaisermark, Eiswürfeln und gehackter Petersilie gut vermischen und unter die kalte Suppe rühren. Bei milder Hitze unter ständigem Rühren langsam aufkochen. Mit Salz, Zucker, Pfeffer und Gin abschmecken. Die Suppe durch ein Passiertuch (Etamin) abseihen, anschließend noch einmal aufkochen.

❹ Für die Füllung Mozzarella in Würfel schneiden. Basilikum waschen, Blätter zupfen und fein schneiden. Fleischparadeiser blanchieren, dann ihre Haut abziehen, sie halbieren und das „Kerngehäuse" wegschneiden. Dann Paradeiser würfelig schneiden und mit Mozzarella und fein geschnittenem Basilikum vermischen, mit Balsamico und Öl marinieren, salzen, zuckern und pfeffern.

❺ Den Pardeisersalat mittig in Suppenteller setzen und mit warmer Suppe umgießen. Mit Basilikumkresse garnieren.

TIPP: Die Paradeiseressenz schmeckt auch köstlich als kalte Suppe, besonders an heißen Sommertagen.

Kalbschwanzessenz

mit Backerbsen und Markbroten

Für etwa 10 Portionen

ZUTATEN

1,5 kg Kalbschwanz, in kleine Stücke gehackt
3 l heller Kalbsfond (s. Rezept Seite 102)
2 Bund Suppengrün
3 Zwiebeln, geschält und gewürfelt
2 Knoblauchzehen
2 EL Paradeisermark
750 ml trockener Rotwein
350 ml roter Portwein
350 ml Madeira
60 ml Öl
10 Thymianzweige
4 Lorbeerblätter
15 weiße Pfefferkörner
5 Körner Piment
Salz
frisch gemahlener Pfeffer

ZUM KLÄREN

800 g Kalbfleisch, grob faschiert
8 Eiklar
Salz

BACKERBSEN

60 g griffiges Mehl
3 Eier
2 EL Milch
1 EL Öl
Öl zum Herausbacken
Muskatnuss, frisch gerieben
Salz

MARKBROTE

4 Scheiben Graubrot, getoastet
120 g Mark, gewässert, in Scheiben geschnitten
1 Bund Schnittlauch, fein geschnitten
Fleur de Sel

❶ Suppengrün und Zwiebeln schälen, in Würfel schneiden. In einem großen Topf Öl erhitzen, Kalbschwanz beigeben und goldgelb anbraten. Suppengrün, Zwiebel, Knoblauch dazugeben und mitrösten. Wenn die Zwiebeln goldgelb sind, das Paradeisermark unterrühren. Nach und nach den Alkohol (Rotwein, Portwein, Madeira) aufgießen und komplett einkochen. Dann mit Kalbsfond aufgießen, aufkochen lassen und den dabei aufsteigenden Schaum abschöpfen. Gewürze – Thymian, Lorbeer, Pfeffer- und Pimentkörner – beigeben und dann alles etwa 4 Stunden kochen. Anschließend den Fond durch ein Sieb abseihen und kalt stellen.

❷ Das Kalbschwanzfleisch von den Knochen ablösen, in feine Würfel schneiden und für die Einlage beiseitestellen.

❸ Zum Klären das grob faschierte Kalbfleisch mit den acht Eiklar und einem halben Liter Fond in einem Topf gut verrühren und etwa eine halbe Stunde ziehen lassen. Danach wieder auf den Herd stellen, mit dem restlichen Fond aufgießen und langsam, unter ständigem Rühren, aufkochen. Etwa 1 Stunde bei kleiner Flamme ziehen lassen. Anschließend durch ein Passiertuch (Etamin) abseihen. Mit Salz und Pfeffer abschmecken.

❹ Für die Backerbsen alle Zutaten – Mehl, Eier, Milch, 1 Esslöffel Öl – gut verrühren und mit Salz und Muskat abschmecken. In einem Topf Öl erhitzen, den Teig langsam eintropfen und die Backerbsen goldgelb herausbacken.

❺ Für die Markbrote das Graubrot toasten. Die Markscheiben in wenig Fond erwärmen und auf den Brotscheiben verteilen. Mit Schnittlauch und Fleur de Sel bestreuen.

❻ Jeweils etwas vom zuvor beiseitegestellten, gewürfelten Kalbschwanzfleisch in Suppentellern anrichten, Backerbsen dazugeben und dann mit der heißen Essenz auffüllen. Markbrote dazu servieren.

TIPP: Wenn Sie bei diesem Rezept Kalbschwanz und -fleisch durch Ochsenschwanz und faschiertes Rindfleisch ersetzen, erhalten Sie eine Ochsenschwanzsuppe.

Fischconsommé

mit Kamille und Oktopus

ZUTATEN
2 l Fischfond (s. Rezept Seite 100)

ZUM KLÄREN
300 g Zanderfilet, grob faschiert

4 Eiklar
1 EL getrocknete Kamillenblüten
1 Messerspitze Safranfäden

OKTOPUS
600 g Oktopus (ein kleiner O.)
1 Bund Suppengrün
3 Knoblauchzehen, zerdrückt
60 ml Weißwein
60 ml weißer Portwein
100 ml trockener Wermut (ideal: Noilly Prat)
Olivenöl
2 Zweige Thymian
2 Zweige Rosmarin
2 Lorbeerblätter
10 Pfefferkörner
2 Pimentkörner
Salz

GARNITUR
frische Zitronenverbene (Ersatz: Zitronenmelisse)

❶ In einem Topf den faschierten Fisch mit Eiklar, Kamille, Safran und einem halben Liter Fond gut verrühren und etwa eine halbe Stunde ziehen lassen. Dann den Topf auf den Herd geben, den restlichen Fond auffüllen und langsam bei milder Hitze aufkochen, dabei ständig umrühren. Anschließend vom Herd nehmen und etwa 20 Minuten ziehen lassen. Durch ein Passiertuch oder ein Sieb abseihen.

❷ Nun den Oktopus säubern, den Kopf entfernen und die Arme einzeln abschneiden. Suppengrün schälen und in Würfel schneiden. Olivenöl in einem Topf erhitzen, zerdrückten Knoblauch, Gemüsewürfel und Oktopusarme hineingeben. Mit dem Alkohol – Weißwein, Portwein, Noilly Prat – ablöschen. So viel Wasser zugießen, bis alles bedeckt ist. Thymian, Rosmarin, Pfeffer- und Pimentkörner beigeben und etwa 40 Minuten köcheln lassen – so lange, bis die Oktopusarme knackig sind. Auskühlen lassen. Dann Oktopus aus dem Topf nehmen, in mundgerechte Stücke schneiden und diese mittig in Suppentellern verteilen. Mit der heißen Fischconsommé übergießen und mit Verbeneblättchen bestreuen.

TIPP: Wenn Sie einen größeren Oktopus gekauft haben, als Sie für die Suppeneinlage brauchen, können Sie den Rest für einen Salat verwenden: gekochten Oktopus kleinschneiden und mit Paprikawürfeln, etwas Zitronensaft, Olivenöl, Petersilie, Salz und Pfeffer vermischen.

Eduard Sacher und die „Gulden-Diners"

Eduard Sacher war stolz darauf, jederzeit in der Lage zu sein, ein Diner für 1000 Personen ausrichten zu können. In dieser Größenordnung war wahrscheinlich kein anderes Hotel als das Sacher mit festlichem Tafelgeschirr ausgerüstet. „Sein Keller ist berühmt, Sacher führt die seltensten Weine; seine Küche liefert zu jeder Saison die kostbarsten Novitäten", war in der „Neuen Freien Presse" über ihn zu lesen. Aus heutiger Sicht erstaunlich ist anderes: Eduard Sacher, der Besitzer eines der nobelsten Häuser Wiens, veranstaltete auch „Gulden-Diners" – zu denen er Mahlzeiten, meist Klassiker der Wiener Küche, servierte, die nicht teurer als ein Gulden waren. Er wollte damit zeigen, dass man auch im Sacher billig essen konnte.

Geeiste Erbsensuppe

mit Schaffrischkäse-Kräuterbaguette

ZUTATEN

1/4 l Gemüsefond (s. Seite 100) oder Wasser
60 g Frühlingszwiebeln (nur die grünen Teile) blanchiert und in Eiswasser abgeschreckt
600 g frische Erbsen, gepult
250 ml Buttermilch
60 ml Olivenöl
10 frische Minzeblätter
Salz
frisch gemahlener Pfeffer

EINLAGE

4 EL Erbsen
2 Minzeblätter, fein geschnitten
Olivenöl

KÄSE-KRÄUTER-BAGUETTE

2 kleine Baguettes, halbiert und getoastet
150 g Schaffrischkäse
1 Bund Kräuter, gemischt (Kresse, Schnittlauch, Kerbel)
40 g Mandeln, gehackt
50 ml Schlagobers
Salz
Pfeffer

❶ Alle Erbsen und die grünen Abschnitte der Frühlingszwiebeln getrennt in zwei Töpfen jeweils blanchieren und im Eiswasser abschrecken. Vier Esslöffel Erbsen für die Einlage beiseitestellen. Die restlichen Erbsen zusammen mit den blanchierten Frühlingszwiebeln, zehn Minzblättern, Buttermilch und Olivenöl in einer Schüssel mit Gemüsefond (oder Wasser) aufgießen und alles – am besten im Standmixer – fein pürieren. Durch ein feines Spitzsieb streichen und in den Kühlschrank stellen.

❷ Für den Aufstrich Schaffrischkäse, gehackte Mandeln und Obers verrühren und pikant abschmecken. In einen Dressiersack füllen und kühl stellen.

❸ Für die Einlage die beiseitegestellten vier Esslöffel Erbsen hacken, mit fein geschnittenen Minzblättern und Olivenöl gut vermischen.

❹ Die vier kleinen Baguettehälften toasten. Kräuter waschen, trockentupfen und zupfen. Kräuter fein schneiden. Käseaufstrich auf die getoasteten Baguettehälften dressieren, mit den Kräutern garnieren.

❺ Zum Anrichten jeweils ein, zwei Esslöffel der Suppeneinlage aus gehackten Erbsen und Minze mittig in tiefe Teller setzen und mit der gekühlten Suppe umgießen. Baguette dazu reichen.

Kalte Paradeisersuppe
mit Gurke und Crevetten (Gazpacho)

ZUTATEN
2 kg sehr reife Paradeiser
1 rote Paprika
2 Gartengurken, geschält und entkernt
1 Knoblauchzehe, fein geschnitten
1/2 Chilischote, entkernt und fein gehackt
50 ml Pardeiseressig
250 ml gutes Olivenöl
etwas Tabascosauce
Salz, frisch gemahlener Pfeffer

EINLAGE
150 g Crevetten in Lake
1 EL Paradeiserwürfel
1 EL Paprikawürfel
1 EL Gurkenwürfel
weißer Balsamico-Essig
Olivenöl
Salz, frisch gemahlener Pfeffer

❶ Für die Suppe die Paradeiser waschen und grob würfeln; einen Esslöffel Paradeiserwürfel für die Einlage feiner schneiden und für die Einlage beiseitestellen, den Rest in eine große Schüssel geben. Die rote Paprika waschen, Kerngehäuse entfernen und Paprika ebenfalls würfelig schneiden. Einen Esslöffel Paprikawürfel für die Einlage beiseite stellen, den Rest zu den Paradeisern in die Schüssel geben. Anschließend Gurken schälen, entkernen, würfelig schneiden. Wiederum einen Esslöffel Gurkenwürfel feiner schneiden und für die Einlage beiseite stellen; die restlichen Gurkenwürfel in die große Schüssel geben. Mit Paradeiser- und Paprikastücken gut vermengen.
Mit Salz, Pfeffer und Paradeiseressig würzen, nochmals durchmischen und etwa 15 Minuten ziehen lassen.

❷ Dann kurz mixen (im Mixer), durch ein Sieb passieren und das Olivenöl einrühren (emulgieren). Anschließend Suppe durch ein Sieb passieren, mit Salz, Pfeffer und Tabascosauce abschmecken, kaltstellen.

❸ Für die Einlage Balsamico mit Öl verrühren, mit Salz und Pfeffer würzen und damit die vorher beiseitegestellten Gemüsewürfel marinieren. Crevetten mit den marinierten Gemüsewürfeln vermischen. Vorm Servieren die Einlage mittig in tiefe Teller geben und mit Suppe umgießen.

Melonenkaltschale
mit Steingarnelen und Estragon

ZUTATEN
1 kleine, reife Zuckermelone
1 reife Honigmelone
1 kleine, reife Wassermelone
1/3 TL Ingwer, frisch gerieben
1 TL Estragon, fein geschnitten
100 ml weißer Portwein
150 ml Champagner oder trockener Sekt

AUSSERDEM
8 Garnelen ohne Schale
1 Knoblauchzehe, angedrückt
1 Zweiglein Rosmarin
Olivenöl
etwas Pfeffer, frisch gemahlen

❶ Melonen halbieren (Wassermelone vierteln) und die Kerne mit einem Löffel herrauskratzen (bei der Wassermelone mit einem spitzen Messer). Für die Einlage aus dem Fruchtfleisch Kugeln ausstechen. Restliches Melonen-Fruchtfleisch mit geriebenem Ingwer und Portwein im Mixer fein pürieren. Durch ein Sieb passieren und kaltstellen.

❷ In einer Pfanne Olivenöl erhitzen und die Garnelen darin anbraten. Knoblauch und Rosmarin beigeben, fertig braten.

❸ Das Melonen-Ingwer-Püree aus dem Kühlschrank nehmen, mit gut gekühltem Champagner oder Sekt aufgießen und gut verrühren. Die Melonenkugeln mit einem Schuss Portwein und Estragon marinieren und auf vier tiefe Teller verteilen (mittig platzieren). Mit der gekühlten Suppe umgießen. Jeden Teller mit zweien der lauwarmen Garnelen garnieren.

TIPP: Ohne Alkohol kann man die Melonenkaltschale mit 150 ml Sodawasser und dem Saft einer halben Zitrone zubereiten (nach Belieben noch mit etwas geriebener Zitronenschale aromatisieren). FOTO linke Seite

Warme gebundene Suppen

Ganslsuppe
mit Bröselknöderln und Majoran

ZUTATEN
200 g Gänseklein (Herz, Magen, Leber, Hals und Flügerl)
1 Bund Suppengrün
1 kleiner Bund Majoran, fein geschnitten
20 g Mehl
200 ml Schlagobers
20 g Ganslfett (ersatzweise Öl)
1 Lorbeerblatt
ein paar Pfefferkörner
Muskatnuss, frisch gerieben
Salz
frisch gemahlener Pfeffer

BRÖSELKNÖDERL
200 g frische Weißbrotbrösel
1 EL Petersilie, frisch gehackt
1 Ei
1 Eidotter
1/8 l Milch
100 g Butter, handwarm
Muskatnuss, frisch gerieben
Salz

❶ Für die Suppe Gänseklein waschen, in einen Topf geben und mit Wasser (etwa ein Liter) bedecken. Zum Kochen bringen. Währenddessen Suppengrün schälen und mit Lorbeerblatt und Pfefferkörnern dazugeben. Die Suppe so lange kochen, bis Gänseklein und Gemüse weich sind. Dann Suppe durch ein Sieb abseihen. Gänseklein und Gemüse beiseitestellen, abkühlen lassen.

❷ In einem Topf das Ganslfett oder Öl erhitzen und darin das Mehl farblos anschwitzen. Mit der Ganslsuppe und 200 ml Schlagobers aufgießen und etwa 10 Minuten köcheln lassen. Inzwischen Majoran waschen, trocknen und ein paar Blättchen für die Garnitur aufheben, den Rest fein schneiden. Gänseklein und Suppengrün in kleine Würfel schneiden, in die Suppe geben, mit Salz, Pfeffer und Muskatnussnuss würzen, mit dem fein geschnittenen Majoran vollenden.

❸ Für die Knöderln zuerst Weißbrotbrösel in Milch einweichen und 20 Minuten ziehen lassen. Anschließend die handwarme Butter schaumig rühren. Das ganze Ei mit dem Eidotter verschlagen und langsam unter die Butter mengen. Nun die ausgedrückte Bröselmasse mit der Butter-Ei-Mischung vermengen. Mit Salz und Muskat würzen und die gehackte Petersilie unterrühren. Im Kühlschrank ca. 15 Minuten rasten lassen.

❹ Dann in einem großen Topf reichlich Salzwasser zum Kochen bringen. Aus der Bröselteigmasse kleine Knöderln formen, ins kochende Wasser geben und darin etwa 10 Minuten bei mittlerer Hitze leicht köcheln lassen.

❺ Zum Anrichten Suppe in tiefe Teller gießen, Knöderln beigeben und mit Majoran bestreuen.

Hummercremesuppe

ZUTATEN

ca. 500 g Karkassen (Schalen) von einem gekochten Hummer
Hummerfleisch aus Scheren, Beinen und Gelenken, gekocht
100 g Karotten
1 Bund Wurzelgemüse
1 Paradeiser
1 Schalotte
2 Knoblauchzehen, geschält
etwas Zitronensaft
2 EL Paradeisermark
100 ml Cognac
250 ml Schlagobers
4 EL geschlagenes Obers
1 TL Maisstärke (Maizena)
Butter zum Anbraten
2 EL Olivenöl
1–2 Zweige Thymian
1–2 Zweige Estragon
2 Lorbeerblätter
4 Wacholderbeeren, zerdrückt
2 Gewürznelken
8 Pfefferkörner
eine Prise Safran
Cayennepfeffer
Salz

❶ Vorab die Hummerschalen (und den Kopf, falls Sie ihn mit verwenden) sorgfältig auswaschen, abtropfen lassen und zum Trocknen ins vorgeheizte Backrohr schieben. Währenddessen Karotten, Wurzelgemüse, Schalotte und Knoblauchzehen schälen und in feine Scheiben schneiden. Olivenöl in einem Topf erhitzen und das Gemüse hineingeben. Die Hummerschalen aus dem Backrohr holen und dazugeben, alles langsam durchrösten. Dann den Paradeiser vierteln und zusammen mit dem Paradeisermark unterrühren. Thymian, Estragon, Lorbeer, Wacholder sowie Gewürznelken, Pfeffer und Safran hinzufügen. Mit Cognac ablöschen, einkochen lassen. Mit etwa einem halben Liter Wasser aufgießen, zudecken und ca. 30 Minuten bei schwacher Hitze köcheln lassen. Anschließend durch ein feines Sieb passieren. Danach die Suppe wieder aufkochen und auf etwa die Hälfte reduzieren. Schlagobers einrühren, nochmals aufkochen und mit der – zuvor in ein wenig Wasser gelösten – Maisstärke binden. Nun die vier Esslöffel geschlagenes Obers unterheben und alles mit dem Stabmixer aufmixen. Mit Salz und Cayennepfeffer abschmecken.

❷ Das Hummerfleisch kurz in Butter anbraten, salzen, pfeffern und mit etwas Zitronensaft abschmecken. Dann mittig auf Teller setzen und mit der Suppe umgießen. Rasch servieren!

Wiener Erdäpfelsuppe

Für 4 bis 6 Portionen

ZUTATEN

1, 5 l Rindssuppe (s. Seite 68)
300 g Erdäpfel
100 g frische Pilze, gemischt (Eierschwammerln, Kräutersaitlinge, Herrenpilze usw.)
120 g Wurzelgemüse (Karotten, Sellerie, gelbe Rüben)
50 g Zwiebeln
1–2 Knoblauchzehen, zerdrückt
50 g Frühstücksspeck
1 Schuss trockener Weißwein
125 ml Schlagobers
1 EL Mehl
4 EL Butterschmalz
1 Lorbeerblatt
etwas Majoran
Kümmel, gemahlen
Salz
frisch gemahlener Pfeffer

GARNITUR

Schnittlauch, fein geschnitten

❶ Vorab Zwiebeln schälen und hacken. Erdäpfel und Wurzelgemüse schälen. Erdäpfel in etwa 1 cm große Würfel schneiden. Karotte, Sellerie und Rübe in kleinere Würfel schneiden. Pilze putzen (mit einem feuchten Tuch) und die Kappen abtrennen. Die Pilzstiele in mundgerechte Scheiben schneiden.

❷ Butterschmalz in der Kasserolle erhitzen und die gehackten Zwiebeln darin anschwitzen. Ein Drittel der gewürfelten Erdäpfel, ein Drittel vom gewürfelten Gemüse sowie alle Pilzstiele dazugeben. Kurz durchrösten, dann mit Mehl stauben, mit Weißwein ablöschen. Mit 1, 25 Liter Rindssuppe aufgießen (250 ml Suppe zurückbehalten). Aufkochen lassen. Lorbeer, Majoran, Knoblauch und Kümmel dazugeben, salzen und pfeffern. Nachdem die Suppe etwa zehn Minuten gekocht hat, das Lorbeerblatt entfernen, die Suppe mit dem Stabmixer pürieren und durch ein Sieb abseihen.

❸ Die übrigen 250 ml Rindssuppe mit den übrigen Erdäpfeln und Gemüsewürfeln in einen Topf geben, auf den Herd setzen, erhitzen. Die Gemüsewürfel etwa zehn bis fünfzehn Minuten weich dünsten.

❹ Inzwischen den Frühstücksspeck fein würfelig schneiden und in einer Pfanne auslassen. Pilzkappen dazugeben und im flüssigen Speck anrösten.

❺ Anschließend geröstete Pilzkappen und gedünstete Gemüse- sowie Erdäpfelwürfel in die Suppe geben. Schlagobers einrühren. Die Suppe noch einmal aufkochen lassen, salzen und pfeffern. In vorgewärmten Suppentellern und mit etwas Schnittlauch bestreut servieren.

ÜBRIGENS: Die Erdäpfelsuppe darf mit Fug und Recht als ein echter Klassiker der Wiener Küche bezeichnet werden. Was heute aber vielfach in Vergessenheit geraten ist, ist die Tatsache, dass die Suppe ihren typischen Geschmack traditionell dem hocharomatischen „Neusiedler Majoran" (einer speziellen Majoransorte aus dem pannonischem Raum) verdankt. Doch dieser Majoran war lang Zeit so gut wie nicht erhältlich und galt schon als ausgestorben, bis man bei einzelnen Bauern im Nordburgenland noch Pflanzen gefunden hat. Heute wird der Neusiedler Majoran wieder gezüchtet (www.neusiedler-majoran.at) und erfreut die Gaumen und Herzen aller Freunde des urwienerischen Geschmacks.

Topinambursuppe

mit Schweinebauch, souffliertem Ei und schwarzer Trüffel

ZUTATEN
800 g Topinambur
1 l Rindsuppe (s. Seite 68)
600 g Schlagobers
2 EL geschlagenes Obers
200 g Sauerrahm
80 g Butter, kalt
Salz
frisch gemahlener Pfeffer

4 SCHWEINEBAUCH-WÜRFEL
1 kg Schweinebauch
1 Zwiebel
1 Lorbeerblatt
2 Zweiglein Thymian
etwas Kümmel, ganz

SOUFFLIERTE EIER
4 Bio-Eier
4 Souffléförmchen
Salz

AUSSERDEM
1 Knolle schwarze Trüffel (Trüffelhobel!)

❶ Zuerst den Schweinebauch zubereiten: Etwa 1 l Wasser in einen flachen Topf geben und darin den Schweinebauch mit der Schwarte nach unten ca. 10 Minuten kochen. Danach das Fleisch herausnehmen, die Schwarte einschneiden und wieder in den Topf legen. Zwiebel und Kräuter dazugeben und alles bei 200 °C für ca. 1 1/2 bis 2 Stunden ins vorgeheizte Backrohr schieben. Vorm Anrichten in vier viereckige Stücke (Würfel) schneiden.

❷ Topinambur waschen, schälen und klein schneiden. In einem Topf die Rindsuppe erhitzen, Topinamburstücke hineingeben und weich kochen. Zusammen mit den 600 ml Schlagobers und dem Sauerrahm im Standmixer (oder mit Stabmixer) pürieren und dann durch ein Sieb passieren. Danach die Suppe nochmals aufkochen, mit der Butter montieren, abschmecken und das geschlagene Obers unterheben.

❸ Die Eier so trennen, dass jedes Eigelb für sich (in z.B. einem Schälchen oder einer Tasse) erhalten bleibt. Die Eiklar in einer Schüssel mit einer Prise Salz steif aufschlagen und in einen Spritzbeutel füllen. Souffléförmchen mit Butter auspinseln und halbvoll mit dem Eischnee befüllen. Pro Förmchen auf den Eischnee jeweils ein Eigelb setzen. Mit weiterem Eischnee abdecken. Bei 100 °C für ca. 10 Minuten ins vorgeheizte Backrohr geben.

❹ Je ein souffliertes Ei und ein Stück Schweinebauch in die Mitte eines Suppentellers setzen, die heiße Topinambursuppe eingießen und etwas Trüffel darüber hobeln.

Sellerieschaumsuppe
mit sautiertem Kalbsbries

ZUTATEN
600 g Sellerie
50 g Schalotten
1 l Geflügelfond (s. Seite 101)
300 ml Schlagobers
200 ml Crème fraîche
60 g Butter
ein Spritzer Zitronensaft
Salz
frisch gemahlener Pfeffer

SAUTIERTES KALBSBRIES
ca. 400 g Kalbsbries
1/8 l Weißwein
1 Lorbeerblatt
Mehl
Butterschmalz

❶ Das Kalbsbries gut wässern, enthäuten und von Adern und Blutgerinnseln befreien. 1 Liter Wasser in einen Topf geben, leicht salzen, Wein und Lorbeerblatt hinzufügen, das Bries einlegen. Aufkochen und anschließend ca. 8 Minuten köcheln lassen. Dann vom Herd nehmen und das Kalbsbries im Fond auskühlen lassen.

❷ Für die Suppe zunächst Sellerie und Schalotten schälen. Sellerie würfeln. Schalotten fein schneiden. In einem Topf die Butter zerlassen und darin die Schalotten anschwitzen. Die Selleriewürfel dazugeben und kurz anschwitzen. Mit Salz, Pfeffer und einem Spritzer Zitronensaft würzen. Mit Geflügelfond aufgießen und alles ca. 20 Minuten köcheln lassen. Obers und Crème fraîche beigeben und etwa fünf Minuten einkochen. Dann die Suppe mit dem Mixstab pürieren und durch ein Sieb streichen. Das Kalbsbries in gleichmäßige Scheiben schneiden. Salzen und pfeffern, leicht in Mehl wenden und anschließend in heißem Butterschmalz beidseitig anbraten.

❸ Die Suppe erwärmen und mit dem Stabmixer aufschäumen. Gebratene Kalbsbriesscheiben mittig in tiefen Tellern anrichten und mit der aufgeschäumten Suppe umgießen. FOTO linke Seite

Pastinakenschaumsuppe
mit Bachkrebsen

ZUTATEN
600 g Pastinaken
3 Schalotten, geschält und gewürfelt
1 l Geflügelfond (s. Seite 101)
500 ml Schlagobers
60 g Butter
Salz
frisch gemahlener Pfeffer

AUSSERDEM
16 Bachkrebse

❶ Zuerst die Bachkrebse genauso zubereiten wie im Vorspeisenrezept auf Seite 52 („Bachkrebse mit Sellerie und Granny Smith") beschrieben, dann kühlstellen.

❷ Danach Pastinaken waschen und schälen. Eine Pastinake für die Garnitur in feine Würfel schneiden und blanchieren. Die restlichen Pastinaken in Scheiben schneiden. Butter in einem Topf schmelzen und die Schalotten darin anschwitzen. Pastinakenscheiben beigeben, salzen, und kurz schmoren lassen. Mit Geflügelfond aufgießen, aufkochen und etwa 15 Minuten köcheln lassen. Dann Schlagobers einrühren und die Suppe noch weitere 5 Minuten köcheln. Anschließend mit dem Stabmixer fein pürieren, durch ein Sieb streichen und mit Salz und Pfeffer abschmecken.

❸ Ein kleines Stück Butter in einer Pfanne schmelzen, die blanchierten Pastinakenscheiben beigeben und kurz anbraten. Bachkrebse dazugeben und kurz durchschwenken.

❹ Vorm Servieren die Suppe erwärmen und mit dem Stabmixer aufschäumen. Pastinakenscheiben und Krebse mittig in Suppentellern platzieren und mit der aufgeschäumten Suppe umgießen.
FOTO Seite 66

Schwarzwurzelsuppe
mit Feige

ZUTATEN
700 g Schwarzwurzeln
4 Schalotten, fein geschnitten
800 ml Gemüsefond (s. Seite 100)
125 ml Milch
etwas Milch zum Einlegen der Schwarzwurzeln
125 ml Schlagobers
2 EL Crème fraîche
100 g Butter
1/4 Zimtstange, 1 TL Anis (im Gewürzsackerl)
Muskatnuss, frisch gerieben
Cayennepfeffer
Salz
weißer Pfeffer

FEIGENGELEE
250 g Feigenpüree (erhältlich im Feinkosthandel)
4 Blatt Gelatine
2 g Agar Agar

GEBACKENE FEIGEN
4 frische Feigen
40 g Eidotter, 60 g Eiklar
180 ml Mich, 130 g Mehl
40 ml Öl, 25 g Zucker, Salz

❶ Zuerst können Sie das Feigengelee vorbereiten: Gelatineblätter in Wasser einweichen. In einem Topf das Feigenpüree mit Agar Agar ca. zwei Minuten lang kochen, die gut ausgedrückte Gelatine dazugeben, gut verrühren. Dann alles auf ein Blech gießen und kühlstellen.

❷ Schwarzwurzeln unter fließendem Wasser schälen und kleinschneiden. Dann in einem passend länglichen Gefäß in Milch einlegen (die geschälten Schwarzwurzeln werden sonst schnell braun). Schalotten schälen und fein schneiden. In einem Topf Butter schmelzen und die Schalotten darin anschwitzen. Die Schwarzwurzeln aus der Milch nehmen, in einem Sieb abtropfen lassen und zu den Schalotten geben. Mit Gemüsefond ablöschen, das Gewürzsackerl mit Zimt und Anis dazugeben. Köcheln lassen, bis die Schwarzwurzeln weich sind. Dann Gewürzsackerl entfernen, Schlagobers und Crème fraîche beigeben und alles im Mixer fein pürieren. Abschmecken.

❸ Für die gebackenen Feigen alle Zutaten – Dotter, Eiklar, Milch, Mehl, Öl, Zucker, Salz – gut zu einem Teig verrühren. Die Feigen durch den Teig ziehen und in Öl herausbacken.

❹ Vorm Servieren Gelee in Würfel schneiden, mit je einer Feige im Teller anrichten und mit Suppe umgießen.

Das Sacher und „Der Dritte Mann"

Nach Ende des Zweiten Weltkriegs – die Oper war ausgebrannt, der benachbarte Philippshof lag in Schutt und Asche, doch das Sacher war unversehrt geblieben – wurde die Wiener Innenstadt von den Alliierten gemeinsam verwaltet, und im September 1945 zogen britische Offiziere im Hotel ein. Und mit ihnen britischer Stil: Der Koch des Sacher, bereitete ab nun einmal im Monat ein Dinner zu, das die Gentlemen an ihre Heimat erinnerte, von der Oxtailsoup bis zum abschließenden Plumpudding. 1947 wurde der exklusive Beefsteak Club gegründet, dessen Mitglieder sich bis heute im Sacher treffen. Und 1948 kam Graham Greene. Der Schriftsteller gehörte zum britischen Auslandsgeheimdienst, dem British Intelligence Service und schrieb hier, im Sacher, das Drehbuch zum „Dritten Mann", der wie kein anderer Film die triste Atmosphäre im Nachkriegswien zeigt. Unter der Regie von Carol Reed wurden neben Orson Welles als düsterem Schwarzmarkthändler und Penicillinschmuggler das Wiener Kanalsystem und das Riesenrad zu Hauptdarstellern – und ein wenig auch das Sacher, wo die Geschichte begann ...

Spargelcremesuppe

mit Radieschen und Geflügelaustern

ZUTATEN

600 g Marchfelder Spargel
3 Schalotten, geschält und gewürfelt
1 l Geflügelfond
200 ml Obers, 200 g Crème fraîche
80 g Butter, eine Prise Zucker
Salz, frisch gemahlener Pfeffer

EINLAGE

16 Stück Geflügelaustern (Ersatz: etwas Hühnerleber oder -brust)
1 EL Geflügeljus, 1 Thymianzweig
Butter zum Anbraten

GARNITUR

3 Radieschen, fein geschnitten
Kerbelblättchen

❶ Den Spargel schälen. Die Spitzen für die Garnitur abschneiden und blanchieren. Die „geköpften" Spargelstangen in kleine Stücke schneiden. Die Schalotten schälen und würfelig schneiden.

❷ In einem Topf Butter erhitzen, schmelzen und darin die Schalotten kurz anschwitzen. Die Spargelstangen dazugeben und kurz anschwitzen. Mit Geflügelfond aufgießen und alles anschließend etwa 15 Minuten köcheln lassen. Dann Obers und Crème fraîche einrühren und noch weitere 5 Minuten köcheln. Anschließend die Suppe mit dem Stabmixer fein pürieren und durch ein Sieb streichen. Mit Salz, Pfeffer und einer Prise Zucker abschmecken.

❸ Für die Geflügelaustern Butter in einer Pfanne schmelzen und die Austern darin beidseitig scharf anbraten. Die vorher blanchierten Spargelspitzen dazugeben und kurz durchschwenken. Mit Salz, Pfeffer und Thymian würzen.

❹ Spargelsuppe mit dem Stabmixer aufschäumen. Geflügelaustern und Spargelspitzen in tiefen Tellern platzieren und mit der Suppe umgießen. Mit fein geschnittenen Radieschen und Kerbelblättchen garnieren.

Gelbe Paprikaschaumsuppe,

mit Schafskäse und Oliven

ZUTATEN

500 g gelbe Paprika
3 Schalotten
1 l Geflügelfond (s. Seite 101)
200 ml Schlagobers
200 g Crème fraîche
80 g Butter
Salz, frisch gemahlener Pfeffer

EINLAGE

120 g Feta
1 EL gute Oliven (grün oder schwarz)
1/2 Knoblauchzehe
Olivenöl
Salz, frisch gemahlener Pfeffer

GARNITUR

frisches Basilikum, Kresse, gezupft

❶ Die gelben Paprika waschen, entkernen und in Würfel schneiden. Schalotten schälen und fein schneiden. Butter in einem Topf erhitzen und die Schalotten darin anschwitzen. Paprikawürfel dazugeben, kurz anschwitzen. Salzen, pfeffern und mit Geflügelfond aufgießen. Etwa 15 Minuten köcheln lassen, dann Obers und Crème fraîche einrühren und weitere 5 Minuten köcheln lassen. Dann die Suppe im Mixer fein pürieren und durch ein Sieb streichen.

❷ Für die Einlage Feta würfelig schneiden, Oliven entkernen und fein schneiden, Knoblauch fein schneiden, und alles zusammen mit Olivenöl, Salz und Pfeffer gut vermengen.

❸ Paprikasuppe mit dem Stabmixer aufschäumen. Jeweils eine Portion Feta in die Mitte eines Suppentellers setzen und mit Suppe aufgießen. Mit Basilikum garnieren.

TIPP: Diese Suppe lässt sich auch mit roten Paprika zubereiten. Gut zur Paprikasuppe passen übrigens Tramezzini, auf folgende Art: Tramezzinischeiben ausrollen und halbieren; je eine halbe Scheibe in Butterschmalz oder Öl knusprig braten, die andere Hälfte mit Oliventapenade bestreichen. Beide Hälften zusammenklappen – fertig.

FOTO linke Seite

Bärlauchschaumsuppe

mit Räucherforelle

ZUTATEN

200 g Erdäpfel, geschält und gewürfelt
100 g Sellerie, gewürfelt
50 g Lauch, nur das Weiße feingeschnitten
3 Schalotten, geschält und feingeschnitten
1 l Geflügelfond
250 ml Schlagobers
50 g Crème fraîche, 60 g Butter
Muskatnuss, frisch gerieben
Salz, frisch gemahlener Pfeffer

BÄRLAUCHPASTE

500 g Bärlauch, blanchiert und gemixt

AUSSERDEM

2 Räucherforellenfilets

❶ Als Erstes die Bärlauchpaste zubereiten: Bärlauch waschen und blanchieren, dann abtropfen lassen und mixen.

❷ Butter in einen Topf aufschäumen und darin Schalotten, Lauch, Sellerie und Erdäpfel kurz andünsten. Mit Fond aufgießen und mit Salz, Pfeffer und etwas Muskatnuss würzen. Etwa 20 Minuten köcheln lassen. Anschließend Schlagobers und Crème fraîche beigeben und das Ganze nochmals etwa 5 Minuten kochen. Danach mit dem Stabmixer fein pürieren und durch ein Sieb streichen. Suppe erneut aufkochen, die Bärlauchpaste einrühren und alles mit dem Stabmixer aufschäumen.

❸ Die Forellenfilts in mundgerechte Stücke schneiden, diese auf vier Suppenteller verteilen und mit aufgeschäumter Suppe angießen.

Kürbisschaumsuppe

mit Butterschnitzel und Blätterteig-Salzstangerln

ZUTATEN

500 g Muskatkürbis, geschält und gewürfelt
1 gelbe Paprika, entkernt gewürfelt
2 Schalotten, geschält und gewürfelt
1 Knoblauchzehe, fein geschnitten
1 l Geflügelfond (s. Seite 101)
500 ml Obers
30 g Butter
1 Prise Kümmelpulver
Salz
frisch gemahlener Pfeffer

BUTTERSCHNITZEL

300 g Kalbfleisch, fein faschiert
2 Eidotter
2 Semmeln, in Milch eingeweicht und passiert
1 TL Weißbrotbrösel
Butterschmalz (zum Braten)
geriebene Zitronenschale, unbehandelt
Muskatnuss, frisch gerieben
Salz, frisch gemahlener Pfeffer

STANGERLN

Blätterteig
1 Eigelb
Kümmel, ganz
Meersalz, grob

❶ Nach Belieben können Sie die Blätterteigstangerln auch ein paar Stunden vorher backen; mit einem fertig gekauften oder, noch besser, einem selbst zubereiteten Teig (Rezept s. Seite 114): Den Blätterteig ausrollen und mit Eigelb bestreichen, mit Kümmel und Meersalz bestreuen. Kurz ins Tiefkühlfach geben und anfrieren. Dann mit einem Messer den Teig in Stangerln zerschneiden und diese auf einem mit Backpapier ausgelegten Blech ins vorgeheizte Rohr schieben. Bei 180 °C ca. 10 Minuten backen.

❷ Für die Suppe zunächst Butter in einem Topf erhitzen und die gewürfelten Schalotten darin anschwitzen. Kürbis- und Paprikawürfel sowie Knoblauch dazugeben, alles gut vermengen, salzen und pfeffern. Kurz schmoren lassen. Mit Geflügelfond aufgießen, aufkochen und etwa 15 Minuten köcheln. Dann Schlagobers einrühren und weitere 5 Minuten köcheln lassen. Im Mixer (oder mit Stabmixer) pürieren und durch ein Sieb passieren.
Mit Kümmelpulver, Salz und Pfeffer abschmecken.

❸ Für die Butterschnitzel alle Zutaten – Kalbfaschiertes, Eidotter, Weißbrotbrösel und in Milch eingeweichte, passierte Semmeln – vermengen. Mit etwas geriebener Zitronenschale, Salz und Pfeffer gut abschmecken und kurz kaltstellen. Dann aus der Fleischmasse mit den Händen nicht zu große Laibchen formen. Butterschmalz in einer Pfanne erhitzen und die Laibchen bzw. Butterschnitzel auf beiden Seiten scharf anbraten. Anschließend bei 160 °C für etwa 10 Minuten ins vorgeheizte Backrohr geben und zu Ende garen.

❹ Butterschnitzel mittig auf Teller setzen, mit Suppe umgießen, mit Stangerln anlegen.

TIPP: Die Suppe kann mit gerösteten Kürbiskernen und ein paar Tropfen Kernöl noch köstlich abgerundet werden.

Schaumsuppe vom Romanasalat

mit Bio-Ei, Anchovis und Speck-Croûtons

ZUTATEN

1,5 l Hühner- oder Gemüsefond
200 g Erdäpfel, geschält und fein gewürfelt
100 g Sellerie, geschält und fein gewürfelt
50 g Lauch, der weiße Teil, in Ringe geschnitten
100 g Zwiebeln, gewürfelt
250 g Schlagobers
50 g Crème fraîche, 3 EL Butter
Muskatnuss, frisch gerieben
Salz, frisch gemahlener Pfeffer

SALATPASTE

400 g Romanasalat, blanchiert und gemixt
100 g Blattspinat

MILCHSCHAUM

1/4 l fettarme Milch

GARNITUR

4 Bio-Eier, 4 Anchovis
90 g Räucherspeck
100 g Schwarzbrotwürfel

❶ Butter in einem Topf aufschäumen, Zwiebeln, Lauch, Sellerie und Erdäpfel beigeben und alles kurz andünsten. Mit dem Fond aufgießen, würzen und ca. 30 Minuten köcheln lassen. (Währenddessen mit dem Zubereiten der Garnitur beginnen.)

❷ Anschließend Obers und Crème fraîche dem Fond beigeben, einmal aufkochen lassen. Mit dem Passierstab fein pürieren und alles durch ein Sieb passieren. Suppe nochmals abschmecken. Salatpaste beigeben und gut mit Stabmixer aufmixen.

❸ Nun den Viertelliter Milch leicht erwärmen, mit dem Stabmixer aufschäumen.

❹ Für die Garnitur zunächst Wasser in einem Topf aufkochen, leicht salzen, die Eier hineingeben und den Topf gleich vom Herd nehmen, zudecken und 12 Minuten ziehen lassen. Dann die Eier abkappen und in sauberes, warmes Wasser legen (so dass das überschüssige Eiweiß abrinnen kann).

❺ Die Anchovis panieren und in einer Pfanne mit heißem Öl ausbacken.

❻ Für die Speck-Croûtons den Räucherspeck würfeln und zusammen mit den Schwarzbrotwürfeln in Butter rösten, vermischen.

❼ Die Suppe in vorgewärmten Suppentellern anrichten, mit Milchschaum dekorieren. Die vorbereiteten Bio-Eier, Anchovis und Speck-Croûtons daraufgeben.

Spinatschaumsuppe

mit weißer Alba-Trüffel, Bio-Ei und knuspriger Hendlhaut

ZUTATEN

GRUNDSUPPE

3 EL Butter
200 g Erdäpfel, geschält und gewürfelt
100 g Sellerie, geschält, in Würfel geschnitten
50 g Lauch, nur der weiße Teil
100 g Zwiebeln
1,5 l Hühner- oder Geflügelfond (s. Seite 101)
250 ml Schlagobers
50 g Crème fraîche
Muskatnuss, frisch gerieben
Salz
frisch gemahlener Pfeffer

SPINATPASTE

500 g Blattspinat, blanchiert und gemixt

AUSSERDEM

4 Bio-Eier
Hühnerhaut
1 kleine weiße Trüffel

❶ Für die Spinatpaste den Blattsalat blanchieren, abtropfen lassen und mixen.

❷ Dann Butter in einem Topf aufschäumen. Zwiebeln, Lauch, Sellerie und Erdäpfel beigeben und alles kurz andünsten. Mit Fond aufgießen, würzen und etwa 30 Minuten köcheln lassen. Anschließend Schlagobers und Crème fraîche in die Suppe einrühren und alles einmal aufkochen. Dann Suppe mit dem Passierstab fein pürieren und durch ein Sieb passieren, nochmals abschmecken. Spinatpaste beigeben und das Ganze gut mit dem Stabmixer aufmixen.

❸ Die Hühnerhaut zwischen 2 Backpapierblättern, die Sie mit einer Gusseisenpfanne beschweren, im vorgeheizten Rohr bei 160 °C etwa 20 Minuten knusprig backen.

❹ Für die Eier Wasser in einem Topf aufkochen, leicht salzen. Eier hineingeben und den Topf sofort vom Herd nehmen, zudecken. Die Eier 12 Minuten ziehen lassen, dann abkappen und in sauberes, warmes Wasser legen (so dass das überschüssige Eiweiß abrinnen kann; eine Alternative, falls Sie die Möglichkeiten haben, wäre, die Eier zwanzig Minuten bei 63 °C Dampf zu garen und dann das Eiweiß in warmem Wasser abzuschälen.)

❺ Die Suppe in vorgewärmten Tellern anrichten, mit Ei und Hühnerhaut dekorieren.

❻ Zuletzt – entweder kurz vorm Servieren oder am Tisch – die Trüffel darüber hobeln.

TIPP: Statt der weißen Trüffel können Sie natürlich auch eine schwarze verwenden.

12 Huitres d'ostende 3·80

EDUARD SACHER.

Wien, 24/10 1896.

Frühstück-Speisen.

	fl.	kr.
Oeufs à la Toulousienne	1.	40
Omelette aux Jambon	-	70
Tête de veau vinaigrette	1.	80
~~Côte de Porc aux Racines~~	1.	—
Escaloppes de veau en casserolle aux pommes	1.	35
Rostbraten aux oignons	1	—
Rognons sauté à la piemoise	-	80
Filets de sole à la Walewska	2.	50

	fl.	kr.
Hors d'oeuvres	2.	–
Caviar non salé	1.	50
Saumon fumé	1.	20
Pâté de foie gras	1.	–
Pâté de Gibier	1.	–
Galantine de volaille		80
Radis au beurre	-	35
Bouillonhäring	-	35

Hors d'oeuvres.

		fl.	kr.
1 Dutzend	Whitstable Austern	3	80
1 Portion	Caviar mit Butter	1	50
1 „	geräucherter Lachs	1	20
1 „	geräucherter Lachs mit Caviar	1	50
1 „	Kieler Sprotten	—	35
1 „	Sardellen	—	35
2 Stück	Sardinen de Nantes	—	50
½	Jäger-Häring naturel	—	35
½	Jäger-Häring garnirt	—	45
1	Ostsee-Häring	—	35
1	Bouillon-Häring	—	35
1 Portion	Rettig mit Butter	—	35
1 „	Gansleber-Pastete	1	—
1 „	Wild-Pastete	1	—
1 „	Galantine von Huhn	—	80
1 „	Mayonnaise von Fisch	1	—
1 „	Mayonnaise von Huhn	1	—
1 „	Prager Schinken	—	70
1 „	Westphäler Schinken	—	80
1 „	Zunge	—	70
1 „	Gänsebrust	—	80
1 „	kalter Aufschnitt	1	—
1 „	sauce tartare		50
1 „	Trüffel à la serviette	5	—
1 Dutzend	Austern grillirt	4	30
1 Portion	Coquilles von Austern	2	50
1 „	Schinken mit Eier	—	90
1 „	englischer Speck mit Eier	1	—
1 „	gerührte Eier	—	50
1 „	gerührte Eier mit Trüffel	1	20
1 „	gerührte Eier m. geräuch. Lachs	1	20
1 „	gerührte Eier mit Schinken	—	70
1 „	gerührte Eier mit Käse	—	70
1	Omelette mit Caviar	1	20
1	Omelette aux fines herbes	—	70
1	Omelette aux champignons	—	80
1	Omelette mit Nieren	—	80
1	Omelette mit Sardellen	—	70
1	Omelette mit Trüffel	1	20
1 Stück	Ei à la coque	—	15
3 „	Eier auf der Platte	—	70
2 „	Eier à la cocote	—	50
3 „	pochirte Eier au jus	—	70

SAAL.

Gewusst, wie!

Grundlagenrezepte für jede Küche:

Fonds ·
Kalte Saucen · Warme Saucen
Teige · Farce & Beize
Gewürzmischungen
Pestos · Chutneys
Selbst Eingelegtes

Kochen ist ein Handwerk und eine Kunst. Vor allem für letzteren Aspekt bedarf es oft guter Vorbereitung. Fonds, Saucen, Teige, auch Eingemachtes oder Gewürzmischungen gehören zu den Standards, auf denen ein komplexes Menü aufbaut.
Die Grundlagenrezepte auf den folgenden Seiten sind vielfältig verwendbar und wenn Sie sie einmal beherrschen, eine solide Basis für kulinarische Höhenflüge.

Fonds

Gemüsefond

ZUTATEN
200 g Sellerie
1/2 Stangensellerie
1 Petersilienwurzel
200 g Lauch
1/2 Bund Petersilie
1 Lorbeerblatt
10 weiße Pfefferkörner

● In einem großen Topf etwa 3 Liter kaltes Wasser auf den Herd setzen. Das Gemüse putzen, grob schneiden. Zusammen mit Petersilie, Lorbeer und Pfeffer in den Topf geben, aufkochen und etwa eine halbe Stunde köcheln lassen. Anschließend abseihen.
Übrigens: Da ein Fond in der Regel weiterverwendet und dabei weiter reduziert (im Aroma konzentrierter) wird, sollten Sie ihn vorerst nicht salzen.

TIPP: Selbstverständlich können Sie Art und Menge der Gemüse-Zutaten variieren oder auch den Fond stärker reduzieren. Aber: Nehmen Sie nicht zu viel Pertersilie und keinesfalls Karotten, da diese dem Fond ein unpassend süßes Aroma verleihen.

Fischfond

ZUTATEN
1 kg Fischkarkassen (Gräten)
200 g Lauch, nur der weiße Abschnitt
2 Stück Stangensellerie
2 Stück Petersilienwurzel
4 Champignons
100 g Schalotten (4 bis 5 Stück)
5 Knoblauchzehen
200 ml trockener Weißwein
200 ml Wermut (ideal: Noilly-Prat)
2 EL Olivenöl
1 Lorbeerblatt
1 Zweig Thymian
5 weiße Pfefferkörner, zerdrückt

❶ Fischkarkassen waschen und zerkleinern. Dann Karkassen in einen Topf mit kaltem Wasser legen, um die Blutrückstände zu lösen. Eine Stunde stehen lassen. Danach abgießen, den Topf mit frischem Wasser füllen und wieder eine Zeit lang stehen lassen. Dann wieder abgießen und das Ganze eventuell ein drittes und viertes Mal wiederholen – so lange, bis das abgegossene Wasser so klar aussieht wie frisches. Dann Karkassen im Sieb gut abtropfen lassen.

❷ Lauch und Sellerie putzen; Petersilienwurzeln und Schalotten schälen und alles kleinschneiden. Öl in einem großen Topf erhitzen, die zerkleinerten Karkassen hineingeben und andünsten. Das klein geschnittene Gemüse dazugeben und kurz mitdünsten. Mit Weißwein und Wermut ablöschen, dann stark aufkochen. Einkochen und anschließend mit 1 Liter kaltem Wasser auffüllen. Nun Lorbeer, Thymian, die zerdrückten Pfefferkörner, Knoblauchzehen und Champignons in die Brühe geben und das Ganze bei niedriger Hitze ca. 20 Minuten köcheln lassen, dabei den aufsteigenden Schaum immer wieder abschöpfen.

❸ Anschließend Fischfond durch ein Passiertuch oder ein Spitzsieb abseihen. Abkühlen lassen und dann das Fett, das an die Oberfläche gestiegen ist, abheben (mit einem Löffel oder Küchenkrepp).

TIPP: Beim Kochen von Fischfond beträgt das ideale Verhältnis der Menge der Fischkarkassen zur Wassermenge 1:1, also für 500 g Karkassen braucht man rund 500 ml Wasser. Übrigens: Fischfond nie länger als eine halbe Stunde kochen – er nimmt sonst einen strengen Geschmack an!

Krebs- oder Hummerfond

ZUTATEN

500 g Krebs- oder Hummerkarkassen (Schalen)
1 Bund Wurzelgemüse
2 Paradeiser
4 Schalotten
2 Knoblauchzehen
50 g Paradeisermark
1/8 l trockener Weißwein
1/8 l Wermut (Noilly-Prat)
150 g Butter
3 EL Olivenöl
1 Zweig Estragon
1 Zweig Thymian
2 Lorbeerblätter
3 Wacholderbeeren, zerdrückt
weißer Pfeffer, frisch gemahlen

❶ Die Karkassen der Krustentiere sorgfältig unter fließendem Wasser auswaschen, abtropfen lassen und zum Trocknen ins vorgeheizte Backrohr schieben. Währenddessen Wurzelgemüse schälen und in Scheiben schneiden, Schalotten und Knoblauchzehen fein schneiden. Olivenöl in einem Topf erhitzen und das Gemüse hineingeben. Die Hummerschalen aus dem Backrohr holen und dazugeben, alles langsam durchrösten. Die Paradeiser vierteln und zusammen mit dem Paradeisermark unterrühren. Thymian, Estragon, Lorbeer und Wacholder hinzufügen. Mit Weißwein und Nouilly-Prat ablöschen, einkochen lassen.

❷ Dann die Butter einrühren und bräunen. Mit etwa einem Liter Wasser aufgießen (so, dass alles bedeckt ist) und ca. 45 Minuten bei schwacher Hitze köcheln lassen. Dann durch ein feines Sieb passieren und kaltstellen.

❸ Anschließend die Fettschicht, die sich an der Oberfläche des kalten Fonds gebildet hat, abnehmen. Übrigens: Wenn Sie dieses abgenommene Fett kurz in einem Topf erwärmen, sich klären lassen und nochmals passieren, erhalten Sie Hummerbutter!

TIPP: Um so viele Hummer- und Krebsschalen zusammenzubekommen, wie Sie für diesen Fond benötigen, können Sie jeweils die nach einer Mahlzeit übrigen Hummer- oder Krebsschalen sammeln, indem Sie sie in Gefrierbeuteln im Tiefkühlfach lagern, wo sie sich zwei Monate halten.

Geflügelfond

ZUTATEN

1 kg Geflügelkarkassen und -teile
1 Bund Suppengrün
1/2 Lauch
3 Zwiebeln
1 Knoblauchzehe
1 Lorbeerblatt
4 Wacholderbeeren, angedrückt
1 TL weiße Pfefferkörner

● Karkassen unter fließendem Wasser waschen, mit Küchenkrepp trocknen und zerkleinern. In einen Topf geben, mit etwa einem Liter Wasser auffüllen (die Knochen müssen ganz bedeckt sein), langsam aufkochen und dabei den aufsteigenden Schaum abschöpfen. Nun Lorbeerblatt, Wacholderbeeren, Pfefferkörner beigeben und das Ganze köcheln lassen. Etwa nach 1 Stunde Kochzeit die halbierten Zwiebeln (ohne Schale), Knoblauchzehe, Suppengrün und Lauch dazugeben. Gemüse und Karkassen weitere 1–1 1/2 Stunden köcheln lassen. Zuletzt den Fond durch ein Passiertuch (Etamin) oder Spitzsieb abseihen. Abkühlen lassen und die Fettschicht an der Oberfläche abheben.

Heller Kalbsfond

ZUTATEN

1, 5 kg Kalbsknochen (ideal: aus dem Rücken), möglichst klein gehackt (Fleischhauer!)
1 Karotte
2 Zwiebeln
2 Stangen Sellerie
einige Stängel Petersilie
1 Lorbeerblatt
8 weiße Pfefferkörner, zerstoßen (Mörser)

● Die zerkleinerten Kalbsknochen mit etwa 2, 5 Liter Wasser in einem Topf zum Kochen bringen. Karotte und Stangensellerie waschen und in grobe Scheiben schneiden, Zwiebeln schälen und würfeln. Alles zusammen mit dem Lorbeerblatt und den Pfefferkörnern zu den Knochen in den Topf geben und zwei bis drei Stunden leise köcheln, nach einer Stunde die Petersilie dazugeben. Am Ende der Kochzeit sollte die Flüssigkeit auf ca. einen Liter eingekocht sein. Anschließend Kalbsfond durch ein Passiertuch abseihen und kaltstellen. Die Fettschicht an der Oberfläche abheben.

Brauner Wildfond

Für etwa 0,5 Liter

ZUTATEN

1, 5 kg Wildkarkassen (Hase, Reh, Hirsch o. Ä.), klein gehackt
2 Karotten
1 Sellerie
1 Fenchelknolle
1 Zwiebel
500 ml kräftiger trockener Rotwein
200 ml Öl
1 Lorbeerblatt
8 weiße Pfefferkörner, zerstoßen

❶ Backrohr auf 200 °C vorheizen. Öl in eine große Bratenpfanne gießen, die Wildkarkassen hineinlegen, ins Backrohr schieben und durchrösten. Wenn die Wildkarkassen gleichmäßig gebräunt sind, Gemüse (Karotten, Sellerie, Fenchel und geschälte Zwiebel) in grobe Stücke schneiden, dazugeben und noch ca. 15 Minuten mitrösten. Mit Rotwein ablöschen. Dabei rühren, um den Bratensatz zu lösen. Den Rotwein auf etwa zwei Drittel einkochen lassen.

❷ Dann einen passend großen Topf auf den Herd stellen, Karkassen, Gemüse und Bratensaft aus der Pfanne in den Topf umleeren. Mit 3 Litern Wasser aufgießen, Lorbeerblatt und Pfeffer beigeben und alles rund fünf Stunden bei milder Hitze köcheln lassen, dabei den aufsteigenden Schaum abschöpfen. Anschließend den Fond durch ein Passiertuch abseihen und abkühlen lassen. Dann die Fettschicht an der Oberfläche restlos entfernen und den Fond nochmals aufkochen und auf einen halben Liter reduzieren.

Dunkler Geflügeljus

ZUTATEN
2 kg Geflügelkarkassen, zerhackt
200 g Zwiebeln, gewürfelt
150 g Mirepoix (Karotten, Sellerie und gelbe Rüben, gewürfelt)
1 Knoblauchzehe
30 g Paradeisermark
500 ml trockener Rotwein
500 ml roter Portwein
100 ml Madeira
2 EL Öl
2 Lorbeerblätter
2 EL Thymian, getrocknet
3 Pimentkörner
5 Pfefferkörner

● Öl in einem Topf erhitzen, die Karkassen beifügen und goldgelb braten. Zwiebeln und Wurzelgemüse schälen und würfelig schneiden, Knoblauch zerdrücken, zu den Karkassen hinzufügen und mitrösten. Paradeisermark unterrühren, nach und nach Alkohol (Rotwein, Portwein, Madeira) zugießen und einkochen lassen. Dann mit 3 Litern Wasser aufgießen. Aufkochen. Den aufsteigenden Schaum abschöpfen. Gewürze und Kräuter dazugeben und alles ca. 3 Stunden bei niedriger Hitze köcheln. Durch ein Passiertuch (Etamin) abseihen. Anschließend wieder aufkochen und reduzieren, bis der Fond einen seidigen Glanz erhält.

TIPP: Übrig bleibenden Jus (oder Fond) in Eiswürfelsackerln einfrieren – als kleinen, hilfreichen Vorrat zum Verfeinern von Suppen und Saucen.

Kalbjus (brauner Fond)

ZUTATEN
1, 5 kg Kalbsknochen, möglichst klein gehackt (Fleischhauer!)
1 Scheibe Kalbskopf oder -haxe
2 gelbe Rüben
1 Stange Sellerie
2 Paradeiser
2 Zwiebeln
1 Knoblauchknolle mit Schale
je ein Zweig Estragon, Rosmarin, Thymian
200 ml trockener Rotwein
100 ml Madeira
2 EL Olivenöl
1 Lorbeerblatt

❶ Die Kalbsknochen gut wässern, abtropfen lassen und mit Küchenkrepp trockentupfen. Das Gemüse waschen, Rüben und Zwiebeln schälen. Gemüse in Stücke schneiden. Olivenöl in einem großen Topf erhitzen, darin die Knochen scharf anbraten, anschließend gleichmäßig bräunen. Knoblauchknolle quer halbieren und – sobald die Knochen gebräunt sind – mit den Gemüsestücken und der geputzen Scheibe Kalbskopf dazugeben. Kräuter und Lorbeerblatt hinzufügen und alles kurz anbraten.

❷ Rotwein und Madeira zugießen, fast zur Gänze einkochen lassen und dabei umrühren. Dann alles mit 3 Litern Wasser auffüllen und 4 Stunden köcheln lassen (am besten bei 200 °C im geöffneten Backrohr), gelegentlich umrühren und, falls nötig, Wasser nachgießen. Danach Kalbsjus durch ein Sieb abseihen. Wieder in einen Topf geben, erhitzen und langsam köchelnd auf etwa einen Liter Flüssigkeit reduzieren.

Lammjus

Für etwa 0,5 Liter

ZUTATEN

500 g Lammknochen, in kleine Stücke gehackt (Fleischhauer!)
1 l Kalbsfond oder Wasser
2 Stangen Sellerie
3 Paradeiser, vollreif
1 kleiner Erdapfel (festkochend)
1–2 Zwiebeln
2 Knoblauchzehen, angedrückt
2 Thymianzweige
150 ml trockener Weißwein
Butter zum Anbraten
2 EL kalte Butter, zum Montieren
Olivenöl
Öl zum Anbraten
1 Lorbeerblatt
etwas Kümmel, ganz
Muskatnuss, frisch gemahlen
1 TL weiße Pfefferkörner
weißer Pfeffer, frisch gemahlen
Salz

● Lammknochen gut waschen und abtropfen lassen. Sellerie waschen, Zwiebeln schälen; beides würfelig schneiden. Öl in einem Bratentopf erhitzen, Lammknochen ins heiße Öl geben und rösten, bis sie hellbraun sind. (Achtung: Wenn Sie die Lammknochen zu dunkel anbraten, setzen diese wenig schmackhafte Bitterstoffe frei.) Jetzt Öl abgießen und stattdessen Butter hinzufügen. Sellerie- und Zwiebelwürfel sowie angedrückte Knoblauchzehen dazugeben und mitrösten. Leicht salzen. Paradeiser waschen, in Stücke schneiden und mitsamt ihrem dabei ausgeronnenen Saft zu Knochen und Gemüse geben, mit Weißwein ablöschen. Mit Fond oder Wasser aufgießen. Den kleinen Erdapfel hineinreiben (zum Binden) und die restlichen Gewürze und Kräuter – Thymian, Lorbeer, die Prise Kümmel, Pfefferkörner, Muskatnuss und gemahlenen Pfeffer – beigeben. Aufkochen. Etwa 45 Minuten bis 1 Stunde bei milder Hitze köcheln lassen (falls nötig, etwas kaltes Wasser nachgießen). Anschließend durch ein Passiertuch oder Spitzsieb abseihen, kühlstellen, Fett abnehmen. Nun den Lammjus nochmals erhitzen und etwas einkochen lassen, abschmecken und mit kalter Butter und Olivenöl montieren.

Dîner du 8 Septembre 1886.

Potage à la Poméranienne.

Filets d'esturgeon à la vénitienne.

Pièce et côte de boeuf.

Salmis de perdreaux à la Rachel.

Dindons rôtis, salade, compote.

Pouding de cabinet.

Fromages.

Glaces aux framboises et au caramel.

Dessert.

Kalte Saucen

Apfelkren

ZUTATEN
3–4 Äpfel, eher säuerlich
30 g Kren, frisch gerieben (ersatzweise aus dem Glas)
1 Schuss Rindsuppe
Essig
Salz

● Die Äpfel zerteilen, Kerne und Schale entfernen. Dann in Essigwasser weichdünsten, abseihen und durch die „Flotte Lotte" passieren. Mit Essig und Salz abschmecken, gut mit dem Kren vermischen.

TIPP: Eine schnelle Version zum Zubereiten von Apfelkren: Rohe Apfelspalten fein raspeln (mit einer Reibe), rasch mit 2 Esslöffeln Zitronensaft vermischen, mit Kren vermengen, salzen. Außerdem: Sie können den Apfelkren durch eine größere Portion Kren „schärfen", ihn mit ein wenig Rindsuppe abrunden oder mit etwas Öl geschmeidiger machen.

Oberskren

ZUTATEN
3 EL Kren, frisch gerieben (oder aus dem Glas)
1/4 l Schlagobers
1 Schuss Zitronensaft
1 Prise Zucker
Salz

● Das Obers nicht zu steif schlagen. Langsam Zitronensaft, Zucker, Salz sowie Kren unterheben. Nochmals abschmecken.

Schnittlauchsauce

ZUTATEN
3 EL fein geschnittener Schnittlauch
2 Scheiben Weißbrot, entrindet
2 rohe Eigelb
3 hart gekochte Eidotter
1 TL Dijonsenf, Prise Zucker
Milch zum Einweichen
200 ml Schlagobers
250 ml Pflanzenöl
1 Spritzer Essig
weißer Pfeffer, frisch gemahlen
Salz

● Das entrindete Weißbrot in Milch einweichen. Die gekochten Eidotter durch ein Sieb passieren und mit den rohen Eigelb verrühren. Weißbrot aus der Milch nehmen, gut ausdrücken, passieren und mit den Eigelb vermengen. Salzen und pfeffern. Dann das Pflanzenöl sehr, sehr langsam in die Masse einrühren. Es sollte alles schön gebunden sein – ähnlich einer Mayonnaise. Dann Essig, Senf und Zucker beigeben und flüssiges Obers unterrühren, bis die Sauce fein sämig ist. Vorm Servieren mit dem frischen, fein geschnittenen Schnittlauch vermengen.

Mayonnaise

ZUTATEN
2 Eidotter
eine Messerspitze Senf
1 Schuss Worcestershiresauce
1 Spritzer Gurkerlessig
250 ml Pflanzenöl
Salz, frisch gemahlener Pfeffer

● Die nicht zu kalten Eidotter in eine Schüssel geben. Senf, Salz und Pfeffer dazugeben und alles mit dem Stabmixer schaumig rühren.
Nun das Pflanzenöl langsam hineintropfen lassen und währenddessen unaufhörlich mit dem Stabmixer rühren, bis die Mayonnaise die richtige, sämige Konsistenz erreicht hat. Mit Gurkerlessig und Worcestershiresauce abschmecken.

Aioli (Knoblauchmayonnaise)

ZUTATEN
1 Eidotter
2 Knoblauchzehen
1 Schuss Zitronensaft
1 Messerspitze Dijonsenf
2 EL Sauerrahm
180 ml Maiskeimöl
1 Spritzer Tabascosauce
Salz

● Knoblauch schälen und im Mörser zerstoßen (oder später pressen). Eidotter in einer hohen Schüssel mit Senf, Zitronensaft, ein wenig Tabasco verrühren. Aufmixen (Stabmixer!). Unter ständigem Mixen nun langsam das Maiskeimöl eintropfen, bis eine cremige Mayonnaise entstanden ist. Knoblauch und Sauerrahm beigeben und fein untermixen. Zuletzt mit Salz abschmecken; am besten frisch zubereitet servieren.

TIPP: Wenn Sie zusätzlich je eine kleine grüne und rote Pfefferschote (ohne Kerne) fein schneiden, in etwas Olivenöl anschwitzen und unterheben, erhalten Sie eine schärfere Variante der – aus der Provence stammenden – Aioli: eine Rouille. Beide Saucen passen zu kaltem Braten und Salaten, vor allem aber zu Fischgerichten.

Erdäpfeldressing

Für etwa 0,3 Liter

ZUTATEN
3 kleine Erdäpfel, festkochend
1 Schalotte, ohne Schale
1 kleiner Bund Schnittlauch
2 Eidotter
4–5 EL Rindsuppe
2 EL Essig
150 ml Maiskeimöl
Salz
frisch gemahlener Pfeffer

● Die gewaschenen Erdäpfel mit Schale gar kochen. Währenddessen Schalotte fein würfelig schneiden. Die gekochten Erdäpfel schälen und gleich durch die Erdäpfelpresse drücken. Erdäpfelmasse mit den zwei Eidottern, den zwei Esslöffeln Essig und der gewürfelten Schalotte vermengen. Jetzt unter ständigem Rühren das Öl eintropfen lassen. Wenn das Öl ganz mit der Masse vermischt ist, löffelweise Rindsuppe zugießen, bis das Dressing eine cremige Konsistenz erhält. Dann salzen, pfeffern und mit dem feingeschnittenen Schnittlauch unterheben.

Sacher-Hausdressing

Für ca. 1 Liter

ZUTATEN

300 ml Geflügel- oder Gemüsefond
1 Stängel Basilikum
1 Zweig Rosmarin
1 TL Dijonsenf
6 cl Madeira
6 cl weißer Portwein
2 cl Cognac oder Weinbrand
100 ml Apfelessig
70 ml Balsamico-Essig
200 ml Sonnenblumenöl
150 ml Olivenöl
1 TL Zucker
weißer Pfeffer, frisch gemahlen
ca. 1 EL Salz

❶ Alle flüssigen Zutaten – Fond, Madeira, Portwein und Cognac, Apfelessig und Balsamico, Sonnenblumen- und Olivenöl – in eine Schüssel gießen, mit Senf und Zucker verrühren, salzen und pfeffern. Basilikum und Rosmarin grob schneiden und gut unter das Dressing mischen. Nun das Dressing 2 bis 3 Stunden zugedeckt ziehen lassen. Dann abseihen. Eventuell nochmals abschmecken.

❷ Das Dressing hält sich, in Schraubgläsern oder Flaschen, im Kühlschrank etwa zwei Wochen. Ehe Sie es verwenden, durchrühren und auch eine Weile vorm Marinieren herausnehmen, damit es sich auf Zimmertemperatur erwärmt. Übrigens: Blattsalat erst kurz vorm Servieren mit einem Dressing mischen – sonst verliert er die knackige Konsistenz.

Balsamicodressing

Für knapp 1 Liter

ZUTATEN

160 ml roter Portwein
160 ml Madeira
25 ml Noilly Prat (oder ein anderer Wermut)
125 ml Balsamico-Essig
65–70 ml alter Balsamico-Essig
280 ml Maiskeimöl
330 ml Olivenöl
1/2 EL Dijonsenf
etwas Zucker
ca. 1 EL Salz

● Portwein und Madeira in einen kleinen Topf geben, langsam aufkochen und auf 125 ml Flüssigkeit reduzieren, abkühlen lassen. Noilly Prat mit übrigen Zutaten – jeweils den beiden Öl- und Balsamicosorten, Senf, Zucker, Salz – gut vermischen. Die Reduktion unterrühren und abschmecken. Was Sie nicht gleich verwenden: kühlstellen! In der Flasche oder im Schraubglas hält sich das Balsamicodressing im Kühlschrank bis zu zwei Wochen.

Paradeissugo

Für etwa 1,5 Liter

ZUTATEN

1 kg vollreife Paradeiser (oder geschälte Paradeiser aus der Dose)
70 g Karotten
70 g gelbe Rüben
70 g Sellerie
70 g Zucchini
3–4 Zwiebeln
2 Knoblauchzehen
1 kleine frische Chili
20 g Basilikum
ca. 100 ml Olivenöl
1 Lorbeerblatt
2 Wacholderbeeren
etwas Kümmel, gemahlen
ca. 2 EL brauner Zucker
Meersalz, frisch gemahlener Pfeffer

❶ Karotten, gelbe Rüben, Sellerie und Zucchini in feine Würfel schneiden. Zwiebeln und Knoblauchzehen fein schneiden. Chili halbieren und fein schneiden (ohne Kerne). Stielansatz bei den Paradeisern ausschneiden. In einem Topf Wasser aufkochen, salzen. Paradeiser kreuzweise einschneiden, nacheinander im Salzwasser kurz blanchieren, anschließend im Eiswasser abschrecken. Nun Paradeisern die Haut abziehen. Paradeiser halbieren und – nachdem man die Kerne entfernt hat – in kleine Würfel schneiden. Den dabei entstehenden Saft auffangen und durch ein Sieb passieren.

❷ Olivenöl in einen Topf geben, erhitzen. Zwiebeln darin langsam goldgelb anschwitzen. Den braunen Zucker einstreuen, mit den Zwiebeln verrühren. Würfelige Karotten, Rüben, Sellerie und Zucchini dazugeben und alles vermischen. Den passierten Paradeissaft einrühren und alles etwa 30 Minuten bei milder Hitze köcheln lassen (ab und zu umrühren). Dann die würfelig geschnittenen Paradeiser sowie Knoblauch, Chili, Basilikum und die restlichen Gewürze dazugeben. Alles gut vermengen und weitere 30 Minuten köcheln lassen. Mit Salz abschmecken.

TIPP: Überschüssiges Paradeissugo in ein Schraubglas oder eine Flasche füllen. Wenn Sie es so im Kühlschrank aufbewahren, hält es sich eine Woche.

Paradeissauce auf Alt-Wiener Art

ZUTATEN

1/2 kg Paradeiser
1 kleine gelbe Rübe
1 kleine Zwiebel
1 kleiner Bund Petersilie
1 dicke Scheibe Bauchspeck oder Rohschinken
100 ml Weißwein
400 ml heiße Rindsuppe (oder Gemüsefond)
2 EL Mehl
2 EL Butter
1 Prise Zucker
etwas Rosenpaprika (scharfes Paprikapulver)

● Zwiebel fein schneiden. Geschälte gelbe Rübe und Paradeiser jeweils grob in Stücke schneiden. Butter erhitzen und Zwiebel darin anschwitzen. Gelbe Rübe, Speckscheibe und den Bund Petersilie dazugeben, ein wenig mitrösten. Mit Weißwein ablöschen, die in Stücke geschnittenen Paradeiser hinzufügen, alles gut vermengen und bei milder Hitze köcheln, bis die Flüssigkeit aus den Paradeisern ganz verdampft ist. Währenddessen die Suppe erhitzen. Dann die Paradeismasse mit Mehl stauben (zum Eindicken), die heiße Suppe zugießen und gut verrühren. Speck und Petersilie entnehmen und die Sauce durch ein Sieb passieren. In einen sauberen Topf geben, noch einmal aufkochen lassen. Mit Paprikapulver und Zucker würzen.

HOTEL SACHER·WIEN

Speisenfolge

am 27. April 1916.

Kalbskopfsuppe

Seezunge auf Hausfrauenart

Garniertes Rindfleisch

Steirische Hühner

Salat

Kompott

Gansleberpastete

Äpfel mit spanischem Wind

Käse

Obst

Fisch-Butter-Sauce

ZUTATEN
300 ml Fischfond
100 ml trockener Weißwein
4 cl Wermut (Noilly Prat)
50 g kalte Butter
Salz

● Weißwein und Noilly Prat zum Kochen bringen und auf etwa ein Drittel reduzieren. Mit Fischfond aufgießen und weiter einkochen, bis etwa ein Achtelliter (125 ml) Fond übrig ist. Kalte Butter dazugeben. Alles gut verrühren und salzen.

Sauce Vin blanc

ZUTATEN
400 ml Fischfond
1–2 Schalotten
100 ml Weißwein
3 cl Wermut (Noilly Prat)
1 Spritzer Zitronensaft
1/4 l Schlagobers
2 EL Butter zum Anschwitzen
Cayennepfeffer
Salz, frisch gemahlener Pfeffer

● Die Schalotten fein schneiden. Butter in einer Pfanne erhitzen, Schalotten darin anschwitzen. Mit Weißwein und Noilly Prat ablöschen. Aufkochen lassen und so lange reduzieren, bis fast keine Flüssigkeit mehr vorhanden ist, dann mit Fischfond aufgießen. Erneut aufkochen und Fond bis auf etwa ein (großzügig interpretiertes) Drittel reduzieren. Anschließend Schlagobers einrühren und noch 5 Minuten köcheln lassen. Durch ein Etamin passieren und mit Pfeffer, Cayennepfeffer, Salz und Zitronensaft abschmecken.

Semmelkren mit Safran

Für 4 bis 6 Portionen

ZUTATEN
3 Kaisersemmeln, altbacken
ca. 20 g Kren, frisch gerieben
200 ml Rindsuppe
ca. 70 ml Schlagobers
ein knapper TL Butter
eine Prise Safranfäden
etwas Zucker
Muskatnuss, frisch gerieben
weißer Pfeffer, gemahlen
Salz

● Die altbackenen Semmeln in Würfel schneiden, mit dem Safran in einen Topf geben, mischen. In einem anderen Topf die Rindsuppe aufkochen. Die kochende Suppe über die Semmelwürfel gießen. Schlagobers und Butter einrühren und alles unter ständigem Rühren kurz aufkochen lassen. Muskatnuss, Pfeffer, Zucker und Salz beigeben. Dann den geriebenen Kren einrühren, eventuell erneut nachwürzen – fertig.

Sauce hollandaise

ZUTATEN
2 Eidotter
200 g Butter, flüssig
2 EL Rindsuppe
1 Spritzer Zitronensaft
Salz

● Butter erhitzen und langsam schmelzen. Eidotter und Rindsuppe über Dampf mit dem Schneebesen schaumig schlagen. (Aufpassen, dass der Dampf nicht zu heiß wird, sonst beginnt die Eimasse auszuflocken!) Unter ständigem Schaumigschlagen nach und nach die zerlassene Butter einrühren. Mit Salz und Zitronensaft abschmecken.

TIPP: Um eine perfekte Sauce Hollandaise aufzuschlagen, sollte man die Butter sehr langsam und in kleinen Portionen einarbeiten, sonst besteht die Gefahr, dass die Sauce gerinnt. Aber auch das „Gerinnen" kann repariert werden: einfach ein oder zwei Eiswürfel (bei ganz kleinen Mengen reichen auch 1–2 EL Eiswasser) zur Sauce geben und aufschlagen und die Hollandaise wird homogen. Und: Statt der Rindsuppe können Sie auch Wasser oder einen passenden Fond verwenden (Fischfond für ein Fichgericht; Spargelwasser, wenn Sie die Hollandaise klassisch zu weißem Spargel servieren).

Strudelteig

ZUTATEN
1/4 kg Universalmehl
Mehl fürs Küchentuch etc.
ca. 1/8 l lauwarmes Wasser
1 EL Pflanzenöl
Pflanzenöl zum Bestreichen
eine Prise Salz

❶ Da Strudelteig lange rasten sollte, wird er am besten einen halben oder ganzen Tag vorm Backen vorbereitet. Dafür – idealerweise mit der Küchenmaschine – Mehl, lauwarmes Wasser, Pflanzenöl und Salz vermengen und ankneten. Zehn Minuten ruhen lassen. Anschließend zu einem glatten, elastischen Teig verkneten. Zu einer Kugel formen, mit Öl bestreichen (mit dem Pinsel) und für zumindest 4 Stunden, oder auch über Nacht, in den Kühlschrank geben. Nach dieser Rastzeit ein Küchentuch mit Mehl bestauben, darauf den Teig ausrollen (an den Ecken eher rundlich als rechteckig). Dann die Hände bemehlen und den Teig dünn auseinanderziehen, wobei man am günstigsten so vorgeht: Erst den Teigrand mit den Handrücken rundum vorsichtig nach außen ziehen; dann mit den bemehlten Handflächen unter die Teigmitte fahren und mit beiden Handrücken – die sich dabei leicht hin und her bewegen – den Teig immer wieder ein kleines Stück nach außen ziehen und dehnen. Bis der Strudelteig gleichmäßig so dünn ist, dass er beinahe transparent erscheint.

❷ Den fertigen Strudelteig mit zerlassener Butter bestreichen und zu zwei Drittel mit pikanter oder süßer Füllung belegen, anschließend mithilfe des Tuches zusammenrollen, an den Rändern verschließen. Vorsichtig auf ein eingefettetes (oder mit Backpapier belegtes) Blech heben, eventuell mit einem verschlagenen Eigelb bepinseln und ins vorgeheizte Rohr schieben. Backzeit und -temperatur variieren dabei je nach Füllung.

Topfenmürbteig

Für Zwiebelkuchen,
pikante Tartes etc.

ZUTATEN
100 g Topfen, 20 % Fett
1 Ei
300 g Mehl, glatt
200 g Butter, in kleinen Stücken
2 Prisen Salz

● Beim Zubereiten eines Mürbteigs rasch vorgehen (er verträgt nicht viel Wärme und sollte schnell zubereitet und gleich kühlgestellt werden). Zunächst die in kleine Stücke geschnittene Butter mit Mehl, Topfen, Ei und Salz vermengen und zu einem Teig verkneten. Dann Mürbteig in Klarsichtfolie einpacken und in den Kühlschrank geben, dort 2 bis 3 Stunden rasten lassen – oder auch länger: Ein Topfenmürbteig hält im Kühlschrank leicht einige Tage (aber: als Zutat möglichst frischen, länger haltbaren Topfen nehmen). Sie können ihn also gut vorbereiten. Die hier angegebene Menge reicht für eine Tarte- oder Springform von 28 cm Durchmesser.

TIPP: Einen Mürbteig, der sich als Unterlage für süße Tartes oder Obstkuchen eignet, erhalten Sie, wenn Sie bei diesem Rezept den Topfen durch dieselbe Menge feinen Kristallzucker ersetzen, außerdem etwas weniger Salz nehmen und zusätzlich etwas Vanillemark (von einer Vanilleschote) und abgeriebene Zitronenschale (von 1/2 unbehandelten Zitrone) in den Teig einarbeiten.

Blätterteig (Butterteig)

ZUTATEN
500 g Mehl, glatt
75 g gute Butter (Teebutter)
1 Eidotter
250 ml Wasser
1 gestr. EL Salz (10 g)

BUTTERZIEGEL
80 g Mehl, glatt
450 g gute Butter (Teebutter)

❶ Für einen Blätterteig brauchen Sie zunächst einen Vorteig und einen „Butterziegel". Für den Vorteig das Mehl mit weicher Butter, Eidotter, Wasser und Salz zu einem geschmeidigen Teig kneten. Aus dem Teig eine Kugel formen und an der Oberseite kreuzweise einschneiden. In einer Schüssel oder auf einem Blech zugedeckt 2 Stunden rasten lassen.

❷ Dann den Butterziegel zubereiten: Die nicht zu weiche Teebutter gut mit dem Mehl vermengen und zu einem flachen Ziegel formen. Den Vorteig auf einer mit Mehl bestaubten Fläche dünn ausrollen und den Butterziegel in die Mitte legen. Butterteig nun im Vorteig einschlagen und an einem kühlen Ort ca. 20 Minuten rasten lassen. Anschließend beginnt man mit dem „Tourieren" – dem wiederholten Ausrollen und Einschlagen des Teiges in einfachen und doppelten „Touren".

❸ Sie beginnen mit einer einfachen Tour: den Teig zu einem Rechteck ausrollen (mindestens 1 Zentimeter hoch) und längs das linke Drittel zur Mitte hin einklappen. Nun das rechte Drittel darüberklappen, die Ränder festdrücken und den Teig für 20 Minuten zugedeckt kühlstellen.

❹ Danach folgt eine doppelte Tour: den Teig wieder zum Rechteck ausrollen und dieses Mal das rechte Viertel bis zur Mitte einklappen. Nun das linke Viertel ebenso bis zur Mitte einklappen – so dass Ihr Teig jetzt in zwei Schichten übereinanderliegt. Und jetzt klappen Sie ihn noch einmal längs zusammen (die rechte Hälfte über die linke; Ergebnis: vier Schichten Teig übereinander). Dann stellen Sie das Ganze wieder zugedeckt für 20 Minuten ins Kühle.

❺ Anschließend beide Vorgänge wiederholen: ausrollen – einfach tourieren – rasten lassen – ausrollen – doppelt tourieren – rasten lassen. Fertig! Nun können Sie den Blätterteig als Grundlage für Süßes oder Pikantes verwenden. Gebacken wird er am besten bei 200 °C bis 220 ° im vorgeheizten Rohr – die Backzeit hängt naturgemäß von der Größe Ihres Gebäcks ab; Mini-Kipferln mit Trüffelschinken brauchen nicht so lange wie etwa ein Strudel mit Blätterteig. Gewiss ist eines: Ein fertiger Blätterteig wird Ihrem – mit guter Butter – selbstgemachten geschmacklich niemals das Wasser reichen!

Laugenteig

Für ca. 10 Stück Laugengebäck

ZUTATEN
500 g Mehl
200 g Natron (Haus- oder Kaisernatron)
ca. 42 g Germ (1 Würfel)
1 TL Zucker
4 EL grobes Meersalz zum Bestreuen

❶ 300 ml lauwarmes Wasser in eine große Schüssel geben, Germ zerbröckeln und darin auflösen. Mehl darüber sieben, Zucker und Salz zugeben und alles zu einem glatten Teig verkneten. Zugedeckt 1 Stunde gehen lassen. Dann den Teig auf einer bemehlten Fläche ausrollen (etwa 2 cm dick) und in Rechtecke von ca. 4 x 8 cm schneiden. Die Teigstücke zugedeckt weitere 20 Minuten gehen lassen.

❷ Backofen auf 220 °C vorheizen. 2 Liter Wasser zum Kochen bringen und das Natron einrühren (Vorsicht: Es schäumt stark!). Dann falls nötig die Herdflamme etwas kleiner stellen und die Teigstücke nacheinander im knapp siedenden Wasser für etwa 30 Sekunden erhitzen, dabei einmal wenden. Mit einem Siebschöpfer herausnehmen und gut abtropfen lassen. Gebäckstücke auf ein Blech mit Backpapier legen, mit grobem Salz bestreuen und ca. 15 Minuten backen.

Briocheteig

Für bis zu 15 kleine Stücke Gebäck (Jourgebäck)

ZUTATEN

500 g glattes Mehl (Typ 405)
ca. 40 g Germ (1 knapper Würfel)
2 Eier
5 Eidotter
ca. 200 ml lauwarme Milch
150 g weiche Butter
30 g Zucker
1 gestr. EL Salz (10 g)

AUSSERDEM

etwas Mehl (Arbeitsfläche)
1 Eidotter
1–2 EL Milch

❶ Zuerst einen Vorteig – das „Dampfl" – zubereiten: 100 g Mehl in eine Schüssel sieben. Zerbröckelte Germ in etwas lauwarmer Milch auflösen, Mehl darübergeben und alles – unter Zugabe von noch etwas Milch – zu einer breiigen Masse verrühren. Anschließend zugedeckt an einem warmen Ort gehen lassen, bis der Teig sein Volumen eindeutig vergrößert hat und seine Oberfläche Risse aufweist.

❷ Danach beginnen Sie mit dem Hauptteig. Dafür die restlichen 400 g Mehl in eine große Schüssel sieben, in der Mitte eine Mulde formen und das Dampfl hineingeben. Die weiche Butter in Stücke teilen und zusammen mit den zwei Eiern, den fünf Eidottern, Salz, Zucker und der restlichen Milch dazugeben. Alles gut vermengen und so lange kneten, bis ein geschmeidiger, glatter Teig entsteht, der sich in einem Stück vom Schüsselboden lösen lässt. Anschließend zugedeckt an einem warmen Ort etwa eine bis zwei Stunden gehen lassen – so lange, bis sich das Teigvolumen verdoppelt hat.

❸ Dann aus dem Teig kleine Laibchen, Kipferl oder Zöpfe formen, auf ein mit Backpapier ausgelegtes Blech legen. Eidotter mit 1 bis 2 Esslöffeln Milch verrühren und die Gebäckstücke damit besreichen. Im vorgeheizten Rohr bei 180 °C etwa 12 Minuten backen, bis sie appetitlich goldgelb sind.

TIPP: Beim Herstellen eines Briocheteigs sollten alle Zutaten Zimmertemperatur haben – nehmen Sie darum Eier, Butter und Germ (die Milch lässt sich ja wärmen) früh genug aus dem Kühlschrank. Und: Nach Belieben kann man in den Teig auch Rosinen einarbeiten oder das Briochegebäck vorm Backen mit grobem Hagelzucker bestreuen.

Pizzateig

Für 4 Pizzaschnitten

ZUTATEN

15 g Germ
500 g Mehl
20 g feiner Hartweizengrieß
320 ml Wasser
60 g Olivenöl
1 Prise Zucker
ca. 1 EL Salz (13 g)

❶ Germ zerbröckeln und mit Zucker im lauwarmen Wasser auflösen. Dann Mehl darüber sieben, Hartweizengrieß und Salz dazugeben und verkneten; das Olivenöl kurz einarbeiten und alles zu einem glatten, elastischen Teig kneten. Etwa 30 Minuten gehen lassen. Danach noch einmal gut durchkneten und weitere 20 bis 25 Minuten gehen lassen. Für Pizzaschnitten den Teig nun in 4 cm x 10 cm große Recktecke schneiden und erneut einige Minuten gehen lassen.

❷ Anschließend nach Belieben belegen und im auf 250 °C vorgeheizten Rohr ca. 7 Minuten knusprig backen.

TIPP: Je nach Wunsch können Sie in den Pizzateig auch frische Kräuter, Oliven oder kleine Stückchen getrocknete Paradeiser einarbeiten.

Farce & Beize

Fischfarce

ZUTATEN
200 g Zanderfilet
180 ml Obers
2 cl Noilly Prat
Saft von 1/2 Zitrone
Tabascosauce
Salz

● Zanderfilet häuten, Gräten entfernen. Dann Zanderfilet klein würfeln, salzen und im Tiefkühlfach anfrieren lassen. Anschließend in den Mixer geben und kurz anmixen. Schlagobers zugießen und alles zügig zu einer glatten Farce mixen. Farce durch ein Haarsieb streichen, mit Noilly Prat, Zitronensaft, Tabasco und Salz abschmecken.

TIPP: Diese Grundfarce können Sie für Nockerln, Füllungen und Pasteten verwenden.

Fischbeize

ZUTATEN
200 g Meersalz, fein
100 g Pökelsalz, 150 g Zucker
8 g Pfefferkörner, 8 g Senfkörner
2 g Gewürznelken, 6 g Pimentkörner
5 g getrockneter Thymian
10 g Fenchelsamen, 2 Lorbeerblätter
8 g Wacholderbeeren, 10 g Sternanis
8 g Korianderkörner

● Alle Zutaten mischen und in einer Gewürzmühle zerkleinern. In Gläser füllen, verschließen.

Gewürzmischungen

Gänselebergewürz

ZUTATEN
2 EL Pfeffer, 1 EL Sichuanpfeffer
1 TL grüner Anis, 1 TL Macisblüte
10 Pimentkörner, 5 Wacholderbeeren
2 Gewürznelken

● Alle Zutaten vermischen, in der Gewürzmühle mahlen, dann in ein Glas füllen und verschließen.

Menu

du 24 Avril 1897.

Sévigné

Fogas, sauce hollandaise

Boeuf braisé aux légumes

Homard à l'américaine en croûtes

Punch au Curaçao

Oisons nouveaux

Salade Romaine

Compotes

Asperges d'Argenteuil sauce vinaigrette

Crême glacée

Fruits

Fromages.

Eduard Sacher

DRUCK VON A. REISSER, WIEN.

Wildgewürz

ZUTATEN
4 Lorbeerblätter, 2 Gewürznelken
10 Wacholderbeeren, 10 Pfefferkörner
1 EL getr. Rosmarin, 1 EL getr. Thymian
1 Orangenschale, unbehandelt, gerieben

● Alle Zutaten zusammen in der Gewürzmühle mahlen und mischen.

Kräutersalz

ZUTATEN
3 EL Fleur de Sel
1 EL getr. Rosmarin, 1 EL getr. Thymian

● Alles mischen, in eine Gewürzmühle geben und fein mahlen.

Pestos

Basilikumpesto (Pesto alla genovese)

ZUTATEN
2 Bund Basilikum (ohne Stiele 100 g)
1–2 Knoblauchzehen
ca. 50 g Pignoli (Pinienkerne)
2 EL geriebener Parmesan
(ersatzweise: Pecorino)
200 ml gutes Olivenöl
Salz, frisch gemahlener Pfeffer

● Knoblauch schälen und in Stücke schneiden. Basilikum waschen und gut trocknen. Blätter abzupfen, grob schneiden und mit Olivenöl, Knoblauch und Pinienkernen in der Küchenmaschine mixen. In eine Schüssel geben und den geriebenen Parmesan unterrühren. Mit Salz und Pfeffer abschmecken.

TIPP: Für ein Pesto sollten Sie nicht nur gutes Olivenöl verwenden, sondern auch Parmesan am Stück (Reggiano oder Grana Padano), den Sie frisch reiben. Mit Olivenöl bedeckt hält ein Pesto im Kühlschrank übrigens wochenlang.

Rucolapesto

ZUTATEN
100 g Rucola
200 ml Olivenöl
2 Knoblauchzehen
10 g Pinienkerne (Pignoli)
20 g Parmesan, gerieben
Salz, frisch gemahlener Pfeffer

● Knoblauch schälen und in Stücke schneiden. Rucola grob schneiden, mit Olivenöl, Knoblauch und Pinienkernen in der Küchenmaschine mixen. In eine Schüssel geben und den geriebenen Parmesan unterrühren. Mit Salz und Pfeffer abschmecken.

TIPP: Nach diesem Rezept können Sie auch ein Bärlauchpesto zubereiten. Einfach Rucola durch Bärlauch ersetzen. Als Variation: statt der Pignoli Walnusskerne verwenden.

Kürbiskernpesto

ZUTATEN
150 g geröstete Kürbiskerne (ungesalzen)
150 g Muskatkürbisfleisch
2 EL Parmesan, frisch gerieben
150 ml steirisches Kürbiskernöl
Salz, frisch gemahlener Pfeffer

● Kürbiskerne fein mahlen, Kürbisfleisch fein reiben und beides mit Kernöl und Parmesan gut verrühren.

TIPP: Falls Sie das Kürbiskernpesto nicht gleich genießen: In ein passendes, gut ausgespültes Einmachglas füllen, mit Kernöl bedecken, in den Kühlschrank stellen. Dort hält es sich etwa zwei Wochen. Außer zur Pasta oder als Aufstrich auf geröstetem Brot passt Kürbiskernpesto auch bestens zu Schafskäse

Chutneys

Holunderchutney

ZUTATEN
0,5 l Holundersaft
0,5 l Portwein rot
175 g Zucker, 15 g Pektin
1 Zimtstange, 1 Sternanis
2 Nelken, 2 Pimentkörner
2 Wacholderbeeren
1 Macisblüte
abgeriebene Schale von 1/2 Orange
1 kg Holunderbeeren
Stroh-Rum 80 %

● Den Zucker mit Pektin mischen und mit Portwein, Holundersaft und Gewürzen aufkochen. 30 Minuten ziehen lassen, dann durch ein feines Sieb passieren. Anschließend einmal aufkochen, die Holunderbeeren beigeben und nochmals kurz aufkochen. In Gläser füllen, mit Stroh-Rum beträufeln, diesen anzünden, Gläser sofort verschließen und bei 85 °C etwa 15 Minuten sterilisieren (Dampfgarer).

Früchtechutney

ZUTATEN

1 Mini-Ananas, 1/2 rote Paprika
1 Apfel
100 ml säuerlicher Apfelessig
1 Msp. Ingwer, gerieben
4 cl Mirin (süßer Reiswein)
1 Msp. 5-Gewürze-Mischung
1 Stängel Ananassalbei, gezupft
1 Prise brauner Zucker
Fleur de Sel

● Ananas, Paprika und Apfel schälen und fein würfeln. Dann die Würfel mit Apfelessig, Ingwer und Mirin vermischen und weich dünsten. Leicht salzen und mit der Gewürzmischung kräftig abschmecken. Anschließend kühl stellen. Kurz vor dem Servieren den Ananassalbei fein schneiden und untermengen.

Marillenchutney

ZUTATEN

200 g eingelegte Marillen (s.u.)
400 g frische Marillen
2 Schalotten, fein gewürfelt
5 cl Mandelöl
5 cl Noilly Prat
5 cl Fond von eingelegten Marillen
100 g Marillenpüree
50 g Rohrzucker, 10 g Pektin
1/2 TL grüner Anis, gemahlen
Prise Meersalz

EINGELEGTE MARILLEN

500 g getrocknete Marillen
100 ml Apfelessig
100 g Zucker
1 Lorbeerblatt, 3 Pimentkörner
5 Pfefferkörner, 5 Korianderkörner
1 Sternanis
2 Kardamonkapseln
1/2 Zimtstange

❶ Die eingelegten Marillen müssen Sie zwei bis drei Tage vor dem Chutney zubereiten. Hierfür 100 ml Wasser mit dem Apfelessig und allen Gewürzen aufkochen, dann die getrockneten Marillen beigeben. Noch heiß in ein Glas füllen, gut verschließen und 2 Tage ziehen lassen.

❷ Für das Marillenchutney zuerst die eingelegten Marillen gut abtropfen lassen, dann fein hacken. Die frischen Marillen fein würfeln.

❸ Schalotten schälen, fein würfeln und in 1 TL Mandelöl anschwitzen. Noilly Prat und Marillenfond zugießen und einkochen lassen. Dann die gehackten eingelegten Marillen und das Marillenpüree hinzufügen und alles einmal aufkochen. Die frischen Marillen dazugeben und noch einmal aufkochen. Nun Zucker und Pektin vermischen, ins Chutney einrühren und ca. 5 Minuten köcheln lassen. Mit Mandelöl, Anis und Meersalz abschmecken und heiß in Gläser abfüllen.

TIPP: Die auf diese Art eingelegten Marillen halten im Kühlschrank ca. eine Woche. Wie die Schwarzen Nüsse passen sie auch gut zu Hartkäse.

Selbst Eingelegtes

Schwarze Nüsse

ZUTATEN
500 g grüne Walnüsse
Schale von 1 Bio-Orange
60 g Glukosesirup (Apotheke)
625 g Kristallzucker
1 Zimtstange
2 Gewürznelken

❶ Walnüsse säubern und waschen, mit einer robusten Nadel (Rouladennadel) rundum einstechen. In reichlich Wasser legen und einige Tage wässern, wobei Sie das Wasser zweimal täglich wechseln müssen (und die Nüsse schwarz werden).

❷ Anschließend 500 g vom Zucker in einem Topf mit 500 ml Wasser verrühren und aufkochen, Nüsse, Schale der Bio-Orange und Gewürze beigeben und nochmals aufkochen, dann abkühlen lassen. Über Nacht stehen lassen. Danach Nüsse aus dem Sud nehmen und abtropfen lassen. Sud mit dem restlichen Zucker einmal aufkochen, vom Herd nehmen und Glukosesirup einrühren. Abkühlen lassen.

❸ Die Nüsse in Einmachgläser füllen und mit dem abgekühlten Sirup übergießen, verschließen und ca. 6 Wochen durchziehen lassen.

TIPP: Die Walnüsse müssen grün gepflückt werden, solange ihr Inneres noch weich ist. Wenn Sie sie einstechen, empfiehlt es sich, Handschuhe zu verwenden, da die grünen Nüsse abfärben.

Eingelegte Preiselbeeren

ZUTATEN
1 kg Preiselbeeren
250 g Zucker, 15 g Pektin
100 ml Noilly Prat
50 ml weißer Portwein
200 ml Weißwein
200 ml Apfelsaft, 100 ml Grenadine
1/2 Zimtstange, 1 Sternanis
5 Pfefferkörner, 2 Pimentkörner
2 Wacholderbeeren

● Zucker und Pektin in einen Topf geben, vermischen. Noilly Prat, Portwein, Weißwein, Apfelsaft und Grenadine zugießen und alle Gewürze hinzufügen. Aufkochen und ziehen lassen. Dann durch ein Sieb passieren. Preiselbeeren beigeben und einmal aufkochen lassen. Noch heiß in Gläser geben und gleich verschließen.

Eingelegte Perlzwiebeln

ZUTATEN
1 kg Perlzwiebeln
100 g Entenfett , 50 g Zucker
50 g Blütenhonig, 400 ml Weißwein
200 ml weißer Portwein
50 ml Apfelessig
50 ml weißer Balsamico-Essig
3 Thymianzweige, 2 Lorbeerblätter
5 Pimentkörner, 5 Pfefferkörner

● Perlzwiebeln schälen. Anschließend Entenfett in einem Topf erhitzen und die Zwiebeln darin anschmoren, mit Zucker und Honig karamellisieren. Mit Essig ablöschen und mit Weißwein und Portwein auffüllen. Thymianzweige, Lorbeerblätter, Piment- und Pfefferkörner zugeben und bei 200 °C ins vorgeheizte Backrohr schieben und ca. 20 Minuten schmoren lassen. In Gläser füllen und verschließen.

TIPP: Wenn Sie kein Entenfett zur Hand haben, können Sie die Perlzwiebeln auch in Butterschmalz anschmoren.

ZUR
ERINNERUNG
AN DEN
5. MAI
1900.
Herr
Victor Strzygowski.

Hauptsache Beilage

Salate, Knödel, Gemüse & Co: was satt macht und beglückt:

Salate · Sättigungsbeilagen
Sättigungsbeilagen mit Gemüse

Prominent am Tellerrand: Ob Salate, Knödel, Erdäpfel oder Gemüse – trotz der Vorsilbe „bei", die an „nebenbei" erinnert, sind die Beilagen für viele die Hauptsache. Oder haben Sie noch nie ein Fleischgericht bestellt, weil Sie einen besonderen Gusto auf die mitservierten Rösterdäpfel oder Semmelknödel verspürten? In der Wiener Küche sind die Beilagen jedoch nie unterschätzt worden. Wofür bereits ihre Vielfalt spricht: Brat- oder Stürzerdäpfel, Rösterdäpfel und Erdäpfelschmarren, Nockerln, Schupfnudeln – ganz zu schweigen von der großen Zahl an verschiedenen Knödeln. Man wusste natürlich, dass manche Knödel für sich genommen, mit Ei oder Butterbröseln gebraten, schnell zur Hauptspeise avancieren. Oder mit Früchten gefüllt und Staubzucker bestreut zur köstlichen Nachspeise. Und dass der beste Tafelspitz nur halb so gut schmeckt, wenn der Erdäpfelschmarren weniger exzellent gelungen ist. In diesem Sinne: Hauptsache Beilage!

Erdäpfelsalat

Für 4–6 Portionen

ZUTATEN

1 kg Salaterdäpfel (Kipfler)
500 ml warme Rindsuppe
1 große rote Zwiebel
1–2 EL feingeschnittener Schnittlauch (Garnitur)
1 EL Estragonsenf
5 EL Essig
60 ml Öl
Salz
frisch gemahlener Pfeffer

GARNITUR

1–2 EL Schnittlauch, fein geschnitten

❶ Die gewaschenen, ungeschälten Erdäpfel in einem Topf mit Salzwasser kochen, bis sie weich sind. Wasser abseihen und die Erdäpfel kurz ausdämpfen lassen und schälen; in feine Scheiben schneiden, während sie warm sind. In eine Schüssel geben. Rindsuppe erhitzen und über die Erdäpfelscheiben gießen, Essig, Öl, Senf, Salz und Pfeffer dazugeben und alles kräftig durchmischen! Dann dreißig Minuten ziehen lassen.

❷ Anschließend die rote Zwiebel fein schneiden und untermengen, nochmals abschmecken. Mit etwas Schnittlauch garnieren.

TIPP: Der Erdäpfelsalat wird warm angemacht, damit er besonders sämig wird. Falls Sie keine Rindsuppe haben oder nehmen möchten, können Sie diesen Salat auch mit einem halben Liter Wasser zubereiten; dann nur die warmen Erdäpfelscheiben in der Schüssel mit dem Öl vermischen; Wasser mit Essig, Senf und einer Prise Zucker aufkochen, etwas abkühlen lassen, über die Erdäpfel gießen, mit Salz und Pfeffer würzen, durchmischen – und weiter verfahren wie oben beschrieben.

Erdäpfel-Vogerlsalat

Für 6–8 Portionen

ZUTATEN

1 kg Erdäpfelsalat (s. voriges Rezept)
150 g Vogerlsalat
1 Knoblauchzehe, angedrückt
2 EL Apfelessig
3 EL Kürbiskernöl
Salz

● Vogerlsalat gut waschen und trockenschleudern. Kürbiskernöl, Apfelessig und Salz zu einer Marinade verrühren; Vogerlsalat in eine Schüssel geben und marinieren. Den vorbereiteten Erdäpfelsalat aus dem Kühlschrank nehmen und in eine andere – mit Knoblauch ausgeriebene – Schüssel geben. Vogerlsalat unterheben.

Mayonnaisesalat

Für 4–6 Portionen

ZUTATEN

1 kg Salaterdäpfel (Kipfler)
250 g Mayonnaise
etwas Gurkerlessig
Salz, frisch gemahlener Pfeffer

GARNITUR

1–2 EL Schnittlauch, fein geschnitten

● Erdäpfel ungeschält in Salzwasser garkochen, noch heiß schälen und in eine Schüssel geben. Salzen, pfeffern und mit Gurkerlessig benetzen. Während die Erdäpfel abkühlen, eine Mayonnaise nach dem Rezept auf Seite 107 anrühren. Erdäpfel sorgsam mit der Mayonnaise mischen. Im Kühlschrank ziehen lassen. Vorm Servieren mit fein geschnittenem Schnittlauch bestreuen.

Rote-Rüben-Salat

ZUTATEN

750 g rote Rüben
2 EL Kren, frisch gerieben
150 ml Essig
1 Prise Zucker
etwas Kümmel, ganz
Salz

● Da der Rote-Rüben-Salat lange ziehen muss, lässt er sich exzellent am Vortag zubereiten: Die roten Rüben gut waschen und abbürsten. Einen Topf Wasser zum Kochen bringen, leicht salzen und darin die gereinigten roten Rüben weich kochen. Kalt abschrecken, schälen und in feine Scheiben schneiden. Essig mit ein wenig Zucker, Kümmel und Salz aufkochen, leicht abkühlen lassen. Nun über die noch warmen Rübenscheiben gießen, etwa 1 Esslöffel frisch geriebenen Kren dazugeben und alles behutsam und gut vermengen. Mehrere Stunden – am besten über Nacht – an einem kühlen Ort ziehen lassen. Vorm Servieren mit ca. einem weiteren Esslöffel Kren (am besten: frisch geriebenem) bestreuen.

Paradeisersalat

ZUTATEN

600–700 g Paradeiser
1 große Zwiebel
2 EL Essig
2 EL Öl
1 Prise Zucker
Salz, frisch gemahlener Pfeffer

GARNITUR

1 EL Petersilie, fein gehackt

● Zwiebel schälen und fein würfeln. Paradeiser waschen und trocknen, die Stielansätze wegschneiden. Paradeiser in dünne Spalten schneiden und in eine Schüssel geben. Essig und Öl, die Prise Zucker, Pfeffer und Salz zu einer Marinade rühren, mit den feinen Zwiebelwürfeln vermischen. Marinade über die Paradeiser geben, vorsichtig vermischen. Dann im Kühlschrank (oder an einem kühlen Ort) 30 Minuten ziehen lassen. Vorm Servieren frische Petersilie fein hacken und über den Paradeissalat streuen.

Karottensalat

ZUTATEN
5–6 Karotten mittlerer Größe
(ca. 400 g)
Saft von 1/2 Zitrone
2 EL Dijonsenf
50 ml lauwarmer Gemüsefond
70 ml weißer Balsamico-Essig
180 ml Olivenöl
etwas Tabascosauce
weißer Pfeffer, frisch gemahlen
Salz

GARNITUR
Kresse, Sprossen (nach Belieben)
Brotchips (s. Rezept Seite 60)

❶ Zuerst wird das Dressing vorbereitet: Weißen Balsamico-Essig, Zitronensaft und Dijonsenf sowie ein, zwei Spritzer Tabascosauce in eine Schüssel geben. Den lauwarmen Gemüsefond zugießen und alles gut verrühren. Anschließend das Olivenöl nach und nach hineintröpfeln – wobei Sie, am besten mit dem Stabmixer, ständig rühren müssen; so lange, bis das Dressing glatt und cremig ist. Dann mit Salz und Pfeffer würzen.

❷ Die Karotten schälen, fein reiben und salzen. Dann eine Weile ziehen lassen; ausdrücken und mit dem Dressing vermischen. In einer Schüssel oder auf Tellern anrichten, nach Belieben mit Kresse, Sprossen garnieren, mit Brotchips servieren.

Gurken-Rahm-Salat

ZUTATEN
800 g Salatgurken
1 TL Dillespitzen, gehackt
1 Knoblauchzehe
200 g Crème fraîche
4 EL Apfelessig
weißer Pfeffer, frisch gemahlen
Salz

● Die Salatgurken schälen und halbieren, Kerne entfernen. Fein hobeln. Dann gut salzen und ca. 20 Minuten rasten lassen. Anschließend die Gurken gründlich ausdrücken, Wasser abgießen. Apfelessig mit der gepressten Knoblauchzehe, Pfeffer und Dillespitzen (nach Belieben auch einer Prise Staubzucker) verrühren und gut mit den Gurken mischen. Alles mit der Crème fraîche vemengen.

TIPP: Die Köche des „Hotel Sacher" bereiten Salate wie diesen immer mit Crème fraîche zu, denn sie ist von dickerer, molligerer Konsistenz als Sauerrahm und wird weniger schnell dünnflüssig (bei einem kalten Büfett von Vorteil).

Kalter Krautsalat

ZUTATEN
1 Kopf Weißkraut
4 EL Essig
6 EL Öl
1 TL Kümmel, ganz
weißer Pfeffer, frisch gemahlen
Salz

● Beim Weißkraut die äußeren Blätter entfernen, Krautkopf vierteln und entweder das Kraut fein nudelig schneiden oder mit dem Krauthobel fein hobeln. Kraut in eine Schüssel geben, gut einsalzen und eine halbe bis dreiviertel Stunde rasten lassen. Anschließend das Wasser abgießen, das vom Salz aus dem Kraut gezogen wurde. Kraut gut ausdrücken. Essig, Öl und Kümmel zu einer Marinade verrühren und unter das Kraut mischen. Pfeffern und nochmals gründlich vermengen.

Fisolensalat

ZUTATEN
750 g grüne Fisolen
1 Zwiebel, eher klein
etwas Gemüsefond
(ersatzweise: Wasser)
3 EL Apfelessig
6 EL Pflanzenöl
Salz, frisch gemahlener Pfeffer

GARNITUR
etwas Petersilie oder Bohnenkraut

❶ Fisolen putzen (Fäden entfernen), in gefällige Stücke schneiden und in Salzwasser weich kochen. Anschließend abseihen und kalt abschrecken, abtropfen lassen. Die kleine Zwiebel schälen und fein würfelig schneiden.

❷ Fisolen in eine Schüssel geben, Pflanzenöl zugießen und mit den Fisolen vermischen. Essig, Salz, Pfeffer, Zwiebelwürfel und etwas Gemüsefond (oder Wasser) hinzufügen und alles gut vermengen. Wenigstens 1 Stunde ziehen lassen und währenddessen öfters umrühren. Vorm Servieren mit frischer, fein gehackter Petersilie (oder Bohnenkraut) bestreuen.

Sättigungsbeilagen

Braterdäpfel

ZUTATEN
600 g Erdäpfel
1 Zwiebel
1 Zweig Rosmarin
Butterschmalz oder
Öl zum Braten
etwas Kümmel, ganz
Salz

● Die rohen Erdäpfel schälen, in angenehme Stücke schneiden und in einem Topf Salzwasser mit etwas Kümmel ca. 15 Minuten kochen (je nach Größe der Stücke auch länger). Die Zwiebel schälen, vierteln und in einer kleinen Pfanne in etwas Butterschmalz oder Öl anrösten. In einer größeren Pfanne Butterschmalz oder Öl (oder eine Mischung aus beidem) erhitzen. Die gar gekochten, gut abgetropften Erdäpfel hineingeben. Zwiebel sowie Rosmarinzweig dazugeben. Die Erdäpfel goldgelb braten, mit Salz würzen. Vorm Servieren den Rosmarinzweig und nach Belieben auch die Zwiebelstücke entfernen.

Diner

anlässlich der

Eröffnung des Kaiser Franz Josef-
Theaters in Berndorf

am 27. Septemper 1899.

Menu

Royale

Saumon du Rhin,
sauce tartare

Filet et Roastbeef,
garni aux légumes

Ragout de perdreaux

Poulardes de Styrie

Salades, Compotes

Glace, Fruits, Fromages

Café.

Eduard Sacher.

THEYER & HARDTMUTH, WIEN

Rösterdäpfel

ZUTATEN
600–700 g Erdäpfel
Schmalz oder Öl zum Ausbacken
Muskatnuss, frisch gerieben
Salz
getrockneter Majoran

GARNITUR
frische Petersilie, gehackt

● Erdäpfel in kochendem Wasser weich garen, abtropfen und ausdämpfen lassen; noch warm schälen und mit der Reibe in Streifen hobeln. Butterschmalz oder Öl in der Pfanne erhitzen. Die geriebenen Erdäpfel hineingeben. Mit Salz, Muskatnuss und Majoran würzen und gleichmäßig goldbraun rösten (dabei immer wieder umwenden).
Aus der Pfanne heben und beim Anrichten überschüssiges Fett mit Küchenkrepp abtupfen. Nach Belieben mit Petersilie bestreuen.

TIPP: Sie können für die Wiener Rösterdäpfel – wie bei den Stürzerdäpfeln – auch am Vortag gekochte, kalte Erdäpfel nehmen.

Stürzerdäpfel

ZUTATEN
700 g gekochte Erdäpfel vom Vortag
80 g Schmalz oder Öl
Salz

● Die wie ein Pfannkuchen gebackenen Stürzerdäpfel werden ähnlich wie Rösterdäpfel zubereitet – allerdings sollten Sie hier die Erdäpfel schon am Vortag kochen und über Nacht rasten lassen. Dann mit der Reibe hobeln. Schmalz oder Öl in der Pfanne (ideal: Teflonpfanne) erhitzen; die geriebenen Erdäpfel hineingeben und mit dem Bratenwender fest nach unten pressen. Die untere Seite goldbraun braten, dann im Ganzen wenden und die andere Seite ebenso knusprig rösten. Salzen, in vier Portionen schneiden, servieren.

Erdäpfelpüree

ZUTATEN
1 kg Erdäpfel
200 ml Milch
100 ml Schlagobers
60 g Butter
60 g braune Butter (siehe: Tipp)
Muskatnuss, frisch gerieben
Salz

● Erdäpfel schälen und in Salzwasser weichkochen. Kurz ausdämpfen lassen, dann durch die Erdäpfelpresse drücken. In einem kleinen Topf Milch mit Obers aufkochen. Mit der Erdäpfelmasse vermengen, kalte Butter und braune Butter hinzufügen und alles zu einem cremigen Püree verrühren. Mit Salz und Muskat würzen.

TIPP: Braune Butter – wegen ihres „nussigen" Aromas auch „Nussbutter" genannt – können Sie selbst herstellen: mindestens 250 g Butter erhitzen und bei mittlerer Hitze unter ständigem Rühren (!) bräunen (die Bräunung entsteht durch das karamellisierte Milcheiweiß, die Molke, die sich vom Butterfett löst). So lange rühren, bis sich kein Schaum mehr bildet. Dann die flüssige Butter durch ein mit einem Kaffeefilter oder Küchentuch ausgelegtes Sieb abgießen. Sofort entweder ins Eiswasserbad geben und weiterrühren – wodurch die Butter cremiger wird – oder gleich in den Kühlschrank stellen, wo die „Beurre noisette" ihren feinen Geschmack einige Tage lang bewahrt.

Erdäpfelschmarren

ZUTATEN
300 g Erdäpfel
3 Eidotter
3 Eiklar
2 EL Crème fraîche
2 EL Butterschmalz
Salz
frisch gemahlener Pfeffer

● In einem Topf Wasser aufsetzen, darin die Erdäpfel weich kochen; noch warm schälen. Durch die Erdäpfelpresse drücken und mit Crème fraîche und den drei Eigelb gut verrühren. Die drei Eiklar mit ein wenig Salz steifschlagen. Die Erdäpfelmasse nun vorsichtig unter den Eischnee heben, salzen und pfeffern. Butterschmalz in einer beschichteten Pfanne erhitzen, die Masse hineinfließen lassen und alles für etwa 10 Minuten bei 190 °C ins vorgeheizte Backrohr schieben. Den fertigen Schmarren mit einer Gabel auseinanderreißen, auf vorgewärmten Tellern anrichten.

Bäckererdäpfel

ZUTATEN
800 g Erdäpfel
100 g Frühstücksspeck, am Stück
1 Zwiebel
3 Knoblauchzehen
1/4 l Rindsuppe (oder Wasser)
etwas Butter (für Butterflocken)
Muskatnuss, frisch gerieben
Salz, frisch gemahlener Pfeffer

GARNITUR
frischer Majoran

● Die rohen Erdäpfel schälen und in Würfel von etwa 1 1/2 cm Größe schneiden. Frühstücksspeck und geschälte Zwiebel in kleine Würfel schneiden. Die Knoblauchzehen sehr fein schneiden. Nun alles – Erdäpfel, Speck, Zwiebel, Knoblauch – in eine Schüssel geben, mit Salz, Pfeffer, Muskatnuss würzen und gründlich mischen. Dann Speck und Gemüse in eine feuerfeste Form übersiedeln, Rindsuppe (oder Wasser) zugießen und sehr gut untermengen. Butterflocken darübergeben. Bei 220 °C ins vorgeheizte Backrohr schieben und garen. Nach etwa 30 Minuten die Oberhitze anschalten, damit die Bäckererdäpfel schön knusprig werden. Anschließend weitere 10 bis 15 Minuten backen. Nach Belieben kurz vorm Servieren mit frischem, fein geschnittenem Majoran bestreuen.

Erdäpfelblinis

ZUTATEN
350 g mehlige Erdäpfel
4 Eidotter
40 g Crème fraîche

30 g Mehl
20 g Maisstärke (Maizena)
Maiskeimöl zum Herausbraten
1 Prise Muskatnuss, frisch gemahlen
Salz , Pfeffer aus der Mühle

● Die rohen Erdäpfel gut waschen und leicht anritzen, dann auf ein Backblech setzen und bei 180 °C im vorgeheizten Backrohr weich garen. Dann noch heiß schälen, ausdämpfen lassen und durch die Erdäpfelpresse drücken. In eine Schüssel geben und mit Mehl, Maisstärke, Crème fraîche und Eigelb gut vermengen, mit Salz und Pfeffer abschmecken. Maiskeimöl in einer Pfanne erhitzen (am besten einer Dalken- oder Liwanzenpfanne) und je Blini etwa 3 Esslöffel Erdäpfelmasse in die Pfanne geben und im heißen Öl auf beiden Seiten goldgelb herausbraten.

TIPP: Wenn Sie zum Ausbacken eine „einfache" Pfanne verwenden, können Sie die Blinis auch in den für Spiegeleier gedachten Metallringen braten. Übrigens: Sehr gut schmecken die frischen, noch warmen Blinis in Kombination mit Kaviar, Lachskaviar oder geräuchertem Lachs plus frischem Sauerrahm und pro Portion je einem hartgekochten, gehackten Ei.

Gnocchi

ZUTATEN
250 g Erdäpfel
2 Eidotter
1 EL Hartweizengrieß
2 EL Mehl
Olivenöl zum Braten
Salz
frisch gemahlener Pfeffer

❶ Die Erdäpfel schälen und in Salzwasser weich kochen. Kurz ausdämpfen lassen und – noch möglichst heiß – durch die Erdäpfelpresse drücken. Die restlichen Zutaten (Hartweizengrieß, Dotter, Mehl, Salz und Pfeffer) einarbeiten und alles verkneten. So lange kneten, bis Sie einen glatten, geschmeidigen Teig haben. Auf einer mit Mehl bestäubten Arbeitsfläche den Teig zu fingerdicken Rollen formen (Durchmesser etwa 1 cm) und etwa fünfzehn Minuten rasten lassen.

❷ Nun die Teigrollen in kleine (zylindrische) Stücke von etwa 2 cm Länge schneiden und daraus Gnocchi formen (am besten geht's mit dem Gnocchibrett; aber Sie können die Teigstückchen auch zwischen den mehlbestäubten Handflächen – halb rollend, mit leichtem Druck – zu Gnocchi formen; anschließend einen Gabelrücken leicht in die Teigoberseite drücken, um das typische Rillenmuster zu erhalten). Dann in einem großen Topf reichlich Salzwasser aufkochen. Die Gnocchi für ca. 2 Minuten im schwach wallenden Salzwasser garen, anschließend abseihen und im Eiswasser abschrecken, gut abtropfen lassen. Olivenöl in einer Pfanne erhitzen und Gnocchi goldgelb anbraten.

Böhmische Erdäpfelknödel

ZUTATEN
1 kg Erdäpfel, mehlig
1 Schalotte
1 EL Petersilie, fein geschnitten
2 Eidotter
1 Semmel
40 g Semmelbrösel
2 EL Erdäpfelstärke
ca. 30 g Butter für die Semmelfülle
100 g Butter für die Brösel
Muskatnuss, frisch gerieben
Salz

❶ Erdäpfel waschen, trocknen. Die Hälfte – einen halben Kilo Erdäpfel – weich kochen. Gekochte Erdäpfel auf ein mit Backpapier ausgelegtes Blech legen, im vorgeheizten Rohr bei 150 °C ausdämpfen lassen. Danach schälen und durch die Erdäpfelpresse passieren. Das übrige halbe Kilo Erdäpfel roh schälen und mit einer Reibe fein raspeln. Die geraspelten Erdäpfel salzen, anschließend fest ausdrücken und in eine Schüssel geben. Die gekochten, passierten Erdäpfel sowie Eidotter, Stärke, Salz und Muskatnuss hinzufügen, alles gut vermengen und so lange kneten, bis ein glatter Teig entstanden ist.

❷ Jetzt die Semmelfülle zubereiten. Dafür die geschälte Schalotte fein würfeln. Die Semmel in kleine Würfel (ca. 5 mm lang) schneiden. In einer Pfanne 30 g Butter erhitzen, die Schalotte darin anschwitzen, Semmelwürfel mit einem Esslöffel feingeschnittener Petersilie, Salz und Muskatnuss hinzufügen. Alles vermengen und leicht anrösten, eventuell nachwürzen.

❸ In einem großen Topf reichlich Salzwasser aufkochen. Je ein Stück Erdäpfelteig nehmen, flachdrücken, sich auf die Handfläche legen; auf die Mitte des Teigstücks etwas Semmelfülle geben, dann alles zu einem feinen runden Knödel formen.

❹ Anschließend die Erdäpfelknödel ins kochende Salzwasser geben und schwach wallend etwa zehn Minuten lang köcheln lassen. Inzwischen die 100 g Butter in einer Pfanne erhitzen und die Semmelbrösel darin bräunen. Dann fertige Knödel aus dem Wasser heben, gut abtropfen lassen. Mit Butterbröseln bestreut servieren.

Grießknöderl

Für 12 kleine Knödel

ZUTATEN
100 g Weizengrieß
1 Schalotte
1 Ei
1 Eidotter
250 ml Milch
2 EL Butter
Muskatnuss, frisch gerieben
Salz

❶ Die Schalotte fein würfelig schneiden. Butter in einem Topf erhitzen, Schalotte darin andünsten, bis sie glasig aussieht. Weizengrieß unter Rühren einrieseln lassen, anschwitzen. Milch dazugießen, weiterrühren, Salz und Muskatnuss zugeben und so lange weiterrühren, bis sich der Teig vom Topfboden löst. Dann vom Herd nehmen, überkühlen lassen. Ei und Dotter gut mit der abgekühlten Teigmasse vermengen und alles für 20 Minuten in den Kühlschrank stellen.

❷ Anschließend Salzwasser aufkochen, aus der Teigmasse mit feuchten Händen kleine Knöderl formen und diese für 10 Minuten bei moderater Hitze im wallenden Salzwasser gar kochen.

TIPP: Grießknöderl finden Sie übrigens auf Seite 244 als Beilage zur „Bauernente". Apropos: Schmackhaft sind sie auch mit einer Fülle – zum Beispiel aus Enten-Innereien, für die Sie nach Belieben Entenleber, -herz oder -magen kochen, faschieren, vermengen und würzen.

Topfenserviettenknödel

ZUTATEN
300 g Toastbrot
80 g Topfen, 40 % Fett
2 Eier
2 Eidotter
Schale von 1/2 Zitrone (unbehandelt)
100 ml Milch, zimmerwarm
30 g weiche Butter
evtl. weiche Butter zum Einfetten
Muskatnuss, frisch gerieben
Salz
frisch gemahlener Pfeffer

❶ Toastbrot entrinden und klein würfelig schneiden. In eine Schüssel geben, Milch zugießen. Die Brotwürfel eine Weile in der Milch einweichen. Dann Ei und Dotter einrühren. Butter schaumig schlagen, Topfen durch ein Sieb passieren und beides gut in die Teigmasse einarbeiten. Mit abgeriebener Zitronenschale sowie Salz, Muskatnuss und Pfeffer vermengen.

❷ Ein Küchentuch oder eine große Stoffserviette mit Butter bestreichen. Die Teigmasse fest darin einrollen (fettfreie Variante: Teigmasse erst in Klarsichtfolie einrollen, danach in Alufolie) und die Enden mit Spagat abbinden (bei der Alufolie: Enden zusammendrehen).

❸ In einem großen Topf reichlich Salzwasser aufkochen, dann die Hitze etwas reduzieren und den Serviettenknödel einlegen. Im schwach wallenden Salzwasser etwa 30 bis 35 Minuten ziehen lassen. Anschließend die Knödelrolle herausheben, auspacken und in Scheiben schneiden.

TIPP: Serviettenknödel eignen sich, wie auch Semmelknödel, bestens als Beilage zum Wiener Saftgulasch oder zum Salonbeuschel. Wer es gern knusprig mag, kann die Knödelscheiben vorm Servieren noch in Butterschmalz goldgelb anbraten.

Semmel-Pilz-Schnitte

ZUTATEN
800 g Kaisersemmeln
100 g Bauchspeck geräuchert, gewürfelt
100 g Schalotten, fein gewürfelt
120 g Pilze, gemischt, nach Saison (z.B. Herrenpilze, Eierschwammerln, Austernpilze)
1 Ei
1/2 Bund Petersilie, fein gehackt
4 Zweige Thymian, gezupft
300 ml Milch
300 ml Schlagobers
Butterschmalz
Salz, frisch gemahlener Pfeffer

● Kaisersemmeln in Würfel schneiden und in eine Schüssel geben. Milch und Obers leicht erwärmen, dann über die Semmeln gießen. Speckwürfel und fein würfelig geschnittene Schalotten in einer Pfanne anschwitzen. Mit fein gehackter Petersilie sowie Thymianblättchen vermischen. Nun die Schalotten-Speck-Mischung zu den Semmeln geben, verrühren. Das Ei aufschlagen, dazugeben und alles gut vermengen, salzen, pfeffern und ca. 10 Minuten durchziehen lassen. Danach eine Kastenform mit Klarsichtfolie auslegen, die Semmelmasse einfüllen und gut verschließen. Bei 90 °C Dampf rund 50 Minuten garen (Variante: Bei 90 °C ins vorgeheizte Backrohr schieben und unten hinein ein Gefäß voller Wasser stellen, das dann für den nötigen Dampf sorgt). Anschließend auskühlen lassen. In Scheiben schneiden und in Butterschmalz herausbraten.

Semmelknödel

Für etwa 6 Knödel

ZUTATEN
200 g Knödelbrot (Semmelwürfel)
2 Schalotten
2 EL Petersilie, fein geschnitten
3 Eier
100 ml griffiges Mehl
Mehl zum Einmehlen
1 EL Maisstärke (Maizena)
180 ml heiße Milch
50 g Butter
Muskatnuss, frisch gerieben
Salz

❶ Zunächst die Schalotten schälen, fein würfelig schneiden. Butter erhitzen, Schalotten dazugeben und goldgelb anrösten. Knödelbrot zugeben, mit den Schalotten mischen. Kurz durchschwenken und dann in eine große Schüssel geben. In einer kleinen Schüssel die Eier verschlagen und mit dem Knödelbrot vermengen. Milch erhitzen. Heiße Milch zugießen, in die Teigmasse einrühren. Maisstärke, Mehl, Salz, Pfeffer und zuletzt die Petersilie zugeben (bei Bedarf auch noch etwas Knödelbrot). Alles gut verkneten. Anschließend etwa 15 Minuten rasten lassen.

❷ In einem Topf reichlich Salzwasser aufkochen und die Hitze etwas reduzieren. Mit feuchten Händen aus der Teigmasse runde Knödel formen, jeweils kurz in Mehl wenden, dann nachformen. Schließlich die Semmelknödel im schwach wallenden Salzwasser 15 Minuten ziehen lassen, dabei den Topf ab und zu ein wenig „ruckeln" und darauf achten, dass die Knödel zur Oberfläche aufsteigen. Herausheben, gut abtropfen lassen und anrichten.

TIPP: Aus übrig gebliebenen Semmelknödeln (oder einem Stück Serviettenknödel) können Sie „Knödel mit Ei" bereiten: Eine fein geschnittene Zwiebel in Öl oder Butterschmalz anschwitzen. Knödel in Scheiben schneiden, dazugeben und goldgelb anbraten, pro Person ein verschlagenes Ei darübergießen, stocken lassen, salzen und pfeffern, mit fein geschnittener Petersilie bestreuen – fertig.

Nockerln oder Spätzle

ZUTATEN
250 g glattes Mehl
2 Eier
1 Eidotter
150 ml Milch
1 EL flüssige Butter
Öl zum Anbraten
Muskatnuss, frisch gerieben
Salz

● Eier, Eidotter und Milch in eine Schüssel geben und verrühren. Mehl und flüssige Butter einrühren, Salz und Muskatnuss zugeben. Mit einem Kochlöffel alles zu einem glatten Teig verrühren (eventuell noch etwas Milch oder Mehl untermengen). Reichlich Salzwasser in einem großen Topf aufkochen. Teigmasse durch ein Nockerlsieb (oder mit einem Spätzlehobel) ins kochende Salzwasser drücken und darin kurz garen – bis Nockerln an die Oberfläche steigen. Dann abseihen. Kalt abschrecken, abtropfen lassen. Nach Belieben noch in heißer Butter schwenken oder in Öl anbraten.

Bandnudeln

Als Beilage für 4 Personen

ZUTATEN
160 g Mehl, glatt
80 g Hartweizengrieß
1 Ei
2 Eidotter
1 Ei zum Bestreichen
eine Prise Salz

● Sämtliche Zutaten zu einem elastischen, eher festen Teig verkneten (falls nötig noch Wasser beigeben). In Klarsichtfolie einwickeln und wenigstens eine Stunde an einem kühlen Ort ruhen lassen. Anschließend auf einer bemehlten Arbeitsfläche dünn ausrollen. Mit der Hand oder der Nudelmaschine zu Bandnudeln oder anders geformten Nudeln schneiden. In einem großen Topf Salzwasser aufkochen, die Nudeln ins sprudelnde Wasser legen. Je nach Größe sind sie in 2 bis 4 Minuten gar bzw. al dente gekocht. Abseihen und anrichten oder weiterverarbeiten.

TIPP: Paradeisermark oder Rote-Rüben-Saft – welche man in den Nudelteig einarbeitet – färben die Nudeln rot, passierter Spinat grün und Sepiatinte schwarz. Außer bei der Sepiatinte (von der Sie weniger benötigen) gibt man am besten zuerst einen Esslöffel des „Färbemittels" zum Teig dazu und steigert die Menge je nach gewünschter Farbintensität.

Ravioli

ZUTATEN
300 g doppelgriffiges Mehl
2 Eier
4 Eidotter
1/3 TL Salz

❶ Mehl in eine Schüssel sieben, Eier, Eidotter und Salz zugeben, gut verrühren und dann alles zu einem geschmeidigen Teig kneten. Zugedeckt etwa eine halbe Stunde rasten lassen.

❷ Dann Hälfte des Ravioliteigs auf einer bemehlten Arbeitsfläche sehr dünn ausrollen und die andere Hälfte kühl stellen. Auf die ausgerollte Teigfläche in Abständen kleine Häufchen der Füllung (Rezepte mit Ravioli-Nudeln finden Sie auf den Seiten 151, 179, 221, 228) setzen. Die freien Stellen rund um die Füllung mit Eidotter bestreichen. Dann die zweite Hälfte des Teigs ausrollen und vorsichtig über die erste legen, jeweils rund um die Füllung fest andrücken (um die Ränder zu schließen). Ravioli mit dem Teigrad ausschneiden, oder mit einer Ausstechform ausstechen. Darauf achten, dass die Teigränder verschlossen sind, eventuell festdrücken. Ravioli im köchelnden Salzwasser ca. 4 Minuten garen lassen.

Menu

du 17 Octobre 1892.

Reine

Truites au bleu sauce américaine

Selle de mouton garni à la chartreuse

Timbal de gibier aux truffes

Chapons de Styrie

Salade

Compotes

Asperges en branches

Croûtes d'ananas

Fruits

Fromages.

Eduard Sacher
k.k. Hof-Lieferant

DRUCK VON A. REISSER, WIEN.

Polentaschnitte

ZUTATEN

125 g Polenta (Maisgrieß)
350 ml Gemüsefond
1 Schalotte, 1 Knoblauchzehe
1 Zweiglein Thymian
50 g Parmesan, frisch gerieben
1 Eidotter, 1/4 l Milch
25 g Butter, 2 EL Olivenöl
1 Lorbeerblatt
Muskatnuss, frisch gerieben
Salz, frisch gemahlener Pfeffer
2 EL Butterschmalz

● Die Schalotte fein würfelig schneiden. Gemüsefond, Milch, Butter, Schalottenwürfel, die geschälte Knoblauchzehe, Lorbeerblatt und Thymianzweig in einem Topf aufkochen. 5 Minuten ziehen lassen, passieren und erneut aufkochen. Polenta einrühren. Dann den Topf an den Herdrand ziehen und die Polenta etwa 40 Minuten quellen lassen, dabei immer wieder umrühren. Zuletzt frisch geriebenen Parmesan, Eidotter und Olivenöl unterheben, mit Salz und Pfeffer abschmecken. Dann Polenta zwischen zwei Bleche pressen, abkühlen lassen und in beliebiger Form ausstechen oder schneiden. Vorm Servieren in heißem Butterschmalz goldbraun anbraten.

Risotto

Für 4–6 Portionen

ZUTATEN

400 g Risottoreis (Arborio oder Vialone)
900 ml Hühner- oder Gemüsefond
1 Schalotte, eher klein
40 g Parmesan, frisch gerieben
125 ml Weißwein, trocken
50 g Butter
4 EL Olivenöl
1 Messerspitze Safran
Salz

● Olivenöl in einer Pfanne erhitzen, die Schalotte fein schneiden, dazugeben, anschwitzen. Nun den Risottoreis nach und nach einstreuen, unter Rühren anschwitzen. Sobald der Reis glasig aussieht, mit einem Glas Weißwein ablöschen und aufkochen, bis der Wein ganz verdampft ist. Dann langsam, unter ständigem Rühren, den Fond zugießen – am besten Schöpfer für Schöpfer. In den nächsten 18 bis 20 Minuten Risotto auf niedriger Flamme kochen, dabei unausgesetzt rühren. Nun auch den Safran beigeben. Sobald der Reis al dente ist, kalte Butter und frisch geriebenen Parmesan einrühren, mit Salz abschmecken. Topf vom Herd nehmen und zugedeckt noch ca. eine Minute ziehen lassen.

TIPP: Das Aroma eines Risottogerichts hängt vom verwendeten Fond ab – am besten, Sie nehmen selbstgekochten. Und: Das hier vorgestellte Grundrezept lässt sich mit vielen verschiedenen Zutaten erweitern: z.B. Meeresfrüchte, Pilze, Spargel, Erbsen etc.

Sättigungsbeilagen mit Gemüse

Warmer Krautsalat

ZUTATEN
1 Kopf Weißkraut
200 ml Rindsuppe
100 g Selchspeck
1 Zwiebel
50 ml Essig
1 TL Kümmel, ganz
weißer Pfeffer, frisch gemahlen
Salz

❶ Die äußeren Blätter des Krautkopfs entfernen. Krautkopf vierteln und fein nudelig schneiden oder hobeln. In einem Topf Rindsuppe mit Essig, Kümmel, Salz und Pfeffer aufkochen. Kraut in die Suppe geben und zugedeckt kräftig kochen. Währenddessen Zwiebel in feine Würfel schneiden. Eine Pfanne erhitzen, Speck darin auslassen, knusprig anbraten und aus der Pfanne heben. Jetzt die fein gewürfelte Zwiebel in die Pfanne geben und im dort verbliebenen Fett glasig dünsten.

❷ Fertig gekochtes Kraut vom Herd nehmen, die überschüssige Flüssigkeit abgießen. Kraut in eine Schüssel geben und mit den Zwiebelstückchen vermischen. Die gerösteten Speckwürfel darüber verteilen. Zuletzt mit dem restlichen Fett (aus der Pfanne) beträufeln.

Quitten-Rotkraut

ZUTATEN
1 kg Rotkraut, 1 Quitte, 2 kleine Äpfel
1–2 EL Preiselbeeren
1 Zwiebel
1 Stückchen Ingwerwurzel
250 ml trockener Rotwein
200 ml Apfelsaft
60 ml Apfelessig
2 EL Ganslschmalz (oder: Butterschmalz)
2 EL brauner Zucker (Demerarazucker)
1 Lorbeerblatt
etwas Piment, gemahlen
etwas Kümmel, gemahlen
Salz, frisch gemahlener Pfeffer

❶ Am Vortag sollten Sie das Rotkraut marinieren. Dafür zuerst beim Rotkraut Außenblätter und Strunk entfernen. Dann den Krautkopf halbieren und das Kraut fein nudelig schneiden oder hobeln, in eine Schüssel geben. Äpfel schälen, entkernen und mit der Reibe grob raspeln. Dann Essig, Apfelsaft, Wein, geriebene Äpfel, Preiselbeeren und Salz mit dem Rotkraut vermengen. Über Nacht zugedeckt ziehen lassen.

❷ Am nächsten Tag die Zwiebel in feine Streifen schneiden und in einem Topf mit heißem Schmalz anschwitzen. Zucker zugeben und hellbraun karamellisieren lassen. Dann das Kraut samt Marinade hinzufügen und etwa 40 Minuten weichdünsten, dabei immer wieder mit Wasser aufgießen. Gleich nachdem Sie das Rotkraut aufgesetzt haben, die Quitte schälen und sehr fein würfelig schneiden (ca. 2 mm kleine Würfel); das Stück Ingwerwurzel schälen und reiben. Dann Quitte und Ingwer mit den restlichen Gewürzen – Lorbeer, Kümmel, Pfeffer, Piment – zum Rotkraut geben, mitkochen lassen. (Notfalls das Rotkraut mit etwas in Wasser gelöster Maisstärke oder einem rohen, geriebenen Erdapfel binden.)

Gabelkraut

ZUTATEN
600 g Sauerkraut, 1 großer Erdapfel
100 g Zwiebeln, feingeschnitten
80 g Bauchspeck, gewürfelt
400 ml Rindsuppe
5 EL Schweineschmalz
Salz

GEWÜRZSÄCKCHEN
2 Lorbeerblätter, 4 Wacholderbeeren
5 Pfefferkörner

● Das Sauerkraut kalt wässern. Schmalz in einem Topf erhitzen. Den gewürfelten Speck und die feingeschnittenen Zwiebeln beigeben, beides glasig anschwitzen. Sauerkraut dazugeben und alles mit Suppe aufgießen. Nun das Gewürzsackerl mit Lorbeer, Wacholder und Pfefferkörnern dazugeben. Das Sauerkraut weichdünsten. Zuletzt den Erdapfel schälen, fein reiben und zum Sauerkraut geben, durchrühren und noch ca. 5 Minuten kochen, dann mit Salz abschmecken .

Kürbisgemüse

ZUTATEN
600 g Kürbis (Muskat- oder Ölkürbis)
100 g Zwiebeln
200–300 ml Gemüsefond oder Wasser
40 ml Apfelessig
1 KL Mehl
100 g Crème fraîche
2 EL Schweineschmalz
1 KL Zucker
1 KL Paprikapulver, 1 Lorbeerblatt
etwas Kümmel, ganz
Salz, frisch gemahlener Pfeffer

● Kürbis schälen und in feine Streifen schneiden oder raspeln. In eine Schüssel geben, gut einsalzen und rasten lassen. Zwiebeln fein würfelig schneiden. In einem Topf Schmalz erhitzen, Zwiebeln darin anschwitzen, paprizieren und gleich mit Essig ablöschen. Nun das – vorher gut ausgedrückte – Kürbisfleisch dazugeben und mit Fond oder Wasser auffüllen. Gewürze – Salz, Pfeffer, Lorbeerblatt, Kümmel – sowie Zucker einrühren und alles rund 5 Minuten köcheln lassen. Inzwischen Crème fraîche mit ein wenig Fond und etwas Mehl verrühren und zum Binden unter das Kürbisgemüse mengen. Abschließend Lorbeerblatt entfernen, abschmecken und anrichten.

TIPP: Im Verein mit Semmelknödeln wird das Kürbisgemüse zu einer vegetarischen, sättigenden und wärmenden Hauptspeise. Natürlich passt es auch sonst zu vielem – der Doyen der österreichischen Kochbuchautoren, Christoph Wagner, empfiehlt es übrigens besonders zu gekochtem Rindfleisch.

Selleriepüree

ZUTATEN
200 g Sellerie, geschält
Saft von 1 Zitrone
1 EL Crème fraîche
125 ml Schlagobers, 50 g Butter
Salz, frisch gemahlener Pfeffer

● Sellerie schälen und würfelig schneiden. Butter in einem Topf erhitzen und die Selleriewürfel darin anschwitzen, salzen und pfeffern. Leicht dünsten, danach mit Obers und Crème fraîche aufgießen und einmal aufkochen lassen. Danach mit dem Stabmixer fein pürieren und nochmals mit Salz und Pfeffer sowie Zitronensaft abschmecken.

Kohlgemüse auf Alt-Wiener Art

ZUTATEN
1 Kohlkopf, etwa 1 kg schwer
1 Knoblauchzehe
100 g durchwachsener Speck
250 ml heiße Rindsuppe
1 EL Mehl
1 EL Butter
Salz
frisch gemahlener Pfeffer

● Außenblätter und Strunk des Kohlkopfs entfernen. Kohl fein nudelig schneiden oder hobeln. Salzwasser aufkochen, Kohl hineingeben und gar kochen. Abseihen, abtropfen lassen. Speck sehr fein und klein würfelig schneiden oder im Fleischwolf faschieren. In einem Topf Butter erhitzen, Speck hineingeben und hell anrösten. Mehl einrühren, kurz mitrösten, dann die heiße Suppe zugießen; köcheln lassen und währenddessen ständig mit dem Schneebesen rühren – bis die Flüssigkeit leicht gebunden ist. Dann den eventuell noch abgepressten (d.h. mit möglichst wenig Wasser benetzten) Kohl hinzufügen. Alles gut vermengen, mit fein gehacktem Knoblauch, Salz und Pfeffer würzen und zuletzt noch einmal kurz aufkochen lassen.

Dillfisolen

ZUTATEN
600–700 g Fisolen
200 ml heiße Rindsuppe
1 EL Dillespitzen, fein geschnitten
1 EL Mehl
200 ml Milch
1 EL Butter
1 Schuss heller Essig oder Apfelessig
Salz
frisch gemahlener Pfeffer

● Fisolen waschen, putzen (Fäden entfernen) und in gefällige Stücke schneiden. In einem Topf Salzwasser aufsetzen und die Fisolen darin gar (kernweich) kochen. Dann abseihen und abtropfen lassen. Rindsuppe erhitzen. In einem Topf Butter schmelzen, den Esslöffel Mehl mit dem Schneebesen einrühren und gleich die heiße Suppe zugießen. Unter ständigem Rühren mit dem Schneebesen aufkochen (es dürfen sich keine Klümpchen bilden!), bis sich alles bindet. Dann Herdflamme kleiner stellen und die Milch einrühren. Fisolen dazugeben. Gut vermengen und mit Essig, Salz und Pfeffer abschmecken. Fein geschnittene Dille einrühren, zuletzt noch einmal kurz aufkochen.

Cremespinat

ZUTATEN
1 kg Blattspinat
1 kleine Zwiebel
1 Knoblauchzehe
250 ml heiße Rindsuppe
2 EL Mehl
2 EL Schlagobers
2 EL Butter
etwas Muskatnuss, frisch gerieben
Salz
frisch gemahlener Pfeffer

● Blattspinat gründlich waschen, die Stiele abschneiden. Anschließend entweder in kochendem Salzwasser blanchieren oder überbrühen, dann abseihen, abtropfen lassen und mit dem Stabmixer pürieren. Rindsuppe erhitzen. Die geschälte Zwiebel fein würfeln und in einem Topf in Butter anschwitzen. Mehl einrühren und gleich mit der heißen Suppe auffüllen. Aufkochen lassen und dabei ständig mit dem Schneebesen rühren (es dürfen sich keine Klümpchen bilden!). Passierten Blattspinat zugeben und alles gut vermengen. Bei kleiner Hitze etwa zehn Minuten einkochen, bis der Spinat sämig ist. Salz, Muskatnuss, Pfeffer, fein gehackten Knoblauch sowie die 2 Esslöffel Schlagobers einrühren. Noch einmal aufkochen lassen. Nach Belieben vorm Servieren noch ein paar Butterflocken auf den Cremespinat geben.

Salonbeuschel gefällig, Madame?

Vom Erdäpfelgulasch bis zum Kalbsbries: Zwischengerichte nach Sacher-Art

Neun Klassiker
Neue Sacher-Küche

Früher nannte man sie „Einschiebegerichte“: jene flexiblen Speisen, die Sie zwischen den Mahlzeiten oder im Rahmen eines mehrgängigen Menüs als eigenen Gang – oft als warme Vorspeise – servieren können. Dieses Kapitel ist besonders unterteilt: Am Anfang finden Sie neun Klassiker der Wiener Küche, die sich selbstverständlich nicht nur für den kleineren Hunger, sondern entsprechend portioniert auch als Hauptspeisen eignen. Die daran anschließenden Rezepte von Werner Pichlmaier, dem Chefkoch des Sacher in Wien, interpretieren die klassische Wiener Küche vor dem Hintergrund des 21. Jahrhunderts neu, mit exotischen Gewürzen und bis in Textur und Farbigkeit komplexen Kombinationen, wie dem Kalbsbries mit Zitrusfrüchten und grünem Spargel oder den pochierten Austern mit Pumpernickel und Karfiol. Lassen Sie sich überraschen!

Linke Seite: Kalbsbries mit grünem Spargel und Zitrusfrüchten
Rezept Seite 157

Neun Klassiker

Erdäpfelgulasch

ZUTATEN
750 g mehlige Erdäpfel
3 Zwiebeln
2 Knoblauchzehen, gepresst
1 Kranzl Braunschweiger
ca. 400 ml heiße Rindsuppe
oder Gemüsefond
1 Schuss Essig
evtl. Maisstärke oder Mehl
zum Binden
2–3 EL Butterschmalz oder Öl
eine Prise Majoran, gerebelt
2 TL Paprikapulver, edelsüß
etwas Kümmel, ganz
Salz, frisch gemahlener Pfeffer

● Die Erdäpfel schälen und in gefällige Würfel schneiden. Zwiebeln schälen, fein würfelig schneiden. Butterschmalz oder Öl in einem Topf erhitzen und Zwiebeln darin langsam (auf kleiner Flamme) anschwitzen. Kurz vom Herd ziehen. Paprizieren, Essig zugießen und verrühren. Mit heißer Rindsuppe oder Gemüsefond auffüllen. Nun Erdäpfel dazugeben – die Suppe sollte sie gerade eben bedecken. Majoran, Kümmel und gepressten Knoblauch einrühren. Dann so lange köcheln lassen, bis der Saft sich bindet bzw. sämig wird und die Erdäpfel weichgekocht sind. Jetzt die Wurst in Scheiben schneiden, dazugeben und alles noch ein paar Minuten köcheln lassen. Sollte der Saft zu dünn sein: mit etwas Maisstärke (Maizena) oder Mehl binden, dann mit Salz und Pfeffer würzen.

TIPP: Wie jedes Gulasch schmeckt auch dieses besonders gut, wenn es nach der Zubereitung noch Zeit zum Rasten hat (ruhig einen ganzen Tag) und Sie es später aufgewärmt genießen.

Blunzengröstl

ZUTATEN
500 g Blunzen (Blutwurst)
500 g Erdäpfel, speckig
100 g Zwiebeln
80 g Schweineschmalz
etwas Majoran, gerebelt
Salz, frisch gemahlenen Pfeffer

AUSSERDEM
1/2 Bund Schnittlauch
frisch geriebener Kren

❶ Die Erdäpfel kochen, dann schälen und in Scheiben schneiden. Die geschälten Zwiebeln fein schneiden. Von der Blunzen die Haut abziehen. Hautlose Wurst in Scheiben schneiden. Nun Schmalz in einer Pfanne erhitzen und die Zwiebeln anschwitzen, Erdäpfelscheiben beigeben und anbraten. Zuletzt die Blunzenscheiben hinzufügen und alles vermengen, mit Salz, Pfeffer und Majoran würzen. Die Blunzen-Erdäpfel-Masse mit einem Bratenwender zusammenpressen (wie bei einem Rösti) und auf beiden Seiten knusprig anbraten.

❷ Das Blunzengröstel mit Schnittlauch bestreuen und am besten im Ganzen servieren (erst am Tisch in Portionen teilen), frisch geriebenen Kren dazu reichen.

TIPP: Um das Blunzengröstl im Ganzen in der Pfanne umzudrehen, verwenden Sie am besten eine runde Platte passender Größe, die Sie auf die Pfanne legen und mit der flachen Hand (Topflappen nicht vergessen!) halten. Dann die Pfanne samt Platte anheben und in der Luft so kippen, dass das Gröstl mit der noch nicht gebratenen Seite nach unten auf der Platte zu liegen kommt – so nun vorsichtig wieder in die Pfanne gleiten lassen.

FOTO rechte Seite

Tiroler Gröstl

ZUTATEN
300 g gekochtes Rindfleisch
150 g Tirolerspeck (Bauchspeck)
600 g gekochte Erdäpfel
1 Zwiebel
2 EL Petersilie, gehackt (Garnitur)
Butterschmalz zum Anbraten
Majoran, gerebelt
Salz
frisch gemahlener Pfeffer

❶ Erdäpfel kochen, schälen und in Scheiben schneiden. Gekochtes Rindfleisch und Speck in dünne Streifen schneiden. Zwiebel schälen und fein schneiden. In einer Pfanne Butterschmalz erhitzen, Zwiebel darin goldgelb anrösten, Fleisch und Wurst zugeben, durchrösten. Majoran, Salz und Pfeffer zugeben, untermengen.

❷ In einer zweiten Pfanne ebenfalls Butterschmalz erhitzen und darin die Erdäpfelscheiben knusprig braten. Anschließend zum Fleisch geben, alles gut mischen und nochmals mit Majoran, Salz und Pfeffer abschmecken. Vorm Servieren mit gehackter Petersilie bestreuen. Als Beilage passend: Krautsalat (s. Seite 127) oder grüne Salate.

TIPP: Das Tiroler Gröstl ist ein typisches Restlessen – in diesem Sinn können Sie es auch mit Bratenresten zubereiten.

Gefüllte Paprika

ZUTATEN
8 grüne Paprikaschoten
400 g gemischtes Faschiertes
(halb Rind, halb Schwein)
200 g gekochter Reis
2 Zwiebeln
1–2 Knoblauchzehen, gepresst
1 EL Petersilie, fein gehackt
Butter zum Anrösten/Einfetten
Majoran, gerebelt
Salz, frisch gemahlener Pfeffer

PARADEISSAUCE
1 kg reife Paradeiser
2 Zwiebel
Saft von 1 Zitrone
1/2 l Rindsuppe
2 EL Paradeisermark
Mehl zum Stauben
Butter zum Anschwitzen
etwas Zucker
2 Lorbeerblätter
ca. 8 Pfefferkörner
Salz, frisch gemahlener Pfeffer

❶ Zuerst Paradeissugo vorbereiten: Dafür die geschälten Zwiebeln fein würfelig schneiden und in Butter anschwitzen, Paradeisermark einrühren. Gewaschene Paradeiser vierteln und hinzufügen, alles gut verrühren und mit Mehl stauben. Mit Rindsuppe auffüllen, Lorbeer, Pfefferkörner, etwas Zitronensaft, eine Prise Zucker (nach Belieben etwas mehr) sowie Salz und Pfeffer dazugeben. Sugo aufkochen und dann bei mittlerer Hitze etwa 20 Minuten köcheln lassen. Anschließend Pfefferkörner und Lorbeer entfernen und nochmals abschmecken. Mit dem Stabmixer pürieren und durch ein Sieb passieren.

❷ Paprikaschoten waschen und trocknen. Jeweils am Stielansatz einen Deckel abschneiden. Durch die Öffnung im Innern mit einem Tourniermesser die weißen Häutchen und Samenkörner entfernen; Deckel ebenfalls putzen. Paprika innen auswaschen und mit Küchenkrepp trockentupfen. Für die Füllung Zwiebeln schälen, fein würfelig schneiden und in einer Pfanne mit heißem Öl goldgelb anrösten. Fein gehackte Petersilie hinzufügen, mit den Zwiebeln verrühren. Faschiertes in eine Schüssel geben, Zwiebel-Petersilie-Mischung sowie Ei, gepressten Knoblauch, Salz, Pfeffer und Majoran mit Faschiertem vermengen; zuletzt den gekochten Reis und dazu ca. 1/8 Liter Wasser einarbeiten.

❸ Nun Fleisch-Reis-Masse in die ausgehöhlten Schoten füllen. In einem passend großen Topf Paradeissugo aufkochen. Die gefüllten Paprika in das Sugo setzen und bei mittlerer Hitze ca. 45 Minuten dünsten, dabei das Paradeissugo immer wieder umrühren.
Beilagenempfehlung: Salzerdäpfel.

Szegediner Gulasch

ZUTATEN
600 g Schweinefleisch von der Schulter (ohne Schwarte)
1/2 kg Sauerkraut
150 g Zwiebeln
2 Knoblauchzehen, geschält
1 TL Paradeisermark
1/2 EL Mehl
Rindsuppe oder Wasser zum Aufgießen
100 ml Schlagobers
100 ml Sauerrahm
60 g Schweineschmalz oder Öl
1 TL Rosenpaprika (scharfes Paprikapulver)
1 KL Paprikapulver, edelsüß
2 Lorbeerblätter
etwa 1 TL Kümmel, ganz
Salz, frisch gemahlener Pfeffer

❶ Schweinefleisch putzen und in mundgerechte Würfel schneiden. Zwiebeln schälen, fein würfelig schneiden. Knoblauchzehen fein hacken. In einem Topf Schweineschmalz oder Öl (oder eine Mischung aus beidem) erhitzen, fein geschnittene Zwiebeln darin goldgelb anschwitzen. Paprikapulver – sowohl edelsüßes als auch scharfes – rasch einrühren (paprizieren). Ein wenig Rindsuppe oder Wasser zugießen, salzen, pfeffern und die Fleischwürfel untermengen. Gehackten Knoblauch, Lorbeerblätter und Kümmel hinzufügen und das Fleisch bei milder Hitze etwa 1 1/2 Stunden weich dünsten. Nach etwa der Hälfte der Garzeit das gewässerte Sauerkraut unterrühren. Nach Bedarf immer wieder ein wenig Suppe oder Wasser zugießen (die Flüssigkeit sollte Fleisch bzw. Fleisch und Sauerkraut gerade eben bedecken).

❷ Wenn Fleisch und Sauerkraut weichgekocht sind, Schlagobers und Sauerrahm mit Mehl verrühren und in das Gulasch einrühren. Weitere zehn Minuten ziehen lassen.

❸ Klassische Beilagen: Semmelknödel oder Salzerdäpfel.

Grammelknödel

ZUTATEN
500 g mehlige Erdäpfel
2 Eidotter
100 g griffiges Mehl
Mehl für die Arbeitsfläche
2 EL weiche Butter
Butter zum Anrösten

FÜLLE
200 g Grammeln
1 Bund Petersilie, fein geschnitten
1 Zwiebel
1 Knoblauchzehe, geschält
Butter zum Rösten
1 Prise Majoran, gerebelt
Salz, frisch gemahlener Pfeffer

❶ Für den Knödelteig Erdäpfel schälen und weichkochen. Kurz ausdämpfen lassen, dann durch eine Erdäpfelpresse drücken. Abkühlen lassen.

❷ Inzwischen die Fülle zubereiten: Zwiebel fein schneiden. Butter in einer Pfanne erhitzen und die Zwiebel darin goldgelb rösten. Knoblauch fein hacken. Gewaschene Petersilie zupfen und fein schneiden, Grammeln hacken. In einer Schüssel Petersilie und Grammeln mit Zwiebel, Knoblauch und Majoran vermengen. Mit Salz und Pfeffer würzen, kühlstellen.

❸ Dann die abgekühlte Erdäpfelmasse auf eine bemehlte Arbeitsfläche ausbreiten und mit den beiden Eigelb, der weichen Butter und Mehl zu einem geschmeidigen Teig kneten (bei Bedarf noch Mehl hinzufügen). Teig in Klarsichtfolie einpacken und im Kühlschrank etwa 15 Minuten rasten lassen.

❹ Danach den Teig zu einer Rolle formen und diese in acht Scheiben schneiden. Auf jede Scheibe mit dem Löffel ein Häufchen Fülle setzen, dann Teig um die Fülle herum nach oben klappen und zu einer schönen runden Kugel formen. In einem Topf reichlich Salzwasser aufkochen, die Knödel hineingeben (eventuell Hitze reduzieren). Knödel im siedenden Salzwasser etwa 7 Minuten ziehen lassen. Anschließend herausheben.

❺ Beilagenempfehlung: warmer Krautsalat (s. Seite 137).

TIPP: Nach Belieben können Sie die fertigen Grammelknödel noch mit Bratensaft umgießen.

Überbackene Schinkenfleckerln

ZUTATEN
200 g getrocknete Fleckerln
(oder selbstgemachte Fleckerln, s. Tipp!)
250 g gekochter Schinken
2 Eier, 3 Eidotter, 3 Eiklar
150 ml Schlagobers
250 ml Sauerrahm
Butter zum Einfetten
etwas Muskatnuss, frisch gerieben
Salz
frisch gemahlener Pfeffer

ZUM BESTREUEN
Semmelbrösel

❶ Die getrockneten oder selbst zubereiteten Fleckerln (siehe Tipp!) in reichlich Salzwasser al dente kochen (keinesfalls weicher, sie kommen noch ins Rohr). Abseihen und gut abtropfen lassen.

❷ Schinken fein würfelig schneiden. Die zwei Eier, drei Eigelb, Obers, Sauerrahm und eine Prise Salz einrühren. Schinkenwürfel untermengen. Die drei Eiklar mit etwas Salz steif schlagen. Den Eischnee unter die Schinken-Butter-Masse heben und alles vorsichtig mit den gekochten, abgekühlten Fleckerln mischen. Mit Muskatnuss, Salz und Pfeffer würzen. Dann in eine eingefettete feuerfeste Form geben. Semmelbrösel nach Belieben darüberstreuen, obenauf ein paar Butterflöckchen verteilen und ins vorgeheizte Backrohr schieben. Bie 180 °C etwa 45 Minuten lang backen, bis die Oberfläche schön knusprig ist. Auf vorgewärmten Tellern anrichten und mit Kopf- oder Vorgerlsalat servieren.

TIPP: Für selbstgemachte Fleckern einen Nudelteig nach dem Rezept auf Seite 134 zubereiten und statt zu Bandnudeln zu kleinen Fleckerln schneiden.

Zwiebelkuchen „Sacher Eck"

Für eine Spring- oder Tarteform mit 28 cm Ø

ZUTATEN
1 Topfenmürbteig
500 g weiße Zwiebeln
1 Bund Jungzwiebeln
1/2 Stange Lauch
ca. 150 g magerer Speck
5 Eier
80 G Gouda oder milder Bergkäse, gerieben
250 ml Schlagobers
8 EL Olivenöl
Butter zum Einfetten
Muskatnuss, frisch gerieben
Salz
frisch gemahlener Pfeffer

❶ Mindestens vier Stunden vorher den Topfenmürbteig nach dem Rezept auf Seite 113 zubereiten und kaltstellen.

❷ Dann Zwiebeln schälen, halbieren und in Scheiben schneiden. In einer Pfanne Olivenöl erhitzen, die Zwiebeln hineingeben und unter ständigem Rühren anschwitzen, anschließend vom Herd nehmen, abkühlen lassen.

❸ Inzwischen Spring- oder Tarteform einfetten. Den vorbereiteten Teig auf einer bemehlten Arbeitsfläche dünn ausrollen. Die Backform mit Teig auslegen. Zwiebeln gleichmäßig auf dem Teigboden verteilen.

❹ Die halbe Lauchstange und die Jungzwiebeln (nur die weiße Knolle!) in Ringe und den Speck fein würfelig schneiden. Käse reiben. Die fünf Eier in eine Schüssel aufschlagen, Obers dazugeben und beides mit dem Schneebesen verrühren. Lauch- und Jungzwiebelringe, Speck und geriebenen Käse untermengen. Alles gut vermischen und mit Muskatnuss, Salz und Pfeffer würzen. Dann die Masse in die Form über die Zwiebeln gießen und den Zwiebelkuchen ins vorgeheizte Backrohr schieben. Bei 200 °C etwa 40 Minuten backen. Anschließend den ofenfrischen heißen Zwiebelkuchen noch zehn Minuten ruhen lassen, dann anschneiden und servieren.

TIPP: Wenn Sie den Teig erst blind backen, saugt er weniger Flüssigkeit auf (von Zwiebeln und Ei-Masse), ist daher am Schluss trockener und knuspriger. Dafür stechen Sie den Teigboden mehrmals mit einer Gabel ein und belegen ihn mit Backpapier, auf das Sie getrocknete Erbsen oder Bohnen füllen. Anschließend ins vorgeheizte Rohr schieben und 8 Minuten bei 200 °C backen, Erbsen und Papier entfernen und, wie oben beschrieben, mit dem Zwiebelbelag fortfahren.

Alt-Wiener Salonbeuschel

ZUTATEN
600 g Beuschel (Lunge) vom Kalb
1 Kalbsherz
1 Kalbszunge
1 Bund Suppengrün
6 Pfefferkörner
3 Pimentkörner
1 Lorbeerblatt
1 Stängel Thymian
1 kleine Zwiebel
40 g Butterschmalz
30 g Mehl
Essig
Senf
eine Prise Zucker
Majoran, gerebelt
2 EL Sauerrahm
2 EL Schlagobers
Gulaschsaft (falls vorhanden)
etwas Zitronensaft
Salz, frisch gemahlener Pfeffer

„BEUSCHELKRÄUTEL"
1 kleine Zwiebel
1 Sardelle
1 Knoblauchzehe
1 EL Petersilie
1 abgeriebene Zitronenschale

❶ Zunächst die Kalbslunge säubern und Luft und Speiseröhre entfernen. Dann die Lunge gut wässern (sie muss das Wasser wie ein Schwamm bis ins Innerste aufsaugen!). Nun die Lunge zusammen mit Kalbsherz und Zunge in einem großen Topf mit kaltem Wasser aufsetzen und zum Kochen bringen. Die Zwiebel halbieren, mit den Schnittflächen nach unten in eine heiße Pfanne setzen und anbräunen.

❷ Anschließend die angebräunten Zwiebelhälften, Suppengrün, Pfefferkörner, Piment, Lorbeerblatt, Thymian und Salz zum Fleisch geben und dieses weich garen. Nach etwa einer Stunde die Lunge herausnehmen und zum Abkühlen in kaltes Wasser legen. Herz und Zunge noch eine halbe Stunde weiterkochen, bis sie weich sind.

❸ Währenddessen das „Beuschelkräutel" zubereiten: Zwiebel, Sardelle, Knoblauchzehe und Petersilie fein hacken und mit der abgeriebenen Zitronenschale vermischen.

❹ Dann Herz und Zunge aus dem Topf nehmen und ebenfalls in Wasser abkühlen. Nun Beuschelsud abseihen, dann wieder erhitzen und reduzierend einkochen lassen. Nun Kalbslunge, Herz und Zunge in dünne, kurze Streifen schneiden, eventuell noch vorhandene Knorpel entfernen.

❺ Das Butterschmalz in einer Kasserolle erhitzen, das Mehl hineinstreuen und unter Rühren braun anrösten. Das „Beuschelkräutel" dazugeben, alles durchrühren und auf kleiner Flamme ein paar Minuten ziehen lassen. Nun den reduzierten Sud dazu gießen, mit dem Schneebesen gut verrühren und ca. 15–20 Minuten einkochen, bis die Sauce eine mollige Konsistenz erhält. Nun Beuschel- und Zungenstreifen dazugeben und mit Salz und Pfeffer, Essig, Majoran, Senf und Zucker abschmecken. Sauerrahm und Schlagobers unterrühren und noch 5–10 Minuten köcheln lassen. Nun mit Zitronensaft abschmecken und in tiefen Tellern anrichten. Falls vorhanden: einen Esslöffel heißen Gulaschsaft über das Beuschel träufeln oder in der Mitte platzieren.
Beilagenempfehlung: Semmel- oder Serviettenknödel.
(Siehe S. 133 bzw. 132).

TIPP: Der Zusatz „Salon" besagt, dass es sich bei diesem Rezept um eine noblere Variante des „gemeinen" Beuschels handelt. Das in Wien beliebte Ragout aus Kalbslunge und -herz, ursprünglich ein Gericht der ärmeren Küche, wird hier durch die Zugabe von Gulaschsaft und Rahm verfeinert und sozusagen „salonfähig". Falls Sie keinen Gulaschsaft übrig haben – keine Sorge, es mundet auch ohne.

Pochierte Austern

mit Pumpernickel und Karfiol

ZUTATEN

8 Austern (ideal: Gillardeau-Austern)
300 ml Geflügelfond
30 g Bauchspeck, feingewürfelt
1 Granny-Smith-Apfel, geschält und gewürfelt
40 g Schalotten, feingeschnitten und blanchiert
30 g Bauchspeck, feingewürfelt
150 g Pumpernickel
evtl. 1 Messerspitze Xanthan
20 g Rapsöl
weißer Pfeffer, frisch gemahlen
Salz

KARFIOL

250 g Karfiol
60 ml Obers
50 ml braune Butter (s. Tipp Seite 22)
20 g Butter
etwas Zitronensaft (zum Abschmecken)
Muskatnuss, frisch gerieben
Salz

AUSSERDEM

5 Scheiben Pumpernickel (Crumble)
Kresse für die Garnitur

❶ Gut vorher zubereiten lässt sich das Pumpernickel-Crumble. Dafür die fünf Scheiben Pumpernickel zerbröckeln und im Backrohr bei 70–80 °C trocknen lassen. Anschließend in der Küchenmaschine cuttern. Beiseitestellen.

❷ Für den Sud 150 g Pumpernickel kleinschneiden. Geflügelfond erhitzen, kleingeschnittes Pumpernickel hineingeben. Einmal aufkochen und ca. 2 Stunden ziehen lassen (auf kleiner Flamme). Kurz vor Ende dieser Zeit die Schalotten fein schneiden und kurz blanchieren. Bauchspeck in feine Würfel schneiden. Zuletzt (am besten kurz bevor Sie ihn in den Sud geben) den Apfel schälen und fein würfelig schneiden.

❸ Danach den Sud durch ein Sieb passieren, Pumpernickel dabei gut ausdrücken. Bei Bedarf den Sud noch mit Xanthan binden. Dann den Sud mit dem Stabmixer aufschäumen, Apfel- und Speckwürfel sowie die blanchierten Schalotten zugeben und alles mit Salz, Pfeffer und Rapsöl abschmecken.

❹ Für den Karfiol zunächst 200 g Karfiol in reichlich Salzwasser weichkochen und gut abtropfen lassen. Anschließend zusammen mit Butter, brauner Butter und Schlagobers im Mixer zu einem feinen Püree mixen. Den restlichen Karfiol fein reiben und zur Seite stellen.

❺ Austern öffnen, das Austernwasser auffangen und durch ein Sieb passieren, dann erhitzen. Die gesäuberten Austern kurz im Austernwasser ziehen lassen (anpochieren).

❻ Vorm Servieren Karfiolpüree mittig in tiefe Teller setzen, Austern darauf platzieren und mit geriebenem Karfiol und Pumpernickel-Crumble bestreuen. Zuletzt mit Pumpernickelsud umgießen, mit Kresse garnieren.

Trevisano-Risotto

mit Jakobsmuscheln

ZUTATEN

Risotto
4 Stück Radicchio Trevisano
1 Knoblauchzehe, geschält
300 ml Rotwein
250 ml roter Portwein
4 EL Himbeeressig
4 EL alter Balsamico
2 EL Butter, Salz
frisch gemahlener Pfeffer

MUSCHELN

12 Jakobsmuscheln
Saft von 1 Zitrone
2 Thymianzweige
Olivenöl, Salz
frisch gemahlener Pfeffer

MARINADE

2 EL Himbeeressig
3 EL Gemüsefond
3 EL Öl
Salz

❶ Trevisano putzen. Blätter abpflücken und mit den Salatherzen etwa 20 Minuten in lauwarmes Wasser einlegen, um die Bitterstoffe zu lösen. Danach trocknen; die Herzen vorerst beiseitelegen – später nehmen Sie sie als Garnitur. Blätter von den weißen „Rippen" befreien und fein schneiden. Butter in einem Topf schmelzen, den fein geschnittenen Trevisano kurz darin anrösten, salzen und pfeffern. Mit Portwein und Rotwein ablöschen und fast zur Gänze reduzieren. Dann Balsamico und Himbeeressig zugießen und langsam einkochen (einreduzieren), bis die gesamte Flüssigkeit verdampft ist.

❷ Nun Risotto nach dem Rezept auf Seite 136 zubereiten (hierfür brauchen Sie mindestens 30 Minuten). Die kalten Butterstücke zugeben und untermischen. Am Schluss Trevisano untermengen.

❸ Jakobsmuscheln öffnen, schwarze Innereien und Bart entfernen. In einer Pfanne Öl erhitzen – doch nicht zu heiß werden lassen – und darin die Muscheln, zusammen mit dem Thymianzweig, langsam auf jeder Seite goldgelb braten. Mit Zitronensaft beträufeln. Salatherzen zerpflücken und mit einer Mischung aus Öl, Gemüsefond und Himbeeressig marinieren.

❹ Vorm Servieren Risotto in tiefen Tellern anrichten, mit Jakobsmuscheln und mariniertem Salat belegen.

ÜBRIGENS: Der Radicchio Trevisano ist eine besonders aromatische, an Bitterstoffen arme Variante des Radicchio mit länglichen Blättern. Er ist nach Treviso benannt, einer Stadt im norditalienischen Venetien, die für dieses schmackhafte Wintergemüse berühmt ist.

Pot au Feu von Muscheln

mit Safran und Ravioli

ZUTATEN
600 g Miesmuscheln
600 g Venusmuscheln
4 Jakobsmuscheln
1 l Fischfond
1 Fenchelknolle (das Grüne als Garnitur behalten)
100 g Stangensellerie
3 Schalotten, geschält
1 Knoblauchzehe, geschält
2 Thymianzweige
Saft von 1 Zitrone
1/4 l trockener Weißwein
1/8 l Noilly Prat
2 cl Pernod
800 ml Schlagobers
100 g kalte Butter
Olivenöl
2 Msp. Safranfäden
Salz
frisch gemahlener Pfeffer

GEFÜLLTE RAVIOLI
150 g Ravioli
2 EL Fischfarce
120 g Muschelfleisch
Butter zum Schwenken

JULIENNE
1 Karotte
1 gelbe Rübe
1/2 Sellerie
Butter

❶ Zuerst einen Ravioliteig nach dem Rezept auf Seite 134 zubereiten, kühlstellen.

❷ Die Muscheln waschen und bürsten, die Bärte entfernen. Gewaschenen Fenchel, Stangensellerie, Schalotten und Knoblauch kleinschneiden; Fenchelgrün für die Garnitur aufheben.

❸ Olivenöl in einem Topf erhitzen und die Miesmuscheln darin anschwitzen. Die Hälfte vom eben geschnittenen Gemüse beigeben und kurz mitrösten. Mit der Hälfte des Weins ablöschen. Mit Fischfond aufgießen und zugedeckt köcheln, bis sich die Miesmuscheln geöffnet haben. Dann Miesmuscheln aus dem Fond heben, die geöffneten aus den Schalen lösen und beiseitestellen. (Geschlossen bleibende Muscheln sind verdorben: immer wegwerfen!)

❹ Genauso verfahren Sie jetzt mit den Venusmuscheln, also Muscheln anschwitzen, die zweite Hälfte Gemüse – Fenchel, Stangensellerie, Schalotte, Knoblauch – beigeben, rösten, mit dem zweiten Achtel Weißwein ablöschen. Anschließend mit dem Fond auffüllen, in dem vorher die Miesmuscheln gekocht wurden, und zugedeckt köcheln, bis die Venusmuscheln sich öffnen. Muscheln dann aus dem Sud heben, aus den Schalen lösen und beiseitestellen. Nun den Sud durch ein Sieb passieren, Noilly Prat zugießen, aufkochen, auf die Hälfte reduzieren. Schlagobers und Safran beigeben und nochmals aufkochen und reduzieren. Anschließend den Fond mit kalter Butter montieren und aufmixen.

❺ Für die Ravioli-Füllung 120 g Muschelfleisch fein hacken und mit 2 Esslöffeln Fischfarce vermengen, eventuell in einen Spritzbeutel geben. Auf einer bemehlten Arbeitsfläche den vorbereiteten Nudelteig dünn ausrollen, teilen. Auf eine Hälfte des Teigs 12 Häufchen Füllung dressieren (oder mit einem Löffel daraufsetzen) und – wie im Teigrezept beschrieben – rundum mit Eigelb bestreichen. Die zweite Teighälfte darüberlegen und andrücken. Mit einem Ausstecher Ravioli ausstechen. Etwa vier Minuten in einem Topf mit siedendem Salzwasser garen, abtropfen lassen und behutsam in Butter schwenken.

❻ Karotte, gelbe Rübe und die halbe Sellerieknolle à Julienne in sehr feine Streifen schneiden und blanchieren. Dann mit sämtlichen Muscheln in den Sud geben und ziehen lassen. Mit Salz, Pfeffer und Pernod abschmecken.

❼ Zuletzt die vier Jakobsmuscheln öffnen, Innereien und Bart entfernen. Jakobsmuscheln in einer Pfanne mit heißem Olivenöl goldgelb braten und mit Zitronensaft, Salz und Pfeffer würzen. Pot au Feu in vier tiefe Teller gießen, jeweils eine Jakobsmuschel daraufsetzen und mit Fenchelgrün garnieren.

TIPP: Zu diesem Rezept passen – auch optisch – schwarze Ravioli sehr gut. Mischen Sie dafür 1 TL Sepiatinte unter Ihren Ravioliteig.

Kopfsalatrisotto
mit Felsengarnelen und Speckschaum

ZUTATEN
Risotto, mit Gemüsefond zubereitet
400 g Kopfsalat
100 g Blattspinat
3 kleine Salatherzen
Salz
frisch gemahlener Pfeffer

FELSENGARNELEN
12 Felsengarnelen oder andere
1 Knoblauchzehe, angedrückt
1 Zweig Rosmarin
Olivenöl
Salz
frisch gemahlener Pfeffer

SPECKSCHAUM
150 g Bauchspeck, geräuchert
2 Schalotten, fein geschnitten
50 g Champignons, gewürfelt
1 Knoblauchzehe, fein geschnitten
1 Speckschwarte
150 ml Fischfond
50 ml Weißwein
50 ml Noilly Prat
120 ml Schlagobers
Saft von 1/2 Zitrone (zum Abschmecken)
Cayennepfeffer
Salz
frisch gemahlener Pfeffer

MARINADE
3 EL Gemüsefond
3 EL Olivenöl
weißer Balsamico-Essig

❶ Zuerst eine Salatpaste zubereiten. Dafür 400 g Salat und 100 g Blattspinat erst blanchieren und dann mixen. Kühlstellen.

❷ Den geräucherten Bauchspeck in feine Würfel schneiden und in einem Topf bei milder Hitze auslassen. Fein geschnittene Schalotten, Knoblauch, Champignonwürfel und Speckschwarte dazugeben und kurz anschwitzen. Mit Weißwein und Noilly Prat ablöschen, dann aufkochen und die Flüssigkeit vollständig einkochen lassen. Fischfond und Obers zugießen und alles etwa 20 Minuten bei geringer Hitze ziehen lassen. Danach die Schwarte entfernen, mit dem Stabmixer aufschäumen und durch ein Sieb passieren. Abschmecken und nochmals mit dem Stabmixer aufschäumen.

❸ Salatherzen waschen und einige Blätter für die Garnitur zur Seite stellen. Die restlichen Blätter fein schneiden.

❹ Risotto nach dem Rezept auf Seite 136 zubereiten. Gegen Ende (vorm Parmesan) die Salatpaste einrühren und gut vermengen, am Schluss die feingeschnittenen Salatblätter unterheben.

❺ Garnelen aus der Schale lösen, dabei das Schwanzende nicht entfernen. Olivenöl in einer Pfanne erhitzen und Garnelen darin rundum kurz anbraten. Rosmarin und Knoblauch beigeben und etwas ziehen lassen.

❻ Je 3 Esslöffel Öl und Gemüsefond sowie 2 Esslöffel weißen Balsamico-Essig verrühren und die beiseitegestellten Salatblätter damit marinieren.

❼ Vorm Servieren Risotto in tiefen Tellern anrichten, jeweils drei Garnelen daraufsetzen und mit Speckschaum und marinierten Salatblättern garnieren.

Flusskrebse

mit Gartengurke und Pimpernelle

ZUTATEN
16 Bachkrebse
250 ml Krebsenbisque (siehe Tipp!)
20 g Butter
1 Zweiglein Dille
etwas Kümmel, ganz
Gurkengelee:
Ca. 3 Gurken für 150 ml Gurkensaft
2,5 g vegetarische Gelatine
2 EL Gurke, fein gewürfelt
(von ca. 1/3 Gurke)
1 TL Dille, fein geschnitten

GARTENGURKE
2 Salatgurken
1 EL Butter
1 TL Dille, gehackt
Salz
frisch gemahlener Pfeffer

GARNITUR
1 Bund Pimpernelle

❶ Zuerst werden die Krebse vorbereitet. Dafür einen Topf Salzwasser zum Kochen bringen und darin die Krebse zusammen mit dem Zweig Dille und etwas Kümmel ca. 2 Minuten köcheln lassen. Danach im Eiswasser abschrecken. Schwänze herausbrechen, Scheren ausbrechen. Das Krebsfleisch aus den Schwänzen herauslösen (dabei die dunklen Darmfäden beseitigen) und kaltstellen.

❷ Für das Gelee zunächst drei Gurken entsaften. Gurkensaft mit der Gelatine vermengen und aufkochen, die vorbereiteten Gurkenwürfel sowie fein geschnittene Dille untermengen. Alles auf ein flaches Blech gießen und kühl stellen.

❸ Nun die zwei Salatgurken schälen, halbieren und die Kerne herauskratzen. Gurkenfleisch in gleichmäßige Stifte schneiden. 1 Esslöffel Butter in einer Pfanne schmelzen und darin die Stifte bissfest schmoren. Das Krebsfleisch und einen Teelöffel fein geschnittene Dille beigeben und kurz schwenken. Salzen und pfeffern. Die Krebsenbisque erwärmen und mit kalter Butter montieren. Aus dem Gelee mit einem kleinen runden Ausstecher Kreise ausstechen.

❹ Schließlich die Gurkenstifte auf Tellern verteilen. Mit den Krebsen belegen. Geleescheiben auf den Krebsen platzieren und mit Bisque überziehen. Mit Pimpernelle garnieren.

TIPP: Eine Bisque ist eine Cremesuppe aus Krustentieren; wenn Sie (oder auch Ihr Feinkosthändler) keine zuhanden haben: Nehmen Sie Krebs- oder Hummerfond (s. auch Rezept S. 101), den Sie mit einem Achtel Liter Crème fraîche und einem Achtel Liter Obers verfeinern und anschließend ca. 10 Minuten einkochen.

Krebsenmarkt & Krebsenrichter

Bis zur großen Krebsenpest in den Jahren 1879/80, der nahezu 90% aller in Österreich lebenden Flusskrebse zum Opfer fielen, gehörten die schönen Edelkrebse zu den Grundnahrungsmitteln der Wiener. Es gab nicht nur einen eigens dafür eingerichteten Krebsenmarkt („Am Hof", später am „Hohen Markt"), sondern auch sogenannte Krebsenrichter, welche über die Qualität der angelieferten Krebse zu wachen hatten. Täglich gelangten viele Schiffsladungen voller Krebse in die Stadt und wurden von den Phäaken liebend gerne verspeist – bis zu 1 Million Stück in guten Krebsjahren! Als die großen Edelkrebse durch besagte Krebspest rar wurden, ja vom Aussterben bedroht waren, avancierten sie zur edlen und teuren Delikatesse, welche sie bis heute geblieben sind.

Gedämpfter Wildlachs
mit Fenchel und Orange

ZUTATEN
600 g Wildlachsfilet
Saft von einer Orange
4 EL Olivenöl
Salz
frisch gemahlener Pfeffer

ERDÄPFEL-KREN-PÜREE
500 g Erdäpfel
250 g Schlagobers
50 g Butter
2 EL Kren aus dem Glas
Muskatnuss, frisch gerieben
Salz

GEMÜSENAGE
2 Fenchelknollen
1 Karotte
2 Stück Stangensellerie
6 Schalotten
1 Orange, filetiert
250 ml Fischfond
80 ml Champagner
(oder trockenen Sekt)
80 ml Noilly Prat
1 Estragonzweig
1 Lorbeerblatt
120 g kalte Butter

AUSSERDEM
Fenchelgrün zur Garnitur
frischer Kren, gerieben

❶ Zuerst den Lachs vorbereiten. Dafür aus Klarsichtfolie 4 Rechtecke schneiden und mit Olivenöl bestreichen. Lachsfilet in dünne Tranchen schneiden und diese nacheinander auf die Folien legen (auf jede Folie eine Portion Lachs). Tranchen mit Salz und Pfeffer würzen und mit Orangensaft beträufeln. Jede Lachsportion in einen Gefrierbeutel geben und gut verschließen. Kühlstellen.

❷ Für das Püree die Erdäpfel schälen, in grobe Stücke schneiden und in Salzwasser weich kochen. Abseihen. Erdäpfel durch eine Erdäpfelpresse drücken. Das Schlagobers aufkochen. Die passierten Erdäpfel mit Obers und kalter Butter vermengen, den Kren beigeben, mit Salz und Muskatnuss würzen.

❸ Für die Gemüsenage Fenchelknollen, Karotte und Selleriestangen jeweils schälen, in feine Würfel schneiden (das können Sie evtl. tun, während die Erdäpfel für das Püree kochen); Fenchelgrün für die Garnitur aufheben. Dann Gemüsewürfel in Salzwasser blanchieren.

❹ Die Schalotten fein schneiden, in einem Topf mit Champagner und Noilly Prat aufkochen und stark reduzieren. Orangenfilets dazugeben und nochmals einkochen. Lorbeer und Estragon hinzufügen und kurz ziehen lassen. Dann die Kräuter entfernen und mit dem Fischfond auffüllen. Wieder einkochen lassen. Danach die Sauce in den Mixer gießen, kalte Butter dazugeben und mixen. Anschließend durch ein feines Sieb passieren und die blanchierten Gemüsewürfel einrühren.

❺ Lachs in den Beuteln bei 80 °C im heißen Wasserbad ca. 2 Minuten pochieren.

❻ Zum Schluss Erdäpfel-Kren-Püree auf Tellern anrichten und die Lachsscheiben darauf verteilen. Mit Gemüsenage begießen und mit Fenchelgrün sowie geriebenem Kren bestreuen.

TIPP: Dieses Gericht lässt sich auch gut mit anderen Fischarten zubereiten. Probieren Sie es doch einmal mit 600 g Seeteufel oder Saibling statt Lachs.

Lauwarmer Kalbskopf
mit bunten Linsen und Flusskrebsen

ZUTATEN
Bunte Linsen s. Rezept Seite 278 (Schweinebauch)
1 Kalbskopfmaske (enthaarter, entbeinter Kalbskopf)
1 EL Pökelsalz
1 Bund Suppengrün, 1 Zwiebel
2 EL Petersilie, gehackt
80 ml Kalbjus (s. Seite 103)
1 Lorbeerblatt,1 TL Pfefferkörner
4 Körner Piment

AUSSERDEM
16 Flusskrebse
120 ml Krebsenbisque (s. Tipp Seite 155)
Butter
Schnittlauchhalme zur Garnitur

❶ Einen Tag vorher Kalbskopf(maske) in eine Schüssel geben, mit Pökelsalz bestreuen und mit Wasser bedecken. Nun ca. 24 Stunden im Kühlschrank ruhen lassen. Nach dieser Zeit Kalbskopf mit dem geputzten Suppengrün, der halbierten Zwiebel, Petersilie, Lorbeer, Pfeffer und Piment in einen Topf geben und so viel heißes Wasser zugießen, dass alles gut bedeckt ist. Etwa 1,5 Stunden lang köcheln lassen. Dann Kalbskopf herausnehmen, in ansprechende Würfel schneiden und mit Kalbsjus glasieren.

❷ Das bunte Linsengemüse zubereiten. Krebse kurz in Butter erwärmen.

❸ Vorm Servieren die bunten Linsen auf Teller geben, Kalbskopfwürfel daraufsetzen und pro Teller mit je vier Krebsen belegen. Mit aufgeschäumter Krebssauce umgießen und mit Schnittlauch garnieren.

TIPP: Dieses Rezept ist übrings eine – von Chefkoch Werner Pichlmaier (Sacher, Wien) kreierte – Neuinterpretation einer Spezialität der traditionellen Wiener Küche: des Kalbskopfs, den die Bewohner eines früheren Jahrhunderts in gebackener Form zu genießen pflegten.

Kalbsbries
mit grünem Spargel und Zitrusfrüchten

ZUTATEN
500 g Kalbsbries
1 EL Petersilie, gehackt, 1 EL Butter
Saft von 1/2 Limette, Thymian, getrocknet
Muskatnuss, frisch gerieben
Mehl zum Wenden
Salz, frisch gemahlener Pfeffer

SPARGEL MIT ZITRUSFRÜCHTEN
12 Stangen grüner Spargel, geschält und blanchiert
1 Zitrone, geschält und filetiert
1 Orange, geschält und filetiert
1 rosa Grapefruit, geschält und filetiert
1 Limette, geschält und filetiert
etwas Gemüsefond, 1 EL Butter

SAUCE
1/2 Limette
250 ml Kalbsfond (s. Seite 102)
1/8 l Weißwein, 1/8 l Noilly Prat
1/8 l Schlagobers, 1 EL Butter

❶ Kalbsbries in kleine, etwa 30 g schwere Stücke schneiden und dabei die weiße Haut so gut wie möglich entfernen. Bries kühlstellen. Zitrusfrückte schälen und filetieren. Grünen Spargel in kochendem Salzwasser blanchieren.

❷ Für die Sauce Weißwein und Noilly Prat erhitzen und auf die Hälfte einkochen. Mit Kalbsfond aufgießen und wieder einkochen lassen, dann Obers, einen Esslöffel Butter und den Saft der halben Limette einrühren.

❸ Die Bries-Stücke mit Salz und Pfeffer würzen. Dann in Mehl wenden und mit Thymian in Butter braten. Bries mit Limettensaft beträufeln und mit Petersilie bestreuen.

❹ Butter in einer Pfanne schmelzen, den grünen Spargel hineingeben, in Butter schwenken, mit Gemüsefond glasieren. Anschließend die Spargelstangen auf Küchenkrepp abtropfen lassen, dann dritteln.

❺ Jeweils neun Spargelstücke (davon drei Köpfe) in der Mitte eines Tellers platzieren, mit Bries und Zitrusfrüchten belegen. Sauce kurz mit dem Stabmixer schaumig aufschlagen und dazugeben.

FOTO Seite 140

Spanferkelgoderl
mit Sauerkrautrelish und schwarzem Knoblauch

ZUTATEN
800–1000 g Schweinsgoder (Schweinekinn)
200 ml Schweinsjus (siehe Tipp!)
Schmalz
Kümmel, im Mörser zerstoßen oder gemahlen
Salz
frisch gemahlener Pfeffer

SAUERKRAUTRELISH
350 g Sauerkraut, gewässert
100 ml Sauerkrautsaft
1 EL Petersilie, gehackt
2 EL Apfelessig
20 g Maiskeimöl
1 g Xanthan
30 g Senfkörner, blanchiert
1 Msp. Piment d´Espelette (mildes Chilipulver)
weißer Pfeffer, frisch gemahlen
Salz

KNOBLAUCHSAUCE
1 Knolle schwarzer japanischer Knoblauch (fermentiert)
50 ml Geflügelfond
Salz

❶ Das Sauerkrautrelish einen Tag vorher zubereiten: Zuerst das gewässerte, gut ausgedrückte Sauerkraut fein würfelig schneiden. Den Sauerkrautsaft im Mixer mit Essig, Öl und Xanthan etwa 2 Minuten lang mixen. Dann in eine Schüssel geben, mit dem fein geschnittenen Sauerkraut vermischen, mit Piment, Salz und Pfeffer würzen und mit Petersilie verfeinern. Anschließend einige Stunden ziehen lassen.

❷ In einem Topf Wasser aufkochen und das Schweinsgoder etwa 10 Minuten blanchieren. Dann Goderl herausnehmen und an der Schwarte mehrfach tief einschneiden (schröpfen) und mit Salz, Pfeffer und Kümmel einreiben. Einen Bräter fingerhoch mit Wasser füllen, Goderl hineinlegen, mit Schmalz bestreichen und bei 160 °C ins vorgeheizte Rohr schieben. Solange dort belassen, bis sie weich sind, und während dieser Zeit öfter übergießen (mit Bratensaft). Während der letzten 10 Minuten das Backrohr auf 200 °C erhitzen, damit das Goderl eine schön knsuprige Kruste bekommt.

❸ Während das Goderl im Backrohr brät, den schwarzen Knoblauch schälen, fein schneiden und mit dem Geflügelfond aufkochen, reduzieren und dann durch ein Passiertuch oder ein Spitzsieb streichen. Etwas abkühlen lassen.

❹ Wenige Minuten vorm Servieren den Schweinsjus erhitzen. Dann das fertig gebratene Goder in Tranchen schneiden und auf Tellern anrichten. Mit Sauerkrautrelish belegen und mit Tupfern von Knoblauchsauce dekorieren. Zuletzt mit dem Schöpfer den warmen Schweinsjus dazugießen.

TIPP: Schweinsjus können Sie wie Kalbsjus (Rezept s. Seite 103) kochen, nur eben mit der gleichen Menge Schweins- statt Kalbsknochen und mit einer Scheibe Schweinskopf oder -haxe.

Blunzentascherln

mit Moschuskürbis

ZUTATEN

250 g Nudelteig (s. Seite 134)
300 g Blunzen (Blutwurst)
2 Äpfel, geschält und gerieben
2 Schalotten, geschält und feingeschnitten
1 Bund Majoran, gezupft und gehackt
2 EL Kren aus dem Glas
1 Ei zum Bestreichen
Mehl für die Arbeitsfläche
1/2 EL Schmalz
50 g Butter

KÜRBIS

350 g Moschuskürbis
1 EL Crème fraîche
100 ml Schlagobers
2 EL Butter
etwas Kümmel, gemahlen
Salz
frisch gemahlener Pfeffer

GARNITUR

geröstete Kürbiskerne
Schnittlauch
frischer Kren

❶ Für die Füllung zunächst Blunzen (Blutwurst) von ihrer Haut befreien und in kleine Würfel schneiden. Schalotten schälen und fein schneiden. Äpfel schälen und reiben. Schmalz in einer Pfanne erhitzen und die Blunzenstückerl darin kurz rösten. Schalotten, geriebene Äpfel, Majoran und Kren dazugeben, alles gut vermischen und kurz durchrösten. Anschließend abschmecken und einfrieren.

❷ Den vorbereiteten Nudelteig auf einer bemehlten Fläche dünn ausrollen und in lange Streifen von etwa 4 cm Breite schneiden. Auf die Hälfte der Teigstreifen nun – im Abstand von etwa 4 cm – kleine Häufchen der Blunzenfüllung setzen und die Stellen dazwischen mit Eigelb bestreichen. Anschließend die restlichen Teigstreifen jeweils darüberlegen. Mithilfe einer runden Ausstechform an den Stellen zwischen zwei „Füllungshäufchen" (dort, wo der untere Streifen mit „klebendem" Eigelb bestrichen wurde) die beiden Teigschichten aneinanderdrücken. Danach eine runde Ausstechform mit gewelltem Rand zur Hand nehmen und großzügig die Teigtascherln ausstechen. Teigtascherln auf einen Teller legen, mit Klarsichtfolie bedecken und kühlstellen.

❸ Moschuskürbis mit einem großen, scharfen Messer halbieren, von Kernen und Fäden befreien. Kürbisfleisch erst in 3 mm dicke Scheiben schneiden und von diesen die Schale entfernen. Die Hälfte davon in rautenförmige Stücke schneiden und beiseitestellen.

❹ Restliches Kürbisfleisch würfeln. Einen Topf mit 1 Esslöffel Butter erhitzen, gewürfelten Kürbis darin anschwitzen, mit gemahlenem Kümmel, Salz und Pfeffer würzen und weich schmoren. Mit Schlagobers und Crème fraîche ablöschen und anschließend mit dem Pürierstab zu einem feinen Püree verarbeiten. Dann durch ein Sieb streichen.

❺ Die Blunzentascherln in einen Topf mit kochendem Salzwasser geben und darin etwa vier Minuten wallend gar köcheln. Aus dem Wasser heben, gut abtropfen lassen. 50 g Butter in einer Pfanne leicht bräunen, Blunzentascherln hineingeben und durchschwenken.

❻ In einer zweiten Pfanne Butter schmelzen und die Kürbisrauten darin weich schmoren, mit Salz, Pfeffer und Kümmelpulver abschmecken.

❼ Vorm Servieren das Kürbispüree auf Teller streichen, Kürbisrauten und Blunzentascherln ansprechend darauf verteilen und mit Schnittlauch, frisch geriebenem Kren und gerösteten Kürbiskernen bestreuen.

TIPP: Die Blunzentascherln können Sie schon am Vortag zubereiten und einfrieren. Überhaupt empfiehlt es sich, sie auch während der Zubereitung des Kürbises kurz einzufrieren, da der Nudelteig leicht letschert (labberig) wird.

Kaninchen

mit Karotte und Couscous

ZUTATEN
600 g Kaninchenfilet
2 Thymianzweige
1 EL Butter

KAROTTENSUD
200 ml Karottensaft
200 ml Gemüsefond
100 ml Noilly Prat
ca. 3 EL Erdnussöl
1/2 TL Pfeilwurzelmehl zum Binden
10 g Ingwerwurzeln
3 Stängel Zitronengras
1 EL Koriander, gehackt
Salz
frisch gemahlener Pfeffer

COUSCOUS
100 g Couscous
125 g Gemüsefond
2 EL Erdnüsse, gehackt
1 TL Petersilie, gehackt
1/2 Stängel Zitronengras, feinst geschnitten
2 cl trockener Weißwein
1 EL Erdnussöl

AUSSERDEM
8 Babykarotten mit Grün, geschält und blanchiert
Erdnussöl
Salz
frisch gemahlener Pfeffer

❶ Zunächst das Kaninchen vorbereiten: Die Filets mit Salz und Pfeffer würzen und straff in Frischhaltefolie wickeln. Dann in Alufolie einwickeln und kühlstellen.

❷ Für den Karottensud Erdnussöl in einem Topf erhitzen, Zitronengras und Ingwer beigeben und kurz rösten. Mit Noilly Prat ablöschen, einkochen lassen. Sobald der Alkohol verdampft ist, mit 200 ml Gemüsefond aufgießen, wieder aufkochen und um die Hälfte reduzieren. Mit Karottensaft aufgießen. Gehackten Koriander einrühren und erneut aufkochen, dann 20 Minuten ziehen lassen. Anschließend Sauce mit – zuvor in Wasser aufgelöstem – Pfeilwurzelmehl binden. Danach mixen (Stabmixer), abschmecken und durch ein Sieb passieren.

❸ Für das Couscous 125 ml Gemüsefond mit fein geschnittenem Zitronengras und Weißwein aufkochen, dann durch ein Sieb passieren. Couscous in eine Schüssel geben und den heißen Fond darübergießen. Schüssel abdecken und ca. 15 Minuten ziehen lassen. Dann Couscous mit einer Gabel auflockern und einen Esslöffel Erdnussöl unterheben. Karottenwürfel in etwas Erdnüssöl bissfest dünsten und mit den gehackten Erdnüssen untermischen. Mit Salz, Pfeffer und gehackter Petersilie würzen.

❹ Das verpackte Kaninchenfilet im Wasserbad bei 85 °C ca. 5 min garen. Danach 4 min ruhen lassen und auspacken. In einer Pfanne Butter mit Thymian aufschäumen und das Kaninchenfilet auf beiden Seiten anbraten.

❺ Vorm Servieren Couscous mittig auf vier Tellern anrichten und dekorativ mit aufgeschnittem Kaninchenfilet belegen. Mit der aufgeschäumten Sauce umgießen und mit Babykarotten belegen.

TIPP: Pfeilwurzelmehl bekommen Sie in gut sortierten Bio-Läden oder Reformhäusern. Im Vergleich zu anderer Stärke hat es den Vorteil, dass es keinen Eigengeschmack hat und nicht eintrübt, sondern glänzend und durchsichtig bleibt.

Gebratene Gänseleber
mit Marille und Pofese

ZUTATEN
4 Scheiben Gänseleber, geputzt, à 80 g
Gänselebergewürz (s. Seite 116)
Mehl zum Wenden
Salz, frisch gemahlener Pfeffer

JUS
200 ml Geflügeljus
5 cl Madeira, 3 cl Amaretto

POFESEN
6 Scheiben Brioche
ca. 120 g Marillenmarmelade
3 Eier, 1 EL Rum, 1/2 l Milch
20 g Mehl, 1 EL Vanillezucker
Fett zum Backen

AUSSERDEM
Marillenchutney (s. Rezept Seite 120)
4 Marillen

❶ Für die Pofesen sechs Scheiben einer (fertigen oder vorher nach dem Rezept auf Seite 115 selbst gebackenen) Brioche bereitlegen. Davon drei Scheiben mit Marillenmarmelade bestreichen und mit den übrigen drei Scheiben bedecken. Den halben Liter Milch in eine Schale geben und mit Vanillezucker und Rum verrühren. Reichlich Fett in einer Pfanne erhitzen. Die drei doppelten Brioche jeweils beidseitig kurz in der Milch einweichen. In einer anderen Schale mit dem Schneebesen Eier mit Mehl verschlagen. Die eingeweichten Brioche jetzt durch die Eier ziehen und im heißen Fett goldgelb backen. Dann auf Küchenkrepp abtropfen lassen, in Würfel schneiden.

❷ Die vier Marillen halbieren und entkernen. Eine Grillpfanne erhitzen und darin die Marillenhälften anbraten.

❸ Für den Jus Madeira erhitzen und auf die Hälfte einkochen lassen, mit Geflügeljus auffüllen und mit Amaretto abschmecken.

❹ Die Gänseleber würzen, in Mehl wenden und in einer heißen Pfanne beidseitig braten. Vorm Servieren Gänseleber mittig auf Teller legen, jeweils ein Nockerl Marillenchutney auf eine Gänseleber setzen, die Briochepofesen und gegrillten Marillenhälften dekorativ rundum platzieren und mit Jus überziehen.

Fleischlose Vielfalt

Vegetarisches aus dem Sacher: zwanglos oder fürs Gästediner

Bunt, abwechslungsreich und leicht: Der Verzicht auf Fleisch und Fisch kann unterschiedliche Gründe haben. Die einen leben vegetarisch aus einer permanenten Überzeugung heraus, im Gedanken an Umwelt und Tierschutz. Die anderen denken vielleicht eher an ihre Gesundheit, wenn Sie einige Male pro Woche eine vegetarische Speise dem Fleischverzehr vorziehen. Sicher ist: Auf Genuss muss niemand verzichten, der die hier vorgeschlagenen Rezepte nachkocht. Es handelt sich dabei um eine gemüsebunte Zusammenstellung von Gerichten für den kleinen oder größeren Appetit, die Sie in ein Menü einbauen oder, großzügiger zubereitet, auch anspruchsvollen Gästen als Hauptspeise servieren können.

Linke Seite: Grießschnitte mit Kochsalat und Erbsen

Rezept Seite 200

Ziegenkäsesoufflé
mit Fenchelkraut

ZUTATEN
300 g Ziegenkäse (Picandeau)
1 Ei
2 Eidotter
40 g Mehl
17 g Maisstärke (Maizena)
150 ml Schlagobers
Cayennepfeffer
Salz
frisch gemahlener Pfeffer

AUSSERDEM
4 Portionen Fenchelkraut
weiche Butter zum Einfetten
Semmelbrösel zum Ausstreuen

❶ Fenchelkraut nach dem Rezept auf Seite 29 zubereiten (siehe: „Rollmops vom geräucherten Lachs mit Fenchelkraut und Kaviarrahm") und etwas Fenchelgrün für die Garnitur zurücklegen.

❷ Vier kleine Auflauf- oder Souffléförmchen mit weicher Butter ausstreichen und mit Bröseln ausstreuen. In einer Schüssel Ziegenkäse, Maisstärke, Mehl, das Ei und die zwei Dotter verrühren. Mit Salz und Pfeffer abschmecken, nach und nach Obers einrühren und nochmals abschmecken. Die Käse-Masse in Förmchen füllen und diese in einer großen Auflaufform (oder einem passenden Topf) ins heiße Wasserbad stellen und darin ins vorgeheizte Backrohr schieben. Bei 180 °C ca. 20 Minuten garen.

❸ Vorm Servieren Fenchelkraut mittig auf die Teller geben. Soufflés behutsam aus den Förmchen stürzen, auf das Fenchelkraut setzen, mit Fenchelgrün garnieren.

TIPP: Für das Wasserbad das Wasser separat vorkochen und zugießen, ehe Sie das Soufflé ins Rohr schieben.

Gebratene Wassermelone
mit Räucherschafskäse

ZUTATEN
1/2 kg reife Wassermelone
am Stück, ohne Kerne
300 g Schafskäse, geräuchert
1/2 Bund Minze
1/2 Bund Zitronenmelisse
Saft von 1 Limette
Olivenöl zum Braten u. Beträufeln
Meersalz (Fleur de Sel)
frisch gemahlener Pfeffer

AUSSERDEM
Taggiasca-Oliven, in Salzlake
(Ersatz: Kalamata)
knusprige Brotchips (s. Seite 60)

❶ Minze und Zitronenmelisse waschen, trocknen und die Blättchen abzupfen. Den geräucherten Schafskäse dünn hobeln (Käsehobel).

❷ Wassermelone in ca. 2 cm dicke Scheiben schneiden, Schale entfernen. Melonenscheiben in zwölf kleine, gleichförmige Stangerln schneiden (etwa 12 cm lang, 2 cm breit). Von noch sichtbaren Kernen befreien, gut mit Küchenkrepp trockentupfen. Wenig Olivenöl in einer beschichteten Pfanne erhitzen und darin die Melonenstangerln kurz scharf anbraten.

❸ Auf vorgewärmten Tellern anrichten, gehobelten Käse auf die Stangerln geben, dann jeweils mit ein paar Blättchen Minze- und Zitronenmelisse bestreuen und mit ein wenig Olivenöl und Limettensaft beträufeln. Fleur de Sel und frisch gemahlenen Pfeffer daraufstreuen. Mit Oliven und Brotchips garnieren.

TIPP: Wer es schärfer mag, würzt zusätzlich mit ein wenig frischer, in hauchfeine Ringerln geschnittener Chilischote.

Rote-Rüben-Salat

mit getrüffeltem Ziegenkäse

ZUTATEN

4 kleine rote Rüben
1 Handvoll Rucola-Salat
200 g Ziegenkäse, getrüffelt
1 Becher Kefir
(Ersatz: Schafsjoghurt)
etwas Gemüsefond oder Rüben-Kochwasser zum Erwärmen
3 EL Olivenöl
Saft einer halben Zitrone
Salz, frisch gemahlener Pfeffer

DRESSING

2 EL Rote-Rüben-Blätter, fein geschnitten
1 EL Bienenhonig
3 EL weißer Balsamico-Essig
2 EL Trüffelöl, 2 EL Maiskeimöl
1 Prise Kümmelpulver
frisch gemahlener Pfeffer
Fleur de Sel (oder Meersalz)

❶ Rote Rüben waschen, Blätter abschneiden und davon einige für das Dressing beiseitelegen. Dann Rüben weichkochen, ausdämpfen lassen und schälen. In Scheiben schneiden. Etwas Gemüsefond oder Kochwasser sowie die drei Esslöffel Olivenöl in einen Topf gießen, verrühren, die Rübenscheiben hineingeben, bei schwacher Hitze langsam erwärmen.

❷ Für das Dressing die beiseitegelegten, gewaschenen Rübenblätter fein schneiden. Balsamico, Öl und Honig mit Salz, Pfeffer und der Prise Kümmel verrühren. Rübenblätter dazugeben, alles vermischen. Etwa zwei Esslöffel vom Dressing aufheben (für den Salat), den Rest mit den Rüben vermengen. Rüben ca. 10 Minuten ziehen lassen. Backrohr auf höchste Stufe Oberhitze stellen, vorheizen.

❸ Auf einer feuerfesten Platte die Rübenscheiben ausbreiten. Käse über die Rüben hobeln, alles ins Rohr schieben, bis der Ziegenkäse zu schmelzen beginnt. Inzwischen Rucola-Salat mit dem übrigen Dressing vermischen. Kefir mit Zitrone, Salz und Pfeffer abschmecken und glattrühren. Vorm Servieren die Rübenscheiben mittig auf Tellern anrichten, rundum Rucola platzieren. Rucola mit Kefir dekorieren und das Ganze zuletzt mit Fleur de Sel und Pfeffer bestreuen.

TIPP: Achtung: Roter-Rüben-Saft hinterlässt hartnäckige Flecken. Darum lieber kein Schneidbrett aus Holz benutzen. Beim Rübenschneiden bewahren Sie Küchenhandschuhe vor rotgefärbten Fingern.

Gefüllte Zucchiniblüten

ZUTATEN

4 Zucchiniblüten
200 g Zucchini
2 kleine Schalotten
2 Eidotter
2 Scheiben Weißbrot
100 ml Geflügelfond
(s. Seite 101)
100 ml trockener Weißwein
weiche Butter oder Öl
zum Einfetten
Salz
frisch gemahlener Pfeffer

❶ Für die Füllung Zucchini gut waschen, trocknen und in kleine Würfel schneiden. Schalotten fein würfelig schneiden. Weißbrot würfeln, kurz ohne Öl anrösten. In einer Pfanne Butter erhitzen und Schalotten darin anschwitzen. Gewürfelte Zucchini beigeben, kurz anschwitzen. Mit Fond und Weißwein ablöschen. Flüssigkeit kräftig einkochen lassen. Geröstete Weißbrotwürfel einrühren, alles gut mischen, salzen und pfeffern. Dann abkühlen lassen.

❷ Währenddessen die Zucchiniblüten vorsichtig waschen, Stiele entfernen. Zucchiniblüten in kaltes Wasser legen, Blüten aufbiegen, Stempel mit der Hand herausziehen. Blüten aus dem Wasser heben, behutsam trockentupfen.

❸ Die abgekühlte Fülle mit den zwei Eidottern vermengen, mixen und in einen Dressiersack mit glatter Tülle füllen. Nacheinander die Zucchiniblüten nehmen, aufbiegen, die Füllung hineindressieren. Blätter über der Füllung verschließen (zusammenpressen). Ein großzügiges Stück Alufolie mit weicher Butter oder Öl bestreichen. Darauf die gefüllten Blüten legen und jeder Blüte ein paar Butterflöckchen aufsetzen. Alufolie an den Seiten zusammenklappen und verschließen. Auf einen Rost oder ein Blech heben, ins vorgeheizte Backrohr schieben. Dort bei 180 °C ca. 10 Minuten garen, dann herausnehmen, längs halbieren und je zwei Blütenhälften mit Fülle auf vorgewärmten Tellern anrichten.

Piccata vom Sellerie

mit Basilikum-Paradeiserragout

ZUTATEN

1 junge Sellerieknolle
1 Zitrone
1–2 EL Mehl
1 Ei
1 EL Parmesan, frisch gerieben
20 g Butterschmalz
Salz
frisch gemahlener Pfeffer

PARADEISERRAGOUT

2 reife Paradeiser
1 Bund Basilikum
1 Schalotte
1/2 Knoblauchzehe
1 Zweig Thymian
1 TL Butter
1 EL Olivenöl
1 Prise Zucker
Salz
frisch gemahlener Pfeffer

❶ Für Sellerie-Piccata die Sellerieknolle schälen, mit etwas Zitronensaft einreiben und im kochenden Salzwasser zusammen mit ein paar Zitronenscheiben garen. Anschließend im Eiswasser abschrecken und in vier gleich große Scheiben schneiden. Mit Salz und Pfeffer würzen. Das Ei verschlagen, Parmesan fein reiben. Jede Selleriescheibe panieren: erst in Mehl wälzen, dann in verschlagenem Ei wenden, zum Schluss in Parmesan wälzen. Die Panier etwas andrücken. In einer Pfanne Butterschmalz erhitzen und panierten Sellerie darin goldbraun anbraten.

❷ Für das Paradeiserragout die Paradeiser kurz in kochendes Wasser legen, im Eiswasser abschrecken und schälen. Kerngehäuse entfernen, den Rest in feine Würfel schneiden. Basilikum waschen und trocknen. Basilikumblätter abzupfen, eine kleine Handvoll für die Garnitur beiseitelegen, den Rest Blätter fein hacken. Nun Schalotte und Knoblauchzehe schälen, ebenfalls fein würfeln. Butter und Öl erhitzen, gehackte Schalotte und Knoblauchzehe darin glasig andünsten. Paradeiserwürfel, Basilikum und Thymianzweig dazugeben und alles einkochen lassen. Den Thymianweig entfernen und das Ragout mit Salz, Pfeffer und einer Prise Zucker abschmecken. Dann Paradeiserragout mittig auf Tellern anrichten, mit Basilikum bestreuen und Sellerie-Piccata darauflegen.

TIPP: Sie können dieses Gericht zusammen mit Vollkornspaghetti al dente servieren – wodurch diese vegetarische Variante der originalen „Piccata milanese" noch ähnlicher wird, die dünne, mit Parmesan panierte Kalbschnitzel mit Tomatensauce und Spaghetti kombiniert.

Gefüllte Kohlrabi

mit Kräuter-Knoblauch-Pesto

ZUTATEN

4 nicht zu kleine Kohlrabi
150 g Schwammerln, nach Geschmack u. Saison (Kräutersaitling, Shiitakepilze, Eierschwammerln u.a.)
2 Schalotten
1–2 EL Petersilie, fein geschnitten
1 altbackene Kaisersemmel
1 Ei
1/8 l Gemüsefond
1/8 l Milch
1 EL Erdnussöl
2 EL Olivenöl
Muskatnuss, frisch gerieben
Kümmelpulver
Salz
frisch gemahlener Pfeffer

PESTO

80 g gemischte Kräuter (Petersilie, Kerbel, Estragon u.a.)
1 Handvoll Rucola
1 Knoblauchzehe, in Stücke geschnitten
2 EL Walnüsse
20 g Parmesan, frisch gehobelt
100 ml Olivenöl
Salz

❶ Schalotten schälen, fein hacken, die altbackene Semmel würfelig schneiden. Die vier Kohlrabi nicht zu großzügig schälen und an der Oberseite „Deckel" abschneiden. Mit dem Kugelausstecher aushöhlen. Das ausgestochene Kohlrabi-Innere in kleine Würfel schneiden. Schwammerln in kleine Stücke schneiden. In einer Pfanne Erdnussöl erhitzen und darin die kleingeschnittenen Schalotten anschwitzen. Schwammerlstücke, sowie je ein wenig Muskatnuss und Kümmel hinzufügen, durchrühren. Salzen und pfeffern. In einer kleinen Schüssel Milch und Ei versprudeln, Semmelwürfel sowie fein geschnittene Petersilie hinzufügen und gut vermischen, dann unter die Pilze mengen, verrühren. Die Masse in die ausgehöhlten Kohlrabi füllen. Ein Backblech mit Öl bestreichen, die gefüllten Kohlrabi daraufsetzen, Gemüsefond angießen und bei 180 °C ins vorgeheizte Backrohr schieben. Garungszeit: etwa 30 Minuten.

❷ Inzwischen für das Pesto die gezupften Kräuter mit dem Rucola-Salat, der Knoblauchzehe, Walnüssen, Öl, Salz und Parmesan sehr fein mixen (im Standmixer).

❸ Kohlrabi aus dem Rohr nehmen, mittig auf Tellern platzieren, mit etwas vom eigenem Saft begießen und mit einem Kaffeelöffel Pesto garnieren. Übriges Pesto in ein verschließbares Glas (oder anderes kleines Gefäß) füllen, mit einer Schicht Olivenöl bedecken und in den Kühlschrank stellen. So hält es sich wochenlang.

TIPP: Das Kräuterpesto passt, wie ein klassisches Pesto alla genovese (Basilikumpesto), auch zu Pasta, geröstetem Brot und anderem mehr.

Gefüllte Zwiebeln
„Orientalisch"

ZUTATEN

4 große weiße Zwiebeln
1 Bund Suppengrün
1 Knoblauchzehe
2 EL weißer Balsamico-Essig
2 EL Olivenöl
2 Stück Würfelzucker
Staubzucker zum Bestreuen
Salz
frisch gemahlener Pfeffer

AUSSERDEM

3 Paradeiser, geschält und gewürfelt
50 g Basmatireis
500 ml Gemüsefond
60 g Mandelstifte
60 g gewaschene Rosinen
3 EL Butter
1/2 getrocknete Chilischote, zerstoßen
1 TL Currypulver, mild
1 TL 5-Gewürze-Pulver
1 Msp. Kurkuma

❶ Die drei Paradeiser schälen und würfeln. Das Wurzelgemüse (vom Suppengrün) schälen und in kleine Würfel schneiden, Knoblauchzehe schälen und hacken. Die zwei Würfelzucker mit 1 EL Wasser karamellisieren (unter ständigem Rühren kochen, bis sich der Zucker verfärbt), mit weißem Balsamico-Essig ablöschen und einkochen lassen. Dann Olivenöl einrühren. Gemüsewürfel und gehackten Knoblauch beigeben und glasieren.

❷ Die vier Zwiebeln schälen und jeder Zwiebel oben einen 2 cm hohen Deckel abschneiden. Zwiebeln mit einem Kugelausstecher aushöhlen und das ausgestochene Zwiebelinnere fein hacken. Die „Zwiebelhüllen" mitsamt ihren Deckeln ca. 5 Minuten in kochendem Wasser blanchieren, vorsichtig herausheben und im Eiswasser abschrecken.

❸ In einem Topf Butter schmelzen und darin die gehackten Zwiebelstücke anschwitzen, Mandeln und Rosinen beigeben und mit 5-Gewürze-Pulver abschmecken. Gehackte Zwiebeln weich dünsten. Dann Basmatireis unterrühren und mit 300 ml Gemüsefond auffüllen. Etwa 15 Minuten köcheln lassen, Kurkuma und Chili zufügen. Nochmals abschmecken. Die Reis-Masse auskühlen lassen, dann in die Zwiebeln füllen und ihnen die Deckel aufsetzen. Wurzelgemüse in eine Auflaufform streichen und mit den vorbereiteten Paradeiserwürfeln belegen. Die gefüllten Zwiebeln behutsam daraufsetzen, mit Staubzucker bestreuen. Mit Olivenöl beträufeln. Den restlichen Gemüsefond dazugießen und ins vorgeheizte Rohr schieben. Bei 175 °C ca. 45 Minuten garen. Vorm Servieren erst das Gemüse auf vier Tellern verteilen und in die Mitte jeweils eine gefüllte Zwiebel setzen.

TIPP: Beim Glasieren von Wurzelgemüse (d.h. dem Garen in wenig Flüssigkeit, meist mit Butter oder Zucker) den Topf teils zugedeckt lassen und die Hitze nicht zu stark stellen – sonst verdampft die Flüssigkeit, ehe das Gemüse weich ist.

ÜBRIGENS: Das 5-Gewürze-Pulver ist eine Standardgewürzmischung der chinesischen Küche, die heute nicht nur in der gesamten asiatischen Küche zu finden ist, sondern sich aufgrund ihres fein-exotischen Geschmacks auch in der europäischen Küche etablieren konnte. Das Pulver besteht ursprünglich aus gemahlenem echtem Sternanis sowie aus Szechuanpfeffer, Chinesischem Zimt (Cassia), Fenchelsamen und Nelke – heute werden auch, je nach Verwendung, einzelne Bestandteile durch Lorbeer oder Ingwer ersetzt. 5-Gewürze-Pulver schmeckt besonders gut zu Ente, Gans, Huhn, Wachtel und Fisch, wird aber auch für Wild, Wildgeflügel, Fleisch- und exotische Gemüsegerichte verwendet.

Knusprige Gemüsestangerln

mit Radieschen-Sprossensalat

ZUTATEN

Frühlingsrollenteig für 8 Rollen (2 pro Person)
1 kg Gemüse nach Belieben u. Saison (Karotten, Sellerie, Broccoli etc.)
1 EL Petersilie, gehackt
2 Eier
125 g Sauerrahm
Eiklar zum Bestreichen
Öl zum Frittieren
Salz
frisch gemahlener Pfeffer

RADIESCHEN-SPROSSENSALAT

1 Bund Radieschen
1 Pkg. Sprossenmix
1 EL Koriander, gehackt
4 EL Erdnussöl
2 EL weißer Balsamico
1 EL Sojasauce
Salz
frisch gemahlener Pfeffer

AUSSERDEM

Korianderkresse (Garnitur)

❶ Für die Fülle Gemüse waschen, putzen und in kleine Würfel schneiden. Blanchieren und im Eiswasser abschrecken. Anschließend die Gemüsewürfel mit der gehackten Petersilie, versprudelten Eiern und Sauerrahm vermengen, gut mit Salz und Pfeffer abschmecken.

❷ Die Teigblätter nach Packungsanweisung vorbereiten (falls tiefgekühlt gekauft: rechtzeitig auftauen). Jeweils mit Eiklar bestreichen und die vorbereitete Fülle auftragen. Dann seitlich an den Enden einklappen und straff zusammenrollen.

❸ In einem Topf Öl zum Frittieren erhitzen.

❹ Währenddessen Radieschen waschen, putzen und in hauchdünne Scheiben hobeln (mit einem Gemüsehobel). Sprossen waschen und trockentupfen. Erdnussöl, weißen Balsamico, Sojasauce und gehackten Koriander zu einer Marinade verrühren, mit Salz und Pfeffer abschmecken. Radieschen und Sprossen damit marinieren.

❺ Die Gemüsestangerln im heißen Öl knusprig backen. Auf Küchenkrepp abtropfen lassen. Radieschen auf Tellern verteilen und mit Sprossen belegen. Gemüsestangerln darauf platzieren, mit Korianderkresse garnieren.

TIPP: Servieren Sie zu den Gemüsestangerln eine Dipsauce aus jeweils einem Esslöffel Paprikamark, Mayonnaise und Sauerrahm, miteinander verrühren und abschmecken.

Mini-Paprika,
gefüllt mit Couscous

ZUTATEN
8 grüne Mini-Paprika
Salz

FÜLLUNG
200 g Couscous
4 EL Gemüsewürfel (rote Paprika, Stangensellerie, Lauch), bissfest blanchiert
1/2 TL Korianderblätter, fein gehackt
1 EL trockener Weißwein
Butterflocken
1 Stängel Zitronengras
1/2 TL Ras el-Hanout (marokkanische Gewürzmischung)
Salz

❶ Paprika waschen und trocknen. Oben, am Stielansatz, jeweils einen Deckel abschneiden und die Kerne mit einem kleinen Löffel herausschaben. Anschließend die kleinen Paprika mitsamt Deckeln in Salzwasser bissfest blanchieren und im Eiswasser abschrecken.

❷ Für das Couscous den Stängel Zitronengras zerkleinern und mit einem halben Liter Wasser in einen Topf geben, zum Kochen bringen. Ein Sieb in den Topf hängen, das Couscous in das Sieb geben und mit etwas Wein beträufeln. Nun das Sieb mit einem Tuch oder Topfdeckel abdecken und das Couscous darin etwa 15 Minuten lang im Dampf des kochenden Wassers garen. Zwischendurch immer wieder aufdecken und Couscous mit einer Gabel auflockern.

❸ Wenn das Couscous gar ist, in einer Schüssel oder einem Topf mit den blanchierten Gemüsewürfeln, Ras el-Hanout, Koriander und etwas Salz vermischen. Couscous-Masse in die Paprika füllen und hineindrücken. Bei jeder Paprika einige Butterflocken auf die Füllung legen und den Deckel daraufsetzen. Eine Pfanne mit Öl ausstreichen, die gefüllten Paprika hineinsetzen und im vorgeheizten Backrohr bei 160 °C etwa 15 Minuten garen. Jeweils zwei Paprika auf einem vorgewärmten Teller anrichten. Nach Belieben mit vegetarischem Paradeissugo (s. Seite 109) servieren.

TIPP: Sie können die Paprika auch mit einer Semmelknödel- oder Eierschwammerlfülle zubereiten, oder auf Italienisch, mit Risotto und frischen Kräutern.

ÜBRIGENS: Couscous kann als die „Mutter der italienischen Pasta" bezeichnet werden, denn das Gemisch aus Wasser und Hartweizengrieß, das geknetet wird, bis es bröselig ist, und anschließend getrocknet wird, ist die Grundlage einer jeden italienischen pasta secca (getrockneten Pasta) ohne Ei. Das Couscous wird dann durch Bronzematrizen gepresst und so zu Spaghetti, Penne & Co geformt. Couscous diente schon vor Tausenden von Jahren den Kameltreibern der Karawanen als Grundnahrungsmittel, denn es war nahrhaft, lange haltbar, konnte leicht transportiert werden und zudem einfach in einem Kessel mit Wasser am Lagerfeuer zubereitet werden. Weil Couscous auch äußerst vielseitig verwendet werden kann und der Kreativität des Kochs kaum Grenzen setzt, ist es heute auch in den feinsten Häusern der Welt zu Hause.

Spinatsavarin
mit Wiesenchampignons

ZUTATEN
250 g Blattspinat, geputzt und gewaschen
50 g Brunnenkresse, gewaschen
1 Schalotte, geschält
1 Knoblauchzehe, geschält
2 Eier
200 ml Schlagobers
2 EL Olivenöl
Butter zum Einfetten
Semmelbrösel zum Bestreuen
Muskatnuss, frisch gerieben
Salz
frisch gemahlener Pfeffer

CHAMPIGNONS
300 g Champignons
1 Schalotte, geschält
1 Knoblauchzehe, geschält
1 EL Petersilie, gehackt
4 EL Butter
2 cl Weißwein

1/8 l Schlagobers
Salz, frisch gemahlener Pfeffer

AUSSERDEM
Babyspinat (Garnitur)
3 EL Olivenöl
2 EL weißer Balsamico-Essig
2 EL Gemüsefond
Salz
frisch gemahlener Pfeffer

❶ Für den Savarin Brunnenkresse und Knoblauch fein hacken. Schalotte in feine Würfel schneiden. Olivenöl in einer Pfanne erhitzen, Schalotte und Knoblauch glasig anschwitzen. Brunnenkresse dazugeben und kurz anschwenken. Blattspinat kurz blanchieren, im Eiswasser abschrecken. Gut ausdrücken und zu Schalotte, Knoblauch und Kresse in die Pfanne geben und kurz dünsten. Mit Salz, Pfeffer und Muskatnuss würzen. Abkühlen lassen. In eine Schüssel geben, Obers dazugießen, mit dem Spinat vermengen und mit dem Stabmixer fein pürieren. Eier in die Schüssel aufschlagen, unter die Masse heben und nochmals abschmecken. Vier Savarinformen mit Butter ausstreichen und am Boden mit Bröseln ausstreuen. Spinatmasse in Formen füllen. Ein hohes Backblech mit Wasser füllen, Backpapier auflegen und die Savarinformen daraufsetzen. Anschließend im Wasserbad bei 150 °C ca. 50 Minuten pochieren.

❷ Währenddessen Champignons putzen, Stiele abtrennen und separat legen. Schalotte fein schneiden, Knoblauchzehe hacken. 2 EL Butter in einer Pfanne erhitzen, Schalotte und Knoblauch glasig anschwitzen. Champignonstiele beigeben und anschwitzen. Mit Weißwein ablöschen, 1/8 l Schlagobers zugießen und ca. 3 Minuten köcheln lassen. Dann mit dem Stabmixer kurz aufschäumen und durch ein Sieb passieren.

❸ Champignonhüte in Scheiben schneiden und in den restlichen 2 Esslöffeln Butter anschwitzen. Mit der Pilzsauce auffüllen, abschmecken und mit gehackter Petersilie vollenden.

❹ Babyspinat putzen, waschen und trocken schütteln (Salatschleuder). Olivenöl, weißen Balsamico und Gemüsefond zu einer Marinade vermischen, mit Salz und Pfeffer abschmecken. Babyspinat marinieren.

❺ Spinatsavarin aus den Formen stürzen. Champignonragout auf vier Teller verteilen, jeweils einen Savarin daraufsetzen und mit mariniertem Babyspinat belegen.

Spinatcrêpes

mit Frischkäse und Junglauch

ZUTATEN
250 g Erdäpfel
2 EL Cremēspinat
4 Eier
125 ml Milch
130 g Mehl
Butterschmalz
Salz

FÜLLUNG
500 g Blattspinat, geputzt und gewaschen
1 Fleischparadeiser
2 Schalotten
1 Knoblauchzehe
250 g Frischkäse, grobkörnig
2 EL Parmesan, frisch gerieben
2 EL Weißbrotbrösel
100 g Butter
Butterflocken
Muskatnuss, frisch gerieben
Salz
frisch gemahlener Pfeffer

AUSSERDEM
Spinatschaumsuppe (s. Seite 97)
1 Bund Lauchzwiebel blanchiert

❶ Für die Crêpes Erdäpfel kochen, schälen und ausdämpfen lassen. Danach fein reiben. In einer Schüssel Mehl mit den vier Eiern und der Milch zu einem glatten Teig verrühren. Die geriebenen Erdäpfel und den Cremespinat dazugeben. Alles gut vermengen, mit Salz würzen und 10 Minuten rasten lassen. Falls nicht schon vorbereitet, können Sie jetzt für die Spinatschaumsuppe Suppe und Spinatpaste kochen.

❷ Für die Füllung geputzten, gewaschenen Blattspinat kurz in Salzwasser blanchieren, im Eiswasser abschrecken. In ein Sieb schütten, abseihen und gut ausdrücken, anschließend grob hacken. Den Fleischparadeiser blanchieren, dann die Haut abziehen, Kerngehäuse entfernen und Paradeiser in kleine Würfel schneiden. Schalotten und Knoblauchzehe schälen, fein hacken. Nun in einer Pfanne Butter schmelzen, Schalotten beigeben und kurz anschwitzen. Knoblauch, Paradeiserwürfel und gehackten Spinat unterrühren, würzen und in ein Sieb schütten. Abkühlen lassen.

❸ Butterschmalz in einer Pfanne erhitzen. Mit einem kleinen Schöpfer den Teig hineingeben und dünne Crêpes backen. Wenn die Crêpes fertig sind, in einer Schüssel den abgekühlten Spinat mit Frischkäse vermengen. Jeweils eine kleine Menge der Spinat-Käse-Masse auf eine Crêpe geben und diese zu einem Dreieck einschlagen. Frisch geriebenen Parmesan und Weißbrotbrösel auf die Crêpes streuen und Butterflocken darübergeben. Auf ein eingefettetes Backblech legen und im heißen Ofen bei 200 °C etwa 5 Minuten überbacken. Nun Spinatschaumsuppe kurz aufkochen, dann mit dem Stabmixer aufschäumen.

❹ Vorm Servieren die Crêpes mittig auf Tellern anrichten, mit blanchierten Jungzwiebeln belegen und mit Spinatschaumsuppe umgießen.

Spinatravioli
mit weißen Trüffeln

ZUTATEN
1 Ravioliteig
150 g Blattspinat, blanchiert, gut ausgedrückt und gehackt, mit Salz, Pfeffer und Muskatnuss würzen.
5 frische Eier
1 weiße Trüffel
50 g Trüffelbutter
Muskatnuss, frisch gerieben
Salz
frisch gemahlener Pfeffer

SPINATCREME
200 g Spinat blanchiert, gut ausgedrückt
200 ml Geflügelfond
1 EL braune Butter (s. Tipp Seite 22)
Muskatnuss, gerieben
Salz
frisch gemahlener Pfeffer

❶ Zuerst die Spinatcreme zubereiten. Dafür alle Zutaten (Spinat, Geflügelfond, braune Butter) im Standmixer mixen und durch ein Sieb drücken, mit Salz, Pfeffer und Muskatnuss abschmecken.

❷ Dann eine Hälfte des – nach dem Rezept auf Seite 134 vorbereiteten – Ravioliteigs auf einer bemehlten Arbeitsfläche sehr dünn ausrollen, die zweite Teighälfte kühlstellen.
Die 150 g blanchierten Blattspinat mit Salz, Pfeffer und Muskatnuss abschmecken und in vier gleich große Häufchen teilen. Spinathäufchen in regelmäßigen Abständen auf den ausgerollten Teig auflegen. In jedes Spinathäufchen eine runde Mulde drücken. Die Eier aufschlagen (Eiklar abfließen lassen) und in jede der Mulden im Spinat vorsichtig ein Eigelb gleiten lassen. Das fünfte Ei aufschlagen, Eiklar abtrennen. Den Teig rund um die Spinathäufchen mit dem fünften Eidotter bestreichen. Anschließend die zweite Hälfte des Ravioliteigs ausrollen und über die erste Teighälfte legen und rund um die Spinathäufchen andrücken (evtl. mit einer runden Ausstechform). Spinatravioli mit einer runden Ausstechform mit gewelltem Rand ausstechen. Kühl stellen.

❹ Zuletzt die Ravioli im köchelndem Salzwasser ca. 4 Minuten garen, gut abtropfen lassen. Vorm Servieren Trüffelbutter in einer Pfanne schmelzen und die gut abgetropften Ravioli kurz darin schwenken. Spinatcreme mittig auf Teller aufstreichen, je einen Spinatravioli daraufsetzen, rundherum weiße Trüffel hobeln.

TIPP: Je nach Geschmack können Sie als Raviolifülle auch blanchierte Mangoldblätter nehmen.

Kürbis-Kastanien-Strudel

mit Dillesauce

ZUTATEN
150 g Erdäpfel
2 Eidotter
1 Ei
200 g Mehl
40 ml Milch
40 g weiche Butter
Muskatnuss, frisch gerieben
1 Prise Salz

FÜLLUNG
800 g Kürbis, geschält
320 g Maroni, geschält, gekocht, leicht zerdrückt (s. Tipp)
80 g Lauchgrün
2 Zwiebeln
1 EL Dille, gehackt
1 EL Kerbel, gehackt
etwas Gemüsefond
60 g Butter
Kümmel, gemahlen
Salz
frisch gemahlener Pfeffer

DILLESAUCE
80 g Weißes vom Lauch, blanchiert und püriert
1 Schalotte, fein geschnitten
1 EL Dille, gehackt
100 ml Gemüsefond
20 g kalte Butter
20 g Butter zum Anschwitzen
Salz
frisch gemahlener Pfeffer

❶ Erdäpfel kochen, schälen und durch die Erdäpfelpresse drücken. In einer Schüssel Butter schaumig schlagen, das Ei und ein Eidotter langsam in die Butter einrühren. Mit Mehl, Salz und Muskatnuss vermengen und zu einem geschmeidigen Teig verkneten. Dann den Teig zu einer Kugel formen, in Klarsichtfolie wickeln und etwa 20 Minuten rasten lassen.

❷ Für die Fülle Kürbis in ca. 0, 5 cm kleine Würfel schneiden. Zwiebeln schälen, fein hacken. 80 g Lauchgrün in feine Streifen schneiden. In einer Pfanne Butter erhitzen, Zwiebeln und Lauch darin anschwitzen. Kürbiswürfel hinzufügen und anbraten, mit Kümmel würzen und mit Gemüsefond aufgießen. Köcheln lassen und die Kürbiswürfel bissfest garen. Dann die gehackten Kräuter (Dille, Kerbel) und die angedrückten Maroni unterheben und abschmecken.

❸ Den Erdäpfelteig auf einem bemehlten Geschirrtuch dünn und rechteckig ausrollen. Zu zwei Dritteln mit der Füllung belegen, an den Seiten einklappen und straff einrollen. Backblech mit Butter einfetten. Vorsichtig den Strudel aufs Blech setzen. Einen Eidotter mit 40 ml Milch verrühren, Strudel damit einstreichen. Ins vorgeheizte Backrohr schieben und bei 220 °C ca. 15 Minuten backen.

❹ Währenddessen für die Dillesauce die fein geschnittene Schalotte in Butter anschwitzen, mit Gemüsefond aufgießen und 5 Minuten köcheln lassen. Das vorbereitete Lauchpüree beigeben. Dann kalte Butter hinzufügen und alles mit dem Stabmixer aufschäumen. Dille unterheben und abschmecken.

❺ Dann den Strudel aufschneiden, Strudelstücke auf Teller setzen und mit der aufgeschäumten Sauce umgießen.

TIPP: Die Maroni können Sie bereits geschält und vorgekocht kaufen. Wenn Sie sie selbst vorbereiten möchten: Maroni haben eine harte Schale und darunter ein braunes, dünnes Häutchen, das eng am Fruchtfleisch anliegt. Um sie zu schälen, Maroni auf der flachen Seite kreuzweise einschneiden, dann in warmem Wasser einweichen (etwa 15 Minuten), anschließend bei 180 °C ins Rohr schieben (etwa 15 Minuten), bis sich die harte Schale an den Schnittstellen aufstellt. Warm schälen und mit einem Tuch das braune Häutchen abreiben. Falls noch zu hart zum Andrücken, kurz in Wasser oder Gemüsefond kochen.

Herrenpilze,
mit Kräutern überbacken

ZUTATEN
10 Herrenpilze, geputzt
4 Schalotten, fein gewürfelt
1 Knoblauchzehe, fein gehackt
1 kleiner Bund Petersilie, fein gehackt
Olivenöl
Salz, frisch gemahlener Pfeffer

POLENTA
120 g weiße Polenta
1/2 l Gemüsefond
125 ml Milch, 125 ml Schlagobers
1 Lorbeerblatt
1 Prise Muskatnuss, frisch gerieben
Salz, frisch gemahlener Pfeffer

AUSSERDEM
Butterflocken, Parmesan, frisch gerieben
Gartenkräuter, gezupft (Kerbel, Petersilie, Kresse etc.)

❶ Gemüsefond in einen Topf geben und mit Milch, Obers sowie dem Lorbeerblatt, Muskatnuss, Salz und Pfeffer aufkochen. Polenta einrieseln lassen und unter ständigem Rühren etwa 30 Minuten quellen lassen (die Polenta soll weich und geschmeidig sein).

❷ Herrenpilze in dünne Scheiben schneiden. In einer Pfanne Olivenöl erhitzen, die Pilze darin goldgelb braten. Salzen. Fein würfelig geschnittene Schalotten, gehackten Knoblauch und die Petersilie dazugeben. Abschmecken und kurz durchschwenken.

❸ Pilze auf tiefe, feuerfeste Teller verteilen und mit Polenta bedecken. Mit geriebenem Parmesan bestreuen und mit Butterflocken belegen. Ins vorgeheizte Rohr schieben und bei 220 °C kurz gratinieren. Mit Gartenkräutern bestreut servieren.

TIPP: Die „polenta bianca“, die weiße Polenta, stammt aus Venedig; sie ist etwas feiner gewürzt und wird in Italien gern als Beilage zu Fischgerichten gereicht. Hier ist sie, wie sonst auch für die bekanntere maisgelbe Polenta üblich, mit gebratenen Schwammerln kombiniert.

Kürbisgnocchi

mit Junglauch und Paprika

ZUTATEN
200 g Kürbis, geschält
300 g Erdäpfel
150 g fester Ricotta
40 g Parmesan, frisch gerieben
4 Eidotter
150 g Mehl
Salz
Pfeffer

AUSSERDEM
1 Bund Lauchzwiebeln
1 gelbe Paprika
1 rote Paprika
1 grüne Paprika
200 g Kürbis, geschält
Olivenöl

❶ Für die Gnocchi Erdäpfel schälen. Kürbis in Stücke schneiden. Erdäpfel und Kürbis in Salzwasser gar kochen. Ausdampfen und trocknen lassen.

❷ Anschließend Erdäpfel, Kürbis und Ricotta durch ein festes Sieb streichen. In einer Schüssel mit Mehl, geriebenem Parmesan und den vier Eigelb zu einem Teig verkneten. Aus dem Teig fingerdicke Rollen formen und etwa 15 Minuten rasten lassen. Dann Teigrollen in etwa 2 cm lange – gnocchigroße – Stücke schneiden. Gnocchi über einen Gabelrücken (oder ein Gnocchiholz) abdrehen, so dass sie die typischen Rillen erhalten. In einem großen Topf Salzwasser aufkochen, Gnocchi einlegen und ca. 2 Minuten leicht wallend garziehen lassen. Abseihen.

❸ Die Lauchzwiebeln blanchieren und fein schneiden. Paprikaschoten schälen, halbieren, Samenkerne und weiße Häutchen entfernen. Paprika und Kürbis in rautenförmige Stücke schneiden. Olivenöl in einer Pfanne erhitzen, Paprika- und Kürbisrauten darin bissfest schmoren. Dann die blanchierten, fein geschnittenen Lauchzwiebeln und zuletzt die Gnocchi beigeben, schwenken. Anschließend auf Tellern anrichten und nach Belieben noch mit frischen Kräutern oder Parmesan garnieren.

Böhmisches Schwammerlgulasch

Für 4–6 Portionen

ZUTATEN
400 g gemischte Schwammerln
 nach Saison (Herrenpilze, Maronen,
 Eierschwammerln etc.)
300 g mehlige Erdäpfel
100 g Karotten, 100 g Sellerie
1 Bund Lauchzwiebeln, 150 g Schalotten
1 Bund Petersilie, 1 Zweig Liebstöckel
750 ml Gemüsefond
150 ml trockener Weißwein
2–3 EL Mostessig zum Abschmecken
150 g Sauerrahm, 60 g Butter
1 Lorbeerblatt
1 Zweig Liebstöckel, 5 Wacholderbeeren
1 EL Paprika, edelsüß
1 Prise Kümmel, gemahlen
weißer Pfeffer, frisch gemahlen
Salz

❶ Schwammerln putzen und in gefällige Stücke schneiden. Karotten, Sellerie und Lauchzwiebeln waschen und putzen, Erdäpfel schälen. Alles in kleine Würfel schneiden. Schalotten schälen und fein hacken. In einem Topf Butter erhitzen und die Schalotten darin anschwitzen, Paprikapulver einrühren (paprizieren) und gleich Weißwein zugießen. Erdäpfel, Karotten, Sellerie und Lauchzwiebeln beigeben und mit Fond aufgießen. Lorbeer, Wacholder, Kümmel, Salz und Pfeffer hinzufügen. Aufkochen, dann etwa 10–15 Minuten kräftig einkochen lassen – bis die Flüssigkeit sämig ist. Dann Pilze zugeben, untermengen und weitere 5 Minuten köcheln lassen. Lorbeerblatt und Wacholderbeeren aus dem Schwammerlgulasch fischen.

❷ Petersilie und Liebstöckel fein schneiden. Sauerrahm mit ein, zwei Esslöffeln Schwammerlgulasch glattrühren, mit Petersilie und Liebstöckel vermengen und dazugeben. Alles gut verrühren, mit Essig abschmecken. Ein paar weitere Minuten ziehen lassen, dann in tiefen Tellern anrichten. Klassische Beilage: Semmelknödel.

FOTO linke Seite

Krautwickel
mit Gemüsefülle

ZUTATEN
800 g Weißkraut (Spitzkraut)
1 Karotte, geschält
2 Lauchzwiebeln
120 g Sojasprossen
100 g Champignons
2 Fleischparadeiser, enthäutet
und fein gewürfelt
200 ml Gemüsefond
1 TL weißer Balsamico
6 EL Olivenöl
1 EL Ahornsirup
Salz, frisch gemahlener Pfeffer

JOGHURTSAUCE
250 ml griechisches Joghurt
1 EL Schnittlauch, geschnitten
125 ml Krautsaft
Salz, frisch gemahlener Pfeffer

❶ Den Strunk des Weißkrauts herausschneiden. Kraut in Salzwasser blanchieren. Acht schöne Blätter ablösen und beiseitegeben. Das restliche Kraut fein nudelig schneiden (oder mit dem Krauthobel in feine Streifen hobeln) und für die Füllung verwenden.

❷ Sojasprossen waschen, gut abtropfen lassen. Champignons putzen, in Scheiben schneiden. Karotte schälen, in sehr feine Streifen schneiden (Julienne). Lauchzwiebeln in feine Ringe schneiden. Olivenöl in einem Topf erhitzen, geschnittenes Weißkraut, Karottenstreifen und Lauchzwiebelringe darin anschwitzen. Sojasprossen und Pilzscheiben beigeben, anschwitzen. Mit Salz und Pfeffer würzen. Mit Gemüsefond aufgießen. Von den Fleischparadeisern die Haut abziehen (eventuell vorher kurz überbrühen). Paradeiser fein würfelig schneiden, ebenfalls in den Topf geben, untermengen, alles kurz ziehen lassen (das Gemüse soll knackig bleiben). Mit Essig und Ahornsirup abschmecken. Dann in ein Sieb schütten, abtropfen lassen.

❸ Währenddessen den Krautsaft aufkochen und etwas einkochen lassen. Abkühlen lassen, dann mit dem Joghurt mischen, glatt rühren. Schnittlauch untermengen und abschmecken. Dann die Gemüsefülle in die acht vorher beiseitegelegten Krautblätter einwickeln. Krautwickel in eine ofenfeste Form geben, mit Butterflocken belegen und im vorgeheizten Rohr erwärmen.
Je zwei Stück auf einem Teller anrichten und mit Joghurtsauce servieren.

Klassische Krautfleckerln

Für 6 bis 8 Portionen

ZUTATEN
400 g getrocknete Fleckerln
1 Kopf Weißkraut (Spitzkraut)
2 Zwiebeln
10 EL Butterschmalz oder Öl
2 EL Zucker
etwas Kümmel, gemahlen
Salz, frisch gemahlener Pfeffer

❶ Fleckerln in einem großen Topf mit kochendem Salzwasser al dente garen. Abseihen, abschrecken, abtropfen lassen.

❷ Vom Krautkopf den Strunk entfernen. Kraut putzen und in kleine Quadrate teilen. In eine Schüssel geben und zusammenpressen. Etwa 15 Minuten lang rasten lassen. Inzwischen die Zwiebeln schälen, fein hacken. Dann Schmalz oder Öl erhitzen, den Zucker einrühren und karamellisieren. Die feingehackten Zwiebeln zugeben, goldbraun rösten. Das Kraut gut ausdrücken, untermengen, mit Salz, Pfeffer und Kümmel würzen. Dann den Topf zudecken und alles ca. 30 Minuten weich dünsten – dabei wiederholt umrühren.

❸ Fleckerln in einem großen Topf mit kochendem Salzwasser al dente garen. Abseihen, abschrecken, abtropfen lassen. Anschließend gut mit dem Kraut vermengen, noch drei, vier Minuten weiterdünsten; vorm Servieren kosten und abschmecken.

TIPP: Wie bei den überbackenen Schinkenfleckerln (siehe „Zwischengerichte“) können Sie die Fleckerln nach dem Nudelteigrezept auf Seite 134 selbst zubereiten.

FOTO rechte Seite

Die Krautfleckerln der Tante Jolesch

Berühmt wurden die Krautfleckerln, als Klassiker der jüdisch-wienerischen Küche, nicht allein wegen ihres Wohlgeschmacks, sondern mit Sicherheit auch wegen der „Krautfleckerln der Tante Jolesch“ aus dem bekannten Torberg-Klassiker. Auf die Frage, was genau ihre Krautfleckerln denn so einzigartig werden ließe, antwortete Tante Jolesch in besagtem Buch tiefsinnig und überaus bemerkenswert: „Weil ich nie genug gemacht hab ...“ – Man kann aber auch kaum genug davon bekommen! Kaum ein Rezept ist auf derart vielfältige Weise nach persönlichem Geschmack abwandelbar und zudem preiswert, sättigend und eine Gaumenfreude zugleich.

Geschmortes Wurzelgemüse
mit Räuchertofu und Birnen

ZUTATEN
2 Karotten, 2 Petersilienwurzeln
2 gelbe Rüben, 1 Stange Sellerie
2 Thymianzweige
Butterflocken, Zucker
Salz, frisch gemahlener Pfeffer

SAUCE
Saft vom geschmorten Wurzelgemüse
etwas Gemüsefond
etwas Butter zum Binden
Petersilie, gehackt

AUSSERDEM
1 Pckg. Räuchertofu
2 Birnen
1/2 Bund Schnittlauch, gehackt
Erdnussöl
Salz, Pfeffer

❶ Karotten, Wurzeln, Rüben und Stangensellerie waschen und nacheinander auf Alufolie legen. Mit Salz und Pfeffer würzen, Thymianzweige dazugeben und mit Butterflocken belegen. Dann das Gemüse in die Alufolie einwickeln, ins vorgeheizte Rohr geben und bei 180 °C etwa 25 Minuten weichschmoren. Anschließend Gemüse auswickeln und den Saft in eine Sauteuse geben. Den Saft etwas einkochen, mit Gemüsefond ablöschen; mit Butter binden, salzen, pfeffern, zuletzt mit Petersilie einrühren.

❷ Gemüse schälen und in mundgerechte Stücke schneiden. Birnen schälen, halbieren und Kerngehäuse entfernen. Birnen und Räuchertofu jeweils in kleine Würfel schneiden. Dann eine Pfanne mit Erdnüssöl erhitzen, Tofuwürfel hineingeben, anschwitzen; Birnenstücke dazugeben und glasieren (s. Tipp Seite 171). Salzen, pfeffern und mit Schnittlauch bestreuen,

❸ Gemüsestücke auf Teller verteilen. Mit Gemüsesaft überziehen. Das Tofu-Birnen-Ragout dekorativ darauf platzieren.

FOTO linke Seite

Marchfelder Ofenspargel

ZUTATEN
24 Stangen Solo-Spargel, möglichst gleich dick
nach Belieben 2 EL gehackte Kräuter (Petersilie, Kerbel etc.)
Saft von 2 Orangen
Schale von 1/2 Orange, unbehandelt
150 g Butter, geschmolzen, gebräunt
1 TL Zucker
Meersalz

❶ Die Spargelstangen schälen und die holzigen Enden wegschneiden. Butter schmelzen und bräunen lassen. Je 6 Spargelstangen nebeneinander auf zwei, aufeinandergelegte große Bögen Alufolie legen. Mit Salz und ein wenig Zucker bestreuen, dann mit Orangensaft und geschmolzener Butter beträufeln. Weiters ein wenig abgeriebene Orangenschale darübergeben, je nach Geschmack auch gehackte Kräuter. Dann Spargelstangen gut in der Alufolie einwickeln und die Folie fest verschließen. Die vier Alufolien-Packerln nebeneinander auf ein Blech legen und auf der untersten Schiene ins vorgeheizte Backrohr schieben. Dort bei 220 °C etwa 40 Minuten schmoren.

❷ Anschließend aus dem Ofen holen, kurz rasten lassen und in der Folie servieren – die Sie, des feinen Duftes wegen, erst bei Tisch aufklappen sollten. Klassische Beilage: Petersilerdäpfel und Sauce hollandaise (s. Seite 112)..

Schwarzwurzelgulasch
mit Kräuterknödeln

ZUTATEN

Kräuterknödel (Rezept in Punkt 1 beschrieben)
1 kg Schwarzwurzeln
2 rote Paprika, geschält
600 g Zwiebeln
2 Koblauchzehen feingehackt
1 kleiner Bund Petersilie
1 Liter Gemüsefond
Apfelessig zum Abschmecken
Sauerrahm zur Garnitur
3 EL Butterschmalz
1 EL Paradeisermark
1 EL Paprikapulver, edelsüß
1 Lorbeerblatt
Majoran, getrocknet
Kümmel, gemahlen
Salz
frisch gemahlener Pfeffer

❶ Zunächst den Kräuterknödelteig zubereiten. Dafür nach dem Rezept für Semmelknödel auf Seite 133 eine Knödelmasse herstellen und 1/2 Bund feingeschnittenen Schnittlauch und 1/2 Bund feingeschnittene Petersilie untermengen.

❷ Die Schwarzwurzeln waschen, nacheinander jeweils schälen, in Würfel schneiden und in Milch einlegen. Paprikaschoten schälen, halbieren; Strunk, Samenkörner und Häutchen im Inneren entfernen; dann Paprika würfeln. Zwiebeln schälen und fein würfelig schneiden. Butterschmalz in einem Topf erhitzen und die Zwiebeln darin goldgelb anrösten, Paradeisermark einrühren und kurz mitrösten. Paprikapulver einrühren (paprizieren). Mit Gemüsefond aufgießen, Lorbeerblatt, Majoran, Kümmel beigeben, salzen und pfeffern. Aufkochen lassen und dann Schwarzwurzeln und Paprikawürfel beigeben. Alles ca. 15 Minuten köcheln lassen und nochmals abschmecken, Petersilie untermengen. Am Schluss einen Schuss Essig einrühren. Falls das Gulasch – es sollte sämig sein – zu dünn ist, mit in Wasser gelöster Maisstärke (Maizena) binden.

❸ Für die Knödel in einem Topf reichlich Salzwasser zum Kochen bringen. Kräuterknödel 10 Minuten im schwach wallenden Salzwasser ziehen lassen.

❹ Vorm Servieren das Schwarzwurzelgulasch in tiefen Tellern anrichten. Pro Teller drei Knödel daraufsetzen und mit Sauerrahmtupfen garnieren. FOTO rechte Seite

Erdäpfel-Gemüse-Gratin

ZUTATEN

1 kg Erdäpfel, geschält
4 Zucchini
3 Karotten
1 Knoblauchzehe
2 Rosmarinzweige
2 Thymianzweige
400 ml Schlagobers
200 ml Milch
weiche Butter zum Einfetten
Semmelbrösel zum Ausstreuen
Parmesan, frisch geriebenen
Muskatnuss, frisch gerieben
Salz
frisch gemahlener Pfeffer

❶ Erdäpfel schälen (in Wasser einlegen, sodass sie sich nicht verfärben). Zucchini waschen, Karotten schälen. Milch und Schlagobers mit Kräuterzweigen in einen Topf geben und – unter Rühren – einmal aufkochen; mit Muskatnuss, Salz, Pfeffer würzen und ziehen lassen. Eine Auflaufform mit der Knoblauchzehe ausreiben, dann mit weicher Butter auspinseln. Erdäpfel mit einem Gemüsehobel in dünne Scheiben hobeln. Gemüse etwas dicker hobeln. Erdäpfel und Gemüse abwechselnd in die Auflaufform schichten. Thymian- und Rosmarinzweige wieder aus der Milch-Obers-Mischung entfernen und diese vorsichtig über die Erdäpfel gießen, mit Parmesan und mit Butterflocken bestreuen. Ins vorgeheizte Rohr schieben und bei 220 °C ca. 40 Minuten backen.

❷ Anschließend Gratin auf Tellern anrichten und servieren – am besten zusammen mit einem schönen, knackigen grünen Salat.

Gefüllte Ofenerdäpfel
mit Joghurt-Schnittlauchdip

ZUTATEN
4 große, festkochende Erdäpfel

FÜLLUNG
1 grüne Paprika
1 rote Paprika
1 großer Fleischparadeiser
100 g Zwiebeln
2 Knoblauchzehen
2 EL Öl
1/2 TL Kümmel, gemahlen
Salz, frisch gemahlener Pfeffer

SAUCE
1 Bund Schnittlauch
250 g griechisches Joghurt
1 Knoblauchzehe,
fein geschnitten
Saft von 1/2 Zitrone
Salz
frisch gemahlener Pfeffer

❶ Erdäpfel mit der Schale gut waschen, trocknen und in Alufolie wickeln. Auf ein Backblech geben und im vorgeheizten Backrohr bei 200 °C eine Stunde lang garen.

❷ Paprikaschoten waschen; Strunk, Kerne und weiße Häutchen enfernen; dann Paprika fein würfelig schneiden. Zwiebeln schälen, fein schneiden. Knoblauchzehen schälen und fein hacken. Öl in einer Pfanne erhitzen, Zwiebeln und Knoblauch darin hell anschwitzen. Die Parikawürfel zugeben und anschwitzen. Fleischparadeiser schälen, entkernen, in feine Würfel schneiden und ebenfalls unterrühren. Andünsten. Mit Salz, Pfeffer und Kümmel abschmecken.

❸ Für die Sauce Schnittlauch fein schneiden; etwa 1 bis 2 Esslöffel Schnittlauch für die Garnitur beiseitelegen. Restlichen Schnittlauch mit Joghurt, fein geschnittenem Knoblauch und Zitronensaft vermengen, glattrühren, mit Salz und Pfeffer abschmecken.

❹ Schließlich die Erdäpfel aus dem Rohr holen und die Alufolie entfernen. Das obere Drittel der Erdäpfel längs abschneiden und den unteren Teil aushölen, wobei Sie einen etwa 4 mm breiten Rand lassen sollten. Die abgeschnittenen Deckel schälen, fein schneiden und mit der Füllung vermischen. Füllmasse noch einmal abschmecken und in die gehöhlten Erdäpfel geben. Jeweils einen gefüllten Erdapfel auf einen Teller setzen und rundherum Joghurtsauce verteilen. Mit Schnittlauch garnieren.

TIPP: Bei der Füllung können Sie kreativ sein und ganz nach Wunsch variieren – jegliche Gemüsevariation ist einen Versuch wert, ebenso Füllungen mit Käse oder für Nicht-Vegetarier mit Schinken oder Speck.

Erdäpfeltascherln

mit Bärlauch und Bröseltopfen

ZUTATEN
250 g mehlige Erdäpfel
2 Eiklar zum Bestreichen
500 g Mehl
ca. 125 ml lauwarmes Wasser
Salz

FÜLLUNG
1 Erdapfel
150 g Bärlauchblätter, gewaschen
50 g Blattspinat, gewaschen
1 Lauchzwiebel, in feine Ringe geschnitten
1 Knoblauchzehe, fein würfelig geschnitten
250 g Bröseltopfen
3 EL Semmelbrösel

1 EL Butter
Öl zum Frittieren
Muskatnuss, frisch gerieben
Salz
frisch gemahlener Pfeffer

AUSSERDEM
1 EL Lauchzwiebel in feinen Ringen
1 EL Bärlauch, gehackt
1 EL Semmelbrösel
100 g Butter

❶ Für den Teig die Erdäpfel weichkochen, schälen und noch heiß durch die Erdäpfelpresse in eine Schüssel drücken. Mehl unter die warme Erdäpfelmasse mengen. Nach und nach Wasser beigeben und alles schnell zu einem glatten Teig verkneten. Dann mit einem Tuch abdecken und auskühlen lassen.

❷ Für die Füllung Butter in einer Pfanne schmelzen und darin die in feine Ringe geschnittene Lauchzwiebel mit dem fein gewürfelten Knoblauch anschwitzen. Bärlauchblätter und Blattspinat dazugeben. Mit Salz, Pfeffer und Muskatnuss abschmecken und andünsten. Dann in ein Sieb schütten, abtropfen lassen und überkühlen. Anschließend die Bärlauch-Spinat-Masse ausdrücken und fein hacken. Den Erdapfel schälen, in kleine Würfel schneiden und in heißem Öl goldgelb frittieren. Bröseltopfen mit Semmelbröseln in eine Schüssel geben, frittierte Erdäpfelwürfel und gehackte Bärlauch-Spinat-Masse hinzufügen. Alles gut vermengen und mit Salz, Pfeffer, Muskatnuss abschmecken.

❸ Den Teig auf einer bemehlten Fläche sehr dünn ausrollen. Die zwei Eiklar verquirlen und eine Hälfte des Teiges damit bestreichen. Die Bärlauch-Topfen-Füllung zu kleinen Knödeln formen und diese mit genügend Abstand auf den Teig setzen. Die zweite Teighälfte darüberlegen und zwischen der Füllung leicht andrücken. Mit einer runden Ausstechform Tascherln ausstechen.

❹ Bärlauchtascherln in reichlich Salzwasser aufkochen und gar ziehen lassen. Tascherln herausnehmen und abseihen.

❹ 100 g Butter in einer Pfanne schmelzen, jeweils einen Esslöffel in feine Ringe geschnittene Lauchzwiebel, gehackten Bärlauch und Semmelbrösel beigeben. Tascherln hinzufügen und vorsichtig darin wenden. Zum Schluss die Tascherln auf Teller setzen und mit Butter beträufeln.

TIPP: Sie können die Tascherln vor dem Servieren auch zusätzlich mit geriebenem Bergkäse bestreuen.

Erdäpfelgnocchi
mit Artischocken und Paradeisern

ZUTATEN
Erdäpfelgnocchi
4 große Artischocken
1 gelber Paradeiser
1 roter Paradeiser
1 schwarzer Paradeiser
1 Fleischparadeiser
2 EL Taggiasca-Oliven
1 Becher Basilikumkresse
2 Knoblauchzehen, in der Schale zerdrückt
1 Zitrone
Olivenöl
Salz, frisch gemahlener Pfeffer

❶ Gnocchi nach dem Rezept auf Seite 131 selbst zubereiten oder fertig kaufen und in reichlich Salzwasser garen. Dann abseihen, abtropfen lassen.

❷ Von den Artischocken die Stiele entfernen, die äußeren Blätter wegschneiden und das Heu auskratzen. Böden in kleine Spalten schneiden – und sofort mit Zitrone einreiben. Bei den Paradeisern jeweils den Stielansatz herausschneiden. Nun Paradeiser blanchieren, schälen und Kerngehäuse entfernen. Paradeiser vierteln. Olivenöl in Pfanne erhitzen, die Artischockenboden-Spalten beigeben und knackig schmoren. Die gut abgetropften Gnocchi dazugeben und goldgelb braten; Paradeiserfilets ebenfalls hinzufügen und durchschwenken. Zuletzt mit Salz und Pfeffer würzen, die Gnocchi mittig auf Tellern anrichten und mit Basilikumkresse bestreuen.

TIPP: Vorm Servieren zusätzlich die Gnocchi mit Olivenöl beträufeln und mit frisch geriebenem, reifem Parmesan bestreuen.

Käsespätzle

ZUTATEN
Spätzle
150 g Bergkäse, frisch gerieben
1 weiße Zwiebel, fein gehackt
1 EL Petersilie, gehackt
2 EL Öl

RÖSTZWIEBELN
1 Zwiebel
1 EL Mehl
1 TL Paprikapulver
Öl zum Frittieren

❶ Zuerst die Spätzle nach dem Rezept auf Seite 134 zubereiten.

❷ Danach eine Pfanne mit zwei Esslöffeln Öl erhitzen und darin die fein gehackte weiße Zwiebel anschwitzen. Die gegarten, abgeseihten, -abgeschreckten und gut abgetropften Spätzle dazugeben und knusprig anbraten. Geriebenen Bergkäse darüberstreuen. Dann Spätzle mit gehackter Petersilie bestreuen und durchschwenken.

❸ Die Zwiebel schälen, fein blättrig schneiden. In einem tiefen Teller Mehl und Paprikapulver vermischen und die dünnen Zwiebelscheiben darin wälzen. Dann die mehlbestäubten Zwiebelringe in ein Sieb legen und das überschüssige Mehl versieben. Zwiebelringe im heißen Öl frittieren, anschließend auf Küchenkrepp abtropfen lassen. Die Käsespätzle mithilfe eines Vorspeisenrings in der Mitte der Teller anrichten, mit frittierten Zwiebelringen garnieren.

TIPP: Zu den Käsespätzle können Sie als passende Beilage Häuptl- oder Vogerlsalat mit „Sacher"-Hausdressing (s. Seite 108) servieren.

Spaghettini
mit Rucolapesto und geräuchertem Mozzarella

ZUTATEN
500 g bzw. 1 Pckg. gute, getrocknete Spaghettini
Muskatnuss, frisch gerieben
Salz
frisch gemahlener Pfeffer

PESTO
100 g Rucola
Petersilie, Basilikum nach Belieben
1–2 Knoblauchzehen, gehackt
60 g Pinienkerne
100 g Parmesan, frisch gerieben
ca. 200 ml Olivenöl
1 geräucherter Mozzarella, fein würfelig geschnitten

❶ Für das Pesto Parmesan reiben. Rucola-Salat, Basilikum und Petersilie waschen, trocknen und die Blätter zupfen. Einige schöne Salatblätter für die Garnitur beiseitelegen. Restliche Salatblätter und Basilikum, Petersilie, Knoblauch, Pinienkerne, geriebenen Parmesan sowie Olivenöl in einem Mixer sehr fein pürieren. Mit Salz, Pfeffer und Muskatnuss abschmecken.

❷ Die Spaghettini in reichlich kochendem Salzwasser al dente kochen. Abtropfen lassen, mit dem Rucolapesto und Mozzarellawürfeln vermengen. Spaghettini in tiefen Tellern anrichten. Mit Rucola-Blättern garnieren.

TIPP: Schneller geht's, wenn Sie das Pesto vorbereiten. Mit einer Schicht Olivenöl bedeckt hält es sich im Kühlschrank wochenlang. Nach Belieben können Sie für dieses Rezept auch das etwas weniger reichhaltige Rucola-Pesto aus den Grundlagenrezepten (s. Seite 119) nehmen.

Eiernockerln

ZUTATEN
Nockerln
4 Eier
1/2 Bund Schnittlauch, fein geschnitten
2 EL Butterschmalz oder Butter
Muskatnuss, frisch gerieben
Salz
frisch gemahlener Pfeffer

❶ Nockerlteig und Nockerln nach dem Rezept auf Seite 134 zubereiten. In reichlich Salzwasser garkochen. Abseihen, kalt abschrecken und im Sieb gut abtropfen lassen.

❷ Eier verquirlen, mit Muskatnuss, Salz und Pfeffer würzen. Butterschmalz in einer Pfanne erhitzen, Nockerln dazugeben und durchschwenken. Dann Nockerln mit der Eimasse übergießen, maximal 2 Minuten stocken lassen.

TIPP: Eiernockerln sind ein typisches Wiener Wirtshausgericht für den gemäßigten Hunger. Nach Belieben können Sie zwei fein geschnittene Schalotten im Butterschmalz anschwitzen, ehe Sie die Nockerln dazugeben. Klassische Beilage: grüner Salat.

Kerbellinguine
mit Spargel und Morcheln

ZUTATEN
500 g bzw. 1 Pckg. gute, getrocknete oder selbstgemachte Linguine in entsprechender Menge
12 Stangen Marchfelder Spargel
400 g Morcheln
2 Schalotten
1 Bund Kerbel, fein geschnitten
Saft von 1 Zitrone
1 altbackene Semmel
50 ml Gemüsefond (s. Seite 100)
50 ml trockener Sherry
300 ml Schlagobers
4 EL geschlagenes Obers
2 EL Butter (Sauce)
1 EL Butter (Linguine)
1 Prise Zucker
Salz
frisch gemahlener Pfeffer

❶ Falls Sie selbstgemachte Linguine verwenden wollen: nach dem Rezept auf Seite 134 einen Nudelteig zubereiten und mit der Nudelmaschine zu Linguine (sie ähneln flachen Spaghetti) schneiden. Als Vorbereitung für die Sauce Schalotten schälen, fein hacken. Morcheln putzen, waschen und trockentupfen.

❷ Spargel schälen, großzügig die holzigen Enden entfernen und mit der altbackenen Semmel, Zitronensaft und einer Prise Zucker in kochendem Salzwasser bissfest garen.

❸ Für die Sauce 2 Esslöffel Butter in einer Pfanne schmelzen, die fein gehackten Schalotten anschwitzen und die Morcheln beigeben. Mit Gemüsefond und Sherry aufgießen und auf ein Drittel Flüssigkeit einkochen. Mit Obers auffüllen und 5 Minuten köcheln lassen.

❹ Die Linguine in reichlich Salzwasser al dente kochen, anschließend abseihen, abtropfen lassen.

❺ Den bissfest gegarten Spargel in mundgerechte Stücke schneiden und in die Sauce geben. Mit Salz und Pfeffer abschmecken.

❻ Einen Esslöffel Butter in einer Pfanne zerlassen und Linguine darin schwenken. Fein geschnittenen Kerbel dazugeben und mit Salz und Pfeffer abschmecken. Mit einer Gabel je eine Portion Linguine auf dem Teller zu einer Rolle formen, mittig anrichten. Die Sauce darüber drapieren.

TIPP: Statt des weißen Spargels können Sie auch grünen verwenden, den Sie dann nur in Salzwasser al dente garen.

Nudelblätter

mit Mangold, Oliven und Ricotta

ZUTATEN

250 g getrocknete oder selbstgemachte Lasagneblätter (mit dem Teig für Bandnudeln, Seite 134)
500 g Mangold
12 getr., in Olivenöl eingelegte Paradeiserfilets
2 Schalotten
1 Knoblauchzehe, geschält
2 Eigelb
30 g Gorganzola
150 g Ricotta
150 g Butter
6 EL Olivenöl
Salz
frisch gemahlener Pfeffer

AUSSERDEM

200 g reife Paradeiser
2 EL Oliven
1 Tasse Basilikumkresse (für die Garnitur)
1 EL Olivenöl

❶ Beim Mangold die Blätter entfernen und kurz beiseitelegen. Den Stiel schälen. Nun Blätter waschen und den geschälten Stiel fein schneiden. Diese fein geschnittenen Stücke mit den Blättern blanchieren. Anschließend abtropfen lassen. Blätter gut ausdrücken, hacken. Die zwei Schalotten fein schneiden. 120 g Butter in einer Pfanne erhitzen, Schalotten darin andünsten und gehackten Mangold beigeben, andünsten. Knoblauchzehe fein hacken und dazugeben. Jetzt gleich die Pfanne vom Herd nehmen und auskühlen lassen.

❷ Ricotta mit Eigelb und zerdrücktem Gorganzola verrühren, mit Salz und Pfeffer würzen. Den abgekülten Mangold unter die Masse mengen.

❸ Paradeiser blanchieren. Schälen und Kerngehäuse entfernen, dann fein würfelig schneiden. Oliven entkernen und fein hacken. Paradeiserwürfel mit Oliven und Olivenöl vermengen.

❹ Nudelblätter (in der Größe von 10 x 10 cm, falls Sie sie selber machen) in reichlich Salzwasser al dente garen. Anschließend mit einem Schaumlöffel aus dem Wasser heben und gut abtropfen lassen. Backrohr auf 210 °C vorheizen.

❺ Ein Backblech mit der restlichen Butter einfetten und vier Nudelplatten darauflegen. Jede Nudelplatte mit etwas Ricotta-Magold-Füllung bestreichen und dann mit je einem getrockneten Paradeiserfilet belegen. Dann eine weitere Nudelplatte darüberlegen und den Vorgang (Füllung, Paradeiserfilet, nächste Nudelplatte) wiederholen. Auf die letzte, zuoberst liegende Nudelplatte dann die Paradeiser-Oliven-Masse auftragen. Danach das Ganze für ca. 10 Minuten bei 210 °C ins Rohr schieben. Anschließend auf Tellern anrichten und mit Basilikumkresse garnieren.

Polentaschnitte
mit Waldpilzen

ZUTATEN
125 g Polenta (Maisgrieß)
350 ml Gemüsefond (s. Seite 100)
1 Schalotte, fein würfelig geschnitten
1 Knoblauchzehe
1 Eidotter
50 g Parmesan, frisch gerieben
1/4 l Milch
25 g Butter
Butter zum Schwenken
1 Lorbeerblatt
1 Thymianzweig
2 EL Olivenöl
Muskatnuss, frisch gerieben
Salz
frisch gemahlener Pfeffer

SAUCE
1/2 l Gemüsefond
500 g Waldpilze (Herrenpilze, Eierschwammerl, Birkenröhrlinge, Rotkappen)
120 g Waldpilze (Abschnitte)
40 g rohe Erdäpfel, gerieben
1 EL Petersilie, gehackt
2 Schalotten, fein geschnitten
1/2 Knoblauchzehe, angedrückt
Saft von 1/2 Zitrone
40 g Butter
1 Thymianzweig
2 TL Paprikapulver, edelsüß
Salz
frisch gemahlener Pfeffer

❶ Zur Vorbereitung Pilze putzen. Schalotten schälen, fein schneiden.

❷ Für die Polenta 350 ml Gemüsefond mit 1/4 l Milch, der fein gewürfelten Schalotte, Butter, Knoblauchzehe, Lorbeerblatt und einem Thymianzweig in einem Topf verrühren und aufkochen lassen. 5 Minuten ziehen lassen, durch ein Sieb passieren und erneut aufkochen. Polenta am Herdrand ca. 40 Minuten quellen lassen und dann Eigelb einrühren. Dabei immer wieder umrühren. Zum Schluss Parmesan und Olivenöl unterheben und mit Salz und Pfeffer abschmecken. Die Polenta zwischen zwei Bleche pressen, abkühlen lassen. Anschließen mit einem Ausstecher (Form nach Belieben) ausstechen oder in Stücke schneiden. Vor dem Servieren noch in heißer Butter goldbraun anbraten.

❸ Für die Sauce in einem Topf 40 g Butter schmelzen, die zwei fein geschnittenen Schalotten darin zart anschwitzen, Knoblauchzehe und Pilzabschnitte zugeben und andünsten. Mit Paprikapulver bestreuen. Dann 1/2 Liter Fond aufgießen, und Thymianzweig beigeben, mit Salz und Pfeffer würzen. Erdäpfel (bzw. Erdapfel) schälen und gleich in den Topf reiben, einrühren. Alles ca. 30 Minuten köcheln lassen. Danach durch ein Sieb passieren und dabei gut ausdrücken.

❹ Die geputzten Waldpilze halbieren, kleinere Pilze ganz lassen. Etwas Butter erhitzen und die Pilze darin schwenken. Mit Salz, Pfeffer und Zitronensaft abschmecken. Sauce zugießen, mit den Pilzen vermengen, wieder abschmecken und kurz vor dem Servieren die gehackte Petersilie beigeben.

❺ Vorm Servieren die Sauce mittig auf Teller anrichten und jeweils zwei goldgelb gebratene Polentaschnitten daraufsetzen

TIPP: Sie können statt der gemischten Waldpilze auch nur Herrenpilze oder Eierschwammerln für die Sauce verwenden.

Gebackene Risottobällchen
mit Paprikaschaum

ZUTATEN
1 l Gemüsefond (s. Seite 100)
200 g Risottoreis (Arborio oder Carnaroli)
2 Schalotten, fein würfelig geschnitten
2 Eier
20 g Parmesan, frisch gerieben
40 g Büffelmozzarella, klein würfelig geschnitten
200 g Pankomehl (Asia Shop)
1 EL trockener Weißwein
30 ml Olivenöl
Salz

PAPRIKASCHAUM
400 g rote Parprika, entkernt und fein würfelig geschnitten
1 Schalotte, fein würfelig geschnitten
125 ml Gemüsefond
125 g Schlagobers
80 g Butter
Salz
frisch gemahlener Pfeffer

AUSSERDEM
Kerbelblätter für die Garnitur

❶ Für den Risotto Gemüsefond in einem Topf aufkochen und salzen. Hitze etwas reduzieren (der Fond soll aber heiß bleiben). Öl in einer Kasserolle erhitzen, Schalotten darin schwach anschwitzen. Den Reis dazugeben und andünsten, bis er glasig ist. Nun mit dem Suppenschöpfer ca. 1/8 Liter heißen Gemüsefond aufnehmen, langsam zugießen, dabei einrühren – und verdampfen lassen. Jetzt immer wieder, Schöpfer für Schöpfer, Gemüsefond beigeben und währenddessen ständig den Risotto rühren. Nach 20 Minuten sollte der Fond aufgebraucht, alle Flüssigkeit verdampft und der Risotto gar sein. – Kurz vor Ende der Garzeit langsam Weißwein und geriebenen Parmesan einrühren. Anschließend den Reis vom Herd nehmen, abkühlen lassen.

❷ Danach den abgekühlten Risotto in 8 gleiche Portionen teilen. Jede Portion zu einem kleinen provisorischen Bällchen formen. Je eines dieser Bällchen auf die Handfläche legen, es flachdrücken und in die Mitte ein paar Mozzarellawürfel als Füllung geben, dann Risottomasse vom Rand her verschließen und zwischen den Händen zu einer Kugel rollen. Auf diese Weise acht schöne runde – und mit Mozzarella gefüllte – Risottobällchen formen. Dann Pankomehl auf einen flachen Teller schütten, ein wenig breitdrücken. Die beiden Eier in einen tiefen Teller aufschlagen und verquirlen. Nun die Risotto-Bällchen panieren: erst in den Eiern, danach gänzlich in Pankomehl wälzen und die „Panier" gut andrücken.

❸ Für den Paprikaschaum 80 g Butter in einem Topf erhitzen, die vorbereiteten Schalotten- und Paprikawürfel beigeben und andünsten. Mit Gemüsefond aufgießen. Ein wenig später Schlagobers zugeben und die Flüssigkeit auf die Hälfte einkochen lassen. Im Mixer mixen und durch ein Sieb drücken. Mit Salz und Pfeffer abschmecken und mit dem Stabmixer aufschäumen.

❹ Zuletzt Öl in einem geeigneten Topf erhitzen und die Reis bällchen ca. 2 Minuten goldgelb ausbacken. Fertige Bällchen , mit einem Siebschöpfer aus dem Öl heben und auf Küchenkrepp abtropfen lassen.

❺ Auf die Teller jeweils einen Spiegel aus Paprikaschaum geben und zwei Reisbällchen daraufsetzen. Zuletzt mit Kerbel garnieren.

TIPP: Statt Paprikaschaum können Sie zu den Risottobällchen auch eine Tomatensauce oder Cremespinat servieren.

Hirsesoufflé

mit grünem Spargel und eingelegten Zitronen

ZUTATEN
100 g Hirse, heiß abgespült
ca. 200 ml Milch, 1 Bund Wurzelgemüse
1 EL Petersilie, gehackt
4 Eidotter, 4 Eiklar
Semmelbrösel zum Ausstreuen
80 g weiche Butter, Butter zum Einfetten
Selleriesalz, Salz, frisch gemahlener Pfeffer

AUSSERDEM
12 Stangen grüner Spargel, geschält und blanchiert
Butter
80 g Lauch, nur das Weiße
2 Schalotten, geschält
1 Bund Kerbel, gehackt
etwas Kerbel zum Garnieren
2 eingelegte Zitronen, geviertelt
150 ml Gemüsefond, 100 ml Obers
20 g Butter, 20 g kalte Butter, Salz

❶ Für das Hirsesoufflé zunächst das Wurzelgemüse schälen, fein würfeln und blanchieren. Dann Milch mit etwas Selleriesalz aufkochen. Die Hirse einlaufen lassen und eine Minute köcheln lassen. Zugedeckt ca. 20 Minuten dünsten und ausquellen lassen. Anschließend überkühlen. Die Butterflocken und die vier Eidotter schaumig rühren. Abgekühlte Hirse einrühren, danach mit gehackter Petersilie und Gemüsewürfeln vermengen, mit Salz und Pfeffer würzen. Dann die Eiklar zu Schnee schlagen und behutsam unter die Hirse heben. Vier Auflauf- oder Souffléförmchen mit Butter ausstreichen und mit Bröseln ausstreuen. Die Hirsemasse etwa dreiviertel hoch einfüllen. Ins heiße Wasserbad geben und im vorgeheizten Rohr bei 170 °C backen.

❷ Butter in einem Topf schmelzen, Schalotten und Lauch darin anschwitzen und mit Gemüsefond aufgießen. Flüssigkeit auf die Hälfte reduzieren. Dann Obers zugeben und ca. 5 Minuten köcheln lassen. Mit dem Stabmixer kalte Butter und Kerbel einmixen, danach abschmecken. Spargel dritteln und in einer Pfanne mit geschmolzener Butter warm ziehen lassen.

❸ Zuletzt die Spargelstücke in die Mitte der Teller legen, darauf die eingelegten Zitronen verteilen. Hirsesoufflé aus den Förmchen stürzen, daraufsetzen und mit aufgeschäumter Sauce umgießen. Mit Kerbel garnieren.

Grießschnitte

mit Kochsalat und Erbsen

ZUTATEN
Grießschnitte s. „Polentaschnitte", Rezept Seite 197 (Polenta durch Grieß ersetzen)

2 Stück Häuptelsalat
250 g frische Erbsen
1 Knoblauchzehe, fein gehackt
1 TL Petersilie, fein gehackt

1 Bund Eiszapfen, geschält und blanchiert (Garnitur)
Salz, frisch gemahlener Pfeffer

MARINADE
125 ml Gemüsefond
60 ml Läuterzucker
60 ml weißer Balsamico-Essig
125 ml Maiskeimöl

❶ Für die Erbsen-Kochsalat-Paste zuerst nach dem Rezept auf S. 197 für „Polentaschnitten" Grießschnitten zubereiten, indem Sie die dort angegebene Menge Polenta durch die entsprechende Menge Grieß (idealerweise „Wiener Grieß") ersetzen. Vorm Servieren die fertigen Grießschnitten noch in Butter goldgelb anbraten.

❷ Für den Kochsalat zunächst von den Häuptlsalatköpfen die äußeren Blätter abzupfen, waschen, trocknen und hacken. Die Salatherzen halbieren, waschen und auf Küchenkrepp abtropfen lassen. 2 Esslöffel Erbsen für die Garnitur beiseitestellen. Gehackten Salat sowie die restlichen Erbsen kurz blanchieren, gut abtropfen lassen. Anschließend Salat und Erbsen mit Knoblauch und Petersilie fein mixen. Mit Salz und Pfeffer abschmecken. Eventuell noch einmal erwärmen.

❸ Für die Marinade Gemüsefond, Läuterzucker, Balsamico-Essig und Maiskeimöl verrühren, mit Salz und Pfeffer abschmecken. Salatherzen marinieren, mittig auf Teller setzen, mit der Erbsen-Kochsalat-Paste überziehen, mit Erbsen bestreuen und mit jeweils zwei gebratenen Grießschnitten belegen. Blanchierte Eiszapfen (kleine, längliche Gartenrettiche) dekorativ auf der Schnitte platzieren. Ev. noch mit Erbsenkresse garnieren.

FOTO Seite 164

Risotto

mit Erbsen und Spargel

ZUTATEN

400 g Risottoreis
1 Schalotte, fein geschnitten
1 l Spargelfond
1/8 l trockener Weißwein
50 g Parmesan, frisch gerieben
1 EL Mascarpone
50 g Butter
40 g Olivenöl
Salz
frisch gemahlener Pfeffer

AUSSERDEM

200 g weißer Marchfelder Spargel
200 g grüner Spargel
150 g Erbsen, kurz blanchiert
Saft von 1 Zitrone
1 altbackene Semmel
Zucker
Salz

❶ Spargel schälen und die holzigen Enden abschneiden. Schalen und Enden in Salzwasser zusammen mit Zitronensaft, der alten Semmel und einer Prise Zucker ca. 15 Minuten auskochen. Dann die Spargelschalen und -enden mit dem Siebschöpfer aus dem Sud entfernen. Anschließend die geschälten Spargelstangen in diesen Sud legen und darin bissfest kochen. Herausheben und im Eiswasser abschrecken. Spargel in mundgerechte Stücke schneiden. Spargelspitzen beiseitelegen.

❷ Für den Risotto Olivenöl in einem geeigneten Topf erhitzen und darin die fein geschnittene Schalotte andünsten. Den Reis einrühren und ebenfalls andünsten – bis er glasig ist. Nun unter ständigem Rühren mit dem Suppenschöpfer nach und nach Spargelfond zugießen; immer warten, bis eine Kelle Fond verdampft ist, ehe Sie die nächste dazugeben. Kurz vor Ende der Garzeit von etwa 20 Minuten (am Ende sollte der Risotto schön sämig sein) hintereinander Weißwein, 2 bis 3 Esslöffel Butter, geriebenen Parmesan, Mascarpone, die Spargelstücke und die Erbsen beigeben. Mit Salz und Pfeffer abschmecken und noch zwei, drei Minuten rasten lassen. In der Zwischenzeit die Spargelspitzen in in der restlichen Butter schwenken.

❸ Risotto mittig auf Teller anrichten und die Spargelspitzen hineinstecken.

TIPP: Dieses Risottorezept können Sie mit fast jedem Gemüse kochen, Sie müssen den Spargelsud lediglich durch einen Gemüsefond ersetzen.

Neusiedler Zander trifft Jakobsmuschel

Fisch & Meeresfrüchte: leicht, gesund, mit Finesse und Pep

Nahrhaft, zart, gesund und von feinem Geschmack: Wer für den Fisch als Hauptspeise für Feinschmecker plädiert, hat die besten Argumente auf seiner Seite. In der traditionellen Wiener Küche allerdings sind Fischgerichte nicht unbedingt prominent vertreten. Obwohl sich in der Donau die köstlichsten Flossenträger tummelten, hielt sich die Begeisterung der Wiener für Fisch in Grenzen. Inzwischen hat sich die Situation längst geändert. Mit kürzeren Transportzeiten und den Möglichkeiten moderner Kühltechnik wuchs auch der Appetit. Und österreichische Süßwasserfische wie Zander oder Waller sind inzwischen auch in Wien überaus beliebt. Genießen Sie die leichte, innovative, oft von mediterranen Anklängen geprägte Fischküche des Sacher!

Linke Seite: Medaillons vom Seeteufel mit Paradeisern und Estragon
Rezept Seite 217

Neusiedler Zander

mit Gemüse-Rahmkraut und Speckerdäpfeln

ZUTATEN
4 Zanderfilets (mit Haut) à 150 g
1 Knoblauchzehe, angedrückt
2 Thymianzweige
Olivenöl
Salz
frisch gemahlener Pfeffer

FISCHSAUCE
200 ml Sauce Vin blanc
1 EL Senfkörner, blanchiert

GEMÜSE-RAHMKRAUT
1 kleiner Weißkrautkopf
1 Bund Wurzelwerk, geschält
2 Schalotten
1 EL Schnittlauch, fein geschnitten
1 EL Rollgerste
100 ml Schlagobers
1 EL Crème fraîche
50 g Schmalz

SPECK-ERDÄPFEL
12 kleine Erdäpfel, gekocht und geschält
12 Scheiben Bauchspeck
2–3 Rosmarinzweige
Butterschmalz

❶ Für das Gemüse-Rahmkraut den Krautkopf halbieren und den Strunk herausschneiden. Dann das Kraut in kleine, rautenförmige Stückerl schneiden, in Salzwasser blanchieren und im Eiswasser abschrecken. Geschältes Wurzelwerk ebenso in kleine Rauten schneiden und blanchieren. Rollgerste blanchieren. Schalotten schälen und fein würfeln. Schmalz in einem Topf erhitzen, Schalotten darin anschwitzen. Blanchierte Rollgerste, Kraut und Würzelgemüse beigeben, dann Obers und Crème fraîche einrühren. Köcheln lassen, bis Kraut und Gemüse gar sind. Mit Salz und Pfeffer abschmecken. Schnittlauch fein schneiden und unterziehen.

❷ Einen Esslöffel Senkörner blanchieren. Nach dem Rezept auf Seite 111 eine Sauce Vin blanc zubereiten, die Senfkörner hineingeben.

❸ Für die Speckerdäpfel die kleinen, gekochten und geschälten Erdäpfel jeweils mit einer Scheibe Speck umwickeln. In einer Pfanne etwas Butterschmalz erhitzen, Rosmarinzweige hinzufügen, und Speckerdäpfel darin knusprig braten.

❹ Die Zanderfilets würzen und zuerst auf der Hautseite in einer Pfanne mit heißem Olivenöl knusprig braten, anschließend Filets wenden, Knoblauch, Butter und Thymian beigeben und fertig braten.

❹ Die vorbereitete Sauce Vin blanc mit dem Stabmixer aufschäumen. Gemüsekraut mittig auf Tellern anrichten, Zander daraufsetzen, pro Teller mit drei Erdäpfeln belegen und mit aufgeschäumter Sauce umgießen.

ÜBRIGENS: Der Zander (ungarisch Fogasch genannt), ein Fisch aus der Familie der Barsche, ist der unbestrittene König des Neusiedler Sees. Die Fischerei hat hier eine uralte Tradition und das Handwerk wird von Generation zu Generation weitergegeben. Weil der See im Sommer einer Badewanne gleicht, ist er für Salmoniden (Forelle, Saibling etc.) zu warm. So hat der Zander hier sein Refugium und ist aufgrund seines weißen, zarten Fleisches eine begehrte Delikatesse.

Lachsforelle

mit Wiener Schnecke und Stangensellerie

ZUTATEN
4 Lachsforellenfilets (mit Haut) à 150 g
1 Knoblauchzehe, geschält
2 Thymianzweige
Butter
Salz, frisch gemahlener Pfeffer

SCHNECKEN
12 Weinbergschnecken („Wiener Schnecke")
2 Knoblauchzehen, gehackt
1 Schalotte, geschält und feingeschnitten
25 g Butter
1 EL gehackte Petersilie

AUSSERDEM
Selleriepüree
1 Stange Sellerie, geschält
Butter zum Anbraten

❶ Zunächst das Selleriepüree nach dem Rezept auf S. 138 (Beilagen) zubereiten. Dann den Stangensellerie schälen und in gleichmäßige Stifte schneiden, Selleriegrün zum Garnieren aufheben. Die Selleriestifte in Salzwasser blanchieren und kalt abschrecken.

❷ Lachsforellenfilets mit Salz und Pfeffer würzen. Olivenöl in einer Pfanne erhitzen und darin den Fisch erst auf der Hautseite – und nur hier – scharf anbraten, dann wenden, Butter, Knoblauchzehe und Thymianzweige beigeben, fertig braten.

❸ In einer kleinen Pfanne etwas Butter schmelzen und darin die Selleriestifte anbraten.

❹ Für die Schnecken in einer weiteren Pfanne Butter erhitzen, gehackten Knoblauch und fein geschnittene Schalotte hinzufügen, anschwitzen. Schnecken dazugeben und kurz schwenken, mit gehackter Petersilie bestreuen, salzen und pfeffern.

❺ Vorm Servieren das Selleriepüree auf Teller streichen und mit Selleriestiften belegen. Die Fischfilets daraufsetzen, pro Teller mit vier Schnecken umlegen und mit aufgeschäumter Sauce umgießen. Zuletzt mit Selleriegrün garnieren.

TIPP: Sie können bei diesem Rezept die Schnecken nach Belieben weglassen.

Huchenfilet

mit Kohlsprossen und Kalbszunge

ZUTATEN
600 g Huchenfilet
1 Thymianzweig
Olivenöl
Butter
Salz, frisch gemahlener Pfeffer

ZUNGEN-KOHLSPROSSEN-GEMÜSE
1 Kalbszunge
250 ml Fond von der Kalbszunge (Kalbsfond)
500 g Kohlsprossen
1 Bund Suppengrün
2 EL bunte Gemüsewürfel (Karotte, gelbe Rübe, Sellerie, Lauch)
1 EL Petersilie, gehackt
Maisstärke zum Binden
2 EL kalte Butter
Lorbeerblatt
ein paar Pfefferkörner
Salz
frisch gemahlener Pfeffer

AUSSERDEM
400 g Erdäpfelpüree
1 EL Wasabipaste
etwas Kren, frisch gerieben

❶ Für das Kohlsprossengemüse mit Kalbszunge in einem Topf Wasser zum Kochen bringen und die Kalbszunge hineinlegen. Weiterkochen und den aufsteigenden Schaum immer wieder abschöpfen. Suppengrün waschen und zusammen mit Lorbeerblatt und Pfefferkörnern dazugeben. Wenn die Zunge weichgekocht ist, herausheben und kurz ins Eiswasser legen. Der noch warmen Zunge die Haut abziehen. Zunge in kleine Würfel schneiden.

❷ Das Erdäpfelpüree wird nach dem Rezept auf Seite 129 gekocht – dafür jetzt die Erdäpfel aufsetzen. Püree dann während der nächsten Arbeitsschritte (aber noch vor dem Fisch) zubereiten, eventuell kurz warmstellen.

❸ Die Kohlsprossen putzen und in einzelne Blätter zerpflücken, diese in Salzwasser blanchieren und im Eiswasser abschrecken. Für die Gemüsewürfel etwas geschälte Karotte, gelbe Rübe, Sellerie und Lauch klein würfelig schneiden und blanchieren.

❹ Den Fond ein wenig einkochen und mit Butter binden, Gemüsewürfel, Kohlsprossen, Zungenwürfel und gehackte Petersilie beigeben und abschmecken. Das Huchenfilet in vier gleich große Stücke schneiden, mit Salz und Pfeffer würzen. Olivenöl in einer Pfanne erhitzen, die Huchenfilets erst mit der Hautseite nach unten in die Pfanne legen und knusprig braten, dann wenden, Butter und Thymian zugeben, fertig garen. Das Erdäpfelpüree mit Wasabi abschmecken.

❺ Vorm Anrichten das Püree mittig auf Teller streichen und mit Zungen-Kohlsprossengemüse überziehen, je ein Huchenfilet daraufsetzen und mit frischem, geriebenem Kren bestreuen.

ÜBRIGENS: Der Huchen – auch „Donaulachs" genannt – gehört zu den lachsartigen Fischen (Salmoniformes) und gilt als der König der Süßwasserfische, nicht nur wegen seiner stattlichen Größe (nicht selten erreicht er ein Gewicht von mehr als 30 kg).
Da seine natürlichen Lebensräume zusehends schwinden, ist er meist nur aus speziellen Zuchtbetrieben erhältlich – eines der letzten verbliebenen Gewässer, wo er wild lebt und geangelt werden darf, ist beispielweise die Drau in Kärnten.

„Schlamperte Schnecken"

Schnecken waren in der Alt-Wiener Küche besonders als Fastenspeise allgegenwärtig – es gab in Wien nicht nur zahlreiche „Schneckenfarmen", sondern sogar einen eigenen Schneckenmarkt, auf dem die Tiere als „Auster des kleinen Mannes" angeboten wurden. Noch in der ersten Hälfte des 19. Jahrhunderts speisten die Wiener Schneckenknödel, Schneckenwürste, oder den „Schlamperte Schnecken" genannten Salat aus den entschleunigt lebenden, köstlichen Weichtieren. Zwischenzeitlich geriet die Weinbergschnecke, zumindest kulinarisch, nahezu in Vergessenheit und nur einige wenige – eher bessere und vor allem „frankophile" – Gasthäuser führten sie noch auf der Karte und das meist nur mit einem Rezept: in Kräuterbutter (welches ja bekanntlich keine österreichische Zubereitungsform für die schmackhaften Kleintiere ist).

Pochierte Regenbogenforelle
mit Bärlauch und Erdäpfelpüree

ZUTATEN
4 Bachsaiblingsfilets
250 ml Fischfond
125 ml Weißwein
2 Lorbeerblätter
Pfeffer- und Korianderkörner
1 Bouquet garni
(Kräutersträußchen, s. Tipp)
Salz, frisch gemahlener Pfeffer

AUSSERDEM
1/8 l Sauce Vin blanc
150 g Bärlauch, blanchiert und
ausgedrückt
400 g Erdäpfelpüree
1 kleines Glas Saiblingskaviar

❶ Zuerst den Bärlauch blanchieren und gut ausdrücken. Erdäpfelpüree nach dem Rezept auf Seite 129 zubereiten und warmstellen.

❷ Anschließend Fischfond und Weißwein mit den Lorbeerblättern, einigen Pfeffer- und Korianderkörner sowie dem Bouqet-Garni aufkochen und ziehen lassen. Die Saiblingsfilets mit Salz und Pfeffer würzen, vorsichtig in den Fond heben und sanft pochieren.

❸ Nach dem Rezept auf Seite 111 eine Sauce Vin blanc kochen. Dann die fertige Sauce nochmals aufkochen, den blanchierten Bärlauch hinzufügen und alles mit dem Stabmixer aufmixen.

❹ Vorm Servieren Erdäpfelpüree auf Tellern anrichten, mit der Sauce umgießen. Die Saiblingsfilets in die Mitte legen. Mit Kaviar garnieren.

TIPP: Ein Bouqet garni ist ein Kräutersträußchen, das zur Verfeinerung in Suppen, Fonds etc. mitgekocht und dann wieder entfernt wird. Sie binden dafür einfach frische Kräuter wie zum Beispiel Petersilie, Estragon, Rosmarin, Thymian, Dille und/oder andere (eventuell auch noch Lorbeerblätter oder Gewürznelken) mit Küchengarn zusammen.
FOTO rechte Seite

Waller im Wurzelsud
mit Kümmelerdäpfeln

ZUTATEN
800 g Filet vom Waller (Wels), in
4 Tranchen à 200 g geschnitten,
gut entgrätet
100 g Sellerie, geschält
1 Karotte, geschält
1/2 Stange Lauch, nur das Weiße
1 kleine Zwiebel
Saft von 1/2 Zitrone
200 ml Fischfond, 100 ml Weißwein
100 ml Weißweinessig
1 EL Butter
Kren, frisch gerieben
1 Lorbeerblatt, 1 Thymianzweig
2 Gewürznelken, 1 TL Zucker, Salz

AUSSERDEM
1 Knoblauchzehe, geschält
1 kg Erdäpfel, geschält
Schnittlauch, gehackt, z. Bestreuen
1 EL Kümmel, ganz

❶ Weißwein, Essig und Fischfond mit Salz und dem Teelöffel Zucker in einen großen Topf geben und aufkochen lassen. Lorbeer, Thymian und Gewürznelken hinzufügen, köcheln lassen. Die halbe Zwiebel fein hacken und Karotte, Sellerie, Lauch in feine Streifen schneiden. Die Zwiebel in den Fond geben und noch einmal aufkochen. Wallerfilets in einen anderen, passend großen Topf legen und mit dem Sud übergießen, auf den Herd stellen und bei schwacher Hitze Filets etwa 10 Minuten ziehen lassen, bis sie gar sind. Kurz vor Ende der Garzeit die feinen Gemüsestreifen zugeben.

❷ Die geschälten Erdäpfel vierteln (eventuell große Erdäpfel in mehr Stücke teilen) und in einem Topf mit kochendem Salzwasser und Kümmel weichkochen.

❸ Nach seiner Garzeit das Filet aus dem Wurzelsud heben und warmstellen. Den Sud abseihen und das Gemüse in eine Schüssel (oder einen tiefen Teller) geben, warmstellen. Sud erneut aufkochen, dann die Hitze reduzieren und die kalte Butter einrühren. Mit etwas Zitronensaft vollenden. Erdäpfel abseihen.

❹ Vorm Servieren das Wurzelgemüse mittig auf vorgewärmte Teller verteilen. Die Erdäpfel dekorativ daneben platzieren. Pro Teller ein Filetstück auf dem Gemüse anrichten, mit etwas Sud übergießen und mit Kren und Schnittlauch garnieren.

Bachsaibling „Frühling“

mit Morcheln, Spargel und Bärlauch

ZUTATEN

4 Bachsaiblingsfilets
12 Morcheln, geputzt
1 Knoblauchzehe
1 Thymianzweig
Butter
Salz
frisch gemahlener Pfeffer

FRÜHLINGSGEMÜSE

8 Stangen weißen (Marchfelder) Spargel
1 altbackene Semmel

etwas Zucker und Zitronensaft
4 grüne Spargelspitzen, gewaschen
2 heurige Erdäpfel, gekocht und geschält, gewürfelt
80 g frische Erbsen, blanchiert
4 Babykarotten mit Grün, blanchiert und gedrittelt
1 kleiner Kohlrabi, gewürfelt, blanchiert
2 Eiszapfen, blanchiert und gedrittelt
2 Radieschen, fein gehobelt
Butter zum Anschwenken

BÄRLAUCHBISKUITS

120 g Bärlauch
120 g Eidotter (muss abgewogen werden)
80 g Eiklar (muss abgewogen werden)
1/2 Knoblauchzehe, gehackt
Salz, frisch gemahlener Pfeffer
3 Plastikbecher

KRÄUTERÖL

1 EL gemischte Kräuter, gehackt
1 Knoblauchzehe, geschält
5 EL Olivenöl
Saft von 1 Zitrone

AUSSERDEM

Frühlingskräuter zum Garnieren (Kerbel, Schafgarbe, Schnittlauchblüten, Pimpernelle etc.)

❶ Den weißen (Marchfelder) Spargel schälen, die holzigen Enden abschneiden, dann in Salzwasser mit einer altbackenen Semmel, etwas Zucker und Zitronensaft blanchieren. Das restliche Gemüse (Erdäpfel, grüne Spargelspitzen, Babykarotten, Kohlrabi, Eiszapfen, Radieschen und Erbsen) vorbereiten wie bei den Zutaten beschrieben.

❷ Für die Bärlauchbiskuits 120 g Bärlauch waschen, abtropfen lassen und fein mixen, bis Sie etwa einen Esslöffel Bärlauchpaste erhalten. Die Paste nun mit den übrigen Zutaten – Eidotter, Eiklar und der halben gehackten Knoblauchzehe – in die iSi-Flasche füllen und drei Stunden kühlstellen. Dann 3 Patronen in die iSi-Flasche geben und schütteln. Anschließend die Bärlauch-Ei-Masse halbvoll in Plastikbecher gießen und die Becher 30 Minuten in die Mikrowelle geben. Anschließend die Biskuits stürzen und in die gewünschte Form reißen. Auf einem Teller beiseitestellen.

❸ Für das Kräuteröl das Olivenöl mit Zitronensaft, gehacktem Knoblauch und Kräutern vermischen.

❹ Die Saiblingsfilets mit Salz und Pfeffer würzen. Butter in einer Pfanne schmelzen, mit Thymian und Knoblauch sanft pochieren (schonend ziehen lassen, nicht über 95 °C). Die geputzten, gewaschenen Morcheln beigeben und weiter pochieren. Butter in einer Pfanne schmelzen, das vorbereitete Gemüse hineingeben und kurz schwenken. Vorm Servieren die Saiblingsfilets mittig auf Teller legen und mit Gemüse bedecken, Bärlauchbiskuit darüber verteilen. Mit Kräuteröl beträufeln und mit Frühlingskräutern dekorieren.

Seezunge, im Stück gebraten,

mit Schwammerln und Küchenkräutern

ZUTATEN

4 Seezungen à 400 g
1 kleiner Bund Kerbel, fein geschnitten
1 kleiner Bund Petersilie, fein geschnitten
1 kleiner Bund Estragon, fein geschnitten
Saft von 1 Zitrone
1 Knoblauchzehe, gehackt
Semmelbrösel u. Mehl zum Wenden
100 g Butter
Olivenöl
Salz, frisch gemahlener Pfeffer

AUSSERDEM

200 g Eierschwammerln, geputzt
200 g Herrenpilze, geputzt, in Scheiben geschnitten
12 getrocknete Paradeiserfilets
Butterschmalz

❶ Pilze und Kräuter vorbereiten: Eierschwammerln putzen, Herrenpilze putzen und in Scheiben schneiden. Kräuter – Kerbel, Estragon, Petersilie – waschen, trocknen, zupfen und fein schneiden.

❷ Die Seezungen – jeweils nacheinander auf beiden Seiten – am Schwanzansatz mit der Hand lösen und ihnen dann die Haut vom Schwanz bis über den Kopf abziehen. (Dazu die Fischhaut am Schwanzansatz etwas einschneiden und mit dem Messer aufrauhen, dann die Haut fassen und in einem Stück abziehen – mit einem Küchentuch, falls sie zu glitschig ist; eventuell auch den Fisch am Schwanz anheben.) Mit der Fischschere den Kopf und die Flossengräten (samt Innereien auf der Bauchseite) abschneiden. Innereienreste entfernen, Blutreste abwaschen. Dann – jeweils auf der Bauch- und Rückenseite – mit einem sehr scharfen Messer (oder Filetiermesser) die Seezungen eng an der Mittelgräte entlang einschneiden. In einer Pfanne Olivenöl erhitzen. Seezungen in einer Mischung aus Semmelbröseln und Mehl wenden, dann im heißen Olivenöl scharf anbraten.

❸ In einer anderen Pfanne Butterschmalz erhitzen und die vorbereiteten Eierschwammerln und Herrenpilze darin anbraten.

❹ In einem kleinen Topf Butter schmelzen, mit Zitronensaft ablöschen und mit gehacktem Knoblauch und fein geschnittenen Kräutern vermengen.

❺ Seezunge auf vorgewärmten Tellern anrichten, Küchenkräuter in Butter darüberträufeln. Mit Pilzen und Pardeisern belegen.

FOTO rechte Seite

Seezungenfilet

mit Erdäpfel-Lauchgemüse und schwarzer Trüffel

ZUTATEN

8 Seezungenfilets
Butter, Olivenöl
1 Stängel Zitronenthymian
Salz, frisch gemahlener Pfeffer

ERDÄPFEL-LAUCHGEMÜSE

4 speckige Erdäpfel
8 kleine Lauchstangen, geputzt und blanchiert
1 EL Petersilie, gehackt
Sherryessig
125 ml Schlagobers

AUSSERDEM

Sauce Vin blanc
1 kleine Knolle schwarze Trüffel

❶ Für das Erdäpfel-Lauchgemüse zunächst Erdäpfel schälen, in Stifte schneiden und blanchieren. Lauch putzen und blanchieren. Anschließend Schlagobers in einem Topf aufkochen, Erdäpfel und Lauch beigeben, kurz kochen lassen und dann mit Sherryessig und gehackter Petersilie abschmecken.

❷ Nach dem Rezept auf Seite 111 eine Sauce Vin blanc zubereiten.

❸ Seezungenfilet würzen und in einer Pfanne mit heißem Olivenöl anbraten, wenden, Butter und Zitronenthymian dazugeben und fertig braten.

❹ Das Erdäpfel-Lauchgemüse mittig auf Teller setzen, darauf die Filets legen, schwarze Trüffel darüber hobeln. Mit Sauce umgießen.

Dîner du 2e Février 1893.
Huîtres d'Ostende.
Potage à la Reine Margot.
Petites timbales à la Westmoreland.
Filets de turbot à la vénitienne.

Gebratener Steinbutt

mit Zitrusspinat und gefüllten Erdäpfeln

ZUTATEN
4 Steinbuttschnitten aus dem Rücken à 160 g
1 Thymianzweig
1 Rosmarinzweig
Mehl
Olivenöl
Salz
frisch gemahlener Pfeffer

ZITRUSSPINAT
400 g Blattspinat
kandierte Zitronenschalen (siehe Tipp)
Saft von 1 Zitrone
1 kleine Zwiebel
1 Knoblauchzehe
1 EL Mehl
200 ml warme Milch
1 EL Butter
1 Gewürznelke
Muskatnuss, frisch gerieben
Salz

GEFÜLLTE ERDÄPFEL
4 kleine Erdäpfel, gekocht und geschält
40 g Kaviar
1 Eiklar
30 g Weißbrotbrösel
Öl zum Frittieren
Salz

AUSSERDEM
Sauce Vin blanc

❶ Vorab für die gefüllten Erdäpfel die vier kleinen Erdäpfel kochen.

❷ Für den Zitrusspinat Zwiebel und Knoblauch schälen, fein schneiden. In einem Topf Butter schmelzen, Zwiebel und Knoblauch darin anschwitzen. Die Gewürznelke beigeben. Nun eine Béchamel zubereiten: Das Mehl mit dem Schneebesen einrühren und gut mit der Butter vermischen. Unter kräftigem Rühren die warme Milch zugießen und etwa 10 Minuten köcheln lassen – dabei ständig rühren! –, bis sich alles zu einer glatten Sauce verbunden hat. Dann Gewürznelke entfernen, mit Salz, Pfeffer, Muskatnuss abschmecken und kühlstellen.

❸ Den Spinat putzen, waschen und blanchieren, im Eiswasser abschrecken, abtropfen lassen. Ein bis zwei kandierte Zitronenschalen fein schneiden (zum Würzen). Den abgetropften Spinat gut ausdrücken und im Mixer zusammen mit der Béchamel aufmixen. Mit Salz, Zitronensaft und fein geschnittener, kandierter Zitronenschale abschmecken.

❹ Nach dem Rezept auf Seite 111 eine Sauce Vin blanc zubereiten. Die gekochten Erdäpfel schälen, der Länge nach halbieren und leicht aushöhlen. Erdäpfelhälften mit Kaviar füllen und wieder zusammensetzen, fest andrücken. In einem tiefen Teller das Eiklar verrühren, Brösel auf einen Teller geben. Nun die gefüllten Erdäpfel panieren, also erst im Eiklar, danach in den Weißbrotbröseln wälzen. In heißem Öl goldgelb frittieren und auf Küchenkrepp abtropfen lassen.

❺ Die Steinbuttschnitten mit Salz und Pfeffer würzen und in Mehl wenden. In einer Pfanne Olivenöl erhitzen, die Kräuterzweige hinzufügen und den Steinbutt darin knusprig braten. Weißwein-Sauce eventuell erhitzen, mit dem Stabmixer aufschäumen.

❻ Zuletzt Cremespinat auf Tellern anrichten und die Steinbuttschnitten daraufsetzen. Die Erdäpfel dazulegen. Mit kandierten Zitronenschalen garnieren und mit aufgeschäumter Fischsauce umgießen.

TIPP: Zitronenschalen können Sie auch selbst kandieren. Sie brauchen dazu 2 unbehandelte Zitronen und 400 g Zucker. Das Rezept lautet: Zitronen dünn schälen und die weiße Innenhaut an den Schalen mit einem Messer vollständig entfernen. Schalen in feine Streifen schneiden. 250 g Zucker mit 1/4 Liter Wasser aufkochen, Zitronenstreifen zugeben und im Zuckerwasser abkühlen lassen. 50 g Zucker zugeben und die Schalen erneut aufkochen. Diesen letzten Vorgang noch zweimal wiederholen. Zitronenschalen aus dem Topf heben und auf einem Kuchengitter abkühlen lassen.

Skrei (Kabeljau)

mit Orangen-Gemüse-Nage und Kerbel

ZUTATEN
600 g Skreifilets mit Haut
Olivenöl
Butter
1 Zweig Zitronenthymian
Salz
frisch gemahlener Pfeffer

SAUCE
150 ml Sauce Vin blanc
125 ml Orangensaft
2 cl Grand Marnier

ORANGEN-GEMÜSE-NAGE
1 Fenchelknolle, geschält, in feine Würfeln geschnitten
1 Karotte, geschält und in feine Würfeln schneiden
2 Stück Stangensellerie, geschält und in feine Würfel geschnitten
1 Kohlrabi, geschält und gewürfelt
2 kernlose Orangen, filetiert
1 EL Petersilie, gehackt
Butter
Salz
frisch gemahlener Pfeffer

AUSSERDEM
2 Erdäpfel
Fenchelgrün für die Garnitur
Öl zum Frittieren

❶ Zunächst das Gemüse für die Gemüse-Nage vorbereiten: Fenchelknolle, Karotte, Stangensellerie jeweils schälen und in feine Würfel schneiden, dabei vom Fenchel etwas Grün für die Garnitur beiseitelegen. Kohlrabi schälen und würfeln. Außerdem Erdäpfel schälen und würfeln.

❷ Nun in einem Topf die Gemüsewürfel bissfest blanchieren und im Eiswasser abschrecken.

❸ In einem anderen, kleinen Topf die Erdäpfelwürfel blanchieren, gut abtropfen und ausdämpfen lassen. Öl erhitzen und die Erdäpfel darin knusprig frittieren. Auf Küchenkrepp legen, das überschüssige Fett abtropfen lassen und warm stellen.

❹ Nach dem Rezept auf Seite 111 eine Sauce Vin blanc zubereiten. Orangensaft auf die Hälfte einkochen lassen und mit der Sauce auffüllen, mit Grand Marnier abschmecken.

❺ Für die Fischfilets in einer Pfanne Olivenöl erhitzen. Skrei mit Salz und Pfeffer würzen und zuerst mit der Hautseite nach unten im heißen Olivenöl knusprig braten, anschließend wenden und mit Butter und Zitronenthymian fertig braten.

❻ Die beiden Orangen schälen und filetieren. (Dafür schälen Sie mit einem Gemüsemesser die Schale mitsamt der weißen Haut ab und lösen dann zwischen den Trennhäutchen mit dem Messer die Filets aus dem Fruchtfleisch heraus – am besten über einer kleinen Schüssel.) Petersilie waschen, trocknen, zupfen und hacken. In einem Topf Butter schmelzen und die Gemüsewürfel darin ziehen lassen, bis sie warm sind. Am Schluss Petersilie und Orangenfilets untermengen. Sauce mit dem Stabmixer aufschäumen.

❼ Vorm Servieren Gemüse auf Teller verteilen, Skrei daraufsetzen und mit aufgeschäumter Sauce umgießen. Mit knusprigen Erdäpfeln belegen.

Wildlachs, gedämpft,
mit Gurkengemüse und Senfsauce

ZUTATEN
4 Tranchen Wildlachsfilet à 150 g
1 Karotte, geschält
1/2 Lauchstange, nur das Weiße
100 g Sellerie, geschält
100 ml Weißwein, 200 ml Fischfond
1 kleiner Bund Dille (davon 1 EL für Gurkengemüse)
1 Lorbeerblatt
Salz, frisch gemahlener Pfeffer

GURKENGEMÜSE
2 Salatgurken, 1 EL Dille, gehackt
Salz, Pfeffer, 1–2 EL Butter

SENFSAUCE
200 ml Sauce Vin blanc
3 EL violetter Senf

❶ Für den gedämpften Wildlachs in einem Topf Fischfond mit Weißwein aufkochen. Karotte würfelig schneiden, Lauch und Sellerie in grobe Stücke schneiden. Geschnittenes Gemüse, Lorbeerblatt, Dille (ein paar Stängel für die Garnitur behalten), Salz und Pfeffer in den Fond geben, ziehen lassen.

❷ Nach dem Rezept auf Seite 111 eine Sauce Vin blanc zubereiten. Die Salatgurken schälen und halbieren, die Kerne ausschaben. Dann Gurken in möglichst gleich große Stifte schneiden. In einer Pfanne Butter erhitzen und die Gurkenstifte darin anschmoren, mit Salz und Pfeffer würzen, mit Dille bestreuen.

❸ Wildlachsfilets mit Salz und Pfeffer würzen, behutsam in den Fond einlegen und sanft pochieren.

❹ Fischsauce aufkochen, Senf dazugeben und mit dem Stabmixer aufschäumen.

❺ Vorm Servieren die Gurkenstifte auf Teller verteilen. Wildlachsfilets daraufsetzen und mit Sauce umgießen. Mit Dillezweigen garnieren.

Medaillons vom Seeteufel
mit Paradeisern und Estragon

ZUTATEN
600 g Seeteufel
1 EL Estragon, fein geschnitten
1 Zweig Rosmarin
4 EL grober Dijonsenf
Olivenöl
Salz, frisch gemahlener Pfeffer

AUSSERDEM
200 ml Sauce Vin blanc
6 Fleischparadeiser, 1 Schalotte
1 EL Basilikum, fein geschnitten
1 Becher Basilikumkresse (zur Garnitur)
2 EL weißer Balsamico-Essig
etwas Balsamico-Essig zum Abschmecken
2 EL Olivenöl
1 Prise Zucker
Salz, frisch gemahlener Pfeffer

❶ Die Fleischparadeiser waschen, jeweils den Strunk herausschneiden. Paradeiser an der Oberseite kreuzweise einschneiden, dann blanchieren, im Eiswasser abschrecken und die Haut abziehen. Anschließend Paradeiser vierteln, entkernen und dann in kleine Würfeln schneiden. Die Schalotte schälen und fein schneiden. Olivenöl in einer Pfanne erhitzen, Schalotte darin anschwitzen, gewürfelte Paradeiser beigeben. Mit Salz, Pfeffer und einer Prise Zucker würzen, bei milder Hitze langsam einkochen. Basilikum fein schneiden. Wenn die Paradeiser die Konsistenz eines Kompotts haben, Basilikum einrühren und mit Balsamico-Essig abschmecken.

❷ Estragon fein schneiden. Olivenöl in einer Pfanne erhitzen. Den Seeteufel in 4 Medallions schneiden und im heißen Olivenöl scharf anbraten. Wenden, mit Senf bestreichen und mit Estragon bestreuen. Anschließend bei 180 °C ins vorgeheizte Rohr schieben und dort sanft fertig garen.

❸ Nach dem Rezept auf Seite 111 eine Sauce Vin blanc zubereiten. Die zwei Esslöffel weißen Balsamico-Essig in einem kleinen Topf erhitzen, ein wenig einkochen und gleich mit Sauce Vin blanc aufgießen. Verrühren und mit dem Stabmixer aufschäumen.

❹ Vier tiefe Teller bereithalten. Paradeiserkompott jeweils in die Mitte geben, Seeteufel-Medaillons daraufsetzen, und mit Sauce umgießen.
Mit Basilikumkresse bestreuen.
FOTO Seite 202

Wolfsbarsch

mit mediterranem Gemüse und Basilikumrisotto

ZUTATEN
4 Tranchen Wolfsbarsch à 150 g
1 Knoblauchzehe, angedrückt
1 Rosmarinzweig
Olivenöl
Salz, frisch gemahlener Pfeffer

GEMÜSE
4 kleine Zucchini mit Blüte
2 Mini-Melanzani
1 gelbe Paprika, geschält
1 rote Paprika
4 Champignonköpfe
2 Fleischparadeiser, enthäutet
8 Babyartischocken, eingelegt
1 Knoblauchzehe, angedrückt
1 Rosmarinzweig
1 Thymianzweig
1 Bund Basilikum
Olivenöl zum Grillen
Öl zum Frittieren

AUSSERDEM
Risotto
3 EL Basilikum, fein geschnitten
4 EL Basilikumpesto

❶ Gut vorbereiten können Sie – nach dem Rezept auf Seite 118 – das Basilikumpesto. Es hält sich, mit einer Schicht Olivenöl bedeckt, im Kühlschrank wochenlang.

❷ Für das Gemüse von den vier kleinen Zucchini die Blüten abschneiden, in Salzwasser blanchieren und in Eiswasser abschrecken. Die Zucchini der Länge nach halbieren. Die kleinen Melanzani halbieren. Paprikaschoten mit einem Sparschäler schälen, oben und unten abkappen, das Kerngehäuse entfernen, dann Paprika in Viertel und Dreiecke schneiden. Die Champignons mit einem Tuch abwischen. Die Paradeiser vierteln und entkernen. Die Babyartischocken halbieren. Basilikum waschen, trocknen und zupfen.

❸ Risotto nach dem Rezept auf Seite 136 zubereiten und am Schluss drei Esslöffel fein geschnittenes Basilikum untermengen. In einer Grillpfanne Olivenöl erhitzen, Kräuterzweige und die angedrückte Knoblauchzehe hinzufügen, dann das Gemüse und die Pilze dazugeben und sanft gar grillen. Mit Salz und Pfeffer würzen.

❹ In einem Topf Öl erhitzen, darin die vorbereiteten Basilikumblätter und Zucchiniblüten frittieren und auf Küchenkrepp abtropfen lassen.

❺ Für den Fisch in einer Pfanne Öl heiß werden lassen. Wolfsbarsch würzen und zuerst auf der Hautseite knusprig braten, dann wenden und mit Butter, Knoblauch und Rosmarinzweig fertigbraten.

❻ Vorm Servieren das Gemüse locker auf Teller verteilen, mit Pesto überziehen und den Risotto mittig daraufgeben. Wolfsbarsch auf dem Risotto anrichten, mit frittierten Basilikumblättern und je einer Zucchiniblüte garnieren. Mit Olivenöl beträufeln.

Filet von der Dorade

im Muschelsud und Paradeiserravioli

ZUTATEN
600 g Doradenfilets
(Goldbrassenfilets)
1 Knoblauchzehe
1 Rosmarinzweig
Olivenöl
Butter
Salz
frisch gemahlener Pfeffer

MUSCHELSUD
200 g Miesmuscheln, geputzt
200 g Venusmuscheln
2 Fleischparadeiser
1 Bund Wurzelgemüse
2 Schalotten
5 Knoblauchzehen, angedrückt
2 Lorbeerblätter
5 Thymianzweige
5 Stängel Basilikum
500 ml Fischfond
200 ml Noilly Prat
200 ml Weißwein
50 ml Pernod
2 EL kalte Butter
2–3 EL Olivenöl

RAVIOLI
150 g Ravioliteig
16 getrocknete Paradeiser
2 Eiklar

❶ Nach dem Rezept auf Seite 134 einen Ravioliteig vorbereiten und rasten lassen.

❷ Anschließend den Teig auf einer bemehlten Arbeitsfläche hauchdünn ausrollen. Eiklar in eine kleine Schale geben, leicht verrühren. Auf die Hälfte der Teigplatte längs, in gleichmäßigen Abständen, die getrockneten Paradeiser setzen, mit Eiklar bestreichen und mit der anderen Hälfte abdecken. Mit einem Teigradl rechteckige Ravioli ausschneiden und die Ränder andrücken. Dann auf (eine Platte mit) Backpapier legen und kühl stellen.

❸ Für den Muschelsud das Wurzelgemüse schälen und würfeln, die Schalotten schälen und fein schneiden. Paradeiser waschen, schälen und würfeln. In einem passend großen Topf Olivenöl erhitzen. Gemüse sowie die angedrückten Knoblauchzehen, Lorbeer, Thymian und Basilikum beigeben und kurz schwenken. Die Muscheln hinzufügen, 2 Minuten dünsten lassen. Mit Wein, Noilly Prat, Pernod und Fischfond aufgießen, aufkochen lassen – die Muscheln aus dem Sud nehmen, sobald sie sich öffnen. Muscheln etwas abkühlen lassen und aus den Schalen lösen. Nun den Fond auf ca. 600 ml einkochen lassen. Anschließend durch ein feines Sieb passieren.

❹ Die Doradenfilets würzen. In einer Pfanne Olivenöl erhitzen und die Doraden darin knusprig braten, wenden und mit Butter, Knoblauch und Rosmarin fertigbraten. Danach einen Topf mit Salzwasser aufkochen, die Ravioli im leicht wallenden Salzwasser garen. Dann vorsichtig mit einem Schaumlöffel aus dem Topf heben und mit Olivenöl beträufeln. Den Muschelfond aufkochen und mit kalter Butter binden, die Muscheln beigeben und abschmecken.

❺ Vorm Servieren Muschelsud in einen tiefen Teller gießen, die Ravioli hineingeben und Fisch dazulegen.

Rotbarbenfilet

mit Artischocken und „geräuchertem" Paprikaschaum

ZUTATEN
8 Rotbarbenfilets
1 Rosmarinzweig
Olivenöl
Salz
frisch gemahlener Pfeffer

PAPRIKASCHAUM
200 g Spitzpaprika
50 g Chorizo
2 Schalotten
1 Knoblauchzehe
1 Peperoncini, getrocknet
3 Thymianzweige
400 ml Geflügelfond
400 ml Fischfond
2 EL Olivenöl
5 EL Zitronenöl
30 g geräuchertes Paprikapulver

AUSSERDEM
Erdäpfelgnocchi
12 Babyartischocken

❶ Nach dem Rezept auf Seite 131 Erdäpfelgnocchi zubereiten, kochen und warmstellen.

❷ Bei den Babyartischocken die Stiele und dann die oberen Blatthälften wegschneiden. Bei den übrig bleibenden Artischockenböden die äußeren, dunkelgrünen Blätter entfernen und das Heu auskratzen. Böden in kleine Spalten schneiden – und sofort mit Zitrone einreiben.

❸ Chorizo schälen und würfelig schneiden. Schalotten schälen und fein schneiden. Knoblauch schälen und hacken. Spitzpaprika waschen, Samenkörner und weiße Häutchen entfernen, Paprika klein schneiden. Olivenöl in einem Topf erhitzen. Paprika, Chorizowürfel mit Schalotten und Knoblauch anschwitzen, dann mit Geflügelfond und Fischfond aufgießen. Thymian und Peperoncini zugeben und alles etwa 30 Minuten köcheln. Dann geräuchertes Paprikapulver hinzufügen. Mit zwei Esslöffeln Olivenöl aufschäumen (Stabmixer). Anschließend Sauce abschmecken und durch ein Sieb passieren.

❹ Die Rotbarbenfilets würzen und mit dem Rosmarin in heißem Olivenöl knusprig braten. In einer anderen Pfanne Olivenöl erhitzen und darin Gnocchi und Artischocken goldgelb braten. Anschließend Gnocchi und Artischocken in tiefen Tellern anrichten, die Rotbarben daraufsetzen und mit Paprikaschaum umgießen.

Stars im Sacher

Als Wiener und Wienerin muss man manchmal um das Sacher einen großen Bogen machen – weil rund um den Hoteleingang eine Menschenmenge versammelt ist, durch die sich nur schwer ein Weg bahnen lässt. Stundenlanges Stehen, Gespräche in angeregt flirrender Stimmung, Straßensperren, Ordnungshüter und erwartungsvolle Blicke in Richtung Hotel, dessen Angestellte mit solchen Belagerungen vertraut sind. Schließlich handelt es sich um Fans und neugierige Zaungäste, die auf das Erscheinen eines Popstars, einer Hollywoodschauspielerin, einer umjubelten Operndiva warten. Sämtliche Bildschirme der Welt haben es noch nicht geschafft, die Sensation einer „wirklichen" Begegnung zu schmälern. Und so kann man die ellenlang schillernde, gleißende Liste derer, die im Sacher wohnten, an sich vorüberziehen lassen und ein wenig träumen: Thomas Mann, Graham Greene, Mark Twain, Ernest Hemingway, Zarah Leander, Greta Garbo, Omar Sharif, Peter O'Toole, Peter Ustinov, Herbert von Karajan, Leonard Bernstein, George Gershwin, Elisabeth Schwarzkopf, Fritz Wunderlich, Luciano Pavarotti, Oskar Kokoschka, Edita Gruberová, Cate Blanchett, Liza Minelli, Christopher Lee, Juliette Gréco, Billy Wilder, John Malkovich, Audrey Hepburn ...

Marinierter Thunfisch

mit Erbsenschoten-Sprossengemüse

ZUTATEN
400 g Thunfisch in Sushi-Qualität
2 Knoblauchzehen, gehackt
60 g frischer Ingwer, gerieben
6 frische Limettenblätter (Asia-Markt)
1 Stange Zitronengras
450 ml Orangensaft
Sojasauce
50 g Zucker
Salz
frisch gemahlener Pfeffer

ERBSENSCHOTEN-SPROSSEN-GEMÜSE
80 g Erbsenschoten
250 g Sprossenmix
5 Shitake-Pilze
1 Karotte, geschält
1 Junglauch
1 gelbe Paprika, geschält
1 rote Paprika, geschält
2 EL Erdnussöl
1 EL Curryöl

AUSSERDEM
1 Becher Korianderkresse (Garnitur)

❶ Für die Marinade Zucker in einem Topf erhitzen, bis er anbräunt und flüssig wird (karamellisieren), mit Orangensaft ablöschen und gut verrühren. Gehackten Knoblauch, geriebenen Ingwer, Zitronengras und Limettenblätter einrühren, mit Sojasauce, Salz und Pfeffer abschmecken.

❷ Dann auf ca. 300 ml Flüssigkeit einkochen und auskühlen lassen. Thunfisch in die Marinade hineinlegen und am besten über Nacht marinieren, dabei hin und wieder wenden.

❸ Danach zuerst das Gemüse vorbereiten: Paprika mit einem Sparschäler schälen und in feine Streifen schneiden, Erbsenschoten in schräge Streifen schneiden, Karotte schälen und blättrig schneiden, Junglauch in dünne Scheiben schneiden. Shitakepilze mit einem Tuch abreiben, Sprossen waschen, gut abtropfen lassen.

❹ Thunfisch aus der Marinarde nehmen und in mundgerechte Stücke schneiden. Erdnuss- und Curryöl in einer Pfanne erwärmen und darin das vorbereitete Gemüse schwenken (das Gemüse soll am Schluss noch bissfest sein). Vorm Servieren Gemüse auf Teller verteilen, Thunfischstücke dekorativ daraufsetzen und mit Kresse garnieren.

St. Pierre

mit Calamaretti , Safranfenchel und Sepiarisotto

ZUTATEN
4 St.-Pierre-Filets à 150 g
1 Zweig Zitronenthymian
Olivenöl
ein paar Pfefferkörner
Salz

CALAMARETTI
300 g geputzte Calamaretti, in feine Ringe geschnitten
1 EL Petersilie, gehackt
1 Knoblauchzehe, angedrückt
Saft von 1 Zitrone
Olivenöl
Salz
frisch gemahlener Pfeffer

AUSSERDEM
Risotto
2 TL Sepiatinte
1 Fenchelknolle, grob geschnitten
1 Fenchelknolle, fein gehobelt
1 Paradeiser, enthäutet und entkernt
1/2 rote Paprika, geschält und fein gewürfelt
1 Schalotte, geschält
50 ml Weißwein
200 ml Fischfond
2 Msp. Safranfäden
Zitronensaft
2 EL Olivenöl
Olivenöl zum Anschwitzen
Zitronenöl zum Anschwitzen
25 g kalte Butter
Fenchelgrün (Garnitur)
Salz
frisch gemahlener Pfeffer

❶ Zunächst Gemüse vorbereiten: eine Fenchelknolle hobeln, Paprika in kleine Würfel schneiden, Paradeiser häuten, vierteln, entkernen und würfeln – alles für später in den Kühlschrank stellen. Etwas Fenchelgrün für die Garnitur aufheben.

❷ Dann die zweite Fenchelknolle und die Schalotte schälen, beides grob in Stücke schneiden. In einem Topf Olivenöl erhitzen, Fenchelstücke und Schalotte darin anschwitzen. Mit Weißwein ablöschen und mit Fischfond aufgießen, Safran hinzufügen und aufkochen, anschließend die Hitze reduzieren und den Fond noch ein wenig ziehen lassen. Danach durch ein Sieb passieren.

❸ Nach dem Rezept auf Seite 136 ein Risotto zubereiten und – im letzten Drittel der Garungszeit, ehe Sie Parmesan hinzufügen – mit Sepiatinte einfärben. Die in feine Ringe geschnittenen Calamaretti in einer Pfanne mit heißem Olivenöl kurz schwenken, danach würzen und mit gehackter Petersilie und Zitronensaft abschmecken. Die Hälfte der Calamaretti unter den Risotto mischen, die andere Hälfte beiseitegeben.

❹ In einer Pfanne Olivenöl erhitzen. St-Pierre-Filets mit Salz und Pfefferkörnern würzen, im Olivenöl saftig braten.

❺ In einer weiteren Pfanne den gehobelten Fenchel zusammen mit Paprika- und Paradeiserstücken in heißem Zitronenöl anschwitzen und würzen. Den Fenchelsud aufkochen und mit kalter Butter montieren, gehobelten Fenchel, Paprika und Paradeiser beigeben.

❻ Vorm Servieren den Risotto mit einer Ringform mittig auf Teller setzen. Mit Safranfenchelsud umgießen. Fischfilets daraufsetzen und mit Calamaretti belegen. Mit Fenchelgrün garnieren.

Gebratene Jakobsmuscheln

mit gegrillter Wassermelone und Schafskäse

ZUTATEN

12 Jakobsmuscheln (nur das Fleisch)
2 Thymianzweige
Olivenöl zum Braten
Butter zum Fertigbraten
Salz, frisch gemahlener Pfeffer

AUSSERDEM

1 kleine, kernlose Wassermelone
1 Becher Basilikumkresse (für die Garnitur)
100 g Feta-Käse
1 EL Zitronenöl

❶ Feta ins Tiefkühlfach legen. Wassermelone schälen, in 1, 5 cm dicke Scheiben schneiden und aus diesen vier schöne „Balken" ausschneiden; Melonensaft dabei auffangen. „Melonenbalken" beiseitelegen.

❷ Restliches Melonenfleisch fein pürieren. Püree durch ein feines Sieb streichen, dann mit dem aufgefangenen Saft erhitzen und die Flüssigkeit zu einem Sirup einkochen, mit weißem Basalmico abschmecken. Die Melonenbalken in Zitronenöl anbraten und mit dem Sirup überglänzen (glasieren).

❸ In einer Pfanne Olivenöl erhitzen. Die Jakobsmuscheln mit Salz und Pfeffer würzen und im heißen Öl saftig goldgelb braten. Danach mit Thymian in geschmolzener Butter fertig braten.

❹ Vorm Servieren die „Melonenbalken" auf Teller legen, Jakobsmuscheln darauf platzieren. Mit geriebenem Feta bestreuen und mit Basilikumkresse garnieren.

Medaillons vom Hummer

mit Ravioli und grünem Spargel

ZUTATEN
2 bretonische Hummer
5 l Gemüsefond (s. Seite 100)
1 kleiner Bund Dille
1 EL Kümmel, ganz

RAVIOLI
150 g Ravioliteig
2 EL Fischfarce (s. Seite 116)
120 g Hummerabschnitte
2 Eidotter
Salz, frisch gemahlener Pfeffer

AUSSERDEM
200 ml Hummerbisque (s. Seite 155, Tipp)
12 Stangen grüner Spargel, blanchiert, gedrittelt

❶ Nach dem Rezept auf Seite 134 einen Ravioliteig zubereiten, im Kühlschrank rasten lassen. Den Gemüsefond mit Dille und Kümmel aufkochen. Die Hummer mit dem Kopf voran in den kochenden Fond geben und ca. 8 Minuten gar ziehen lassen. Im Eiswasser abschrecken und das Fleisch aus der Schwanzkruste und den Scheren ausbrechen (s. Seite 51). Hummerschwanzfleisch in Medaillons schneiden.

❷ Jetzt eventuell den grünen Spargel vorbereiten: Spargelstangen schälen, blanchieren und dritteln; beiseitestellen.

❸ Für die Ravioli-Füllung einen Teil des Hummerfleischs (bevorzugt aus den Scheren) fein hacken und mit der Fischfarce vermengen, dann in einen Dressiersack geben. Ravioliteig auf einer bemehlten Arbeitsfläche dünn ausrollen und in zwei Hälften teilen. Auf eine Hälfte des Teigs 12 Häufchen von der Füllung dressieren. Die zwei Eigelb leicht verschlagen. Die zweite Teighälfte mit Eigelb bestreichen über die erste Teighälfte mit der Füllung legen und andrücken (zwischen der Füllung). Mit einem runden Ausstecher mit gewelltem Rand 12 Ravioli ausstechen. In einem großen Topf Salzwasser aufkochen und die Ravioli darin leicht wallend garen lassen, anschließend gut abtropfen lassen und in Butter schwenken.

❹ Hummerbisque erhitzen und mit dem Stabmixer aufschäumen.

❺ Hummermedaillons in einem Siebeinsatz über Dampf erhitzen. Den blanchierten grünen Spargel in einer Pfanne mit zerlassener Butter schwenken, dabei erwärmen. Vorm Servieren Spargel auf Teller verteilen, mit Ravioli belegen; die Hummermedaillons daraufsetzen und mit aufgeschäumter Hummerbisque umgießen.

Sacher-Austernvariationen

ZUTATEN

1–2 Dutzend frische Austern (Gillardeau, Belon, Sylter Royale)

VARIATION I

2 Paradeiser
Olivenöl
Tabascosauce
Meersalz

VARIATION II

Saft von 2 roten Rüben
Traubenkernöl

VARIATION III

100 g Rohschinken in dünnen Scheiben (z. B. Vulcano)
etwas frischer Kren, sehr fein gerieben
frisch gemahlener Pfeffer

VARIATION IV

Beluga-Kaviar
Limettensaft

❶ Alexandre Dumas, der kulinarisch höchst erfahrene Verfasser der „Drei Musketiere", nannte die Auster ein „von der Natur stiefmütterlich behandeltes Wesen", dem nicht allein Augen, Ohren und Geruchssinn, sondern sogar „jegliches Organ zur Fortbewegung" fehle. Dumas schloss daraus: „So ist Schlaf ihr einziger Sport, Fressen ihre einzige Freude." – Nichtsdestotrotz gelten Austern seit der Antike als eine der feinsten, ja, edelsten Speisen, bei denen die beglückende Erfrischung der Geschmacksknospen aus einfachster Zubereitung resultiert: Man öffnet ihre Schale, löst die Auster ab, schlürft und erschmeckt sie – vielleicht mit ein paar Tropfen Zitronensaft, oder aber raffinierter, mit einer der Saucen oder kleinen Beilagen, die im „Sacher" dazu gereicht werden. Und die, jede auf ihre Art, dem Geschmack von Austern eine neue Nuance verleihen, ihn variieren:

❷ Für Variation I Wasser in einem kleinen Topf zum Sieden bringen und darin die Paradeiser kurz blanchieren, dann kalt abschrecken und schälen. Stielansatz wegschneiden und Paradeiser fein würfeln. Mehrere Stunden, am besten über Nacht, bei 80 °C ins Backrohr geben und trocknen lassen, anschließend mit Meersalz, etwas Olivenöl und ein paar Tropfen Tabasco verrühren.

❸ Variation II bereiten Sie aus dem frischen Saft von zwei roten Rüben, den Sie auf 60 ml Flüssigkeit einkochen, kaltstellen und anschließend mit ein wenig Traubenkernöl verrühren.

❹ Variation III besteht aus Schinken-Crumbles mit Kren; Sie trocknen dünne Rohschinken-Scheiben auf einem mit Backpapier belegten Blech bei 120 °C im Rohr; wenn der Schinken abgekühlt ist, fein hacken oder reiben und mit etwas frisch geriebenem Kren und Pfeffer pikant würzen.

❺ Für Variation IV – ein luxuriöser Klassiker – servieren Sie zu den Austern Beluga-Kaviar und Limettensaft zum Beträufeln.

TIPP: Austern unbedingt sehr frisch kaufen und essen! Sie sollten sie auch nie lange, und dann nur kühl und feucht lagern, also am besten in ein feuchtes Tuch gewickelt im Kühlschrank. Und dann eine Weile vorm Servieren aus dem Kühlschrank nehmen, damit sie ihr Aroma entfalten können; beim Öffnen und Lösen des Fleischs (am besten mit einem Austernmesser) darauf achten, dass das „Austernwasser" in der Schale verbleibt.
Auch Ihre Hände sollten Sie schützen – falls Sie keinen „Austernhandschuh" (ein spezieller Kettenhandschuh) besitzen, schützen Sie die haltende Hand mit einem feuchten Tuch.
Und eine Empfehlung: Reichen Sie zu den Austern Pumpernickel-Würfel, für die Sie je zwei dick mit Butter bestrichene (nach Belieben noch mit Cheddar-Käse belegte) Pumpernickelscheiben aufeinanderlegen, eine dritte Scheibe daraufgeben und anschließend die Scheiben in Würfel schneiden.

Garnelen-Gröstl

ZUTATEN

16 Garnelen mit Schale (8/12)
12 kleine Erdäpfel
4 Babyartischocken
2 Stück Stangensellerie
3 Lauchzwiebeln
4 Knoblauchzehen, geschält
3 Stängel Basilikum, gezupft
6 getrocknete Paradeiserfilets
Paradeiserfond (s. unten)
Olivenöl
Öl zum Frittieren
Salz
frisch gemahlener Pfeffer

PARADEISERFOND

5 Fleischparadeiser
1 Knoblauchzehe, geschält
3 Stängel Basilikum, gezupft
Zucker
Salz
frisch gemahlener Pfeffer

❶ Fleischparadeiser waschen und trocknen, den Stielansatz entfernen. Paradeiser in grobe Stücke schneiden und mit der geschälten, geschnittenen Knoblauchzehe und den Basilikumstängeln mixen. Dann ein Sieb mit einem Passiertuch auslegen und über einen Topf hängen. Die Paradeisermasse ins Sieb leeren und langsam in den Topf rinnen lassen – nicht durchs Sieb drücken (sonst wird der Saft rot). Anschließend einmal aufkochen und gut mit Salz, Pfeffer und Zucker abschmecken.

❷ Dann das Gemüse vorbereiten: Die 12 kleinen Erdäpfel kochen und schälen. Babyartischocken putzen: Stiele und obere Blatthälften wegschneiden und bei den übrig bleibenden Artischockenböden die äußeren dunkelgrünen Blätter entfernen und das Heu auskratzen; dann Artischockenböden vierteln und mit Zitronensaft beträufeln. Stangensellerie schälen und in Ringe schneiden. Lauchzwiebeln und Knoblauch in dünne Scheiben schneiden.

❸ Die Garnelen schälen. 4 Garnelen auf die Seite geben, die restlichen Garnelen in Scheiben schneiden.

❹ Dann die gekochten, ausgedämpften Erdäpfel in Scheiben schneiden. Olivenöl erhitzen und darin Erdäpfelscheiben und Artischockenviertel anbraten, Garnelenscheiben beigeben und alles sanft weiterbraten. Bevor die Artischocken weich sind, das restliche Gemüse – Knoblauch-, Sellerie- und Lauchzwiebelscheiben sowie getrocknete Paradeiser – hinzufügen und durchschwenken. Mit wenig Paradeiserfond ablöschen und mit Salz und Pfeffer würzen.

❺ In einem Topf Öl erhitzen und darin die Basilikumblätter (von den drei gezupften Stängeln) frittieren. In einer kleinen Pfanne die vier Garnelen in heißem Olivenöl mit Kräutern glasig braten.

❻ Das Garnelengröstl in tiefen Tellern anrichten, je mit einer Garnele drapieren und mit frittierten Basilikumblättern garnieren.

Vom Maître de Cuisine empfohlen

Traditionell bis innovativ: Hauptspeisen mit Wiener Charme

Geflügel · Kalb · Rind · Schwein
Lamm · Wild

Von Geflügel über Kalb, Rind und Schwein zu Lamm und Wild: Auch auf den folgenden Seiten finden Sie eine Kombination aus Klassikern der Wiener Küche und Rezepten, die auf anregende Weise Bekanntes neu kombinieren, wie etwa das Rinderfilet mit Granatapfel oder das Filet vom Milchferkel mit Ziegenkäse. Selbstverständlich fehlen auch die Dauerbrenner Wiener Schnitzel und Backhenderl nicht, ebensowenig der Tafelspitz oder das Martinigansl. Auch einen kleinen Ausflug zu den in Altwien beliebten Innereien können Sie unternehmen, mit Kalbsnierenbraten, Kutteln oder Leber. Für all diese feinen Rezepte gilt jedoch in einer Hinsicht dasselbe: Achten Sie auf die Qualität des Fleisches, mit ihr steht und fällt das Glück Ihrer Gäste, wenn Sie ihnen, als Mittel- und Höhepunkt des Menüs, eines dieser köstlichen Gerichte servieren.

Linke Seite: Bauernente mit Grießknöderln und Champagnerkraut
Rezept Seite 244

Backhenderl „Anna Sacher"

ZUTATEN

2 junge, bratfertige Hühner à ca. 1 kg
4 Hühnerlebern
1 Bund Petersilie
1 Zitrone, in Spalten geschnitten
4 verschlagene Eier
Semmelbrösel zum Panieren
Mehl zum Panieren
Öl oder Schmalz zum Ausbacken
Salz

❶ Jedes Huhn in sechs Teile zerlegen: zwei Flügerl, zwei Keulen bzw. Haxerl und zwei Brusthälften. Dafür mit einem scharfen Messer zuerst die Flügerl abtrennen. Dann die Oberkeulen jeweils nach außen biegen, bis sie aus den Gelenkpfannen springen; jeweils einen Schenkel nach außen ziehen und am Rückenknochen entlangschneiden, das Huhn drehen, bis Sie eine Keule vom Rumpf gelöst haben. Anschließend halten Sie das Huhn mit dem Hals nach oben und trennen mit einem großen Messer den Brustkorb vom Rücken (Rücken dabei nach hinten biegen). Um die Bust in zwei Hälften zu trennen, legen Sie sie mit der Hautseite nach unten auf den Tisch und zerteilen Sie sie am Brustbein. (Wenn Sie pro Henderl acht Teile möchten, zerteilen Sie nun die Brusthälften noch einmal quer.) Falls erwünscht, können Sie nun mit einem kleinen scharfen Messer die Knochen aus den Keulen lösen – aber: Ein klassisches Backhenderl behält seine Knochen in Keulen wie Brusthälften (oder -vierteln).

❷ Nun die Haut von allen Henderlstücken restlos abziehen. Danach jedes Stück rundum gut salzen und erst in Mehl, dann in den verschlagenen Eiern und zuletzt in Semmelbröseln panieren. In einer tiefen Pfanne die panierten Hühnerstücke in reichlich Öl oder Schmalz goldgelb herausbacken; möglichst nur einmal wenden. Nach etwa 20–30 Minuten müssten die Backhenderl gar sein.

❸ Nach ca. 12-15 Minuten die Lebern panieren. Zum Backhenderl geben und mit herausbacken. Schließlich die knusprigen, panierten Henderlstücke aus dem Öl heben und auf Küchenkrepp abtropfen lassen. Währenddessen die Petersilie in die Pfanne geben und im restlichen heißen Öl ausbacken.

❹ Die Backhenderlstücke auf Tellern anrichten, pro Teller ein Stückerl panierte Leber dazulegen, mit Zitronenspalten und gebackener Petersilie garnieren. Als Beilage für Wiener Backhenderl eignen sich grüne Salate, Erdäpfelsalat, Mayonnaisesalat oder Petersilerdäpfel. Weniger traditionell – und besonders beliebt – ist auch die Kombination mit einem mit steirischem Kernöl angemachten Erdäpfel-Vogerlsalat (s. Seite 124).

TIPP: Die nicht verwendbaren Hühnerteile wie Rücken und Hals kann man für einen Geflügelfond oder eine Hendlsuppe aufsparen.

Backhenderl „Anna Sacher"

Wohl kaum ein anderes Gericht – das Wiener Schnitzel und das Gekochte Rindfleisch einmal außer Acht gelassen – steht derartig für die Wiener Küche wie das Backhenderl. Noch heute ist es fixer Bestandteil bei vielen Feierlichkeiten, insbesondere Hochzeiten, weil man mit dem Backhenderl Wohlstand und Genuss verbindet. Schon um 1900 wurde die „gute alte Zeit" – das war damals der Biedermeier – als „Backhendlepoche" bezeichnet, was daran lag, dass erstmals auch die Bürger und Bauern in den Genuss des bislang dem Adel vorbehaltenen feinen Hendlfleischs kamen. Was sozusagen zu einer Hendlmanie führte und Wien-Reisende berichten ließ, die Wiener hörten selbst im Ringelspiel beim Prater nicht auf, Hendln zu essen.
In der österreichischen Kochbuchliteratur wird das Backhendl bereits viele hundert Jahre früher erwähnt wird als sein berühmter Vetter, das Wiener Schnitzel. Vielleicht ist es auch deshalb eines der Lieblingsgerichte der Wiener, das sie allerdings immer wieder den Küchengebräuchen einer neuen Zeit angepasst haben.

Paprikahenderl

ZUTATEN

2 kleine bratfertige Hühner à ca. 700–800 g (oder ein entsprechend großes)
ca. 300 ml Geflügelfond (s. Seite 101) oder Wasser
150 g Zwiebeln
1/2 säuerlichen Apfel
Saft und abger. Schale von 1/2 unbeh. Zitrone
evtl. 1/2 Chilischote ohne Kerne, fein geschnitten
etwas Paradeismark
1/8 l Weißwein
40 g glattes Mehl
150 ml Schlagobers
200 ml Sauerrahm
Öl oder Butterschmalz zum Anbraten
2 EL Paprikapulver, edelsüß
Salz
frisch gemahlener Pfeffer

❶ Zunächst Zwiebeln schälen und fein schneiden. Dann jedes Huhn vierteln (mit der Geflügelschere oder einem scharfen Messer die Flügel abschneiden und das Huhn in vier Teile zerlegen: zwei Keulen, zwei Brusthälften; Rückgrat und, falls noch vorhanden, Halsansatz entfernen). Falls die Hühner recht fett sind, auch Haut abziehen. Hühnerstücke sorgfältig waschen und mit Küchenkrepp trockentupfen. Mit Salz einreiben. In einem Topf Öl oder Buttschmalz erhitzen und Hühnerstücke darin anbraten, aber nicht zu lange – das Fleisch soll noch von heller Farbe sein. Dann herausheben.

❷ Jetzt die fein geschnittenen Zwiebeln in den Topf geben. Im heißen Bratfett der Hühner goldbraun rösten. Erst Paradeismark, danach Paprikapulver einrühren (paprizieren) und sofort Weißwein zugießen. Alles gründlich verrühren. Mit Fond aufgießen. Paradeismark und Lorbeerblatt hinzufügen; mit Salz und Pfeffer, abgeriebener Zitronenschale sowie fein geschnittenem Chili würzen (Chili weglassen, wenn es weniger scharf sein soll). Aufkochen lassen und erst die Hühnerkeulen – eventuell mitsamt der Rücken (falls Sie diese nicht anderweitig verwerten möchten) – dazugeben und etwa 20 Minuten dünsten. Dann Bruststücke hinzufügen und weitere 20 Minuten zugedeckt dünsten, bis das Fleisch weich ist. Dabei immer wieder umrühren, bei Bedarf etwas Suppe oder Wasser nachgießen (die Fleischstücke müssen stets knapp mit Flüssigkeit bedeckt sein). Anschließend Fleisch aus dem Fond heben (Rücken entsorgen!) und warm stellen. Lorbeerblatt entfernen.

❸ Sauerrahm und Obers mit Mehl glattrühren und in den Fond geben, gut verrühren. Den halben Apfel schälen, klein schneiden, hinzufügen. Alles noch etwas köcheln lassen. Dann mit dem Stabmixer pürieren und durch ein Sieb passieren. In einen Topf gießen und die Hühnerkeulen und -brüste hinzufügen, nochmals erwärmen. Auf vorgewärmten Tellern, am besten zusammen mit Nockerln (s. Seite 134) anrichten.

TIPP: Durch die Zugabe von mehr oder weniger Chili wird das Paprikahenderl mehr oder weniger scharf. Und: Sie können die Hühnerbrüste vorm Anbraten vom Knochen lösen und anschließend später, ca. 8–10 Minuten vor Ende der Garungszeit zu den Keulen geben, dann schmecken sie zarter.

Eingemachtes Henderl
mit Herrenpilzen

ZUTATEN
2 junge Hühner à ca. 1 kg
800 ml Hühner- oder Geflügelfond, möglichst stark
4 kleine Herrenpilze
150 g Erbsen
200 g Zuckerschoten
3 Schalotten
2 Knoblauchzehen
Schale von 1 unbeh. Zitrone
2 EL frische Minze, fein geschnitten
2 EL frische Kresse, fein geschnitten
100 ml Süßwein
2 EL Mehl
125 g Crème fraîche
2 EL Butter
4 EL Olivenöl
4 EL Butterschmalz
2 Lorbeerblätter
1 Thymianzweig
2 Wacholderbeeren, zerdrückt
etwas Kümmelpulver
Salz
frisch gemahlener Pfeffer

❶ Hühner gut waschen, mit Küchenkrepp trocknen und vierteln. Mit einem kleinen scharfen Messer Flügelknochen entfernen, das Brustfleisch vom Knochen ablösen und mitsamt Haut quer in zwei Hälften schneiden. Nach Wunsch die Knochen aus den Ober- und Unterkeulen lösen. Karkassen aufheben, für den Fond.

❷ Hühnerfleisch salzen und pfeffern, dann in einem passend großen Topf mit heißem Butterschmalz scharf anbraten, anschließend herausheben und auf einem Teller zur Seite stellen.

❸ In den Topf Butter geben und schmelzen. Die Schalotten schälen, fein schneiden und in der geschmolzenen Butter anschwitzen, Mehl hinzufügen und gut verrühren. Mit Süßwein und Fond aufgießen. Knoblauchzehen und Thymian, Lorbeerblätter, Wacholder sowie Kümmel, Salz und Pfeffer zugeben und ca. 10 Minuten köcheln lassen. Dann Knoblauch, Lorbeerblätter sowie Thymianzweig herausnehmen und alles aufmixen (Stabmixer!). Anschließend Hühnerfleisch hinzufügen, nochmals abschmecken und zusammen mit der Zitronenschale weitere 5–10 Minuten sanft köcheln.

❹ Erbsen und Zuckerschoten waschen und kurz blanchieren. Herrenpilze putzen und in einer Pfanne in heißem Olivenöl rösten. Minze und Kresse fein schneiden. Erbsen, Schoten und Kräuter dazugeben. Crême fraîche einrühren (zum Binden). Zuletzt Herrenpilze hinzufügen und das Einmachhenderl in tiefen Tellern anrichten, Beilage: Bröselknödel (s. Rezept für Ganslsuppe, Seite 84)

Auguste Escoffier und sein „Poulet au paprika"

Nicht das Gulasch verhalf dem Gewürzpaprika zu internationalem Ansehen, sondern auch das Paprikahuhn. Das Rezept entwickelte sich aus dem traditionelleren Pörkölt csirke (Hühnerpörkölt), das jedoch ohne Mehl und Sauerrahm zubereitet wird. – Im Westen Europas avancierte das Paprikahuhn gegen Ende des 19. Jahrhunderts zum Nobelgericht, als der berühmte französische Meisterkoch Auguste Escoffier im Grandhotel von Monte Carlo das mittlerweile weltberühmte Poulet au paprika auf die Speisekarte setzte. Escoffier verfeinerte die Sauce in Form einer geschmacksintensiven Velouté (Einbrennsauce aus Mehlschwitze und Geflügel- oder Fleischfond) mit reichlich Butter, was übrigens den intensiven Geschmack des damals noch ungewohnten Gewürzpaprikas abmilderte und die Sauce rot färbte. Den Rahm zu diesem Klassiker steuerten dann wahrscheinlich die Wiener Köche bei, wodurch sich das ursprüngliche Bauerngericht zu einem gutbürgerlichen Gericht für das Wiener Großbürgertum wandelte. Das heute übliche Paprikahenderl ist eine Art Mischform des traditionellen ungarischen Paprikahuhns, das aus Suppenhuhn zubereitet wird, und dem Escoffier'schem „Poulet au paprika", angereichert mit böhmischer Liebe zur Einmachsauce und natürlich dem Wiener Geschmack angepasst.

Gefüllte Maishendlbrust

mit Spargelrisotto

ZUTATEN
4 Maishendlbrüste mit Haut
2 Zweige Rosmarin, Butterschmalz
Salz, frisch gemahlener Pfeffer

FÜLLUNG
200 g Hühnerfleisch, 60 g Gänseleber
2 EL Pistazien, gehackt, leicht geröstet
2 cl weißer Portwein, 2 cl Weinbrand
200 ml Schlagobers
Salz, frisch gemahlener Pfeffer

SPARGELRISOTTO
Risotto (s. Seite 136)
8 Stangen Marchfelder Spargel
8 Stangen grüner Spargel
1 EL Mascarpone, 1 altbackene Semmel
Saft von 1/2 Zitrone, 1 Prise Zucker

SAUCE
150 ml Geflügeljus
2 EL Balsamico-Essig

AUSSERDEM
Kerbel zum Garnieren

❶ Zur Vorbereitung weißen und grünen Spargel schälen, die unteren holzigen Enden (vor allem beim weißen Spargel) abschneiden. Grünen Spargel in Salzwasser blanchieren. Weißen Spargel zusammen mit einer altbackenen Semmel, etwas Zitronensaft und einer Prise Zucker in Salzwasser ebenfalls blanchieren. Anschließend Spargel für später beiseitestellen.

❷ Für die Füllung das gut gekühlte Hühnerfleisch in Würfel schneiden und in der Küchenmaschine mit Gänseleber, Weinbrand, Portwein und Schlagobers mixen. Mit Salz und Pfeffer würzen und Pistazien unterrühren. Farce in einen Dressiersack füllen und kühlstellen.

❸ Nun von den blanchierten Spargelstangen die Spitzen abschneiden und für die Garnitur aufheben, den restlichen Spargel kleinschneiden. Risotto zubereiten, am Schluss die Spargelstücke untermengen, mit Mascarpone vollenden. Risotto warmstellen.

❹ Die Haut der Maishendlbrüste leicht anheben und mit dem Dressiersack die Farce unter die Haut spritzen (möglichst gleichmäßig verteilen). Dann Hendlbrüste mit Salz und Pfeffer würzen. In einer Pfanne Butterschmalz erhitzen und die Hendlbrüste zuerst mit der Hautseite nach unten anbraten, dann umdrehen, Rosmarinzweige dazugeben und fertigbraten.

❺ Spargelspitzen erwärmen. Jus erhitzen, mit Balsamico, Salz und Pfeffer abschmecken.

❻ Schließlich Risotto in tiefe Teller füllen. Die Maishendlbrüste aufschneiden und jeweils auf dem Risotto anrichten, mit Spargelspitzen belegen. Mit Jus umgießen und mit Kerbel garnieren.

Ofenfrisches Martinigansl

mit Maroni, Quittenrotkraut und Erdäpfelknödeln

ZUTATEN

1 bratfertiges Gansl à ca. 4 kg
2 Zwiebeln
2 Knoblauchzehen
2 säuerliche Äpfel
Saft von 2 Orangen
2 TL frischer Liebstöckel, gehackt
2 TL frischer Majoran, gehackt
1 TL Maisstärke (Maizena)
Salz
frisch gemahlener Pfeffer

BÖHMISCHE ERDÄPFELKNÖDEL

s. Rezept Seite 131

QUITTENROTKRAUT

s. Rezept Seite 138

MARONI

2 Packerl geschälte, vorgekochte Maroni (200 g)
1 EL Butter
1 Prise Zucker

GARNITUR

4 kleine Äpfel
eingelegte Preiselbeeren (s. Seite 121)

❶ Für das Quittenrotkraut schon am Vortag Rotkraut marinieren.

❷ Gansl außen und innen waschen und mit Küchenkrepp trockentupfen, dann Halsansatz und Flügelspitzen abschneiden. Gansl innen und außen mit Salz einreiben.

❸ Backrohr auf 160 °C vorheizen. Zwiebeln und Knoblauchzehen schälen und würfelig schneiden. Äpfel schälen und würfeln. Alles – Zwiebeln, Knoblauch, Äpfel – mit gehacktem Liebstöckel und Majoran sowie Salz und Pfeffer vermischen und das Gansl damit füllen. Die Öffnung mit Küchengarn vernähen oder mit Holzspießchen verschließen und evtl. nochmals verschnüren.

❹ Abgeschnittene Flügelspitzen und Halsansatz in Stücke schneiden, in einen geräumigen Bräter legen. Einen Liter Wasser aufkochen und zugießen. Gansl mit der Brustseite nach unten in den Bräter legen und ins vorge-heizte Backrohr schieben und braten. Nach einer halben Stunde umdrehen und ab nun die Gans alle 10 Minuten mit ihrem eigenen Bratensaft übergießen, damit sie schön knusprig wird. Eventuell Wasser zugeben. Nach 2 1/2 bis 3 Stunden sollte das Gansl bald gar sein. Nun bei erhöhter Backrohrtemperatur von 220 °C nochmals etwa eine halbe Stunde braten damit die Haut schön knusprig wird. Dann eventuell – falls das Fleisch jetzt nicht weich sein sollte – Gansl mit Backpapier bedecken und noch eine Weile (bis zu einer Stunde) bei 90 °C im Rohr lassen.

❺ Nach dem Rezept auf Seite 131 böhmische Erdäpfelknödel zubereiten.

❻ Für die Maroni in einer Pfanne Butter schmelzen, eine Prise Zucker einrühren. Die Maroni dazugeben, glasieren und unter Rühren, ein bisschen karamellisieren.

❼ Für die Garnitur Äpfel waschen, trocknen und jeweils in zwei Hälften schneiden. Kerngehäuse so herausschneiden, dass eine Mulde entsteht (für die Preiselbeeren). Etwas Ganslfett in eine Pfanne geben und darin die Apfelhälften auf beiden Seiten anbraten. Herausnehmen und mit den Preiselbeeren füllen.

❽ Anschließend das Gansl aus dem Rohr nehmen, aus dem Bräter heben und zehn Minuten warm (auf einer im Backrohr abgestellten Platte) rasten lassen. Inzwischen ca. zwei Drittel Ganslfett vom Bratensaft abschöpfen und in eine kleine Schüssel geben (halbwegs fest geworden, ist's auch ein feiner Brotaufstrich!). Den übrigen Bratensaft mit Orangensaft in einem Topf aufkochen und auf die Hälfte reduzieren, dann durch ein Sieb abseihen und mit der in etwas Wasser aufgelösten Maisstärke binden. Das Gansl tranchieren, in Portionen teilen und auf vorgewärmten Tellern zusammen mit Erdäpfelknödeln, Quittenrotkraut, Maroni und kleinen Äpfeln anrichten.

TIPP: Für ein Martinigansl sollten Sie sich Fleisch bester Qualität (und von Tieren aus artgerechter Haltung) gönnen. Sie erkennen ein frisches Gansl an seiner nicht zu blassen Haut ohne Druckstellen.

Brust vom Schwarzfederhuhn

mit Kürbis und Herrenpilzen

ZUTATEN
4 Schwarzfederhuhn-Brüste
2 Zweige Rosmarin
Butterschmalz
Salz
frisch gemahlener Pfeffer

SAUCE
200 ml Geflügeljus (s. Seite 103)
Saft und Schale von
1 unbehandelten Zitrone
1 EL Zitronenöl

KÜRBIS
1 kleiner Kürbis, geschält
500 ml Apfelessig
500 ml Wasser
500 g Zucker
2 Lorbeerblätter
5 Pimentkörner
20 Pfefferkörner
3 Macisblüten
1 Zimtstange
1 EL Senfkörner
1 EL Butter

HERRENPILZE
4 Herrenpilze
Butterschmalz
1 Zweig Rosmarin
Salz
frisch gemahlener Pfeffer

❶ Herrenpilze mit einem Tuch abreiben, putzen und in dicke Scheiben schneiden; beiseitestellen. Kürbis schälen, halbieren (oder in Scheiben schneiden und dann die Schale entfernen), Kerne und helle Fäden entfernen. Kürbisfleisch würfeln.
Den Essig mit einem halben Liter Wasser und dem halben Kilo Zucker aufkochen, die Gewürze – Lorbeer, Piment, Macisblüte, Pfeffer und Senfkörner – beigeben, dann etwa 10 Minuten ziehen lassen. Dann Kürbiswürfel hinzufügen und weiter ziehen lassen.

❷ Die vier Hühnerbrüste mit Salz und Pfeffer würzen.
In einer Pfanne Butterschmalz erhitzen, Rosmarin beigeben und die Brüste saftig braten. Anschließend warmstellen. Den Bratensatz mit Zitronensaft ablöschen und mit Jus aufgießen. Mit Zitronenöl und etwas abgeriebener Zitronenschale abschmecken.

❸ Wenn die Kürbiswürfel gar sind, aus dem Sud heben, in einem Sieb gut abtropfen lassen. Dann in einen Topf mit geschmolzener Butter geben und noch etwas ziehen lassen.

❹ In einer Pfanne mit heißem Butterschmalz und dem Rosmarinzweig die Pilzscheiben rösten. In einer weiteren Pfanne Butter schmelzen und darin die Schwarzfederhuhn-Brüste nachbraten.

❺ Vorm Servieren Kürbis und Herrenpilze auf Tellern anrichten, die Hühnerbrüste längs aufschneiden und daraufsetzen.
Mit Jus umgießen.

Stubenküken

mit Mais, Trüffel und Bio-Ei

ZUTATEN
2 Stübenküken à 400 g
Butterschmalz
Mehl, Ei, Semmelbrösel
zum Panieren
Fett zum Ausbacken

MAISCREME
250 g Zuckermais aus der Dose
1 Schalotte, fein geschnitten
100 ml Geflügelfond (s. Seite 101)
100 ml Schlagobers
3 EL Butter
Zucker
Salz

AUSSERDEM
150 ml Geflügeljus (s. Seite 103)
8 Mini-Maiskolben
4 Bio-Eier
1 kleine schwarze Trüffelknolle

❶ Die Stubenküken auslösen (siehe das Auslösen beim Backhenderl, S. 234). Von den Brüsten den Flügelknochen abschneiden und bei den Keulen den Mittelknochen entfernen.

❷ Nun 3 Esslöffel Butter in einem Topf schmelzen und die fein geschnittene Schalotte darin anschwitzen. Mais hinzufügen. Mit Salz und einer Prise Zucker würzen, dann mit Geflügelfond und Obers aufgießen, ca. 5 Minuten einkochen lassen. Anschließend im Mixer pürieren, dann durch ein Sieb streichen.

❸ Für die Eier Wasser in einem Topf aufkochen, leicht salzen. Eier hineingeben und den Topf sofort vom Herd nehmen, zudecken. Die Eier 12 Minuten ziehen lassen, dann abkappen und in sauberes, warmes Wasser legen (so, dass das überschüssige Eiweiß abrinnen kann; eine Alternative wäre, die Eier zwanzig Minuten bei 63 °C Dampf zu garen und dann das Eiweiß in warmem Wasser abzuschälen).

❹ Mini-Maiskolben blanchieren und dritteln.

❺ Stübenküken würzen. Die Keulen in Mehl, verschlagenem Ei und Semmelbröseln panieren und in einer Pfanne mit heißem Öl goldgelb ausbacken. In einer anderen Pfanne Butterschmalz erhitzen und darin die Brüste knusprig braten. Währenddessen Geflügeljus erhitzen.

❻ Vorm Servieren die Maiscreme auf Teller streichen. Je eine Brusthälfte und eine Keule auf die Creme setzen. Mini-Maiskolben dazulegen, mit Jus umgießen. Mit dem Ei garnieren und darauf etwas schwarze Trüffel hobeln.

Bauernente

mit Grießknöderln und Champagnerkraut

ZUTATEN

1 Ente à ca. 2 kg, bratfertig
1 säuerlicher Apfel
2 Zwiebeln
1 Zweig Majoran, frisch
1 Zweig Bohnenkraut, frisch
300 ml Geflügelfond
50 ml Süßwein
evtl. Maisstärke
1 Prise Kümmelpulver
Salz
frisch gemahlener Pfeffer

CHAMPAGNERKRAUT

500 g mildes Sauerkraut, gewaschen
300 ml Champagner oder trockener Sekt
1/2 Baby-Ananas, geschält
1 kleiner Erdapfel, geschält
1 Zwiebel, geschält
1 EL Entenfett
1 Lorbeerblatt
5 Wacholderbeeren
1 Gewürznelke
Zucker
Salz

Grießknödel
s. Seite 132 (Beilagen)

❶ Backrohr auf 180 °C vorheizen. Für die Füllung der Bauernente den Apfel und eine der Zwiebeln jeweils schälen und in kleine Würfel schneiden. Majoran und Bohnenkraut zupfen. In einem Schälchen die Apfel- und Zwiebelwürfel mit den Majoran- und Bohnenkrautblättchen sowie Pfeffer vermengen. Die Ente außen und innen waschen, trocknen und mit Salz und Pfeffer einreiben. Füllung in die Bauchhöhle geben und mit Küchengarn zunähen (oder mit Holzspießchen gut zustecken).

❷ Die zweite Zwiebel schälen, in Scheiben schneiden. In einen großen Bräter etwa fingerhoch Wasser füllen, Zwiebelscheiben beifügen und die Ente mit der Brust nach unten hineinlegen. Ins vorgeheizte Rohr schieben und bei 180 °C rund 1 Stunde und 40 Minuten braten, dabei immer wieder mit dem eigenen Bratensaft übergießen, damit sie schön knusprig wird.

❸ Wenn die Ente gar ist, das ausgelassene Fett abschöpfen, Bratenrückstände abkratzen und in eine Pfanne geben, erhitzen. Mit Süßwein ablöschen, Geflügelfond zugießen und auf etwa die Hälfte Flüssigkeit reduzieren.
Mit ca. 200 ml Wasser aufgießen. Zehn Minuten köcheln lassen, dann abseihen und abschmecken. Eventuell mit etwas in Wasser gelöster Maisstärke binden.

❹ Ente tranchieren und dann zusammen mit – während ihrer Garzeit zubereitetem – Champagnerkraut und Grießknöderln anrichten.

❺ Die Grießknöderln zubereiten und darauf achten, dass sie ungefähr zeitgleich mit der Ente gar sind (notfalls noch wenige Minuten länger im heißen Wasser ziehen lassen.)

❻ Für das Champagnerkraut die halbe Baby-Ananas schälen, in Stücke schneiden und im Mixer pürieren. Das Sauerkraut mit Champagner, Ananaspüree und 300 ml Wasser in einen Topf geben und erhitzen. Die geschälte Zwiebel mit der Gewürznelke und dem Lorbeerblatt spicken, auf das Kraut legen und die Wacholderbeeren beigeben. Das Ganze zugedeckt etwa 30 Minuten köchelnd garen. Dann die Zwiebel entfernen, den rohen, geschälten Erdapfel gleich in das Kraut reiben, einrühren und noch 5 Minuten köcheln lassen. Mit Salz, Zucker und Entenfett abschmecken.

FOTO Seite 232

Barbarie-Entenbrust

mit Entenleber, Sellerie und Apfelgratin

ZUTATEN
4 Barbarie-Entenbrüste
2 Zweige Zitronenthymian
Butterschmalz
Salz, frisch gemahlener Pfeffer

ENTENLEBER
4 Scheiben Entenleber à 40 g
150 ml Entenjus (ersatzweise Geflügeljus)
Saft von 1 Limette, 1 EL Honig
Mehl zum Wenden
1 EL kalte Butter, Butterschmalz
Salz, frisch gemahlener Pfeffer

SELLERIE
Selleriepüree
4 Stück Stangensellerie
etwas Butter

APFELGRATIN
2 Granny-Smith-Äpfel
150 ml Weißwein, 150 ml Süßwein
2 EL Butter, 15 g Zucker, Staubzucker
Butter

❶ Zunächst das Selleriepüree nach dem Rezept auf Seite 138 (Beilagen) zubereiten. Stangensellerie schälen und blanchieren; etwas Selleriegrün für die Garnitur aufheben.

❷ Für das Apfelgratin die beiden Äpfel schälen, halbieren (Kerngehäuse entfernen) und in dünne Scheiben schneiden. Apfelscheiben fächerförmig auf eine feuerfeste Platte legen. Butter schmelzen, Zucker einrühren und unter Rühren leicht karamellisieren, mit Weißwein ablöschen. Sirup nun über die Äpfel gießen. Äpfel für ca. 10 Minuten bei 200 °C ins vorgeheizte Rohr schieben und immer wieder mit Flüssigkeit übergießen. Am Schluss mit Staubzucker bestreuen, noch einmal bei 200 °C ins Rohr schieben und karamellisieren.

❸ Entenbrüste an der Fettseite einritzen, mit Salz und Pfeffer würzen. In einer Pfanne Butterschmalz erhitzen und die Entenbrüste darin auf der Hautseite knusprig braten. Dann Entenbrüste aus der Pfanne nehmen und warm stellen. Bratfett abgießen, Honig in die Pfanne geben, erhitzen und mit Limettensaft und Jus ablöschen, anschließend ein wenig einköcheln, dann mit Butter montieren.

❹ Die Entenleber mit Salz und Pfeffer würzen und in Mehl wenden. Eine Pfanne mit wenig Butterschmalz erhitzen und die Entenleber darin beidseitig braten.

❺ In einer weiteren Pfanne etwas Butter schmelzen und den blanchierten Stangensellerie darin anbraten. Selleriepüree sowie Jus erhitzen.

❻ Vorm Servieren Selleriepüree auf Teller verteilen und mit je einer Stange Sellerie belegen. Entenbrüste in dünne Scheiben schneiden und darauf platzieren. Apfelgratin dazulegen. Entenleber auf die gratinierten Äpfel setzen. Mit Jus umgießen und mit einigen Sellerieblättern garnieren.

Wildentenbrust

mit Schwarzwurzeln und Trauben

ZUTATEN
4 Wildentenbrüste
2 Zweige Thymian
Butterschmalz

SAUCE
200 ml Geflügeljus
50 ml roter Portwein
40 g Zartbitterschokolade, in kleine Würfel zerteilt
Butter zum Binden

SCHWARZWURZELN
300 g Schwarzwurzeln
1 Zitrone
6 cl weißer Portwein
125 ml Milch, 200 ml Obers
60 g kalte Butter
Salz
frisch gemahlener Pfeffer

TRAUBEN
100 g Trauben, klein und kernlos
60 ml Süßwein
1 EL Butter

❶ Die Wildentenbrüste salzen, pfeffern und in einer feuerfesten Pfanne mit Butterschmalz und Thymian goldgelb anbraten. Anschließend bei 180 °C ins vorgeheizte Backrohr schieben, weiterbraten.

❷ Portwein in einem Topf erhitzen und fast ganz einkochen. Mit Geflügeljus aufgießen und ein wenig einköcheln lassen, dann die in kleine Würfel zerteilte Schokolade einstreuen und mit dem Schneebesen verrühren. Sauce mit Butter binden.

❸ Die Schwarzwurzeln schälen und mit Zitrone einreiben. Nun in gleich große Stücke schneiden und diese sofort in die Milch legen (sonst werden sie braun). In einem Topf mit der Milch zum Kochen bringen, Portwein zugießen. Schwarzwurzeln bissfest garen, dann aus ihrem Fond herausnehmen und kalt abschrecken. Fond einkochen und mit Obers aufgießen, dann auf die Hälfte einkochen, mit der kalten Butter aufmixen (Stabmixer). Danach die gut abgetropften Schwarzwurzeln beigeben und alles mit Salz, Pfeffer und Zitronensaft abschmecken.

❹ Einen Esslöffel Butter in einer Pfanne schmelzen, die gewaschenen Trauben hineingeben und kurz schwenken. Mit Süßwein ablöschen und leicht andünsten.

❺ Schließlich die Schwarzwurzeln auf vier Teller verteilen, die Wildentenbrüste der Länge nach aufschneiden und darauf platzieren. Mit Trauben belegen und mit Jus umgießen.

Taube

mit roter Rübe und Trüffel

ZUTATEN

2 Bresse-Tauben à 500–600 g, kochfertig
1 Zweig Zitronenthymian
2 Lorbeerblätter
Butterschmalz

SAUCE

250 ml Geflügeljus
100 ml Burgunder
5 EL Trüffelsaft
2 EL kalte Butter

ROTE RÜBEN

1 mittelgroße rote Rübe
1 kleine rote Rübe, geschält und gewürfelt
80 g Sellerie, geschält und gewürfelt
100 ml Roter-Rüben-Saft
2 EL weißer Balsamico-Essig
6 EL Butter
1 EL Pinienkernöl oder Olivenöl
etwas Zimt, gemahlen
Salz
frisch gemahlener Pfeffer

GARNITUR

1 kleine Trüffelknolle

❶ Für die roten Rüben zunächst die mittelgroße rote Rübe schälen und in schöne, möglichst gleichmäßige Würfel schneiden. Kurz beiseitestellen.

❷ Die kleine rote Rübe schälen und würfeln. Sellerie schälen und würfeln. In einem Topf 6 EL Butter schmelzen. Sellerie- und Rote-Rüben-Würfel beigeben, mit Salz, Pfeffer und einer Messerspitze Zimt würzen. Langsam weichschmoren und dann im Mixer fein pürieren. Durch ein Sieb streichen, mit 1 Esslöffel weißem Balsamico abschmecken.

❸ Nun die zuerst geschnittenen, schönen Rote-Rüben-Würfel in einer Pfanne in heißem Pinienkernöl anschwitzen, mit 100 ml Rote-Rüben-Saft und einem Esslöffel Balsamico ablöschen und glasieren. Mit Salz, Pfeffer und einer Messerspitze Zimt würzen.

❹ Die Tauben waschen und trockentupfen. Jeweils das erste Glied von den Flügeln abtrennen und mit Salz und Pfeffer einreiben. Den Hohlraum mit Lorbeerblättern und Zitronenthymian würzen. In einem schweren Bräter Butterschmalz erhitzen und die Tauben rundum anbraten. Dann mit der Brustseite nach unten auf ein Gitter legen und bei 190 °C ca. 12 Minuten ins vorgeheizte Rohr schieben. Wenden, und weitere 5 Minuten fertigbraten. Dann die Tauben ca. 10 Minuten bei offener Backrohrtür rasten lassen, anschließend die Brust ablösen, die Haxerln abtrennen und alles nochmals in Butter mit Thymian nachbraten. Die Karkassen und den ausgetretenen Saft in ein Sieb geben, auspressen und Bratensaft auffangen.

❺ Burgunder in einer Sauteuse auf ein Drittel einkochen, Trüffelsaft, Geflügeljus und den Bratensaft zugeben, alles aufkochen und wieder ein wenig einkochen lassen. Danach mit kalter Butter montieren.

❻ Vorm Servieren das Püree mittig auf Teller streichen, mit Rote-Rüben-Würfeln belegen, die Taubenbrüste und -haxerln daraufsetzen und Sauce angießen. Mit gehobelten Trüffelscheiben belegen.

Fasan

mit Speckkohlsprossen und confierten Erdäpfeln

ZUTATEN
4 Fasanenbrüste
2 Zweige Thymian
Butterschmalz zum Braten
etwas Butter zum Nachbraten
Salz
frisch gemahlener Pfeffer

SPECKKOHLSPROSSEN
300 g Kohlsprossen, geputzt
60 g Blattspinat
1 Schalotte, geschält
30 g Bauchspeck, geräuchert
40 g Speckwürfel, knusprig gebraten
25 g braune Butter
120 ml Milch
Butter
Salz
frisch gemahlener Pfeffer

CONFIERTE ERDÄPFEL
4 mehlige Erdäpfel
4 Wan-Tan-Blätter
1 Schalotte, fein geschnitten
2 Knoblauchzehen
2 Eiklar
40 g Maiskeimöl
3 Thymianzweige
3 Rosmarinzweige
500 ml Olivenöl
Salz, Pfeffer

AUSSERDEM
150 ml Gefügeljus

❶ Für die confierten Erdäpfel die Schalotte fein schneiden, Knoblauchzehen hacken. Das Maiskeimöl in einem Topf erhitzen, Schalotten und Knoblauch kurz darin schwenken, Olivenöl dazugießen. Thymian- und Rosmarinzweige hinzufügen, mit Salz und Pfeffer würzen. 10 Minuten ziehen lassen. Erdäpfel schälen und in Scheiben schneiden. Nun mit einem kleinen, runden Ausstecher aus den Erdäpfelscheiben Kreise ausstechen, so dass sie zu Ringen werden. Erdäpfelringe in den Fond geben und bei sanfter Hitze langsam garen (confieren).

❷ Für die Speckkohlsprossen zunächst Kohlsprossen vierteln, in Salzwasser blanchieren und im Eiswasser abschrecken. Blattspinat ebenso in Salzwasser blanchieren, im Eiswasser abschrecken. Von den blanchierten Kohlsprossen einige schöne Blätter für die Garnitur abzupfen und aufheben. – Schalotte fein schneiden. Braune Butter (Nussbutter, s. Tipp Seite 22) in einer Sauteuse schmelzen. Schalotte und Bauchspeck beigeben, kurz anschwitzen und mit Milch aufgießen, dann ziehen lassen. Kohlsprossen in die Speckmilch geben und kurz mitziehen lassen. Dann Bauchspeck entfernen, alles fein pürieren (Stabmixer) und durch ein Sieb streichen. Geröstete Speckwürfel unterrühren und abschmecken.

❸ Die Erdäpfelringe aus dem Fond heben und abtropfen lassen. Die zwei Eiklar leicht verquirlen. Dann aus dem Wan-Tan-Teig Kreise in Größe der Erdäpfelringe ausstechen und mit Eiklar bestreichen. Erdäpfelringe auf die Teigscheiben setzen und mit wenig Kohlsprossen-Speck-Püree füllen, dann mit einer einfachen Teigscheibe belegen. Teigscheiben zusammendrücken und in heißem Olivenöl knusprig braten.

❹ Die vier Fasanbrüste in Butterschmalz im vorgeheizten Rohr bei 180 °C saftig braten (wenden nicht vergessen!). Anschließend kurz warmstellen, rasten lassen. Dann in einer Pfanne Butter erhitzen, Thymianzweige beigeben und die Fansanbrüste nachbraten. In einer weiteren Pfanne Butter schmelzen und die Kohlsprossenblätter für die Garnitur darin ziehen lassen, bis sie warm sind. Geflügeljus erhitzen.

❺ Schließlich Püree auf Tellern platzieren und mit Kohlsprossenblättern bestreuen. Die Fasanbrüste aufschneiden, Scheiben auf das Püree setzen und mit Wan-Tan-Erdäpfelringen belegen. Mit Jus umgießen.

Perlhuhn im Ganzen

mit Maroni, Perlzwiebeln und Majoran

ZUTATEN
1 ganzes Perlhuhn
150 ml Geflügeljus (s. Seite 103)
2 Thymianzweige
2 Rosmarinzweige
Butterschmalz
Salz, frisch gemahlener Pfeffer

MARONI U. PERLZWIEBELN
500 g Maroni, geschält
200 g Perlzwiebeln, geschält
1 Bund Suppengrün, geschält und klein gewürfelt
1 Bund Majoran, gezupft
60 g Butter
Lorbeerblatt
Salz, frisch gemahlener Pfeffer

❶ Das Perlhuhn in 8 Stücke (Flügel, Haxerl sowie zwei halbierte Brüste) teilen und mit Salz und Pfeffer würzen. Perlzwiebeln und Maroni schälen (s. Seite 180, Tipp). Wurzelgemüse schälen und in kleine Würfel schneiden. Die gewürzten Hühnerstücke mit der Hautseite nach unten in einem Bräter scharf anbraten. Wurzelgemüse, Maroni und Perlzwiebeln dazugeben. Lorbeer, Thymian und Rosmarin hinzufügen und alles für ca. 35 Minuten bei 200 °C ins vorgeheizte Backrohr schieben.

❷ Perlhuhn aus dem Bräter nehmen und warm stellen. Das Gemüse im Bräter lassen und mit heißem Gefügeljus aufgießen. Anschließend das Gemüse in tiefen Tellern anrichten, jeweils eine Portion Perlhuhn daraufsetzen. Mit frischem Majoran bestreut servieren.

TIPP: Dieses Gericht lässt sich ebenso gut mit einem Maishendel (statt des Perlhuhns) zubereiten.

Sauté von der Wachtel

mit grünem Spargel und Morcheln

ZUTATEN
4 große Wachtelbrüste
2 Thymianzweige
Butterschmalz
Salz, frisch gemahlener Pfeffer

MORCHELN
250 g kleine Morcheln
1 Schalotte, geschält und feingeschnitten
6 cl Weißwein, 200 ml Geflügelfond
200 ml Obers, 2 EL Crème fraîche
1 EL Butter

AUSSERDEM
12 Stangen grüner Spargel
4 Wachteleier
4 EL Erdäpfelpüree
Butter, Rapsöl, Salz

❶ Für die Morcheln zunächst die Schalotte schälen, fein schneiden. Morcheln putzen und waschen. Die beim Putzen entfernten Stücke (Morchelabschnitte) mit der Schalotte in heißer Butter anschwitzen. Mit Geflügelfond und Weißwein aufgießen, Obers und Creme fraîche einrühren und Flüssigkeit auf die Hälfte reduzieren. Dann durch ein Sieb passieren.

❷ Grünen Spargel schälen und blanchieren. Nach dem Rezept auf Seite 129 Erdäpfelpüree zubereiten, warm stellen.

❸ Die Wachtelbrüstchen mit Salz und Pfeffer würzen und mit dem Thymian in Butterschmalz saftig braten. Warm stellen.

❹ Einen Esslöffel Butter in der Pfanne schmelzen und die Morcheln kurz darin schwenken. In einer anderen Pfanne Rapsöl erhitzen und die Wachteleier darin zu Spiegeleiern braten, salzen. Den grünen Spargel in geschmolzener Butter ziehen lassen, bis er warm ist. Die Morchelsauce zusammen mit einem Stück Butter mit dem Stabmixer aufschäumen.

❺ Anschließend das Erdäpfelpüree mittig auf Teller streichen. Darauf jeweils eine Wachtelbrust mit einem Wachtelspiegelei platzieren. Morcheln dazulegen und mit der Schaumsauce umgießen.

Wiener Schnitzel

mit Petersilienerdäpfeln und gemischtem Salat

ZUTATEN

8 Schnitzel vom Kalbsrücken
à ca. 90 g
4 Eier
200 g Semmelbrösel,
sehr fein gerieben
100 g glattes Mehl
100 ml Pflanzenöl
50 ml Butterschmalz
Zitronenscheiben
Salz

❶ Gut zugeputzte Schnitzel auf eine Stärke von etwa 2–4 mm klopfen und beidseitig salzen. In einem flachen Teller die Eier mit einer Gabel nur kurz verrühren. (Zu langes Schlagen macht das Ei dünn!) Fleisch zunächst in Mehl wenden, dann in verschlagenem Ei und zuletzt in den Bröseln wälzen.

❷ In einer großen Pfanne Butterschmalz und Öl erhitzen (Fett dabei wirklich heiß werden lassen) und die Schnitzel einlegen. Goldbraun backen, wenden und abermals goldbraun ausbacken. Dabei die Pfanne stets ein wenig schwenken, damit die Schnitzel rundum von Fett umgeben sind und die Panier schön soufflieren (aufgehen) kann. Herausheben und auf Küchenkrepp gut abtropfen lassen. Wiener Schnitzel auf vorgewärmten Tellern anrichten und mit Zitronenscheiben garnieren.

TIPPS: Achten Sie darauf, sehr hochwertige, sprich: sehr fein geriebene Brösel zu verwenden. Echte Wiener Schnitzel müssen immer im „Pfandl" und nicht in der Fritteuse herausgebacken werden, wobei auch die Verwendung von Butterschmalz für den typisch „nussigen" Geschmack unerlässlich ist.

Kalbsschnitzel nach Eduard Sacher

ZUTATEN

8 Kalbsschnitzel v. Kalbsrücken à 80 g
100 g Bauchspeck, fein gewürfelt
150 g Schwammerln nach Saison
(Herrenpilze, Eierschwammerln,
Champignons etc.)
1/2 Bund Petersilie, gehackt
80 g Zwiebeln, fein gehackt
1 Spritzer Weißwein
125 ml Kalbsjus (s. Seite 103)
125 ml Schlagobers
125 ml Sauerrahm
4 EL Öl
Mehl zum Wenden
einige Kapern, gehackt
1 Lorbeerblatt
je 1 Prise Rosmarin u. Thymian
Salz, frisch gemahlener Pfeffer

❶ Kalbsschnitzel zart, aber nicht zu dünn klopfen. Salzen, pfeffern und in Mehl wenden. In einer Pfanne Öl erhitzen und die Schnitzel darin auf beiden Seiten rasch anbraten. Herausheben und mit Alufolie zugedeckt warm rasten lassen.

❷ Fein gehackten Speck in die Pfanne geben und auslassen. Gehackte Zwiebeln zugeben und hell anrösten. Schwammerln in mundgerechte Stücke schneiden und ebenfalls einmengen. Mit Salz, Pfeffer, Rosmarin, Thymian und Lorbeerblatt würzen. Gehackte Kapern zugeben und mit einem Spritzer Weißwein ablöschen. Aufkochen und Kalbsjus zugießen. Schlagobers und Rahm zugeben und alles zu einer sämigen Sauce einkochen lassen.

❸ Warm gehaltene Schnitzel auf vorgewärmten Tellern anrichten, mit der Sauce überziehen und mit gehackter Petersilie bestreuen.

Naturschnitzel mit Cremepolenta

ZUTATEN
8 Kalbsschnitzel (vom Kalbsrücken oder Kaiserteil) à 80 g
250 ml Kalbsfond oder gute Suppe
1 EL Butter, Öl zum Braten
Muskatnuss, frisch gerieben
Salz, frisch gemahlener Pfeffer

POLENTA
150 g Polenta, fein gemahlen
300 ml Hühner- oder Geflügelfond
1/2 Bund Petersilie
3 EL Bergkäse, gerieben
2 EL kalte Butter, Salz

GARNITUR
1/2 Bund Petersilie, Öl zum Frittieren

❶ Die Schnitzel mit Klarsichtfolie bedecken und dünn klopfen. Mit Salz, Pfeffer und einer Prise Muskatnuss würzen. Öl erhitzen und Schnitzel auf beiden Seiten nicht zu scharf anbraten. Butter hinzufügen und die Schnitzel kurz darin schwenken. Fond langsam zugießen und einkochen lassen. Schnitzel aus der Pfanne nehmen und warm stellen.

❷ Für die Polenta den Hühnerfond aufkochen. Polenta einrieseln lassen und 5 Minuten unter ständigem Rühren köcheln lassen. Geriebenen Käse und Butter unterrühren und gut abschmecken. Petersilienzweiglein in heißem Öl frittieren und abtupfen. Polenta auf vorgewärmten Tellern anrichten, je 2 Schnitzel darauf platzieren, mit Sauce beträufeln und mit frittierter Petersilie garnieren.

Kotelett vom Milchkalb

mit buntem Mangold, Trüffel und Gnocchi

ZUTATEN
4 Kalbskoteletts à 200 g
3 Zweige Thymian
200 ml Kalbsjus (s. Seite 103)
3 cl roter Portwein
1 EL Trüffelbutter
2 EL Butter
2–3 EL Rapsöl

GNOCCHI
Gnocchiteig
4–6 Salbeiblätter
2 EL Olivenöl

BUNTER MANGOLD
3 Bund Mangold (rot, gelb, grün)
2 Schalotten, fein geschnitten
1 Knoblauchzehe, angedrückt
2 EL Butter
Salz, frisch gemahlener Pfeffer

GARNITUR
1 kleine schwarze Trüffelknolle

❶ Zuerst nach den Rezept auf Seite 131 Gnocchi zubereiten. Dann Mangold waschen und das Blattgrün von den Rippen abschneiden. Mangoldgrün in Streifen schneiden. Die Mangoldrippen putzen und in Rauten schneiden, anschließend zusammen mit dem Mangoldgrün kurz blanchieren und in Eiswasser abschrecken.

❷ Die Kalbskoteletts mit Salz und Pfeffer würzen und in einer Pfanne mit Öl rundum anbraten und bei 180 °C ins Rohr schieben. (Die Garzeit ist von der gewünschten Garungsstufe abhängig – nach 5–6 Minuten sind die Kalbskoteletts medium.) Danach warm stellen.

❸ Pfanne mit Olivenöl erhitzen, darin die Gnocchi goldgelb braten und mit feingeschnittenem Salbei bestreuen.

❹ Butter schmelzen, fein geschnittene Schalotten und angedrückte Knoblauchzehe beigeben und Mangold zufügen, abschmälzen und gut abschmecken.

❺ 2 EL Butter in einer Pfanne aufschäumen lassen, Kalbskoteletts und Thymian hinzugeben und das Fleisch nachbraten, damit es das Thymianaroma annehmen kann.

❻ Für die Sauce Kalbjus mit Portwein aufkochen, vom Herd nehmen und mit Trüffelbutter montieren; eventuell mit Salz und Pfeffer abschmecken.

❼ Das Mangoldgemüse mittig auf Teller setzen, mit Gnocchi belegen und Kalbskotelett draufsetzen. Mit Sauce umgießen und mit feingehobelter Trüffel belegen.

FOTO rechte Seite

Filet vom Milchkalb

mit Karotten, Schwammerln und Kräuter-Markknödeln

ZUTATEN
600 g Kalbsfilet, pariert
200 ml Kalbsjus, 2 Zweige Thymian
1 EL Butter, Rapsöl zum Anbraten
Salz, frisch gemahlener Pfeffer

KAROTTENPÜREE
s. Rezept für „Dry Aged Beef", Seite 273

KRÄUTER-MARKKNÖDEL
Markknödelmasse
1/2 Bund Schnittlauch, fein geschnitten
1/2 Bund Petersilie, fein geschnitten

SCHWAMMERLN
400 g Schwammerln, gemischt
2 Schalotten, fein gewürfelt
1 EL Butterschmalz
Salz, frisch gemahlener Pfeffer

❶ Für die Kräutermarkknödel nach dem Suppeneinlagen-Rezept auf Seite 72 eine Markknödelmasse zubereiten und fein gehackten Schnittlauch und Petersilie untermengen.

❷ Das sorgfältig zugeputzte Kalbsfilet mit Salz und Pfeffer würzen. Rapsöl in einer Pfanne kräftig erhitzen, Kalbsfilet rundum anbraten und bei 180 °C ins Rohr schieben, die Garzeit ist abhängig von der gewünschten Garungsstufe. Danach warm stellen.

❸ Karottenpüree wie im Rezept für „Dry Aged Beef" beschrieben zubereiten. Für die Kräutermarkknödel einen Topf Salzwasser zum Kochen bringen, aus der Knödelmasse kleine Knödel formen und wallend kochen, anschließend warm stellen. Die in Scheiben geschnittenen Schwammerln in Butterschmalz anbraten, dann die fein gewürfelten Schalotten zugeben und kurz mitbraten, mit Salz und Pfeffer würzen.

❹ Den Kalbsjus inzwischen leicht einköcheln lassen.

❺ Pfanne mit Butter und Thymian erhitzen und das Kalbsfilet darin kurz nachbraten.

❻ Karottenpüree mittig auf Teller streichen, mit Pilzen belegen und Jus angießen, dann das Kalbsfilet und die Kräuter-Markknödeln darauf platzieren.

FOTO linke Seite

Kalbsrahmgulasch

mit Nockerln

ZUTATEN
1 kg Kalbfleisch von der Schulter
200 g Zwiebeln
1 säuerlicher Apfel, geschält
Saft von 1 Zitrone
etwas abgeriebene Zitronenschale
1 EL Paradeismark
125 ml Wasser
20 g Mehl
250 ml Schlagobers
125 ml Sauerrahm
4 EL Öl
1 TL Paprikapulver edelsüß
1 TL Rosenpaprika
1 Lorbeerblatt
Salz, frisch gemahlener Pfeffer

❶ Das Kalbfleisch in mundgerechte Würfel schneiden, Zwiebeln fein hacken. In einer Kasserolle Öl erhitzen und die gehackten Zwiebeln darin hellbraun anschwitzen. Paradeismark einrühren, Paprikapulver einmengen und mit ca. 125 ml Wasser ablöschen. Fleisch zugeben und so viel Wasser zugießen, dass das Fleisch gerade bedeckt ist. Lorbeerblatt, Salz und Pfeffer hinzufügen und das Fleisch ca. 1 1/2 Stunden weich dünsten. Sobald das Fleisch weich ist, mit einem Schaumlöffel wieder herausheben.

❷ Lorbeerblatt entfernen. Apfel reiben und einrühren, Zitronensaft und -schale zugeben. Mehl mit Schlagobers sowie Rahm glatt rühren und einmengen. Kräftig aufkochen lassen und dann mit dem Mixstab aufmixen. Saft durch ein Sieb passieren, Fleisch wieder zugeben und nochmals kurz erwärmen. Mit Salz und Pfeffer abschmecken.
Nockerln siehe Rezept S. 134

Gefüllte Kalbsbrust auf Wiener Art

ZUTATEN
1 Kalbsbrust mit ca. 3 kg, untergriffen
Kalbsbrustknochen, klein gehackt
1/ 2 l Kalbsfond (s. Seite 102)
1 EL Petersilie, gehackt
6 Eier
400 g Kaisersemmeln, würfelig geschnitten
1/2 l ml Milch
100 g flüssige Butter
Butter zum Braten
Muskatnuss, gemahlen
Salz
frisch gemahlener Pfeffer

❶ Kalbsbrust innen und außen waschen, trockentupfen und bei Bedarf die taschenförmige Öffnung mit der Hand oder dem Kochlöffel noch etwas erweitern. Milch in eine Schüssel gießen und die Semmelwürfel darin einweichen. Semmeln ausdrücken und mit flüssiger Butter, Eiern und gehackter Petersilie gut vermengen, Mit Muskatnuss, Pfeffer und Salz würzen. Masse mit einem Löffel in die Kalbsbrust füllen. Mit der geballten Faust ab und an kräftig nachdrücken, damit die Fülle bis ganz nach hinten gelangt. Öffnung mit einem Küchengarn gut vernähen. Kalbsbrust gut mit Salz und Pfeffer einreiben.

❷ Gehackte Knochen in eine Bratform geben und die Kalbsbrust mit der Oberseite nach unten darauflegen. Einige Butterflocken darüber verteilen und im vorgeheizten Backrohr bei 200 °C etwa 15 Minuten braten. Dann Kalbsfond untergießen, Hitze auf ca. 160 °C reduzieren und 30 Minuten braten. Kalbsbrust wenden und 1 1/2–2 Stunden fertig braten. Währenddessen wiederholt begießen und bei Bedarf noch etwas Wasser zugeben.

❸ Kalbsbrust herausheben, in Butterpapier wickeln und mindestens 30 Minuten warm rasten lassen. Bratenrückstand mit etwa 250 ml Wasser aufgießen, Bratensatz lösen und alles gut durchkochen lassen. Saft abseihen, Kalbsbrust tranchieren, Scheiben auf vorgewärmte Teller legen und mit dem Bratensaft beträufeln. Beilagenempfehlung: Risipisi oder Kartoffelpüree.

TIPP: Die Füllung für die Kalbsbrust wird besonders schmackhaft, wenn man sie mit gehackter, kurz in Butter sautierter Hühnerleber und geröstetem Speck oder auch mit Erbsen und Röstzwiebeln oder mit gewürfelter Pökelzunge, gehackter schwarzer Trüffel und gehackten gerösteten Pistazien (oder Pinienkernen) verfeinert. FOTO rechte Seite

Gepökelte Kalbsstelze

mit Krautfleckerln und gebackener Petersilie

ZUTATEN
1 Kalbsstelze (wird drei Tage vorher eingepökelt)
1 Karotte, 1 Sellerie, 1 Lauch
1 Zwiebel, 10 g Zucker
40 g Pökelsalz, 3 l Wasser
ein Schuss Weißwein
1 TL Senfkörner
12 Wacholderbeeren
1 TL schwarze Pfefferkörner
4 Lorbeerblätter

KARAMELLISIERTE KRAUTFLECKERLN
s. Klass. Krautfleckerln S. 184

❶ Für die Pökellake alle Zutaten vermengen und aufkochen, kalt werden lassen und die Kalbsstelze darin 3 Tage einlegen.

❷ Herausnehmen und in frischem Wasser mit frischem Gemüse aufstellen, ca. 2–2,5 Stunden langsam köcheln. Inzwischen Krautfleckerln zubereiten (Menge der Zutaten eventuell um ein Drittel reduzieren; falls Sie den Nudelteig – der sich auch gut vorbereiten lässt – selbst machen möchten, s. Seite 134).

❸ Kalbsstelze aus dem Sud nehmen, abtropfen, tranchieren und portionieren, danach in aufgeschäumter Butter kurz glacieren.

❹ Krautfleckerln mit frisch gehackten Kräutern verfeinert auf vorgewärmten Tellern anrichten und die Kalbstelze darauf platzieren. Petersilienblätter in Öl rasch backen und über die fertig angerichtete Stelze streuen.

Kalbsstelze à la René Leitgeb

Ein deftiges, typisch österreichisches Gericht ist die gepökelte Kalbsstelze. 2-Hauben-Koch René Leitgeb, seit 2008 Küchenchef des Café-Restauraunt Sacher in Graz, kombiniert sie mit einem anderen Klassiker, den Krautfleckerln. Hinzukommt die gebackene Petersilie, die Wiener vor allem in Verbindung mit dem Backhenderl kennen.

Überbackener Kalbslungenbraten à la Winkler

ZUTATEN

700 g Kalbslungenbraten (Filet), gut zugeputzt
300 g Blattspinat, blanchiert
600 g Pelati (ital. Dosenparadeiser), gut abgetropft
2 EL frisches Basilikum, fein geschnitten
2 EL Salbei, fein geschnitten
2 EL englischer Senf
Olivenöl zum Anbraten
80 g kalte Butter, in Würfel geschnitten
Butter zum Ausbuttern
Semmelbrösel zum Ausstreuen
Salz, frisch gemahlener Pfeffer

GORGONZOLASAUCE

300 g Gorgonzola
200 ml Kaffeeobers
125 g Crème fraîche
Salz, frisch gemahlener Pfeffer

❶ Kalbsfilet in fingerdicke Scheiben schneiden. Kräftig mit Salz sowie Pfeffer würzen und in einer beschichteten Pfanne in etwas Öl beidseitig scharf, aber kurz anbraten, sodass die Filets innen noch ziemlich roh sind. Herausnehmen und auskühlen lassen. Eine feuerfeste Form mit Butter ausstreichen, mit Bröseln ausstreuen und überschüssige Brösel ausklopfen. Den kurz blanchierten Spinat darin verteilen, Tomaten in kleine Stücke schneiden und auf den Spinat geben. Mit gehackten Kräutern bestreuen. Die Kalbsfilets mit Senf bestreichen und einschichten.

❷ Für die Gorgonzolasauce alle (raumtemperierten) Zutaten mit einem Stabmixer aufmixen und gleichmäßig über das Kalbfleisch verteilen. Mit Butterstückchen und wenig Semmelbröseln bestreuen. Im vorgeheizten Backrohr bei 220 °C Umluft ca. 20 Minuten braten, bis die Oberfläche schön goldbraun ist. In der Form auftragen und erst bei Tisch portionieren.

TIPP: Dieses Gericht eignet sich optimal für Gäste, da es sich bis zu einem Tag im Voraus vorbereiten lässt.

Geschmorte Kalbsbackerln

mit eingelegten Perlzwiebeln und Semmelschnitte

ZUTATEN

8 Kalbsbäckchen, pariert und vom Fett befreit
2 Bund Suppengrün, geschält und gewürfelt
3 Zwiebeln, geschält und gewürfelt
1 EL Paradeisermark
200 ml kräftiger Rotwein, 100 ml roter Portwein
1 l dunkler Kalbsfond
1 Knoblauchzehe, angedrückt
2 Rosmarinzweige, 2 Thymianzweige
10 Pfefferkörner, 2 Pimentkörner
2 Lorbeerblätter, 2 Wacholderbeeren, angedrückt
alter Balsamico-Essig zum Abschmecken
Rapsöl zum Anbraten
Salz, frisch gemahlener Pfeffer

EINGELEGTE PERLZWIEBELN

s. Rezept Seite 121

SEMMEL-PILZSCHNITTE

s. Rezept Seite 133

❶ Zunächst nach dem Rezept auf Seite 133 die Semmelschnitten zubereiten. Während sie im Backrohr sind, mit den Kalbsbäckchen beginnen. Kalbsbäckchen mit Salz und Pfeffer würzen, Bräter mit Öl erhitzen und Bäckchen rundherum anbraten; dann das Gemüse beigeben und ebenfalls kräftig anrösten. Paradeisermark zufügen, kurz mitrösten und anschließend alles nach und nach mit Rotwein und Portwein ablöschen. Anschließend mit Kalbsfond auffüllen und die Gewürze beigeben. Kalbsbäckchen im Ofen bei ca. 200 °C etwa eine Stunde lang weichschmoren.

❷ Bäckchen aus den Fond nehmen und in Alufolie einwickeln. Fond durch ein feines Sieb passieren, einkochen und mit dem Balsamico abschmecken. Bäckchen in die Sauce geben und darin glasieren.

❸ In einer Pfanne etwas Butter schmelzen, Semmelschnitten dazugeben und auf beiden Seiten anbraten. Anschließend Semmelschnitten mittig auf Teller setzen, Bäckchen daraufsetzen, mit Sauce nappieren und mit Perlzwiebeln belegen.

FOTO linke Seite

Wiener Kalbsnierenbraten

ZUTATEN

2 kg Kalbsnierenbraten, fertig gerollt (vom Fleischhauer ihres Vertrauens)
200 g Kalbsknochen
1/2 l Kalbsfond (s. Seite 102)
1 Zwiebel, in Spalten geschnitten
1 Knoblauchzehe, angedrückt
1 Zweig Rosmarin
1 Zweig Thymian
1 TL Paradeisermark
etwas Mehl
1 EL Schlagobers
Öl zum Anbraten
Salz
frisch gemahlener Pfeffer

❶ Backrohr auf 200 °C vorheizen. Den Kalbsnierenbraten gut mit Salz und Pfeffer einreiben. Öl in einem Bräter erhitzen und die Kalbsknochen gleichmäßig darin verteilen. Den Nierenbraten auf die Knochen legen. Zwiebelspalten, Knoblauchzehe, Thymian und Rosmarinzweig hinzufügen. Dann den Braten bei 200 °C für 30–40 Minuten ins vorgeheizte Rohr geben, dabei wiederholt begießen.

❷ Nach dieser Zeit Hitze reduzieren und den Bräter kurz aus dem Rohr nehmen, Paradeismark einrühren, mit Fond aufgießen und den Nierenbraten diesmal bei 140 °C noch ca. 2 Stunden im Backrohr garen.

❸ Anschließend Braten herausheben, in Alufolie wickeln und 20 Minuten warm rasten lassen. Bratenpfanne mitsamt Knochen auf die Flamme stellen, Schlagobers einrühren, mit etwas Mehl stauben. Etwas Wasser aufgießen und alles gut durchkochen. Abseihen und nochmals einkochen lassen, bis die Sauce schön sämig ist. Den Spagat entfernen, Braten tranchieren und auf vorgewärmten Tellern anrichten. Mit etwas Sauce umgießen. Restliche Sauce auftragen. Passende Beilage: Risipisi und grüner Salat.

Geröstete Kalbsleber nach Wiener Art

ZUTATEN

800 g Kalbsleber
200 g Bauchspeck, in feine Streifen geschnitten
250 g kleine Champignons
5–8 kleine Schalotten (für die Champignons)
3 EL fein geschnittene Schalotten (für die Leber)
400 ml Kalbsjus (s. Seite 103)
30 ml Apfelessig
Pflanzenöl
Salz
frisch gemahlener Pfeffer
frischer Majoran, gezupft (Garnitur)
evtl. etwas Mehl, mit Butter vermengt (zum Binden)

❶ Geputzte Champignons in Spalten schneiden. Schalotten ebenfalls längs in Spalten schneiden und in heißem Pflanzenöl anschwitzen. Pilze hinzufügen und leicht bräunen. Speckstreifen zugeben und kurz mitrösten. Mit Salz sowie Pfeffer würzen und warm stellen.

❷ Sauber zugeputzte Kalbsleber (ohne Häutchen und Adern) blättrig schneiden und in einer beschichteten Pfanne in heißem Öl unter ständigem Schwenken kurz anbraten, aber nicht durchbraten (Leber wird sonst hart).

❸ Fein gehackte Schalotten zugeben, kurz rösten und Leber auf einen Teller geben. Bratenrückstand mit Essig ablöschen, Fond zugießen und kräftig einkochen lassen. Leber wieder zugeben, salzen, pfeffern und unter kräftigem Schwenken mit kalter Butter binden. Bei Bedarf zusätzlich noch ein wenig Mehl mit Butter verkneten, einrühren und die Sauce damit binden.

❹ Auf vorgewärmten Tellern anrichten, mit der Pilz-Speck-Mischung bestreuen und mit gezupftem Majoran garnieren.

ÜBRIGENS: In der Altwiener Küche hat man die Kalbsleber nicht mit einer Pilz-Speck-Mischung bestreut aufgetischt, sondern die Leber kurz vor dem Anrichten mit in Süßwein eingeweichten Rosinen und Zibeben, in Butter gerösteten Pinienkernen (oder Pistazien) und abgeriebener Zitronenschale verfeinert.

Gebratene Kalbsnieren
mit Bärlauch, Chicorée und Erdäpfelrösti

ZUTATEN
1 Kalbsniere, ca. 450 g
2 Rosmarinzweige
2 Thymianzweige
Salz, frisch gemahlener Pfeffer
Rapsöl
Mehl zum Stauben

SAUCE
200 ml Kalbsjus
1 EL grober Dijonsenf
1 Bund Bärlauch, fein geschnitten
1 EL Sherryessig

CHICORÉE
4 Chicorée
1 Zitrone, gepresst
Olivenöl
Salz, frisch gemahlener Pfeffer
Zucker

RÖSTI
2 große Erdäpfel
Öl

❶ Von der Kalbsniere grob das Fett und die Adern entfernen, in Scheiben schneiden und mit Pfeffer würzen.

❷ Circa 1 Liter Wasser in einem Topf aufkochen lassen, eine Prise Zucker, einen Schuss Olivenöl und Zitronensaft hinzufügen. Den Chicorée einlegen, Topf verschließen und den Chicorée ca. 10 Minuten köcheln lassen; danach aus dem Sud nehmen und abtropfen lassen. Chicoréekolben halbieren und in einer Pfanne mit Olivenöl goldgelb anbraten, währenddessen mit Salz und Pfeffer würzen.

❸ Die Erdäpfel schälen und in feine Streifen schneiden. Pfanne mit Öl erhitzen und Erdäpfelstreifen darin knusprig braten.

❹ Für die Sauce den Kalbjus aufkochen und ein wenig einkochen lassen. Dijonsenf und Bärlauch in den Jus geben und mit Essig abschmecken.

❺ Die Kalbsnierenscheiben mit etwas Mehl bestäuben und in Öl von jeder Seite anbraten und erst am Schluss würzen.

❻ Chicorée mittig auf Teller legen mit Kalbsnierenscheiben belegen, mit Sauce umgießen und dazu das Erdäpfelrösti reichen.

TIPP: Kalbsnieren gehören zu den edelsten Innereien überhaupt. Da der besondere Geschmack dieser Delikatesse im sogenannten Nierenfett zu finden ist, sollte die Fettschicht nicht vollständig entfernt werden – man würde der Niere sonst ihren Charakter nehmen.

Gebratene Kalbsleber

mit Essigkirschen, Junglauch und Erdäpfelcrêpes

ZUTATEN

4 Scheiben Kalbsleber à 150 g
Rapsöl
1 Knoblauchzehe, angedrückt
Thymian, Butter, Mehl
200 ml Kalbsjus, 3 EL alter Balsamico
Salz, frisch gemahlener Pfeffer

ESSIGKIRSCHEN

250 g Kirschen, entsteint
50 g Zucker, 60 ml Rotwein
60 ml Portwein, 60 ml Kirschensaft
Kirschessig zum Abschmecken
1 Bund Junglauch, geputzt und blanchiert

ERDÄPFELCRÊPES

350 g mehlige Erdäpfel, geschält und gewürfelt
1 Ei, 1 Eigelb, 1/2 TL Maizena
10 g Butter, 1 EL Crème fraîche
Salz , Muskatnuss, Butterschmalz

❶ Erdäpfelcrêpes: Die Erdäpfel in Salzwasser weichkochen und ausdämpfen lassen. Durch die Erdäpfelpresse drücken, mit den restlichen Zutaten vermengen und abschmecken. In einer Pfanne Butterschmalz erhitzen, aus dem Teig kleine Crêpes formen und goldgelb braten.

❷ Für die Essigkirschen Zucker in einem Topf karamellisieren, mit Rot- und Portwein ablöschen und ein wenig einkochen lassen. Mit Kirschensaft auffüllen, etwas einkochen und schließlich mit Kirschessig abschmecken. Die entsteinten Kirschen beigeben und glacieren.

❸ Kalbjus aufkochen und mit Balsamico abschmecken.

❹ Die Kalbsleberscheiben mit Mehl stauben. Öl in einer Pfanne erhitzen, angedrückte Knoblauchzehe hinzugeben und die Kalbsleber einlegen. Leber von beiden Seiten anbraten, zum Schluss mit Salz und Pfeffer würzen.

❺ Kalbsleberscheiben mittig auf Teller setzen, mit den glasierten Kirschen umlegen, mit Jus nappieren und mit Crêpes und dem blanchierten Junglauch garnieren.

FOTO rechte Seite

Kalbskutteln

mit weißen Bohnen und Herrenpilzen

ZUTATEN

500 g Kalbskutteln (geputzt und in mit etwas Essig versetztem Salzwasser vorgekocht)
2 Schalotten, geschält und feingehackt
250 ml Geflügelfond, 250 ml Weißwein
100 ml Obers, 50 g Crème fraîche
100 g Steinpilze, feingeschnitten
2 EL Butter
10 EL weiße Bohnen (über Nacht eingeweicht und am Tag der Zubereitung in ungesalzenem Wasser bissfest-weich vorgekocht)
Sherryessig nach Geschmack
4 kleine geputzte Herrenpilze, in Scheiben geschnitten
Butterschmalz
Salz, frisch gemahlener Pfeffer

❶ Die sauberen hellen, weichgekochten Kutteln in feine Streifen schneiden.

❷ Butter in einem Topf zum Schmelzen bringen, feingehackte Schalotten beigeben und anlaufen lassen, danach die blättrig geschnittenen Herrenpilze hinzugeben und kurz durchschwenken. Alles mit Geflügelfond aufgießen und einkochen lassen. Obers und Crème fraîche einrühren und einmal sanft aufkochen.

❸ Bohnen und Kutteln dazugeben und mit Salz und Pfeffer würzen und mit Essig abschmecken.

❹ Die für die Garnitur vorgesehenen Steinpilze in wenig Butterschmalz anbraten.

❺ Kutteln in einen tiefen Teller geben und mit Steinpilzen belegen.

Tafelspitz
mit klassischen Beilagen

ZUTATEN
300 g Siedefleisch
300 g Markknochen vom Rind
350 g Wurzelgemüse (Sellerie, gelbe Rüben, Karotten und Petersilienwurzel)
1 kleiner Bund Liebstöckel
2 Zwiebeln mit Schale
1 Stange Lauch (Porree)
Pfefferkörner, Lorbeerblatt
1 Stück Tafelspitz mit Fettrand, etwa 2 1/2–3 kg
1 Bund Schnittlauch
Salz
frisch gemahlener Pfeffer
Fleur de Sel

MARKSCHEIBEN-BROTE
4 kleine Scheiben Schwarzbrot
frisch gemahlener Pfeffer
Fleur de Sel

❶ Das Mark aus den Rindsknochen drücken und in kaltem Wasser auswässern. Siedefleisch klein würfeln und mit den Knochen in kaltem Wasser aufsetzen und kurz blanchieren. Dann kalt abschrecken, in einen Topf geben und mit Wasser bedecken, langsam aufkochen und dabei ständig den Schaum abschöpfen. Nun den Tafelspitz und die Gewürze beigeben und das Ganze schwach wallend etwa 2 bis 2 1/2 Stunden kochen. Die Zwiebeln mit Schale halbieren, mit den Schnittflächen nach unten in eine erhitzte Pfanne geben und anbräunen. Eine Stunde vor Garungsende das Suppengemüse, Lauch, Liebstöckel und Zwiebeln beigeben.

❷ Schließlich den gekochten Tafelspitz aus der Suppe heben. Suppe abseihen, durch ein Passiertuch (Etamin) gießen und abschmecken. Tafelspitz in fingerdicke Scheiben schneiden (gegen den Faserlauf) und diese zum Warmhalten wieder in die Suppe geben.

❸ Die Markscheiben kurz in der heißen Suppe pochieren, auf getoasteten Schwarzbrotscheiben anrichten und mit Fleur de Sel und Pfeffer aus der Mühle würzen. Den Tafelspitz auf warmen Tellern anrichten, nach Belieben etwas vom Suppengemüse dazugeben. Mit Suppe begießen. Mit Fleur de Sel und Schnittlauch bestreuen. Klassische Beilagen: Schnittlauchsoße, Apfel- oder Semmelkren, Cremespinat, Stürzerdäpfel.

TIPPS: Achten Sie beim Kauf darauf, dass der Tafelspitz eine schöne Fettschicht besitzt! Beim Kochen: Die Suppe nie salzen, solange der Tafelspitz darin gart – das Fleisch wird sonst rot und zu trocken.
Wie in Wien üblich, können Sie die Suppe vor dem Tafelspitz servieren, mit einer der unzähligen Wiener Suppeneinlagen (s. Rezepte S. 70 ff).

„Wann's Ihnen ned schmeckt, gengan 'S ins Sacher!"

Der Tafelspitz, der im Hotel Sacher serviert wurde, war im alten Wien so berühmt wie sprichwörtlich. Wer sich in einem anderen Restaurant über sein Rindfleisch beschwerte, bekam vom Kellner öfters ein patziges: „Wann's Ihnen ned schmeckt, gengan'S ins Sacher" zu hören, in Anspielung auf den Preis, den so ein perfektes Stück Rindfleisch naturgemäß erfordert. Wobei der wahre Genießer in Wien präziser ordert: Ob weißes oder schwarzes Scherzel, Kavaliers- oder Kruspelspitz, mageres oder fettes Meisel oder eben der Tafelspitz – kein Stück vom Rind schmeckt wie das andere. Auch die Auswahl der Beilagen will genau bedacht sein. Erdäpfelschmarren oder Butterkartoffeln, Schnittlauch- oder doch Dillesauce? Kurz, eine Wissenschaft! Die, laut dem Wiener Schriftsteller Friedrich Torberg (1908–1979), niemand so beherrschte wie die Köche des Sacher. So schrieb der Autor der „Tante Jolesch", er sei „jederzeit zu einer eidesstaatlichen Erklärung über die Qualität des Sacher'schen Tafelspitzes bereit".

Geschmortes Schulterscherzel

mit Wurzelpüree, Schalotten und Polenta

ZUTATEN

1 kg Schulterscherzel
1 l Rindsuppe
1 Bund Wurzelgemüse
100 g Zwiebeln, fein gehackt
1 Zweig Thymian
1 EL Paradeismark
3 EL Rotweinessig
4 EL Öl
1 Lobeerblatt
1 EL Zucker
Salz
frisch gemahlener Pfeffer

WURZELPÜREE

300 g Wurzelwerk, geschält und würfelig geschnitten
60 g Butter
1 EL Crème fraîche
1/8 l Schlagobers

POLENTA

siehe Polentaschnitte (S. 136)
eingelegte Perlzwieberln (s. Rezept S. 121)
Öl zum Anbraten

❶ Die Polenta für die Polentaschnitten können Sie nach dem Rezept auf Seite 136 schon einige Stunden vorher oder auch am Vortag zubereiten, so dass Sie später die Polenta nur schneiden und anbraten müssen. Danach Schulterscherzel mit Salz und Pfeffer würzen und in heißem Pflanzenöl rundherum anbraten. Aus dem Topf nehmen, Zucker in den Bratrückstand einrühren und karamellisieren. Zwiebeln, Lorbeeblatt, Thymian und das würfelig geschnittene Wurzelwerk hinzufügen. Paradeismark einrühren und mit Essig ablöschen. Fleisch wieder zurück in den Topf legen und mit Suppe aufgießen.

❷ Das Schulterscherzl ca. 2 1/2–3 Stunden weich schmoren. Das Fleisch herausnehmen und warm stellen. Sauce passieren, durch ein Sieb drücken, einkochen lassen und abschmecken. Schulterscherzel in dicke Tranchen schneiden, diese anschließend halbieren.

❸ Für das Wurzelpüree das Wurzelgemüse in Butter anschwitzen, Crème fraîche und Obers dazugeben und mit dem Mixer pürieren (evt. auch noch durch ein feines Sieb passieren).

❹ In einer Pfanne Öl erhitzen, Polentaschnitten darin anbraten. Perlzwiebeln erwärmen.

❺ Wurzelpüree strichförmig auf die Teller aufbringen, Polenta in Würfel schneiden und danebensetzen. Die Fleischtranche an die Polenta anlehnen und die Perlzwieberln dekorativ dazulegen.

TIPP: Nach Wunsch können Sie wie auf unserem Foto zum Garnieren einige Streifen Wurzelgemüse (mit Sparschäler geschnitten) und vier Babykarotten mit Grün blanchieren.

Ochsenschlepp im Römertopf

mit Eierschwammerln, Fisolen und Schnaps-Erdäpfeln

ZUTATEN

1 Ochsenschlepp (ca. 1,5 kg, etwa 4 cm dick), in Scheiben geschnitten
500 ml Rindsuppe oder Gemüsefond
400 g Schalotten
1 Knolle Knoblauch, quer halbiert
700 ml kräftiger Rotwein (Burgunder)
200 ml roter Portwein
100 g Butter
5 EL Olivenöl
2 Lorbeerblätter
1 KL Senfkörner
1 Gewürznelke
4 Wacholderbeeren
6 Pfefferkörner
etwas Kümmel, ganz
etwas Muskatnuss, gerieben
Salz, frisch gemahlener Pfeffer
Mehl zum Wenden
6 EL Pfeffer-Pecorino, frisch gehobelt (als Garnitur)
frittierte Wurzelgemüsestreifen u. Petersilie (als Garnitur)

SCHNAPS-ERDÄPFEL

16 kleine, ungeschälte Erdäpfel
4 cl Tresterbrand
2 EL Erdnussöl, kalt gepresst
Muskatnuss, frisch gerieben
Salz

FISOLEN U. SCHWAMMERLN

100 g Fisolen, geputzt und blanchiert
200 g Eierschwammerln, geputzt, gewaschen
1 Schalotte, fein geschnitten
1/2 Bund Petersilie, gehackt
1 EL Butterschmalz

❶ Den Römertopf über Nacht in Wasser einlegen. Ochsenschleppscheiben salzen, pfeffern und in Mehl wälzen. Olivenöl erhitzen und Ochsenschlepp darin beidseitig scharf anbraten. Währenddessen in einer anderen Pfanne Schalotten mit halbiertem Knoblauch in heißer Butter anbraten. Zum Ochsenschlepp geben, mit Portwein ablöschen, einkochen lassen und Rotwein zugießen. Sämtliche Gewürze hinzufügen und ca. 10 Minuten köcheln lassen. In den Römertopf umfüllen, Rindsuppe zugießen und im vorgeheizten Backrohr bei 200 °C 3–4 Stunden weich schmoren. (Das Fleisch ist wirklich weich, wenn es sich leicht vom Knochen lösen lässt.) Währenddessen wiederholt umrühren und bei Bedarf noch etwas Rindsuppe zugießen. Fleisch von den Knochen lösen. Sechs Kaffeetassen mit Klarsichtfolie auslegen, Fleisch hineingeben und fest andrücken. Mit Folie bedecken und die Tassen in den Kühlschrank stellen.

❷ Inzwischen die verbliebene Flüssigkeit passieren, Sauce sämig einkochen lassen und bei Bedarf noch etwas Suppe zugießen (die Sauce sollte eine klebrige Konsistenz aufweisen). Die gekochten Erdäpfel in Erdnussöl braten und mit Salz sowie Muskatnuss würzen. Mit Tresterbrand beträufeln und dann Erdäpfel mit einer Gabel leicht andrücken. Tassen mit Ochsenschlepp in ein heißes Wasserbad stellen, abdecken und Fleisch erwärmen.

❸ Für Fisolen und Eierschwammerln in einer Pfanne Butterschmalz schmelzen und die fein geschnittene Schalotte darin anschwitzen. Eierschwammerln dazugeben, anrösten. Zuletzt die vorher blanchierten Fisolen hinzufügen und mit erwärmen. Mit gehackter Petersilie bestreuen.

❹ Ochsenschlepp auf vorgewärmte Teller stürzen, Fisolen mit Eierschwammerln dazulegen, Erdäpfel rundum anrichten und mit der Sauce umgießen. Pecorino darüber hobeln und nach Belieben mit frittierten Wurzelgemüsestreifen sowie Petersilie garnieren.

TIPP: Steht kein Römertopf zur Verfügung, so kann der Ochsenschlepp freilich auch in einer anderen Form geschmort werden, wenngleich sich der Römertopf speziell dadurch auszeichnet, dass er den Eigengeschmack der Gerichte besonders stark zur Geltung bringt

Beiried „Esterházy" vom Almochsen

mit Topfen-Serviettenknödel, Wurzelgemüse und gefüllter Zwiebel mit Erdäpfel-Espuma

ZUTATEN

BEIRIED

4 Stück Beiried à 180 g
Kalbsjus
2 EL Öl
Rosmarin
Butter
Salz, frisch gemahlener Pfeffer

TOPFEN-SERVIETTENKNÖDEL

300 g Toastbrot ohne Rinde
80 g Topfen
100 ml Milch
30 g Butter
2 Eier, 2 Eidotter
geriebene Schale von 1 Zitrone
Salz, Pfeffer und Muskatnuss, gerieben

WURZELGEMÜSE

4 Babykarotten mit Grün
2 gelbe Rüben, 2 Karotten
1 Sellerie
3 Essiggurken
Butter

ZWIEBELN MIT ERDÄPFEL-ESPUMA

2 rote Zwiebeln
325 g festkochende Erdäpfel
150 ml Gemüsefond
185 ml Schlagobers
30 g Butter, braun
2 EL Röstzwiebeln, gehackt
Salz, Pfeffer
weißer Balsamico

SPECKCRUMBLE

5 Scheiben Räucherspeck
3 EL Panko (Paniermehl aus Weißbrot, ersatzweise kleine Weißbrotwürfel)
1 TL Maiskeimöl
1 Prise Salz

GARNITUR

4 Kapernbeeren, mit Stiel frittiert
Schnittlauchhalme

❶ Für den Topfen-Serviettenknödel das Toastbrot klein würfeln und in der lauwarmen Milch einweichen. Butter schaumig rühren. Dann die zwei Eier und die zwei Eidotter mit den Brotwürfeln vermengen, Topfen und Butter einarbeiten. Mit Salz, Pfeffer und Muskatnuss würzen. Die Knödelmasse zu einer Rolle formen und in ein frisches Geschirrtuch einwickeln, die Enden mit Küchenspagat verbinden.

❷ In einem Topf Wasser zum Kochen bringen und den Serviettenknödel einlegen, 30–35 Minuten ziehen lassen. Anschließend aus dem Wasser nehmen, auswickeln und in Scheiben schneiden. Nach Wunsch in Butterschmalz goldgelb braten.

❸ Während der Knödel gart, die geschälten Erdäpfel für das Espuma aufsetzen. Das Fleisch sorgfältig parieren, dann Crumble zubereiten.

❹ Für das Crumble: Speck im Backofen bei 180 °C knusprig backen. Öl in einer Pfanne erhitzen, das Pankomehl hineingeben und goldgelb braten. Anschließend Speck und Panko mit Salz in einen Mixer geben, fein mixen und trocknen lassen.

❺ Das Wurzelgemüse schälen, in ca. 1 cm große Würfel schneiden und blanchieren. Mit Butter glasieren.

❻ Für das Espuma die Erdäpfel schälen und weichkochen, ausdampfen lassen. Dann im Thermomix bei 80 °C (oder in der Küchenmaschine) zu einer zähen Masse mixen. Mit den restlichen Zutaten vermengen und abschmecken. In die ISI-Flasche füllen und 2 Patronen unter Druck setzen.

❼ Für die gefüllten Zwiebeln: Zwiebeln schälen, leicht salzen und bei 180 °C ins Backrohr schieben. Wenn sie weich sind (je nach Größe ca. 7–10 Minuten), herausnehmen und am oberen und unteren Ende abkappen. Das Innere vorsichtig nach und nach herausziehen, so dass man breite Ringe erhält; die vier schönsten nehmen, um das Espuma hineinzufüllen.

❽ Die Kapernbeeren panieren und samt Stiel frittieren.

❾ Beiried mit Salz und Pfeffer würzen. Öl in einer Pfanne erhitzen und das Fleisch von beiden Seiten scharf anbraten, herausnehmen und bei 180 °C ins vorgeheizte Backrohr schieben. Je nach gewünschter Garungsstufe – rare, medium oder well-done – Fleisch aus dem Ofen nehmen und kurz rasten lassen. Währenddessen in einer Pfanne Butter zerlassen, Fleisch mit Rosmarin beigeben und nachbraten.

❿ Dann das Fleisch aufschneiden und auf vorgewärmten Tellern anrichten. Mit Crumble und passend geschnittener Knödelscheibe belegen. Das glasierte Wurzelgemüse sowie die Zwiebeln dazulegen und mit Espuma füllen. Mit Jus drapieren. Zuletzt das Gemüse mit Kapernbeeren und die Zwiebeln mit Schnittlauchhalmen garnieren.

FOTO siehe Buchcover

Zwiebelrostbraten

mit Braterdäpfeln und Gurkerlsenf

ZUTATEN
4 Scheiben Rostbraten
à ca. 180 g
4 Schalotten
400 ml Kalbsjus
200 ml Bouillon
100 ml Pflanzenöl
2 cl Apfelessig
kalte Butter zum Montieren
Mehl zum Wenden
englischer Senf zum Bestreichen
Salz, frisch gemahlener Pfeffer

BRATERDÄPFEL
(s. Seite 127)

Gurkerlsenf

❶ Rostbraten gut zuputzen, am Rand in regelmäßigen Abständen leicht einschneiden, damit sich das Fleisch beim Braten nicht wölbt, danach mit dem Schnitzelklopfer plattieren. Mit Salz und Pfeffer würzen sowie mit Senf bestreichen. Rostbraten auf einer Seite in Mehl wenden. Öl in einer großen Pfanne erhitzen, Fleisch zuerst auf der bemehlten, dann auf der anderen Seite scharf anbraten und anschließend warm stellen.

❷ Schalotten in Streifen schneiden, in die Bratpfanne geben und braun dünsten. Mit Jus, Apfelessig sowie Bouillon aufgießen und die Sauce gut einkochen lassen. Etwas kalte Butter einrühren und die Sauce damit montieren (binden). Rostbraten in einen Topf geben, mit der Sauce übergießen, erhitzen und gut durchziehen lassen. Nun die Braterdäpfel zubereiten (am besten mit schon vorgekochten Erdäpfeln).

❸ Rostbraten auf vorgewärmten Tellern anrichten, mit Sauce begießen und mit den Braterdäpfeln sowie dem extra gereichten Gurkerlsenf servieren.

Dry-Aged Beef
mit Karotten, Herrenpilzen und soufflierten Erdäpfeln

ZUTATEN

800 g Dry-Aged-Hochrippe, pariert, in vier Stücke à 200 g geschnitten
200 ml Kalbsjus
1 Zweig Rosmarin
1 EL Butter
Rapsöl

KAROTTENPÜREE

500 g Karotten, geschält, in kleine Würfel schneiden
20 g Butter
100 ml Obers
2 EL Crème fraîche
etwas Gemüsefond
Salz, Zucker

SOUFFLIERTE ERDÄPFEL

ca. 1 kg Erdäpfel, geschält
Öl zum Frittieren

AUSSERDEM

8 kleine Herrenpilze, geputzt
4 Mini-Karotten mit Grün, geschält und blanchiert (Garnitur)
Butterschmalz

❶ Butter in einem Topf schmelzen, Karotten beigeben, mit Salz und Zucker würzen und langsam weich schmoren. Obers und Crème fraîche vermengen, unter die Karotten mischen und alles pürieren; anschließend durch ein Sieb streichen.

❷ Erdäpfel oval zuschneiden und in gleichmäßige, ca. 3 cm dicke Scheiben schneiden.

❸ Auf einem Tuch trocknen. Öl in einem Topf auf 120 °C erhitzen und in einem zweiten Topf weiteres Öl auf 170 °C erhitzen. Erdäpfelscheiben zuerst im 120 °C heißen Öl blanchieren, bis sich Bläschen bilden, danach sofort ins 170 °C heiße Öl tauchen und darin knusprig goldbraun frittieren. Auf Küchenpapier abtropfen lassen und salzen.

❹ Hochrippe kräftig würzen und in einer Pfanne mit Öl von beiden Seiten anbraten, dann kurz (je nach Garungsstufe) bei 180 °C ins Rohr schieben. Anschließend warm stellen.

❺ Die Herrenpilze in Butterschmalz bei 180 °C anbraten und für ca. 2 Minuten ins Rohr schieben.

❻ Butter in einer Kasserolle schmelzen, einen Rosmarinzweig dazugeben und die Hochrippe darin nachbraten. Zwischenzeitlich den Kalbsjus aufkochen.

❼ Karottenpüree mittig auf Teller setzen. Hochrippe längs durchschneiden und auf das Püree setzen. Babykarotten, Erdäpfel sowie Herrenpilze anlegen und alles dekorativ mit Jus umgießen.

TIPP: In Zeiten, als es noch keine Kühlschränke gab, entwickelte man die sogenannte „Trockenreife", bei der man das Fleisch 28 Tage am Knochen reifen lässt, um es haltbarer zu machen. Heute wird das Verfahren nurmehr aus Gründen des Geschmacks angewandt, denn das Fleisch wird durch dieses Verfahren sehr zart und erhält zugleich erdige Aromen, die es besonders geschmacksintensiv erscheinen lassen.

Rindsrouladen vom Almochsen

ZUTATEN
8 Rindsschnitzel à 150 g (Schale)
2 EL scharfer englischer Senf
3 Zwiebeln, in Spalten geschnitten
2 Paradeiser, vollreif
1 Bund Suppengrün, fein gewürfelt
200 ml Burgunder (oder anderer kräftiger Rotwein)
1,2 l Gemüsefond, Rindsuppe oder Wasser
2 Wacholderbeeren, leicht zerdrückt
1 Lorbeerblatt
1 Essiggurkerl, fein gehackt
etwas geriebene Zitronenschale
40 ml Pflanzenöl zum Anbraten
Mehl zum Wenden
evtl. Maisstärke (Maizena)
Salz
Frisch gemahlener Pfeffer

AUSSERDEM
Erdäpfelpüree, gekocht wie auf Seite 129 beschrieben
Kapernbeeren u. Thymianzweige zum Garnieren

FÜLLE
2 Karotten
1 gelbe Rübe
1 Bund Petersilie, gezupft
16 Wachteleier (ersatzweise 3 Eier)
8 Scheiben Rohschinken (oder Schinkenspeck)

RÖSTZWIEBELN
2 weiße Zwiebeln
Prise Paprikapulver
50–100 g Mehl, griffig
Erdnussöl zum Frittieren
Salz

❶ Karotten sowie Rübe schälen und in dünne längliche Scheiben schneiden. Wachteleier 3 Minuten kochen, kalt abschrecken und vorsichtig schälen. Rindsschnitzel jeweils zwischen Frischhaltefolie legen und etwas klopfen. Mit Salz sowie Pfeffer würzen und auf einer Seite mit Senf bestreichen. Zuerst mit Schinken, dann mit etwas Gemüse (einige Scheiben für die Sauce zur Seite legen) und Petersilie belegen. Wachtelei in die Mitte setzen und Fleisch zu einer straffen Roulade einwickeln. Mit Zahnstochern fixieren. Außen mit Salz sowie Pfeffer würzen, leicht bemehlen und in Pflanzenöl rundum scharf anbraten.

❷ Wieder herausnehmen und im Bratensatz Zwiebeln sowie fein gewürfeltes Suppengrün und restliches Gemüse bräunen. Halbierte Tomaten zugeben, kurz mitrösten und mit Rotwein ablöschen. Zur Gänze einkochen lassen. Lorbeerblatt sowie Wacholderbeeren zugeben, mit Fond auffüllen und die Rouladen wieder einlegen. Im vorgeheizten Backrohr bei 180 °C ca. 50–90 Minuten, je nach Qualität des Fleisches, garen.

❸ Währenddessen wiederholt übergießen. Sobald die Rouladen weich sind, herausnehmen, in Alufolie wickeln und warm stellen. Fein gehacktes Gurkerl und Zitronenschale in die Sauce geben und am Herd kräftig einkochen lassen. Passieren und abschmecken. Falls die Sauce zu dünn ist, mit etwas Maizena binden. Rouladen noch 10 Minuten in der Sauce ziehen lassen. Vorbereitetes Püree auf heißen Tellern anrichten, die Rouladen darauf drapieren und mit Röstzwiebeln, Thymian und Kapern garnieren.

❹ Für die Röstzwiebeln die Zwiebeln mit einer Brotschneidemaschine in dünne Scheiben schneiden. Leicht salzen, mit Paprika bestreuen und in Mehl wälzen. In ein großes Sieb geben und überschüssiges Mehl abschütteln. Öl in einer Pfanne erhitzen und Zwiebeln unter wiederholtem Wenden goldgelb frittieren. Herausheben und auf Küchenkrepp abtropfen lassen.

TIPP: Wenn Sie die Rouladen aus Beiriedschnitten zubereiten, sind sie rascher gegart und schmecken zudem zarter.

Filet vom Almochsen

mit Granatapfel und geräucherter Gänseleber

ZUTATEN
600 g Rinderfilet vom Almochsen
2 EL Butterschmalz
1 Thymianzweig, 1 Rosmarinzweig
Salz, frisch gemahlener Pfeffer

GÄNSELEBER
200 g geräucherte Gänseleber
(1 EL Räuchermehl in einen Topf geben und erhitzen, Gänseleber in Würfel schneiden und auf ein Gitter setzen und 5 Minuten zugedeckt räuchern lassen)

GRANATAPFEL
1 Stück Granatapfel
200 g Fisolen, blanchiert und in Butter geschwenkt
250 g Erdäpfelpüree
300 ml dunkler Kalbsfond

❶ Das Rinderfilet in vier gleich große Medaillons schneiden und mit Salz und Pfeffer würzen. In Butterschmalz scharf anbraten, auf ein Gitter geben und bei 180 °C ca. 6 Minuten ins Rohr geben. Danach ca. 5 Minuten rasten lassen und anschließend im Butterschmalz mit Thymian und Rosmarin nachbraten.

❷ 4 gleich große Erdäpfelpüreetupfer auf vorgewärmte Teller platzieren. Darauf die Gänseleberwürfel setzen. Fisolen und Granatapfelkerne verteilen und das Rinderfilet daraufsetzen; mit Kalbsjus umgießen.

Rinderfilet

mit Solospargel nach Anna Sacher

ZUTATEN
600–700 g Rindslungenbraten (Rinderfilet), in 8 Medaillons geteilt
12 Solospargel-Spitzen
ca. 300 g Gänseleber von bester Qualität, in 8 Scheiben geschnitten
4 Stangen junger Knoblauch
200 ml Kalbsjus
6 cl Portwein
4 cl Beerenauslese
3 EL bestes Olivenöl
2 EL Erdnussöl für den Spargel
1 EL Butter für die Gänseleber
1 cl Apfelbalsamessig
2 EL kalte Butter zum Montieren
Fleur de Sel (oder ein anderes hochwertiges Meersalz)
Salz, frisch gemahlener Pfeffer
Mehl zum Wenden
Pimpernell nach Belieben

❶ Für die Sauce Portwein, Beerenauslese und Apfelbalsamessig auf die Hälfte einreduzieren und mit Jus aufgießen. Auf ein Drittel einkochen lassen, eiskalte Butter einrühren und die Sauce damit montieren (binden). Rindermedaillons mit Salz sowie Pfeffer würzen und in Olivenöl auf beiden Seiten scharf anbraten. Aus der Pfanne nehmen und warm stellen.

❷ Gänseleberscheiben zart mit Mehl bestäuben und in heißer Butter auf beiden Seiten kurz, aber scharf anbraten. (Die Leber muss innen noch zartrosa sein.) Herausheben, mit Fleur de Sel würzen und ebenfalls warm halten. Jungen Knoblauch kurz in heißem Wasser blanchieren (überbrühen). Spargelspitzen in mit etwas Essig vermengtem Salzwasser bissfest, aber keinesfalls zu weich kochen. Herausheben, abtropfen lassen und gemeinsam mit dem blanchierten jungen Knoblauch in heißem Erdnussöl hellbraun rösten.

❸ Rindermedaillons auf vorgewärmten Tellern anrichten, Gänseleberscheiben daraufsetzen und Spargelspitzen sowie Knoblauch rundum legen. Mit Sauce beträufeln und nach Belieben mit frisch geschnittenem Pimpernell und frisch gemahlenem Pfeffer bestreuen.
FOTO linke Seite

Knuspriger Schweinebauch
mit Rahmlinsen

ZUTATEN
1 kg Schweinebauch
1 Zwiebel
1 Lorbeerblatt
2 Thymianzweige
1/2 TL Kümmelsamen

RAHMLINSEN
250 g grüne Linsen, eingeweicht
4 Schalotten
1 Karotte
1/2 Stange Lauch
(nur das Weiße)
1/2 Sellerie
50 g Butter
100 g Chorizo (würzige spanische
Rohwurst vom Schwein)
1 Sardellenfilet
10 Kapern
abgeriebene Schale von
1 Orange und 1 Zitrone
150 ml Balsamico
50 g Tomatenmark
1/2 l Geflügelfond
50 g Crème fraîche
1 EL Schlagobers
1/2 Bund Majoran
1/2 Bund Thymian
Salz
frisch gemahlener Pfeffer

CHORIZOGELEE
500 ml Geflügelfond, klar
200 g Chorizo, fein geschnitten
3 g Agar-Agar

❶ Schweinebauch in einen flachen Topf mit etwa 1 Liter Wasser mit der Schwarte nach unten ca. 10 Minuten kochen. Danach das Fleisch herausnehmen, die Schwarte einschneiden und wieder in den Topf legen. Zwiebel, Kräuter und Kümmel beigeben und bei 200 °C ca. 1 1/2 bis 2 Stunden ins Rohr geben.

❷ Die Linsen kurz blanchieren und mit kaltem Wasser abschrecken. Schalotten, Karotte, Lauch, Sellerie schälen und fein würfelig schneiden. Die Würfel ohne Farbe in der Butter anschwitzen. Die Chorizowurst, Kapern und Sardellen ebenfalls fein würfelig schneiden und beigeben. Schale der Zitrusfrüchte beigeben. Danach mit Balsamico ablöschen. Die Linsen und das Tomatenmark zum Gemüse geben und mit dem Geflügelfond auffüllen. Das Ganze 20 Minuten köcheln lassen.

❸ 3 Schöpflöffel Linsen in einer Küchenmaschine mixen und wieder zu den restlichen Linsen geben, so dass eine Bindung entsteht. Mit Salz, Pfeffer und Crème fraîche abschmecken. Kurz vor dem Anrichten 1 EL geschlagenes Obers dazugeben und mit den Kräutern verfeinern.

❹ Für das Chorizogelee Geflügelfond mit Chorizo aufkochen und ca. 10 Minuten ziehen lassen. Abseihen, in einen Topf geben und Agar-Agar einrühren. Dann Geleefond aufkochen und den Schaum abschöpfen. Ein Backblech mit Klarsichtfolie auslegen und Gelee gleichmäßig verteilen, anschließend kühl stellen.

❺ Rahmlinsen auf vorgewärmten Tellern mittig anrichten. Schweinebauch in Tranchen schneiden und mit Gelee bedecken und auf die Rahmlinsen setzen.

Karree vom Jungschwein
mit Szegediner Kraut und Knödeln

ZUTATEN
1, 5 kg Jungschweinkarree mit Schwarte
1/2 kg Schweinsknochen, klein gehackt
2 Knoblauchzehen, gepresst
1 TL Kümmel
Salz
Mehl zum Stauben

SEMMELKNÖDEL
s. Grundrezept S. 133

SZEGEDINER KRAUT
300 g Sauerkraut
1 Scheibe Räucherspeck (oder Schwarte)
1 kleiner Erdapfel, roh, fein gerieben
1 rote Paprikaschote
2 Paradeiser, gemixt und passiert (oder 100 ml Paradeisersaft)
300 ml Hühner- oder Geflügelfond
100 ml Apfelsaft
1 EL Schweineschmalz
Olivenöl
1 Lorbeerblatt
1 Wacholderbeere
1 KL Paprikapulver
Salz
frisch gemahlener Pfeffer

❶ In eine geeignete Bratpfanne fingerbreit Wasser gießen und zum Kochen bringen. Jungschweinkarree mit der Schwarte nach unten einlegen, 20 Minuten kochen lassen und dann das Karree aus der Pfanne nehmen.

❷ Die Schwarte einschneiden – Achtung: Dabei nicht in das Fleisch schneiden! Karree mit Salz, Kümmel und Knoblauch fest einreiben. In eine Bratpfanne etwas Wasser eingießen und das Karree mit der Schwarte nach oben einlegen und ins vorgeheizte Backrohr schieben. Bei ca. 220 °C etwa 1 1/2 Stunden braten. Das Karree nicht begießen, solange das Wasser nicht verdunstet ist. Danach das Karree mit eigenem Fett übergießen. Während der Braten im Rohr ist und noch ehe Sie mit dem Kraut beginnen, die Knödelmasse für die Semmelknödel zubereiten, dann rasten lassen. Aus der Masse dann später 8 kleinere Knödel formen statt der angegebenen 6 Stück; die Knödel ca. 10–15 Minuten ins kochende Salzwasser geben).

❸ Für das Szegediner Kraut geschälte rote Paprikaschote entstielen, entkernen und in etwas Olivenöl weich schmoren. Währenddessen das Sauerkraut waschen, einige Male durchschneiden und mit Hühnerfond oder Wasser aufstellen.

❹ Pürierte Tomaten, Speck im Ganzen, Apfelsaft, Lorbeerblatt, Wacholderbeere, Salz sowie Pfeffer zugeben und alles aufkochen. Inzwischen das Schmalz mit Paprikapulver leicht erwärmen und zum Kraut geben. Noch etwa 10 Minuten köcheln lassen.

❺ Den roh geriebenen Erdapfel einrühren und weitere 5 Minuten kochen. Sollte das Kraut zu trocken sein, noch etwas Wasser zugießen.

❻ Den fertigen Braten aus dem Rohr nehmen und warm rasten lassen. Überschüssiges Fett aus der Pfanne abgießen, die klein gehackten Knochen rösten, mit Mehl bestäuben, bräunen und mit Wasser ablöschen und einkochen lassen. Karree in Tranchen schneiden.

❼ Kraut mit Salz und Pfeffer würzig abschmecken. Speck entfernen. Das Kraut in tiefen vorgewärmten Tellern anrichten, mit je einem geschmorten Paprikaviertel garnieren.

❽ Knödel, Kraut und Fleisch auf Tellern anrichten und mit dem Bratensaft begießen.

Filet vom Milchferkel

mit Ziegenkäse und Junglauch

ZUTATEN

400 g Filet vom Milchferkel, gut zugeputzt
Salz, Pfeffer
2 Bund Jungzwiebeln gewaschen, in 4 cm lange Stangen geschnitten und blanchiert
2 reife Paradeiser
Butter

PALATSCHINKE MIT ZIEGENKÄSE

200 g Geflügelfarce
1 EL Schalottenwürfel
30 g Picandou (französischer Ziegenkäse)
ca. 125 ml Milch
30 g Butter
75 g Mehl
20 ml Weißwein
2 Eier
2 EL fein geschnittener Schnittlauch
Salz und Pfeffer
ÖL

GEFLÜGELFARCE

300 g Hühnerbrust ohne Haut
150 ml Schlagobers
2 cl weißer Portwein
Salz, frisch gemahlener Pfeffer

KÄSEMELANGE

100 g Picandou
1 EL Butter
30 g Lauch (nur das Weiße), gewaschen, fein geschnitten
25 g Champignons fein geschnitten
1/4 l Geflügelfond (s. Rezept S. 101)
2 EL Crème fraîche
Salz, Pfeffer, Kümmelpulver

❶ Für die Geflügelfarce Hühnerbrust klein würfelig schneiden und leicht anfrieren. Zusammen mit dem Obers in der Küchenmaschine fein mixen. Mit Salz, Pfeffer und Portwein abschmecken und durch ein Sieb streichen.

❷ Aus Mehl, Milch, Weißwein und den Eiern einen Palatschinkenteig herstellen und mit Salz und Pfeffer abschmecken und den Käse mit Schnittlauch einrühren. 4 dünne Palatschinken in einer Teflonpfannne ausbacken. Die abgekühlten Palatschinken auf 30 x 20 cm zurechtschneiden und auf einer Klarsichtfolie rechteckig überlappend auflegen. Mit der Hünhnerfarce bestreichen, das Milchferkelfilet salzen und pfeffern und straff in der Palatschinke einrollen. An den Seiten zudrücken und kalt stellen.

❸ Danach die Rolle mit Butter bestreichen und auf ein Backblech mit Backpapier legen und bei 200 °C ca. 12 Minuten braten, anschließend warm ruhen lassen.

❹ Für die Käsesauce die Butter schmelzen und den Lauch sanft anrösten, die Champignons beigeben und mit dem Geflügelfond aufgießen. Den Käse langsam mit der Crème fraîche beigeben und würzen. Mit dem Stabmixer die Sauce cremig mixen und durch ein Sieb streichen.

❺ Die 2 Paradeiser kurz in kochendes Wasser geben, mit Eiswasser abschrecken, schälen, das Kerngehäuse entfernen und fein würfelig schneiden. Den Lauch in Butter schwenken und die Paradeiser-Würfel dazugeben. Die Palatschinkenroulade aufschneiden. Die Fleischstücke mittig auf einem Teller anrichten, die Käsesauce angießen und den Lauch mit dem Paradeiser-Concassée rundherum platzieren.

TIPP: Anstelle von Picandou können Sie auch Gorgonzola verwenden.

Koteletts vom Spanferkel

mit Spitzkraut und Speckerdäpfeln

ZUTATEN

1 kg Spanferkelrücken mit Schwarte
Schweineschmalz
300 g gehackte Knochen
1 Stange Lauch, grob geschnitten
2 Zwiebeln
2 Knoblauchzehen
1 kleine Flasche dunkles Bier
1/2 TL Kümmel
Majoranpulver
Salz, frisch gemahlener Pfeffer

SPITZKRAUT

1 kleines Happel Spitzkraut
1 roter Paprika, 1 gelber Paprika
2 EL blanchierte Rollgerste
Salz und Pfeffer
1 Knoblauchzehe, fein gehackt
1 EL Schweineschmalz

SPECKERDÄPFEL

16 kleine Erdäpfel, gut gewaschen und mit Schale bissfest gekocht
16 Scheiben geräucherter Bauchspeck

❶ In eine geeignete Bratpfanne zwei Fingerbreit Wasser geben und den Spanferkelrücken mit Schwarte nach unten legen und zum Kochen bringen. Für ca. 10 Minuten köcheln.

❷ Danach die Schwarte je nach gewünschter Kotelettstärke einschneiden und das Fleisch mit Salz und Pfeffer würzen. Die Bratpfanne auf dem Herd mit Schmalz erhitzen und die Knochen darin rösten und Lauch, Zwiebeln und Knoblauch hinzufügen. Mit dunklem Bier aufgießen und Gewürze beigeben.

❸ Im vorgeheizten Backrohr bei 180 °C ca. 50 Minuten den Spanferkelrücken mit der Schwarte nach oben braten und ständig mit dem Bratensaft übergießen. Die letzten 15 Minuten die Temperatur auf 220 °C erhöhen und den Braten nicht mehr übergießen.

❹ Spitzkraut halbieren und den Strunk herausschneiden. Die einzelnen Blätter in Rauten schneiden und im Salzwasser blanchieren. Paprika mit einem Gemüseschäler schälen, Kerngehäuse entfernen und ebenso in Rauten schneiden. Schmalz in einem Topf erhitzen und Paprikarauten anschwitzen. Fein gehackten Knoblauch dazugeben und Kraut untermengen. Mit einem Schuss Wasser untergießen, Rollgerste beigeben und abschmecken.

❺ Den Braten warm ruhen lassen, den Saft abseihen und abschmecken, eventuell noch ein wenig einkochen. Den Braten in die gewünschte Kotelettstärke portionieren.

❻ Die Erdäpfel mit Speck umwickeln, in eine eigene Pfanne geben und im Rohr mit dem Braten knusprig braten.

❼ Spitzkraut mittig auf Teller setzen und mit Sauce umgießen. Kotelett daraufsetzen und die Speckerdäpfel rund herumlegen.

TIPP: Der Vorteil, wenn man den Rücken im Ganzen brät: Die Schwarte wird noch knuspriger!

FOTO linke Seite

Steirisches Wurzelfleisch

mit Kümmelerdäpfeln

ZUTATEN

8 speckige Erdäpfel
1 kg Schweinsschulter mit Schwarte
300 g Wurzelwerk (Suppengrün)
100 g Zwiebeln
1 Lorbeerblatt, 10 Pfefferkörner
2 Knoblauchzehen
Thymianstrauß
1/2 l Wasser
Essig
Petersilie, fein gehackt
Kren, fein gerieben
Salz

❶ 8 speckige Erdäpfel vierteln und schälen (werden die letzten 20 Minuten im Wurzelfleisch mitgekocht)

❷ Schweinefleisch waschen. Gewürze in ein Leinensackerl geben und gut verschließen. Wurzelgemüse und Zwiebeln schälen und in feine Streifen schneiden. Fleisch mit Gewürzen, ein wenig Essig und dem Wasser in einem Topf zustellen und vor sich hin köcheln lassen. Wenn das Fleisch gar ist, das Wurzelwerk und Zwiebeln beigeben. Bei Bedarf Flüssigkeit zugießen. Die Erdäpfel beigeben und alles weich kochen. Das Gewürzsäckchen entfernen und das Fleisch in Portionen schneiden.

❸ Den Sud mit dem Wurzelgemüse in einen Suppenteller geben, die Fleischstücke darin verteilen und die Erdäpfel dazulegen. Mit Kren und Petersilie garnieren.

TIPP: Je nach Gusto können Sie diesen Klassiker der österreichischen Küche auch mit Lammfleisch zubereiten.

Rücken vom Lamm

mit Poweraden und Erdäpfelspänen

ZUTATEN

600 g Lammrücken mit Fettrand
Salz und Pfeffer aus der Mühle
Olivenöl
2 Thymianzweige, 2 Rosmarinzweige,
150 ml Lammjus zum Anrichten
(s. Grundrezept, S. 104)

POWERADEN

(eine italienische Artischockenart):
16 kleine Artischocken
2 Zitronen
4 Knoblauchzehen, 6 Schalotten
Olivenöl

ERDÄPFELSPÄNE

200 g Erdäpfel, Öl zum Frittieren

❶ Artischockenstiele abbrechen, Blätter abzupfen, „Heu" von den Böden kratzen, Artischockenböden sauber zuschneiden und sofort ins Zitronenwasser legen, da sie ansonsten rasch braun werden. Schalotten und Knoblauch schälen, Olivenöl erhitzen. Artischocken, Schalotten, Thymian und Knoblauch beigeben mit Salz und Pfeffer würzen und im Rohr langsam schmoren (ca. 8.Minuten bei 170 °C). Anschließend warmhalten.

❷ Den Lammrücken mit Salz und Pfeffer würzen und in einer heißen Pfanne mit Olivenöl anbraten. Rosmarin und Thymian hinzugeben und im Backofen bei 200 °C 6 Minuten braten, warm halten und ruhen lassen.

❸ Erdäpfel schälen und in 2 cm hohe Zylinder schneiden. Mit dem Sparmesser rundherum Späne abhobeln und sofort in einen Behälter mit Wasser geben. Tipp: Damit die Erdäpfelspäne nicht braun werden und dadurch die Stärke ausgewaschen wird, Öl in einer Kasserolle erhitzen und darin die Späne goldgelb frittieren.

❹ Lammrücken in 4 Portionen schneiden. Artischocken auf Teller platzieren und frittierte Erdäpfelspäne dekorativ dazulegen, mit Lammjus servieren.

Gepökelte Milchlammschulter
mit Erdäpfel-Bohnen-Gemüse

ZUTATEN
ca. 1,5 kg Lammschulter
1 Suppengrün, geschält und grob geschnitten
2 Zwiebeln, geschält und grob geschnitten
2 Knoblauchzehen, angedrückt
2 l Wasser, 20 g Pökelsalz, 10 g Zucker
3 Lorbeerblätter, 10 Pfefferkörner
10 Wacholderbeeren, angedrückt
5 Thymianzweige

LAMM
gepökelte Lammschulter (s. o.)
1 Suppengrün, geschält und geschnitten
Lorbeerblätter, Pfefferkörner, Wacholderbeeren

GEMÜSE
4 mehlige Erdäpfel, geschält, würfelig geschnitten
500 g breite Fisolen, in Rauten geschnitten
1 Schalotte, fein geschnitten, 100 ml Obers
1 Spritzer Essig, 1 EL Bohnenkraut, gehackt
Salz, frisch gemahlener Pfeffer

❶ Für die Pökellake Gemüse mit Wassser, Zucker, Gewürzen und Pökelsalz in einem Topf aufkochen und abkühlen lassen. Die Lammschulter einlegen und den Topf mit Folie gut verschließen und ca. 3 Tage im Kühlschrank pökeln. Die Schulter muss mit der Flüssigkeit bedeckt sein.

❷ Die Lammschulter mit einer Mischung aus halb Wasser und Pökellake bedeckt in einen Topf geben und aufkochen, Gewürze und Gemüse beigeben und ca. 1 1/2 bis 2 Stunden köcheln, bis das Fleisch weich ist.

❸ Für das Gemüse Erdäpfelwürfel in Salzwasser bissfest blanchieren, dann auch die Fisolen blanchieren. Schalotte in etwas Butter anschwitzen und mit Obers einkochen, Erdäpfel und Fisolen beigeben und mit Salz, Pfeffer und einem Spritzer Essig abschmecken; abschließend das Bohnenkraut unterheben.

❹ Lammschulter aus dem Fond nehmen und in Tranchen schneiden, Bohnengemüse auf Teller platzieren, mit Fleisch belegen und mit frisch geriebenem Kren bestreuen.

Geschmorte Lammstelze
mit Polenta und Gemüse

ZUTATEN
4 Lammstelzen
500 g Mirepoix (s. Tipp!)
1 Suppengrün, geschält und in kleine Würfel geschnitten und blanchiert
1 EL Paradeisermark
300 ml Rotwein, 1 l Lammfond
2 Knoblauchzehen
2 Rosmarinzweige, 5 Thymianzweige
10 Pfefferkörner
2 Lorbeerblätter, 5 Wacholderbeeren
Öl zum Anbraten
Salz, Pfeffer,

POLENTA
150 ml Milch, 15 g Polentagrieß
1 EL Butter, 1 TL Oliven gehackt
Salz, Pfeffer

❶ Die Lammstelzen im Bräter rundherum in Öl kräftig anbraten und das Mirepoix zugeben. Das Gemüse anrösten und Pardeisermark zufügen. Nach und nach mit dem Rotwein ablöschen. Mit Lammfond aufgießen, Gewürze beigeben und bei 200 °C zugedeckt ca. 2 Stunden schmoren, bis sich das Fleisch leicht vom Knochen löst. Die Lammstelzen aus dem Schmorfond nehmen und warm stellen, Fond durch ein Sieb passieren und ein wenig einkochen lassen, dann die Gemüsewürfel beigeben, die Lammstelzen wiederum einlegen und mit dem Fond überziehen (nappieren).

❷ Für die Polenta Milch zum Kochen bringen, Polenta einrühren und 10 Minuten quellen lassen, Butter und fein gehackte Oliven einrühren und abschmecken.

❸ Polenta mittig auf die Teller geben, die Lammstelzen daraufsetzen und mit etwas Sauce nappieren.

TIPP: Das französische „Mirepoix" bezeichnet eine Mischung aus gewürfelten Zwiebeln, Karotten und Sellerie (mitunter kommen noch Fenchel, Knoblauch und Paradeiser dazu), die als Aromazutat dem Fleisch beim Garen beigegeben werden.

Zweierlei Kitz
mit Melanzani und Bulgur

ZUTATEN
600 g ausgelöstes Kitzrückenfilet
200 g Ziegenmilch
1 Thymianzweig
1 Rosmarinzweig
1 Knoblauchzehe
40 g Kapern
Olivenöl

600 g Kitzschulter
Salz, Pfeffer
150 g Olivenöl
200 g Röstgemüse (ein Bund Suppengrün), würfelig geschnitten
2 reife Paradeiser, würfelig geschnitten
100 g Weißwein
400 g Lammfond (s. Grundrezepte, S. 104)
2 Thymianzweige
1 Rosmarinzweig (nur die Nadeln)
1 Lorbeerblatt
10 Pfefferkörner
1 Knoblauchzehe

MELANZANI
1 Melanzani
35 g Olivenöl
Salz, frisch gemahlener Pfeffer
1TL orientalische Gewürzmischung
1 halbe Knoblauchzehe, gehackt

BULGUR
125 g Geflügelfond (s. Grundrezepte, S. 101)
1/2 Zitronengrasstange
100 g Bulgur, mittelgrob
1 Spritzer Weißwein
1 TL Koriander, frische Blätter gehackt
1 TL Minze, frsch gehackt
1/4 TL Ras el Hanout
Salz und Pfeffer

❶ Am Vortag Melanzani und Kitzrückenfilet vorbereiten. Die Melanzani schälen, in acht ca. 1 cm dicke Scheifen schneiden, in Olivenöl braten und mit Salz, Pfeffer und der Gewürzmischung würzen. Die Melanzani ebenfalls in einen Beutel geben und im Wasserbad bei 65 °C ca. 4 Stunden ziehen und garen lassen. Dann kühl stellen, mindestens einen Tag lang durchziehen lassen. Kitzrückenfilet von Fett und Sehnen befreien, halbieren und mit der Ziegenmilch, den Kräutern und der Knoblauchzehe in einen Plastikbeutel geben und gut verschließen. Einen Tag marinieren lassen.

❷ Danach die Kitzschulter sorgfältig parieren und mit Salz und Pfeffer würzen. Das Olivenöl in einem Bräter erhitzen und die Schulter darin von allen Seiten kräftig anbraten. Die Schulter herausnehmen, das Gemüse und die Paradeiser zufügen und einige Minuten anbraten, dann mit Weißwein ablöschen. Die Schulter wieder in den Bräter legen, Lammfond und die Gewürze dazugeben und alles im Ofen bei 200 °C ca. 60–70 Minuten schmoren. Den Bräter aus dem Ofen nehmen, die Schulter auslösen und warm stellen. Den Schmorfond durch ein Sieb passieren.

❸ Nun den marinierten Filetrücken im Beutel für ca. 8 Minuten im Wasserbad bei 65 °C garen. Anschließend aus dem Wasser heben und weitere 8 Minuten bei 65 °C warmstellen. Olivenöl in einer passend großen Pfanne erhitzen. Das Kitzrückenfilet aus dem Beutel nehmen und im heißen Olivenöl kurz anschwenken.

❹ Spätestens während der Kitzrücken im Wasserbad gart, beginnen, das Bulgur zuzubereiten. Dafür Bulgur, den Geflügelfond mit klein geschnittenem Zitronengras in einem Topf aufkochen lassen. Bulgur in eine flache Schüssel geben und den kochenden Fond durch ein Sieb daraufgießen. Die Schüssel mit einem Deckel verschließen und Bulgur ca. 15 Minuten quellen lassen, bis er den Fond aufgenommen hat. Bulgurmasse mit einer Gabel auflockern, mit Weißwein und den Gewürzen abschmecken.

❺ Auf einen Teller den Bulgur strichartig verteilen. Rechts davon die Melanzani positionieren und darauf ein Stück Kitzschulter legen. Kitzrücken aufschneiden, dazugeben und alles mit Fond beträufeln.

TIPP: Dazu passt hervorragend griechischer Joghurt, der mit Salz, Knoblauch, Pfeffer und geschnittenen Minzeblättern abgeschmeckt wird.

Rücken vom Wildhasen

mit Speck, Kohlsprossen und Schupfnudeln

ZUTATEN
600 g Wildhasenrücken, ausgelöst
Salz, Pfeffer aus der Mühle
Öl zum Anbraten
5 Thymianzweige

Wildjus, s. Grundrezepte, S. 102

SPECK-KOHLSPROSSEN
500 g Kohlsprossen
50 g Spinat
25 g Schalotten, geschält
30 g Bauchspeck, geräuchert
25 g braune Butter
100 g Milch
30 g Speckwürfel, knusprig angeröstet
Salz
frisch gemahlener Pfeffer

SCHUPFNUDELN
250 g kalte Erdäpfel (am besten bereits am Vortag gekocht)
3 EL Mehl
2 Eigelb
Muskatnuss, frisch gerieben
Mehl zum Ausrollen
20 g Butter
Salz
frisch gemahlener Pfeffer

❸ Zuerst die Schupfnudeln zubereiten: Die kalten, gekochten Erdäpfel durch eine Presse drücken und durch ein Sieb streichen. Mehl, Eigelb Salz und etwas Muskatnuss zufügen und zu einem Teig verkneten. Auf einem bemehltem Brett aus dem Teig daumendicke, fingerlange Würstchen rollen und ausformen. Kühl stellen. Kurz vor dem Servieren in kochendem Wasser 2–4 Minuten ziehen lassen, abgetropft in heißer Butter schwenken.

❷ Die Kohlsprossen (250 g) vierteln und im Salzwasser blanchieren und abschrecken. Den Spinat ebenfalls blanchieren und abschrecken. Die Schalotten und den Bauchspeck fein würfelig schneiden und in brauner Butter anschwitzen. Die Milch zufügen und aufkochen lassen. Abkühlen und die 250 g Kohlsprossen dazu geben und im Mixer mixen. Von den restlichen Kohlsprossen einige schöne Blätter abnehmen. Die Blätter und die Köpfe jeweils mit etwas Biss im Salzwasser blanchieren und abschrecken. 250 g Kohlköpfe grob hacken und diesen unters Püree heben und mit Salz und Pfeffer abschmecken. Kurz vor dem Servieren den knusprig angerösteten Speck unterheben.

❸ Den Wildhasenrücken mit Salz und Pfeffer würzen, Öl in einer großen Bratpfanne erhitzen und Fleisch auf beiden Seiten kräftig anbraten. Thymianzweige dazugeben und im Rohr bei 160 °C ca. 6 Minuten garen. Herausnehmen und warm stellen.

❹ Das Kohlsprossen-Speck-Püree mittig und strichförmig auf dem Teller anrichten. Fleisch in Scheiben geschnitten darauflegen, rundherum die Schupfnudeln verteilen und mit Wildjus beträufeln.

ÜBRIGENS: Der Hase gehört zu den beliebtesten Zutaten der österreichischen „Wildküche" – vor allem der klassischen Wiener Wildküche. Kein Wunder, gehört doch das nördlich von Wien gelegene Weinviertel zu den „hasenreichsten" Regionen überhaupt. Die sanft hügelige Landschaft, die sonnendurchfluteten Weinrieden und die Weiten der Wiesen und Getreidefelder bieten Meister Lampe geradezu paradiesische Verhältnisse, in denen er sich Zeit seines Lebens mit uneingeschränkter Bewegungsfreiheit tummeln und auf ein abwechslungsreiches Nahrungsangebot zurückgreifen kann – das dankt er mit einem Fleisch von unvergleichlich aromatischem Wohlgeschmack.

Steak vom Wildschwein

mit Pilzen, Cox-Orange und Rahmwirsing

ZUTATEN
4 Steaks vom Wildschwein à 150 g
8 Scheiben Bauchspeck, durchzogen, geräuchert
400 g gemischte Schwammerln, je nach Saison
4 Thymianzweige
2 EL Butter
Öl

PILZE
400 g Pilze, gemischt (Herrenpilze, Eierschwammerln und Champignons, je nach Saison), geputzt, gewaschen und abgetropft
2 EL Butter

SAUCE
Wildjus, siehe Grundrezepte, S. 102

RAHMWIRSING
1 kleiner Wirsingkopf
2 Schalotten, fein würfelig geschnitten
4 Scheiben Bauchspeck, würfelig geschnitten
1 EL Schweineschmalz
150 ml Obers
1 EL Petersilie
Salz
frisch gemahlener Pfeffer

COX ORANGE
3 Äpfel (Cox Orange)
100 ml Weißwein
10 ml Ingwersirup
20 g Zucker
20 g Butter
1 Messerspitze frischer geriebener Ingwer
20 ml Calvados

❶ Den Wirsingkopf in Blätter zerteilen und die harten Stielansätze entfernen. Die Blätter in kochendem Salzwasser blanchieren und abschrecken. Die Blätter gut ausdrücken und in feine Streifen schneiden. Die Speckwürfel und Schalottenwürfel im Schweineschmalz anschwitzen. Kurz vor dem Servieren die Wirsingblätter dazugeben und mit Salz und Pfeffer abschmecken. Zum Schluss die Petersilie beigeben.

❷ Die Äpfel schälen. Das Kerngehäuse mit einem Apfelausstecher entfernen, in mittelstarke Spalten schneiden. Wein, Ingwersirup, Zucker und Butter in einem kleinen Topf aufkochen. Apfelspalten und frischen Ingwer hinzufügen. Die Apfelspalten ca. 2 Minuten dünsten und dann herausnehmen. Die Flüssigkeit einkochen lassen und mit Calvados ablöschen. Die Spalten im Sirup wenden.

❸ Die Steaks salzen und pfeffern und mit Speckscheiben umwickeln. In einer Pfanne Öl erhitzen und scharf an beiden Seiten anbraten. Danach bei 160 °C für ca. 10 Minuten ins Rohr stellen und die Thymianzweige dazugeben. Kurz rasten lassen

❹ Pilze in Butter anschwitzen und mit Salz und Pfeffer abschmecken. Wildjus erwärmen.

❺ Wirsing mittig auf Teller setzen, Steaks daraufsetzen und mit den Pilzen und Apfelspalten bedecken und mit Wildjus angießen.

Rostbraten vom Hirsch

mit Sellerie, Pilzen, Brokkoli und Butterknödel

ZUTATEN

800 g Hirschrücken (pro Person 200 g)
375 ml Wildfond oder Rindsuppe
1 Brokkoli, in Röschen geschnitten, blanchiert
10 kleine Herrenpilze, in Scheiben geschnitten, sautiert
1 EL Preiselbeeren
2 Zweige Thymian, gezupft
1 EL Butter
Öl zum Anbraten
Salz, frisch gemahlener Pfeffer
Schwarze Nüsse (s. Seite 121) u. Vogelbeeren als Garnitur

SELLERIEPÜREE

Saft von 1/2 Zitrone
200 g Knollensellerie (Vitamin C!)
1 TL Ascorbinsäure
50 g kalte Butter, Salz

BUTTERKNÖDEL

200 g Butter
160 g Brösel (Weißbrotbrösel)
4 Eier, 4 Dotter
Muskatnuss, frisch gerieben
Salz, frisch gemahlener Pfeffer

❶ Für die Butterknödel die Butter weißschaumig aufschlagen, die Dotter nach und nach einrühren und weiterschlagen, danach die Eier langsam einrühren. Die Brösel beigeben und mit Salz, Pfeffer und Muskatnuss gut abschmecken. Kurz rasten lassen und Knödel formen und in Salzwasser kochen.

❷ Für das Selleriepüree den Zitronensaft und etwa einen halben Liter Wasser in eine Schüssel geben. Den Sellerie schälen, in kleine Würfel schneiden und sofort in das Zitronenwasser legen, damit das Gemüse schön weiß bleibt. 400 ml Wasser mit der Ascorbinsäure und etwas Salz aufkochen, Sellerie hinzufügen und weich kochen. Das noch heiße Gemüse sehr gut in einem Küchentuch ausdrücken und im Mixer mit der Butter fein pürieren. Das Püree durch ein Passiersieb streichen und mit Salz abschmecken.

❸ Den Hirschrücken gut zuputzen, in gleich große Stücke schneiden und leicht plattieren. Mit Salz und Pfeffer würzen, dann die Rostbratenscheiben auf einer Seite in Mehl wenden. Öl in einer größeren Pfanne erhitzen, Fleisch zuerst auf der bemehlten Seite, dann auf der anderen Seite scharf anbraten und anschließend warm stellen. Mit Wildfond oder Rindsuppe aufgießen und gut einkochen lassen. Preiselbeeren und Thymian beigeben und mit Butter montieren, dann das Fleisch in die Sauce legen.

❹ Brokkoliröschen kurz blanchieren (oder falls schon blanchiert, erwärmen). In einer Pfanne Öl erhitzen, Herrenpilze sautieren, mit Salz und Pfeffer abschmecken.

❺ Rostbraten auf vorgewärmte Teller anrichten mit Sauce nappieren. Selleriepüree, Brokkoli, Herrenpilze und Butterknödel auf Rostbraten platzieren, mit Thymianblättchen, Schwarzer Nuss und Vogelbeeren garnieren.

Rücken vom Reh

mit Sellerie und Pfefferkirschen

ZUTATEN

600 g Rückenfilet vom Maibock
200 g Eierschwammerln
1 EL getrocknete Herrenpilze
4 EL Haselnüsse
Butter
6 Zimtblüten
12 Pfefferkörner
Salz
frisch gemahlener Pfeffer

SELLERIE CONFIT

450 g Knollensellerie, geschält, würfelig geschnitten
Saft von einer Zitrone
4 Stangensellerie, in ca. 2 cm lange Stücke geschnitten und blanchiert
25 g Butter, kalt
Salz und Pfeffer

PFEFFERKIRSCHEN

200 g Herzkirschen entkernt
100 ml trockener Rotwein
100 ml roter Portwein
100 ml Kirschsaft
2 TL geschroteter bunter Pfeffer
20 g Butter
1 EL Zucker
1 Prise Maisstärke (Maizena)

❹ Für das Sellerieconfit die Selleriewürfel im Zitronensaftwasser weich kochen. Vom warmen Sellerie 300 g mixen und mit der kalten Butter fein pürieren. Die restlichen 150 g unter das Püree heben. Mit Salz und Pfeffer abschmecken.

❷ Für die Pfefferkirschen den Zucker karamellisieren und mit Flüssigkeit ablöschen; Pfeffer beigeben und Flüssigkeit auf die Hälfte einreduzieren. Butter in einer Pfanne erhitzen und Kirschen darin anschwitzen, mit dem Fond aufgießen. Zur Bindung ein wenig Maizena beigeben.

❸ Das Maibockfilet sorgfältig von Sehnen und Fett befreien und in vier gleichmäßige Stücke schneiden. Die Haselnüsse mit den Pfefferkörnern und Zimtblüten anrösten, dann alles zusammen mit den getrockneten Herrenpilzen zermahlen. Das Fleisch salzen und in dieser selbst gemachten Gewürzmischung wälzen, dann mit einer Frischhaltefolie umhüllen und anschließend in eine Alufolie straff einrollen. Die Enden der Alufolie gut zudrehen und die „Maibock-Rolle" bei 85 °C im Wasserbad ca. 8–10 Minuten pochieren. Achtung: Die Kerntemperatur sollte bei 48 °C liegen – am besten ein Bratenthermometer verwenden!

❹ Die Filets aus den Folien wickeln und noch ca. 4 Minuten warm stellen. Die Eierschwammerln putzen und vorsichtig waschen und auf Küchenkrepp trocknen lassen.

❺ Die Eierschwammerln in etwas Butter sautieren und mit Salz und Pfeffer würzen.

❻ Das Maibockfilets in Butter kurz anbraten, salzen, längs halbieren und anrichten.

❼ Selleriepüree mittig auf Teller strichförmig anrichten und darauf den Stangensellerie setzen. Rechts und links davon die Filethälften anrichten und die Eierschwammerln sowie die Pfefferkirschen auf die Teller verteilen, anschließend den Saft darüberträufeln.

A piece of Bambi

Rehpastete? Der Mann, der einen der bekanntesten Namen der Welt trug: Walt Disney, blickte ratlos auf die Speisekarte. Dann fragte er den Restaurantdirektor. „It's a pie of venison", antwortete Robert Palfrader, gewöhnt, den internationalen Gästen des Sacher die Karte notfalls polyglott zu erklären. Nur hier gab es ein Problem: Walt Disney kannte den im Amerikanischen kaum verwendeten Ausdruck nicht. „You mean deer?", fragte er. – „No, deer is ... a Hirsch." Palfrader überlegte kurz, dann fiel es ihm ein: "I's a pie of Bambi!" Nun verstand Walt Disney, und orderte etwas anderes. Übrigens: Ob Walt Disney wusste, dass auch Felix Salten, der Autor von „Bambi", im „Sacher" verkehrt war. Und seinerzeit Anna Sacher als „pikant, ja sogar reizvoll" beschrieb, „mit einem blitzgescheiten, aber von tausend Teufeleien durchzuckten Soubrettengesicht". Aber das ist eine andere Geschichte.

Geschmorte Rehschulter

mit Preiselbeeren und Maroni-Tortellini

ZUTATEN
1 kg Rehschulter
500 g Wildknochen
2 Bund Suppengrün, geschält und gewürfelt
2 Zwiebeln, geschält und gewürfelt
1 Knoblauchzehe, geschält
1 EL Paradeismark
1/2 l trockener Rotwein
2 cl roter Portwein
2 cl Cognac
30 g Butterschmalz
1 Thymianzweig
1 Lorbeerblatt
2 Gewürznelken
6 Wacholderbeeren
12 Pfefferkörner
Salz, frisch gemahlener Pfeffer

MARONI-TORTELLINI
200 g Nudelteig (s. Rezept f. Bandnudeln, S.134)
200 g Maroni (geschälte und gekochte Maroni, gibt es im Supermarkt zu kaufen)
2 EL Speisetopfen, ausgedrückt
1 EL gehackte Petersilie
1 Eigelb
Salz

GARNITUR
Confierte (eingelegte) Preiselbeeren (s. Rezept, S. 121)

❶ Die Rehschulter sorgfältig zuputzen und mit Salz und Pfeffer auf beiden Seiten kräftig würzen. Das Butterfett in einer Kasserolle erhitzen und die Schulter an beiden Seiten scharf anbraten. Herausnehmen, die gehackten Knochen in das Bratfett geben und anrösten. Das Gemüse und die Zwiebelstücke zufügen und einige Minuten anbraten lassen. Tomatenmark unterrühren und anschwitzen lassen. Mit Rotwein ablöschen, einkochen lassen, dann wieder mit Rotwein ablöschen. Diesen Vorgang ca. dreimal wiederholen.

❷ Dann die Schulter wieder dazugeben, mit dem restlichen Rotwein angießen und mit so viel Wasser anfüllen, dass alles bedeckt ist. Gewürze dazugeben und zugedeckt im Ofen bei 200 °C etwa 7 Minuten schmoren lassen. Das Fleisch vom Knochen nehmen und portionieren. Die Sauce passieren, durch ein Sieb gießen und eventuell mit Maizena binden. Mit Salz, Pfeffer, Cognac und Portwein abschmecken.

❸ Für die Maroni-Tortellini den Nudelteig nach dem Rezept zubereiten. Die Maronen mit einer Gabel fein zerdrücken und mit Topfen, Petersilie und Salz gut vermischen. Den Nudelteig sehr dünn ausrollen und mit einem gezackten Ausstecher ausstechen. Die Ränder jeweils mit etwas verquirltem Eigelb bestreichen, auf die Hälfte der Teigkreise etwas der Maronenfülle geben und jeweils zu einem Halbmond umschlagen. Die Teigränder fest eindrücken und die Enden mit Eigelb zusammenkleben und kühl stellen. Kurz vor dem Servieren die Tortellini in siedendem Salzwasser ca. 3 Minuten ziehen lassen, dann abtropfen lassen und in etwas Butter schwenken.

❹ Die heiße, portionierte Rehschulter in der Mitte der Teller anrichten und mit der Sauce nappieren. Jeweils drei Tortellini um das Reh herum anrichten und dazwischen das Preiselbeerconfit auftragen.

Ein frischer Gruß aus der Patisserie

Süßes für jede Lebenslage:

Klassische Torten
Kuchen, Schnitten und Strudel
Warme Mehlspeisen · Kekse
Gelees · Pralinen · Makronen
Süßes im Gläschen
Gefrorene Köstlichkeiten
Kreative Sacher-Patisserie

Als eine „Art Vatikan der süßen Genüsse“ wurde das Hotel Sacher vom österreichischen Kochbuch-Autor Christoph Wagner bezeichnet. Mit gutem Grund: Abgesehen von der berühmten Schokoladentorte bereiten die Herren und Damen Zuckerbäcker in der Hotelküche aus Zucker, Butter, Eiern und Mehl, Schokolade, Früchten, Aromen und vielem mehr die schönsten Herrlichkeiten. Hier finden Sie einige davon – Torten und Mehlspeisen, die einst mit den böhmischen Köchinnen nach Wien kamen, ebenso wie Kekse, Pralinen oder fruchtige Kompositionen der aktuellen, kreativen Sacher-Patisserie. Interessieren Sie sich für Rahmdalken oder Weinbergpfirsich in Texturen, Mango-Sorbet oder Kokos-Ananasparfait mit Zitronengras-Espuma? Dann bitte umblättern.

Linke Seite: Himbeer-Schokoladenschnitte mit Sorbet und Creme
Rezept Seite 367

HOTEL SACHER
HOTEL SACHER
Das Original
Hotel Sacher
WIEN

Sachertorte

ZUTATEN

Für eine Springform
mit 22–24 cm Ø

140 g glattes Mehl
130 g Speiseschokolade
ca. 200 g Marillenmarmelade
110 g Staubzucker
110 g Feinkristallzucker
Mark von 1/2 Vanilleschote, ausgekratzt
6 Eidotter
6 Eiklar
140 g Butter, zimmerwarm
Butter und Mehl für die Form
Schlagobers als Garnitur

GLASUR

150 g Schokolade
200 g Feinkristallzucker
125 ml Wasser

ORIGINAL SACHER-TORTE

Die Original Sacher-Torte wird seit 1832 nach einem streng gehüteten Geheimrezept hergestellt. Das hier präsentierte Rezept ist die Variante einer „Sachertorte".

TIPP

In der süßen Küche des SACHER verwenden wir nur glattes Mehl.

❶ Zuerst den Boden einer Springform mit Backpapier auslegen, den Springformrand innen mit Butter einfetten, mit Mehl bestauben. Backrohr auf 170 °C vorheizen.

❷ In einer Schüssel Butter, Staubzucker und Vanillemark cremig rühren. Die 6 Eidotter nach und nach langsam einrühren und alles zu einer dichten, schaumigen Masse schlagen. Nun die Schokolade in Stücke brechen, im heißen Wasserbad (oder in der Mikrowelle) schmelzen lassen, dann unter die Butter-Eigelb-Masse rühren. Die 6 Eiklar in einer anderen Schüssel steif schlagen und währenddessen den Kristallzucker einrieseln lassen und immer weiter schlagen. Wenn der Eischnee glänzend und schnittfest ist, Schnee auf die Butter-Eigelb-Masse häufen. Dann Mehl darüber sieben. Alles mit dem Kochlöffel vorsichtig vermengen. Nun den Teig in die Springform füllen und ins vorgeheizte Rohr geben. 55 bis 60 Minuten bei 170 °C backen; dabei die Ofentür während der ersten 10–15 Minuten ca. 2 cm weit offen lassen (einen Kochlöffel dazwischenschieben), dann Tür schließen und fertigbacken. (Sie können zur Probe auf den Teig drücken: Wenn er durchgebacken ist, sollte er kurz nachgeben und gleich wieder seine Form einnehmen, wie ein Schwamm.)

❸ Anschließend die Torte mitsamt Springform auf ein Kuchengitter stürzen und ca. 20 Minuten abkühlen lassen. Backpapier abziehen, die Torte umdrehen und in der Form gänzlich erkalten lassen. Anschließend aus der Form nehmen. Mit einem scharfen, großen Messer waagrecht halbieren. Die obere Hälfte vorsichtig abheben.

❹ Marillenmarmelade in einem kleinen Topf erwärmen, glattrühren. Beide Tortenböden mit der warmen Marmelade bestreichen, wieder aufeinandersetzen und rundum mit Marmelade bestreichen. Dann Marillenmarmelade etwas antrocknen lassen.

❺ Inzwischen für die Glasur Wasser in einen Topf geben, erhitzen, Zucker einrühren, aufkochen lassen und 5–6 Minuten sprudelnd kochen. Danach leicht abkühlen lassen. Die Schokolade in Stücke brechen und im heißen Wasserbad schmelzen, nach und nach die Zuckerlösung dazugießen und mit dem Schneebesen untermischen. Rühren, bis eine dickflüssige, glatte Glasur entstanden ist.

❻ Die lippenwarme Glasur mit einer einzigen Bewegung rasch aus dem Topf über die Torte gießen. Mit einer Palette und mit so wenigen Strichen wie möglich rundherum auf der Torte verstreichen. Glatt streichen. Einige Stunden trocknen lassen (bis die Glasur ganz erstarrt ist). Zuletzt die Sachertorte in Stücke schneiden, auf Teller geben. Mit geschlagenem Obers servieren.

Malakofftorte

ZUTATEN
Für eine Torte mit 24 cm Ø

BISKUITBODEN
5 Eier
120 g glattes Mehl
150 g Feinkristallzucker
1 Pckg. Vanillezucker
abgeriebene Schale von
1 unbehandelten Zitrone
80 g flüssige Butter
40 g Maisstärke (Maizena)
1 Prise Salz

VANILLECREME
2 Eidotter
2 Eier
100 g Feinkristallzucker
1 Pckg. Vanillezucker
Mark von 1 Vanilleschote, ausgekratzt
500 ml Schlagobers
6 Blatt Gelatine, eingeweicht
4 cl Amaretto

RUMSIRUP
150 g Feinkristallzucker
1/4 l Rum
125 ml Wasser

AUSSERDEM
1 Pckg. Biskotten zum Belegen
jeweils 14 Biskotten,
250 ml Schlagobers und
Schokoladespäne als Dekor

❶ Eine Springform ausbuttern und mit Mehl bestreuen. Backrohr vorheizen. Dann für die Biskuitmasse in einer Schüssel Eier, Kristallzucker, Vanillezucker, Salz und abgeriebene Zitronenschale über Wasserdampf warm schlagen. Anschließend im Eiswasserbad kalt schlagen. Mehl und Maisstärke versieben. Nach und nach unter die Eimasse heben. Langsam flüssige Butter einrühren.

❷ Biskuitmasse in die Springform füllen und bei 180 °C ins vorgeheizte Rohr geben und 30–35 Minuten backen. Auskühlen lassen. Aus der Form lösen und waagrecht halbieren.

❸ Nun für die Vanillecreme in einer Schüssel Eier, Eidotter, Zucker, Vanillezucker und Vanillemark über Dampf warm, dann im Eiswasserbad kalt schaumig schlagen. Amaretto erwärmen. Die eingeweichten Gelatineblätter gut ausdrücken und im warmen Amaretto auflösen. Anschließend unter die Eimasse ziehen. Obers halbsteif schlagen und unterheben.

❹ Für den Rumsirup Wasser und Zucker aufkochen, abkühlen lassen und Rum dazugeben. In eine Schale gießen.

❺ Einen der zwei Tortenböden in eine Form geben und mit Rumsirup beträufeln. Dann etwa 2 cm hoch Vanillecreme daraufgeben und glatt streichen. Biskotten nacheinander in Rumsirup tränken und vorsichtig nebeneinander auf die Creme legen. Auf die Biskotten wieder eine 2 cm hohe Schicht Vanillecreme auftragen. Und auf die Vanillecreme wieder eine Schicht in Rumsirup getränkte Biskotten legen. Nun die restliche Creme auftragen und mit dem zweiten Biskuitboden bedecken. Torte über Nacht kühl stellen.

❻ Danach die Torte vorsichtig aus der Form befreien. 250 ml Obers aufschlagen. Die Malakofftorte rundum mit Obers bestreichen. Restliches Schlagobers eventuell in einen Spritzbeutel geben und ein paar hübsche Rosetten auf die Tortenoberfläche dressieren. Und die Verzierung mit gehobelten Mandeln und den 14 übrigen Biskotten vollenden.

Esterházytorte

1 Torte mit 24 cm Ø (14 Stück)

ZUTATEN

DÜNNE TORTENBÖDEN

8 Eiklar
Schale von 1 unbeh. Zitrone
150 g geriebene Mandeln
40 g glattes Mehl
200 g Staubzucker
Zimt, gemahlen
Backpapier

BUTTERCREME

300 g weiche Butter
300 ml Milch
150 g Zucker
40 g Puddingpulver, Vanille
3 Eidotter
2 cl Kirschbrand
Mark von 1 Vanilleschote, ausgekratzt
50 g Nougat, geschmolzen

GLASUR

300 g Fondant
80 g Marillenmarmelade
2–3 EL gehobelte Mandeln, geröstet
2 cl Rum
Kakaopulver

❶ Für die Tortenböden zunächst auf Backpapier sechs Kreise im Durchmesser von 24 cm zeichnen (mit Tortenreifen). Backrohr auf 200 °C vorheizen. Zitronenschale reiben. Die 8 Eiklar mit dem Staubzucker zu einer glänzenden Eischneemasse schlagen, währenddessen abgeriebene Zitronenschale und eine Messerspitze Zimt einrühren. Nun das Mehl sieben, mit den gemahlenen Mandeln vermischen und behutsam unter den Eischnee heben. Nun die Teigmasse dünn auf die sechs Backpapierkreise streichen und gleich nacheinander (oder in Zweierpartien) etwa 8–10 Minuten im Rohr backen. Herausnehmen und mit einem über die Teigscheiben gelegten Tortenreifen die Kreisform nochmals genau ausstechen. Die warmen Tortenböden mit einer Palette vom Backpapier ablösen und überkühlen lassen.

❷ Inzwischen mit der Buttercreme beginnen: In einem kleinen Topf 200 ml Milch mit dem ausgekratzten Vanillemark einmal aufkochen. Die übrigen 100 ml Milch mit Eidotter, Vanillepuddingpulver und Kirschbrand mit dem Schneebesen gut verrühren und dann in die heiße Milch einrühren. Glattrühren (eventuell durch ein Sieb drücken, falls der Pudding Klümpchen gebildet hat). Abkühlen lassen. Währenddessen Butter sehr schaumig rühren. Abgekühlten Pudding nach und nach, unter Rühren, mit der Butter zu einer Creme vermengen. Die Hälfte der Creme mit dem Nougat abmischen.

❸ Einen schönen, ebenmäßigen Tortenboden beiseitestellen. Die anderen fünf Tortenböden nacheinander abwechselnd mit Buttercreme und Nougat bestreichen und, Schicht für Schicht, aufeinandersetzen: dabei Creme für den Tortenrand aufsparen. Zuletzt den übrigen Boden umgedreht (mit der glatteren Unterseite nach oben) auf die Torte setzen. Marillenmarmelade ein wenig erwärmen, mit Rum verrühren und den Tortendeckel mit der Marmelade überziehen. Kühl stellen.

❹ Für die Glasur Fondant etwas erwärmen (es sollte „lippenwarm" sein) und 2 bis 3 Esslöffel beiseitegeben. Restliches warmes Fondant auf die Marmeladenschicht streichen, mit einer Palette oder einem passenden Messer glätten. Die aufbewahrte Buttercreme mit einer Spachtel rundum auf den Tortenrand auftragen und mit gerösteten Mandelblättchen belegen (leicht andrücken!). Abschließend die 2 bis 3 Esslöffel Fondant mit Kakao gleichmäßig vermengen, in ein Papierstanitzel füllen. Mit dem Stanitzel nun von der Mitte bis zum Tortenrand etwa 5 bis 6 ineinanderliegende, jeweils um 2 cm größere Kreise aufspritzen. Mit einem Zahnstocher oder einem kleinen Messer vorsichtig (und dabei nur Kakako-Fondant berührend) vom kleinsten Kreis in der Mitte nach außen hin acht Linien ziehen, so dass jede Kreislinie dort, wo eine Gerade sie trifft, eine „Spitze" erhält. Anschließend (wieder mit Zahnstocher oder Nadel) weitere acht Kakao-Fondant-Linien in umgekehrter Richtung ziehen – von außen nach innen und jeweils in der Mitte zwischen zwei von den zuerst gezogenen Strichen, so dass das für die Esterházytorte typische, einem vergrößerten Spinnennetz gleichende Ornament entsteht.

Trüffeltorte klassisch

ZUTATEN

SCHOKOLADEBODEN

100 g Zartbitterkuvertüre
100 g Butter
100 g Staubzucker
100 g Feinkristallzucker
1 Packerl Vanillezucker
120 g Mehl
6 Eidotter
6 Eiklar
abger. Schale von
1 unbehandelten Zitrone
1 Prise Salz
Butter zum Einfetten
Mehl für die Form

TRÜFFELCREME

300 g Zartbitterkuvertüre,
klein geschnitten
300 ml Obers

WEINBRANDSIRUP

100 ml Wasser
100 g Feinkristallzucker
250 ml Weinbrand

GLASUR

150 g Zartbitterkuvertüre
80 g Nougat

❶ Für den Tortenboden die in Stücke gebrochene Kuvertüre im heißen Wasserbad oder in der Mikrowelle schmelzen. In einer Rührschüssel Butter mit Staubzucker schaumig rühren, Vanillezucker, geriebene Zitronenschale und Salz einrühren. Nach und nach die sechs Eidotter zugeben und gut verrühren. Dann die geschmolzene Kuvertüre unter die Butter-Ei-Masse ziehen und gut vermengen. Eiklar mit Kristallzucker zu Schnee schlagen und den Schnee abwechselnd mit dem gesiebten Mehl vorsichtig unter die Schokolademasse heben. Eine Tortenform mit Butter ausfetten und mit Mehl bestauben. Fertigen Schokoladeteig hineingeben und im vorgeheizten Rohr bei 180 °C etwa 45 Minuten backen. Auskühlen lassen. Anschließend waagrecht in drei gleich hohe Scheiben (Böden) schneiden.

❷ Für die Trüffelcreme Obers aufkochen lassen, klein geschnittene (oder grob geraspelte) Kuvertüre unter Rühren hinzufügen und glatt rühren. Abkühlen lassen.

❸ Für den Weinbrandsirup Wasser und Zucker aufkochen, überkühlen lassen, dann Weinbrand einrühren.

❹ Nun die Torte zusammensetzen: Den ersten Tortenboden in einen Tortenring (26 cm Durchm.) setzen und mit Weinbrandsirup beträufeln. Dann mit der Hälfte Trüffelcreme bestreichen. Darauf den nächsten Boden setzen, mit Weinbrand beträufeln und mit der restlichen Trüffelcreme bestreichen – das heißt: fast, etwas Trüffelcreme sollten Sie nämlich noch zurückbehalten, um die Torte später zu dekorieren. Abschließend wird der dritte Tortenboden obenauf gelegt und die Torte kühlgestellt, am besten über Nacht. Danach die Torte vom Tortenring befreien. Zartbitterkuvertüre und Nougat kleinschneiden und zusammen im Wasserbad schmelzen (mit Schneebesen verrühren!). Torte mit der Schokolade-Nougat-Mischung überziehen. Restliche Trüffelcreme nach Belieben in einen Spritzbeutel geben und damit die Torte dekorieren.

TIPP: Trüffelcreme kann gut am Vortag zubereitet und kühlgestellt werden (vielleicht müssen Sie sie nur nochmals kurz aufschlagen).

Schokomousse-Himbeertorte

Für eine Torte von 24 cm Ø

ZUTATEN

Schokoladeboden
(s. Rezept Trüffeltorte)

SCHOKOLADEMOUSSE

200 g Zartbitterkuvertüre
30 g Milchkuvertüre
380 ml Schlagobers
45 g Feinkristallzucker
1 Packerl Vanillezucker
3 Eier
2 Eidotter
2 cl Amaretto
3 Blatt Gelatine, eingeweicht

AMARETTOSIRUP

100 g Zucker
100 ml Wasser
127 ml Amaretto

BELAG UND GLASUR

500 g Himbeeren,
frisch oder tiefgekühlt
Himbeermarmelade
zum Bestreichen
Tortengelee zum Glasieren
Schlagobers zum Bestreichen
gehobelte Schokolade
zum Bestreuen

❶ Zunächst genau wie im Rezept für Trüffeltorte auf Seite 304 beschrieben, einen Schokoladetortenboden backen, auskühlen lassen und waagrecht in drei gleich hohe Scheiben (Böden) schneiden.

❷ Danach für die Schokomousse Eier und Dotter mit Kristallzucker und Vanillezucker über Dampf warm schlagen. Dann im Eiswasserbad kalt schlagen. Beide Kuvertüren zusammenschmelzen (im heißen Wasserbad oder Mikrowelle). Amaretto erwärmen, die eingeweichte und gut ausgedrückte Gelatine dazugeben und auflösen. Amaretto mit Gelatine in die Ei-Zucker-Masse rühren. Schlagobers halbsteif schlagen. Jetzt erst die geschmolzene Kuvertüre in die Ei-Zucker-Masse einrühren. Danach das halbsteife Schlagobers vorsichtig unterheben.

❸ Für den Sirup Wasser mit Zucker aufkochen und gleich vom Herd nehmen. Wenn der Sirup abgekühlt ist, mit Amaretto vermischen.

❹ Jetzt mit dem Aufbau der Torte beginnen: Einen der Schokoladeböden in einen Tortenring setzen. Gut mit Amarettosirup beträufeln und dann die Hälfte der Schokolademousse darauf verteilen, glatt streichen. Auf bzw. in die Mousse etwa 10 bis 12 Himbeeren legen (gleichmäßig verteilen). Darauf den zweiten Tortenboden legen, mit Amarettosirup beträufeln und mit restlicher Mousse bestreichen. Den letzten Tortenboden als Deckblatt daraufsetzen. Dann die Torte erst einmal kühlstellen, idealerweise über Nacht.

❺ Danach den letzten, obersten Tortenboden mit Himbeermarmelade bestreichen und mit frischen Himbeeren belegen. Mit Tortengelee überziehen. Etwas Obers steifschlagen. Mit einer Spachtel das geschlagene Obers auf die Tortenseiten auftragen, mit gehobelter Schokolade bestreuen.

Sisi bestellt eine Original Sacher-Torte

Unter den Hunderten von Andenken und Bildern mit Widmungen vergangener Berühmtheiten hängen im Sacher, eingerahmt und hinter Glas, auch zwei Rechnungen für Kaiserin Elisabeth. „Sisi" hat zwar das Hotel nie betreten – doch kann man auf den kleinen, in gestochener Handschrift ausgestellten Zetteln lesen, dass sie sich vom offiziellen Hoflieferanten Sacher eine Schokoladentorte liefern ließ. Viele Jahrzehnte später sollte das Sacher eine Rolle für Sisis Nachruhm spielen: Eine Büste der ätherisch schönen Kaiserin in der Roten Bar erinnerte Regisseur Ernst Marischka an die junge Schauspielerin Romy Schneider. Prompt erhielt Romy Schneider die Hauptrolle in Marischkas „Sissi"-Filmen und wurde fortan – ebenso wie die von ihr verkörperte Kaiserin – populär, umschwärmt und von einer großen Fangemeinde geliebt.

Zitronentorte

Für eine Torte mit 24 cm Ø

ZUTATEN

MÜRBTEIGBODEN
220 g glattes Mehl
110 g Butter, in Stücke geschnitten
50 g Staubzucker
1 Eidotter
1 Msp. Salz
Butter zum Einfetten
getr. Erbsen, Bohnen zum Blindbacken

ZITRONENCREME
abger. Schale und Saft von 2 Bio-Zitronen
100 g QimiQ
1/4 l Milch
3 Eidotter
30 g Puddingpulver, Vanille
30 g Feinkristallzucker

BAISERMASSE
5 Eiklar
150 g Feinkristallzucker
100 g Staubzucker

❶ Für den Mürbteigboden alle Zutaten in einer Rührschüssel zügig vermengen, zu einem glatten Teig verkneten und in Klarsichtfolie gewickelt etwa 2 bis 3 Stunden im Kühlschrank rasten lassen. Anschließend auf einer bemehlten Arbeitsfläche ausrollen. Eine Tortenform buttern und mit dem Teig auslegen; Teig an den Rändern andrücken. (Sie können auch eine Springform nehmen – dann zwei Drittel des Teigs auf den eingefetteten Boden der Form geben; und mit dem restlichen Teig einen etwa 3 cm hohen Teigrand anlegen.)

❷ Nun den Teigboden blindbacken: mit Backpapier belegen, darauf getrocknete Erbsen oder Bohnen verteilen und alles bei 190 °C ca. 15 Minuten im vorgeheizten Rohr vorbacken. Anschließend Papier und Hülsenfrüchte entfernen; Mürbteigboden nochmals bei gleicher Temperatur etwa 15 Minuten backen, bis er hellbraun ist.

❸ Für die Zitronencreme in einem Topf unter Rühren Milch mit Kristallzucker aufkochen, dann die Hitze reduzieren. In einer kleinen Schüssel die drei Dotter mit Puddingpulver verrühren, etwas heiße Milch hinzufügen und dann dieses Dotter-Pudding-Milch-Gemisch in den Topf zur eben mit Zucker aufgekochten Milch gießen (um sie zu binden). Nun die Hitze eventuell wieder erhöhen und die Milch-Pudding-Masse mehrmals leicht aufwallen lassen, dabei ständig mit dem Schneebesen rühren. Zitronensaft und geriebene Zitronenschale hineinrühren – und weiterrühren, bis die Masse eine dichte, cremige Konsistenz hat.

❹ Die fünf Eiklar mit dem Feinkristallzucker, den Sie nach und nach einrieseln, zu einem steifen, ja schnittfesten Eischnee schlagen. Dann Staubzucker sieben und mit einem Spatel vorsichtig unter den Eischnee heben.

❺ Nun die Hälfte vom Schnee vorsichtig unter die Zitronencreme ziehen, die noch auf dem Herd steht. Creme noch einmal aufwallen lassen, dann QimiQ unterheben.

❻ Anschließend Zitronencreme auf den Tortenboden (noch in der Form) geben. Zitronencreme glattstreichen, den restlichen Eischnee teils auf der Creme verteilen, teils in einen Spritzbeutel geben und Tupfen neben Tupfen auf die Torte dressieren. Mit dem Bunsenbrenner flämmen oder ins vorgeheizte Rohr schieben und bei 220 °C (Oberhitze) 2 Minuten backen, bis die Baisermasse hart geworden ist (Baiser darf höchstens gelblich aussehen, keinesfalls braun – denn dann wäre das empfindliche Eiweiß quasi schon verbrannt, was man ihm auch „anschmeckt").

Linzer Torte

Für eine Torte mit 24 cm Ø

ZUTATEN

TEIG

200 g geriebene Haselnüsse
200 g Butter
200 g Staubzucker
100 g glattes Mehl
2 EL Vanillezucker
3 Eier
1 Eidotter
abger. Schale von 1 unbeh. Zitrone
abger. Schale von 1 unbeh. Orange
2 Msp. Zimt, gemahlen
1 Msp. Nelken, gemahlen
1 Prise Salz
Butter zum Einfetten
Mehl für die Arbeitsfläche

BELAG

1 große Oblate (20 cm Ø)
oder mehrere kleine O.
150 g Ribiselmarmelade
150 g Mandeln, gehobelt
Staubzucker zum Bestreuen

❶ In einer Schüssel Butter und Staubzucker schaumig rühren. Geriebene Zitronen- und Orangenschale, Zimt- und Nelkenpulver einrühren. Hintereinander die drei Eier sowie Eidotter unterziehen. Kuchenbrösel, Mehl und geriebene Haselnüsse miteinander vermischen und gut mit der Masse zu einem Teig vermengen.

❷ Eine Torten- oder Springform mit Butter einfetten, mit Mehl bestauben. Mit zwei Dritteln des Teiges die Form auslegen, den Rand andrücken (bei der Springform nicht hoch!). Nun Oblate (oder Oblaten, falls Sie mehrere kleine nehmen) auf den Teigboden legen und mit Ribiselmarmelade bestreichen.

❸ Das restliche Teigdrittel in einen Spritzbeutel mit einer glatten Tülle (Größe Nr. 6) füllen und damit auf die Marmelade ein Teiggitter dressieren. Mit gehobelten Mandeln bestreuen, dann Linzer Torte bei 160–170 °C ins vorgeheizte Backrohr schieben und in 45–50 Minuten fertig backen. Auskühlen lassen. Staubzucker darübersieben und so vollenden.

Altägyptische Vorbilder

Man findet in historischen Kochbüchern Hunderte von Rezepten für die Linzer Torte. Mal wird extra viel Zimt in den Teig gemischt, ein anderes Mal gar keiner, einige nehmen Muskatnuss und Macis, während andere lieber zur Vanille greifen. Es gibt also nicht das Rezept für diesen österreichischen Mehlspeisklassiker, der übrigens nicht einmal von einem Österreicher erfunden wurde: Als „Vater" der Linzer Torte gilt ein gewisser Johann Conrad Vogel, ein zugewanderter Konditormeister aus dem fränkischen Weihenzell. Er soll diese berühmte Torte im Jahre 1828 im Auftrag des Linzer Magistrats kreiert haben. So weit, so gut.

Allerdings sind gerührte Torten aus – mit oder ohne Mandeln – zubereiteten Bröselteigen (die auch gehackte Grammeln beinhalten können) sehr wohl schon weit früher bekannt gewesen und zumindest seit 1696 dokumentiert. Diese Teige nennt man in der Konditorsprache: Linzer Teige.

Sehr Interessant ist auch, dass ähnlich geformte Kuchen bereits in der Antike bekannt gewesen sein dürften, denn auf altägyptischen Darstellungen hat man Abbildungen von Kuchen gefunden, die der Linzer Torte zum Verwechseln ähnlich sehen.

Kuchen, Schnitten & Strudel

Germgugelhupf

ZUTATEN

70 g Rosinen
40 ml Rum
2 Eier
6 Dotter
350 g Mehl
100 g Zucker
250 g weiche Butter
Butter zum Einfetten
Zucker zum Ausstreuen

DAMPFL

210 ml lauwarme Milch
150 g Mehl
1 Würfel Germ, frisch
60 g Zucker

❶ Ein bis zwei Tage vorher Rosinen und Rum vermengen und etwa 24 Stunden ziehen lassen. Anschließend für das Dampfl (den Vorteig) Milch erwärmen und lauwarm in eine Schüssel gießen, Germ zerbröckeln, hinzufügen und verrühren. Zucker und gesiebtes Mehl einrühren, alles gut vermengen. Mit einem nassen Geschirrtuch abdecken und an einen warmen Ort ca. eine halbe Stunde gehen lassen.

❷ Danach für den Teig 350 g Mehl in eine Schüssel sieben und mit den 2 Eiern, 6 Eigelb, Zucker, Salz und Vanillezucker verühren. Dampfl beigeben und die weiche Butter einkneten, dann Teig ca. 10 Minuten in der Küchenmaschine kneten. Zum Schluss die Rumrosinen untermengen. Teig 1/2 Stunde zugedeckt gehen lassen.

❸ Nun eine Gugelhupfform mit Butter ausstreichen und mit Zucker ausstreuen, den Teig einfüllen, dabei nach unten drücken. Erneut gehen lassen – so lange, bis das Teigvolumen zwei Drittel der Form einnimmt. Dann mit Butter bestreichen und im vorgeheizten Rohr bei 160 °C ca. 40–50 Minuten backen. Abkühlen lassen und stürzen.

Marmorgugelhupf

ZUTATEN
200 g Butter
100 g Staubzucker
etwas Vanillezucker
4 Eier
230 g glattes Mehl
100 g Kristallzucker
20 g Kakaopulver
eine Prise Salz

❶ Die Butter mit Staub- und Vanillezucker sowie etwas Salz schaumig rühren. Eier aufschlagen, Dotter und Eiklar trennen. Nach und nach Eidotter in die Buttermasse rühren. Eiklar mit dem Kristallzucker steif schlagen und unterheben. Mehl sieben und einarbeiten. Kakaopulver sieben und mit einem Drittel des Teigs vermengen.

❷ Eine Gugelhupfform einfetten und mit Mehl bestäuben. Die Hälfte des hellen Teigs einfüllen, darüber erst den braunen und dann den Rest des hellen Teigs verteilen. Mit einer Gabel spiralförmig durch die Teigschichten ziehen, damit ein Marmormuster entsteht.

❸ Im vorgeheizten Backrohr bei 180 °C etwa eine Stunde lang backen. Anschließend auf ein Kuchengitter stürzen, abkühlen lassen und mit Staubzucker bestreuen.

Mohnkuchen mit Zwetschken

ZUTATEN
500 g Mohn

400 g weiche Butter
330 g Zucker
125 g Staubzucker
330 g Haselnussgrieß (geriebene Haselnüsse)
85 g glattes Mehl
330 g Eigelb
500 g Eiklar
Mark von 2 Vanilleschoten, ausgekratzt
Schale von 1 Bio-Orange, gerieben
Schale von 1 Bio-Zitrone, gerieben
3,5 g Zimt, gemahlen
1,5 g Salz
Butter zum Einfetten
Mehl zum Bestäuben

ZWETSCHKEN
500 g Zwetschken, halbiert und entkernt
300 g Gelierzucker (1:1)

ZIMTSTREUSEL
320 g glattes Mehl
220 g weiche Butter
120 g Zucker
50 g Marzipan
2–3 Prisen Zimt, gemahlen
1 Msp. Salz

❶ Die Zwetschken waschen, trocknen und halbieren, Kerne entfernen. Zwetschken mit Gelierzucker aufkochen, bis der Zucker gelöst ist (Gelierprobe machen: 2 Teelöffel Geliersirup auf einen kalten Teller geben, wo die Flüssigkeit sich bald verdicken sollte; geschieht dies nicht, noch etwas Zitronensäure zum Verfestigen hinzufügen, nochmals probieren).

❷ Für Zimtstreusel alle Zutaten – gesiebtes Mehl, Butter, Zucker, Marzipan und eine Messerspitze Salz – gut vermengen. Beiseitestellen.

❸ Für den Teig weiche Butter, Vanillemark, geriebene Zitronen- und Orangenschale, Salz und Staubzucker in einer Rührschüssel schaumig rühren. Eidotter langsam unterschlagen. Eiklar mit Zucker steifschlagen. Den Eischnee behutsam unter die Butter-Mischung rühren, anschließend Mohn, Mehl und Haselnussgrieß vorsichtig unterheben.

❹ Ein Backblech mit Butter ausstreichen und mit Mehl bestäuben. Teigmasse einfüllen. Die Zwetschken in kleine Stücke schneiden und auf den Teig legen. Streusel darüber reiben und alles bei 170 °C für 40 Minuten im vorgeheizten Rohr backen.

Apfelstrudel

ZUTATEN
1 Strudelteig, fertig
oder selbstgemacht

FÜLLUNG
1, 5 kg nicht zu saftige Äpfel
(Elstar, Kronprinz Rudolf),
geschält u. entkernt
200 g Butter
100 g Feinkristallzucker
30 g Vanillezucker
60 g in Rum eingelegte Rosinen
100 g Biskuitbrösel
1 Prise Zimt
Butter zum Bestreichen
1 Ei zum Bestreichen
Staubzucker zum Bestäuben

❶ Den Strudelteig nach Rezept auf Seite 113 vorbereiten. Auf ein sauberes, bemehltes Geschirrtuch legen und ausziehen.

❷ Für die Füllung die geschälten Äpfel erst vierteln, dann in dünne Scheibchen schneiden. Schnell mit Zitronensaft beträufeln (damit sie nicht braun werden). Die vorher in Rum eingelegten Rosinen mit 2 Esslöffeln vom Zucker und der Hälfte Vanillezucker in eine Schüssel geben, Apfelscheibchen dazugeben, alles gut miteinander vermengen.

❸ In einer kleinen Pfanne 200 g Butter schmelzen. Den ausgezogenen Strudelteig mit der Hälfte der flüssigen Butter bestreichen. In der restlichen Butter die Biskuitbrösel goldgelb anrösten. Anschließend Brösel mit dem restlichen Zucker und Vanillezucker sowie der Prise Zimt vermischen und auf zwei Drittel des Strudels streuen, rechts und links am Rand ca. 3 cm auslassen (von der Längsseite her gesehen). Apfelfülle gleichmäßig auf den Bröseln verteilen. Die seitlichen Ränder einklappen und mithilfe des Tuchs den Strudel einrollen (auf der Seite mit der Füllung beginnen).

❹ Ein Backblech mit Butter einfetten oder mit Backpapier belegen. Das Ei versprudeln. Strudel vorsichtig mit dem Tuch anheben und mit der Naht nach unten aufs Blech legen. Mit Ei bestreichen. Im vorgeheizten Backrohr bei 180 °C ca. 30–40 Minuten backen, dabei wiederholt mit flüssiger Butter bestreichen. Etwas abkühlen lassen, dann mit Staubzucker bestreuen. Apfelstrudel warm (mit warmer Vanillesauce) oder kalt servieren, nach Wunsch mit Schlagobers garnieren.
FOTO linke Seite

Topfenstrudel

ZUTATEN
Strudelteig, fertig
oder selbstgemacht

FÜLLUNG
500 g passierter Topfen 20 %
60 g in Rum eingelegte Rosinen
100 g Sauerrahm
100 g handwarme Butter
60 g Feinkristallzucker
60 g Staubzucker
6 Eidotter, 6 Eiklar
Saft von 1 Zitrone
abger. Schale von 1/2 Bio-Zitrone
1 EL Puddingulver, Vanille
Mark von 1 Vanilleschote
1 Prise Salz
1 Ei zum Bestreichen
Butter zum Bestreichen

❶ Strudelteig nach dem Rezept auf Seite 113 vorbereiten, auf ein bemehltes Geschirrtuch legen und ausziehen.

❷ Für die Füllung Butter in Stücke schneiden, in eine Rührschüssel geben, Staubzucker, Vanillemark, abgeriebene Zitronenschale und Salz hinzufügen, alles mit dem Schneebesen glatt und cremig rühren. Eidotter und Puddingpulver nach und nach in die Butter einrühren. Dann die Masse mit Topfen, Sauerrahm, den vorher in Rum eingelegten Rosinen sowie Zitronensaft gut vermengen. Eiklar mit Kristallzucker schaumig schlagen und unterheben.

❸ Anschließend erst einmal so verfahren wie beim Apfelstrudel (s. oben) beschrieben – außer, dass Sie den Teig hier nicht mit Bröseln bestreuen. Das Prozedere ist zunächst also folgendes: Strudelteig mit Butter bestreichen, Topfenfülle daraufgeben, Strudelteig einrollen.

❹ Anschließend den Topfenstrudel auf ein mit Butter eingefettetes tiefes (!) Backblech heben, mit versprudeltem Ei bestreichen und im vorgeheizten Rohr erst ca. 20 Minuten bei 170 °C backen. Dann die Temperatur auf 120 °C reduzieren und den Topfenstrudel noch ca. 10 Minuten zu Ende backen. Während der Topfenstrudel bäckt, gelegentlich mit flüssiger Butter bestreichen.

❺ Den fertigen Topfenstrudel leicht abkühlen lassen und mit Staubzuckerbestreuen.

Rhabarberstrudel mit Marzipan

ZUTATEN
150 g Strudelteig (s. Apfelstrudel)

MANDELCREME
100 g Mandelgrieß
100 g Zucker
100 g Butter
4 Eier

MARZIPANCREME
300 g Marzipan
4 Eiklar
100 g Läuterzucker 1:1

RHABARBERKOMPOTT
10 Stück Rhabarber
150 g Zucker
2 EL Maisstärke (Maizena)

❶ Mehrere Stunden vorher oder am Vortag das Kompott zubereiten: Rhabarber schälen, klein schneiden und in einer Schüssel mit dem Zucker vermischen. Dann mit einem nassen Tuch abdecken und für etwa 6 Stunden in den Kühlschrank stellen. Danach Rhabarber in einen Topf geben, langsam erhitzen und 10 Minuten köcheln lassen. Abseihen und den Sud auffangen; Rhababerstücke abtropfen lassen. Den Sud mit Maisstärke binden, abgetropften Rhabarber dazugeben und auskühlen lassen.

❷ Nach dem Rezept auf Seite 113 einen Strudelteig zubereiten.

❸ Für die Mandelcreme die Eier in eine Schüssel geben und mit den anderen Zutaten – Mandelgrieß, Zucker und Butter – mit dem Schneebesen glatt rühren. Dann in einen Dressiersack füllen.

❹ Für die Marzipancreme ebenfalls alle Zutaten – Eiklar, Marzipan, Läuterzucker – glatt rühren und in einen Dressiersack füllen.

❺ Auf einem bemehlten Geschirrtuch den Strudelteig – wie im Rezept beschrieben – ausbreiten und mit flüssiger Butter bestreichen. Mit dem Dressiersack zwei Bahnen Marzipancreme nebeneinander ins untere Drittel des Teigs dressieren (so gedacht, dass der Strudel mit seiner Längsseite zu Ihnen hin liegt). Rhabarberkompott mit einem Löffel auf der Marzipancreme verteilen. Dann eine Bahn Mandelcreme auf den Rhabarber dressieren. Die Enden des Strudelteigs rechts und links einschlagen und den Strudel von unten nach oben aufrollen. Mit Butter bestreichen und im vorgeheizten Rohr bei 230 °C etwa 20–30 Minuten backen. Staubzucker darüber sieben und servieren.

Thomas Bernhards Sacher-Wette

„Im Sommer hatten wir unseren Stammplatz auf der Terrasse des Sacher und existierten die meiste Zeit aus nichts anderem als aus unseren Bezichtigungen." Thomas Bernhard beschreibt in seinem Buch „Wittgensteins Neffe" eine Freundschaft, zu der auch das Sacher gehört. Genauer, das Kaffeehaus des Sacher. Hier traf sich der österreichische Schriftsteller mit dem Großneffen des Philosophen Ludwig Wittgenstein, und die beiden Herren erfreuten sich daran, bei einem guten Kaffee genüsslich über ihre Umgebung – meist ahnungslose Touristen – zu lästern. Überdies war Paul Wittgenstein ein großer Opernliebhaber und mochte den Blick auf das Hinterteil der Wiener Staatsoper nicht missen. Ob eine fade Premiere schuld daran war, dass Paul Wittgenstein eines Tages im Hoteleingang stand, den Golfschläger schwang und über die Straße weg einen Ball gegen die Oper schoss? Die sportliche Tat brachte ihm, nach mehreren Bällen, ein Hausverbot ein. Und so wettete er – ungebrochenen Sportsgeists – mit Thomas Bernhard, dass es ihm gelingen würde, unbehelligt ins Sacher zu spazieren und sich dort die Schuhe putzen zu lassen. Dank eines ahnungslosen Lehrjungen gewann er die Wette, um anschließend mitsamt frischgeputzten Schuhen vom Portier zur Türe begleitet zu werden: „Ihre Schuhe, bittschön. Und dann, na, Sie wissen schon ..."

Biskuitroulade

ZUTATEN
5 Eiklar, gekühlt
4 Eidotter
250 g Marillenmarmelade
70 g Kristallzucker
1 TL Vanillezucker
40 g glattes Mehl
40 g Stärkemehl
20 g flüssige Butter
4 cl Marillenbrand
1 Prise Salz
Staubzucker zum Bestreuen

❶ Mehl mit Stärkemehl versieben. Kaltes Eiklar mit Kristall- und Vanillezucker sowie Salz in eine ebenfalls kalte Schüssel geben und mit dem Rührgerät (bei mittlerer Geschwindigkeit) zu Schnee schlagen – der Eischnee soll von cremiger Konsistenz sein und nicht flocken. Nach und nach die Eigelb unter den Schnee heben und die flüssige Butter einrühren. Das mit Stärkemehl gesiebte Mehl vorsichtig unter die Schnee-Dotter-Masse ziehen.

❷ Ein Blech mit Backpapier auslegen und darauf fingerhoch die Biskuitmasse streichen. Möglichst glatt streichen und im vorgeheizten Rohr bei 220 °C etwa 8–10 Minuten backen, bis die Oberfläche des Biskuitteigs angetrocknet ist. Dann Teig herausnehmen, auf einen passend großen Bogen Backpapier oder ein mit Staubzucker bestreutes Küchentuch stürzen.

❸ Das Backpapier (von der nun oben liegenden Biskuitunterseite) behutsam abziehen; falls es festklebt, mit etwas kaltem Wasser bestreichen. Unverzüglich Marillenmarmelade erwärmen, mit Marillenbrand verrühren und auf die Biskuitfläche aufstreichen. Biskuit straff zu einer Roulade einrollen. Die Biskuitroulade in Backpapier einpacken und erkalten lassen. Am Schluss die ausgekühlte Roulade aus dem Papier nehmen und mit Staubzucker bestreuen.

TIPP: Eine Biskuitroulade eignet sich hervorragend zum Einfrieren und kann deshalb im Voraus oder als Vorrat für Überraschungsgäste gebacken werden. Und: Sie können sie nach Geschmack auch mit einer anderen Marmelade zubereiten. Oder mit einer nicht-passierten Marmelade, die noch Fruchtstücke enthält.

Kardinalschnitten

ZUTATEN
Für 8 Schnitten

MASSE I (EISCHNEE)
9 Eiklar
240 g Staubzucker
1 TL Vanillezucker
1 Prise Salz
Staubzucker zum Bestreuen

MASSE II (DOTTERMASSE)
3 Eier
4 Eidotter
80 g Staubzucker
75 g glattes Mehl
abger. Schale von
1 unbeh. Zitrone

MASSE III (CREME)
300 g frische Himbeeren
3 cl Himbeerbrand
400 ml Schlagobers
40 g Staubzucker
2 EL Instant-Kaffeepulver
2 Blatt Gelatine, eingeweicht
2 cl Eierlikör
1 Prise Salz
1 Handvoll gehobelte Mandeln, geröstet
Staubzucker zum Bestreuen

❶ Zunächst aus Backpapier zwei Streifen von jeweils 14 cm x 35 cm ausschneiden und auf ein Backblech legen. Dann für Masse I die Eiklar mit Staubzucker, Vanillezucker und Salz zu Schnee schlagen. Für Masse II Eier, Eidotter, Staubzucker sowie abgeriebene Zitronenschale schaumig rühren und das gesiebte Mehl unterziehen, gut mit der Masse vermengen.

❷ Eischnee vorsichtig in einen Dressiersack mit großer glatter Tülle füllen und auf jedes der zurechtgeschnittenen Backpapierblätter drei lange Streifen mit jeweils 2 cm Zwischenraum spritzen. Nun Masse II – die Dottermasse – mithilfe eines gleichen (oder desselben, gut gesäuberten) Dressiersacks jeweils in den Zwischenraum zwischen den Eischnee-Streifen spritzen – auf jedem Backpapierblatt sollten drei Eischnee- und dazwischen zwei Dottermasse-Streifen sein. Diese nun gut mit Staubzucker anzuckern und etwa 20–25 Minuten bei 180 °C im vorgeheizten Rohr bei leicht geöffneter Ofentür – notfalls einen Kochlöffel dazwischenklemmen – eher trocknen als backen. Danach die zwei Schichten abkühlen lassen und auf eine Platte stürzen, Backpapier vorsichtig abziehen (falls es festklebt, mit ein wenig kaltem Wasser befeuchten).

❸ Für Masse III die gewaschenen, gut abgetropften Himbeeren in einer kleinen Schüssel mit Himbeergeist mischen und ziehen lassen. Schlagobers zusammen mit Instantkaffeepulver steif schlagen. Eierlikör erwärmen und die eingeweichte, gut ausgedrückte Gelatine darin auflösen. Eierlikör-Gelatinemasse, Staubzucker und Salz unter das Obers heben, glattrühren. Kurz in den Kühlschrank geben und stocken lassen. Anschließend Oberscreme in einen Dressiersack füllen und die Hälfte der Creme auf eine Schicht spritzen. Die marinierten Himbeeren auf der Creme verteilen. Über die Himbeeren mit dem Dressiersack die zweite Hälfte der Creme aufspritzen. Zum Abschluss die zweite Schicht vorsichtig auf die Creme legen. Gehobelte und geröstete Mandeln aufstreuen. Staubzucker darüber sieben. Mit einem scharfen Messer in acht Portionen teilen.

TIPP: Die Kardinalschnitten können Sie auch mit einer leichteren Creme aus Joghurt (3,6 % Fett) oder einer Topfencreme (40 %) zubereiten.

Sacherwürfel

Für 24 Stück

ZUTATEN
1 Sachertortenteig
300 g passierte Marillenmarmelade
Butterschmalz zum Einfetten
Mehl zum Ausstreuen

GLASUR
180 g Schokolade
200 g Feinkristallzucker
2 EL Marillenmarmelade
1/4 l Wasser

❶ Den Teig nach dem Rezept für Sachertorte auf Seite 299 zubereiten. Zwei Bleche mit Butterschmalz einfetten und mit Mehl ausstreuen (überschüssiges Mehl ausklopfen). Dann die Teigmasse etwa 2 cm auf die Backbleche streichen. Anschließend im vorgeheizten Rohr bei 220 °C Umluft ca. 15 Minuten backen. Aus dem Rohr nehmen und etwas abkühlen lassen. Inzwischen Marillenmarmelade erwärmen, dabei glattrühren. Die Schokoladebiskuitböden mit einer dicken Schicht Marillenmarmelade bestreichen. Biskuitböden mit der Marmeladenseite aufeinanderklappen und sofort ins Tiefkühlfach (sonst: in den Kühlschrank) geben und angefrieren, da sie leicht trocken werden.

❷ Nun für die Glasur Schokolade in Stücke brechen und im Wasserbad schmelzen. Wasser und Zucker aufkochen, dann fünf Minuten sprudelnd kochen lassen. Anschließend unter Rühren erst die geschmolzene Schokolade zugießen, dann einen Esslöffel Marillenmarmelade einrühren und die Schokolademasse mit dem Stamixer mixen, bis sie auf 38 °C abgekühlt ist (den Stabmixer so tief eintauchen, dass es keine Luftbläschen an der Oberfläche gibt; in der Fachsprache der Zuckerbäcker heißt dieser kurzfristig erstrebte Zustand: „eine perfekte Emulsion ohne Lufteinschluss").

❸ Als Nächstes den Schokoladenbiskuit aus dem Tiefkühler oder Kühlschrank nehmen und in 24 möglichst schöne, gleichmäßige Würfel à 3 x 3 cm schneiden. Die übriggebliebene Marillenmarmelade erhitzen, die Sacherwürfel auf ein Kuchengitter setzen und rundum mit heißer Marmelade bestreichen. Marmelade mit einer Palette glattstreichen und wenige Minuten „anziehen lassen". Zuletzt die Sacherwürfel mit der Glasur überziehen und die Glasur wieder mit der Palette glätten.

Cremeschnitten

Für etwa 12 Schnitten

ZUTATEN
400 g Blätterteig, fertig oder selbstgemacht
1/2 l Schlagobers
80 g Feinkristallzucker
1 EL Vanillezucker
3 Eier
5 Eidotter
4 cl Rum
Mark von 1 Vanilleschote
6 Blatt Gelatine
1 Prise Salz
Marillenmarmelade zum Bestreichen
Fondant für die Glasur

❶ Zuerst die Gelatineblätter in eiskaltem Wasser einweichen. Dann Eier, Eidotter, Kristall und Vanillezucker, Vanillemark sowie Rum und Salz erst über Wasserdampf warm, dann im Eiswasserbad kalt zu einer schaumigen Masse rühren. Die kalt eingeweichte Gelatine gut ausdrücken und in wenig Wasser erhitzen. Dann Gelatine in die Ei-Zucker-Masse einrühren. Schlagobers steif schlagen und vorsichtig unter die Masse ziehen. Die fertige Vanille-Obers-Creme in eine rechteckige, ungefähr 30 x 20 cm große Form geben und kaltstellen.

❷ Nun den fertigen oder nach dem Rezept auf Seite 114 selbst zubereiteten Blätterteig auf einer bemehlten Arbeitsfläche dünn ausrollen und in zwei Rechtecke à 30 x 20 cm schneiden. Backblech mit Backpapier auslegen, die Teigrechtecke vorsichtig daraufheben und jedes mehrmals mit einer Gabel einstechen. 20 Minuten ruhen lassen. Danach im vorgeheizten Rohr bei 180 °C für ca. 15–20 Minuten backen. Erkalten lassen.

❸ Danach die Marillenmarmelade erwärmen. Teigrechtecke umdrehen und auf die glatte Seite Marmelade streichen. Fondant erwärmen (auf ca. 40 °C). Eines der Teigrechtecke dünn mit Fondant glasieren und im Backrohr bei 60 °C trocknen. Die gut ausgekühlte Creme aus dem Kühlschrank nehmen und aus der Form direkt (und möglichst präzis) auf das unglasierte Teigrechteck stürzen. Mit dem abgekühlten, glasierten Teigblatt bedecken und portionieren.

Warme Mehlspeisen

Kaiserschmarren

ZUTATEN
1/4 l Milch
130 g glattes Mehl
2 EL Kristallzucker
1 EL Vanillezucker
6 EL Rosinen
6 Eidotter
6 Eiklar
1 Prise Salz
Zitronensaft zum Abschmecken
Butter zum Ausbacken
Staubzucker zum Bestreuen

● Eidotter in eine Schüssel geben, Milch, Mehl, Vanillezucker, Rum, Zitronensaft und Salz dazugeben und alles mit dem Schneebesen zu einem Teig glattrühren. In einer anderen Schüssel die Eiklar mit Kristallzucker zu Schnee schlagen. Eischnee behutsam unter den Teig heben. Butter in einer großen und feuerfesten Pfanne erhitzen, den Teig einfließen lassen und in der heißen Butter auf beiden Seiten anbacken. Nachdem er beidseitig am Herd angebacken wurde, Teig in der Pfanne ins vorgeheizte Rohr geben und bei 180 °C goldbraun backen. Dann aus dem Rohr nehmen, Teig mithilfe von zwei Gabeln in Stücke reißen. Mit Rosinen vermengen und mit Kristallzucker bestreuen. Noch einmal kurz ins Rohr geben und karamellisieren. Mit Staubzucker bestreut servieren; klassische Beilage: Zwetschkenröster.

ÜBRIGENS: Wussten Sie, dass es die Kaisersemmel und das Kaiserschnitzel im alten Wien schon gab, ehe Kaiser Franz Joseph I. regierte? Wie auch beim Kaiserwetter – ein wolkenleerer, tiefblauer, sonnenstrahlender Himmel – wies die imperiale Bezeichnung darauf hin, dass man es mit etwas zu tun habe, was selbst einem Kaiser gefiele. Nur Kaiserschmarren – das ist verbürgt – erfreute wirklich Franz Joseph, dessen Bescheidenheit in kulinarischen Dingen ihn vielen sympathisch machte: Aß doch der höchste und mächtigste Mann kaum anderes als man selbst.

Topfenschmarren

ZUTATEN
250 g Topfen (40 %)
125 g Sauerrahm
abgeriebene Schale von 1/2 unbeh. Zitrone
3 EL Grieß
2 Teelöffel Maisstärke (Maizena)
3 Eidotter
3 Eiklar
2 EL Zucker
Vanillezucker
1 Spritzer Rum
1 Prise Salz

❶ Den Topfen durch ein Sieb in eine Schüssel streichen. Sauerrahm, Eidotter, Vanillezucker, Salz, Grieß und Maistärke dazugeben und alles gut verrühren. Die Masse für ca. 20 Minuten rasten lasten.

❷ Die Eiklar in einer anderen Schüssel leicht anschlagen, Kristallzucker beigeben und zu einem festen Schnee schlagen. Anschließend den Schnee vorsichtig unter die Topfenmasse heben. Mit Rum abschmecken.

❸ In einer feuerfesten Pfanne Butterschmalz erhitzen, die Masse eingießen und bei 220 °C ins vorgeheizte Rohr geben und 10 Minuten backen. Danach den Schmarren mit 2 Gabeln zerreißen, mit Zucker bestreuen und karamellisieren lassen. Auf vorgewärmte Teller mittig anrichten und mit Staubzucker bestreuen.

TIPP: Gut zum Topfenschmarren passen auch frische Erdbeeren, Himbeeren, Blaubeeren und andere, je nach Geschmack und Saison.

Topfensoufflé

ZUTATEN

4 EL Magertopfen
125 g Feinkristallzucker
4 Eiklar
4 Eidotter
Mark von 1 Vanilleschote
abger. Schale von 1 kleinen, unbeh. Zitrone
ca. 1 EL Maisstärke (Maizena)
flüssige Butter zum Ausstreichen
Feinkristallzucker zum Bestreuen

❶ In einer Schüssel Topfen, Dotter und die Hälfte des Zuckers miteinander vermengen. Abgeriebene Zitronenschale und Vanillemark hinzufügen und die Masse glattrühren. Die Eiklar mit der zweiten Hälfte Zucker zu Schnee schlagen, währenddessen Maizena zugeben. Den Eischnee behutsam unter die Topfen-Dotter-Masse ziehen.

❷ Vier Soufflèförmchen mit flüssiger Butter ausstreichen und mit Zucker ausstreuen. Soufflémasse in die Förmchen füllen. In eine passende Auflaufform etwa 2 cm hoch kochendes Wasser füllen, die Förmchen hineinsetzen und so, im Wasserbad, ins vorgeheizte Rohr schieben und bei 200 °C etwa 15–20 Minuten backen.

Rahmdalken mit Topfencreme

ZUTATEN

250 g Sauerrahm
120 g glattes Mehl
4 Eidotter
4 Eiklar
2 EL Feinkristallzucker
2 EL Vanillezucker
etwas abger. Schale von 1 unbeh. Zitrone
1 Prise Salz
Butter zum Ausstreichen
Zucker und gemahl. Zimt zum Bestreuen mischen und durch ein Sieb auf die fertigen Dalken streuen

CREME

250 g Topfen
20 g Kristallzucker,
30 g Staubzucker
1 EL Sauerrahm
2 Eidotter
2 Eiklar
etwas Schale von 1 unbeh. Zitrone, gerieben
Mark von 1 Vanilleschote
1 Spritzer Rum
1 Prise Salz

❶ Für den Teig in einer Schüssel den Sauerrahm mit gesiebtem Mehl, Eidotter, Vanillezucker, etwas geriebener Zitronenschale und einer Priese Salz glatt rühren. Die 4 Eiklar mit Kristallzucker zu Schnee schlagen und unter die Sauerrahmmasse heben, beides gut miteinander vermengen. Eine Dalkenform gut ausbuttern und den Teig einfüllen. Im vorgeheizten Rohr bei guter Hitze 2 Minuten anbacken und dann bei 180 °C ca. 5 Minuten backen. Dann Dalken wenden und auch auf der anderen Seite goldbraun backen. Mit einer Mischung aus Zucker und gemahlenem Zimt bestreuen.

❷ Für die Creme die zwei Dotter mit Staubzucker, Salz, Vanillemark und geriebener Zitronenschale schaumig rühren. Topfen und Sauerrahm hinzuzufügen und alles gut verrühren. Die zwei Eiklar mit Kristallzucker zu Schnee schlagen. Eischnee unter die Topfen-Masse heben, alles gut vermengen und mit Rum abschmecken.

❸ Schließlich jeweils eine Dalke mittig auf einen Teller setzen und in die Vertiefung in ihrer Mitte Topfencreme füllen, in eine zweite Dalke Topfencreme geben und diese über die erste klappen. Zuletzt Staubzucker darüber sieben.

TIPP: Die Rahmdalken mit Topfencreme können Sie gerne mit frischen Beeren garnieren oder frische Beeren in die Topfencremefüllung einlegen.

FOTO rechte Seite

Wachauer Marillenknödel

Für 12 Knödel

ZUTATEN

500 g passierter Topfen, 20 % Fett
150 g Mehl
150 g feiner Hartweizengrieß
3 Eidotter
3 Eiklar
120 g Butter
Mark von 1 Vanilleschote
1 Prise Salz
ca. 4 cl Marillenbrand fürs Kochwasser
ca. 2 EL Zucker fürs Kochwasser
Staubzucker zum Bestreuen

FÜLLUNG

12 kleine, reife Marillen
12 Mandeln, geschält und geröstet
80 g Marzipan
1–2 Schuss Amaretto

BUTTERBRÖSEL

300 g Semmelbrösel
150 g Butter
60 g Feinkristallzucker
20 g Vanillezucker
Zimt

❶ Zuerst für den Teig Butter schaumig rühren. Eidotter hinzufügen und verrühren. Dann Grieß, Eiklar, Vanillemark und die Prise Salz hinzufügen und mit dem Schneebesen einrühren. Zuletzt Mehl und Topfen abwechselnd unter die Masse heben und alles zu einem glatten Teig verrühren. Teig zu einer Rolle formen und, in Frischhaltefolie verpackt, im Kühlschrank ca. 1 Stunde lang rasten lassen.

❷ Für die Füllung die Marillen waschen und trockentupfen. Marzipan mit etwas Amaretto verkneten. Anschließend jeweils ein kleines Stück Marzipan abschneiden oder -brechen, es flachdrücken, eine Mandel darauflegen und die Mandel mit dem Marzipan umhüllen. Ohne sie aufzuschneiden aus den Marillen die Kerne heraussdrücken und stattdessen eine marzipanumhüllte Mandel in die Marille hineinpressen.

❸ Nach einer Stunde die Teigrolle aus dem Kühlschrank nehmen und in 12 gleich große Scheiben schneiden. Die Scheiben jeweils in der Mitte etwas flachdrücken und eine Marille darauflegen. Dann jeweils den Teig um die Marille herum verschließen und mit den Händen zu einem schönen, runden Knödel formen.

❹ In einem großen Topf Wasser mit etwas Zucker, Marillenbrand und einer Prise Salz aufkochen. Die Marillenknödel ins kochende Wasser legen und – bei reduzierter Hitze – etwa 15 Minuten leicht wallend köcheln lassen, bis sie zur Wasseroberfläche aufsteigen.

❺ Während die Knödel garen, für die Brösel eine Pfanne mit Butter erhitzen. Brösel sowie Kristall- und Vanillezucker, nach Belieben auch etwas Zimt, in die Pfanne geben, vermischen. Dann auf kleiner Flamme – und unter ständigem Rühren – goldbraun rösten.

❻ Die fertigen Knödel mit einem Schaumlöffel (oder Lochschöpfer) aus dem Topf heben. Gut abtropfen lassen und in den Butterbröseln wälzen, dann auf Tellern anrichten und mit übrig gebliebenen Butterbröseln und zuletzt Staubzucker bestreut servieren.

TIPP: Bei diesen „Wachauer Marillenknödeln" handelt es sich um eine etwas „feinere" Variante der klassischen Marillenknödel aus Erdäpfelteig, bei denen Sie den Marillenkern ganz einfach durch ein Stück Würfelzucker ersetzen.

Dukatenbuchteln mit Vanillesauce

ZUTATEN
250 g glattes Mehl
10 g Germ
100 ml Milch
35 g Zucker
40 g weiche Butter
2 Eidotter
abger. Schale von 1/2 unbeh. Zitrone
flüssige Butter zum Eintauchen
Mehl für die Arbeitsfläche
Staubzucker zum Bestreuen

VANILLESAUCE
150 ml Milch
125 ml halbfest geschlagenes Obers
1/2 Vanilleschote
60 g Kristallzucker
3 Eidotter

❶ Für das Dampfl – den Vorteig – die Milch erwärmen und in eine Schüssel gießen. Germ zerbröckeln und mit der lauwarmen Milch verrühren. Etwa ein Drittel Mehl dazugeben, mit Milch und Germ glattrühren. Jetzt Dampfl – es sollte weich und glatt sein – leicht mit Mehl bestauben und zugedeckt an einem warmen Ort gehen lassen. Anschließend das restliche Mehl, die zwei Eidotter, den Zucker, die Prise Salz und die abgeriebene Zitronenschale gut mit dem Dampfl vermengen. Zuletzt die weiche Butter einarbeiten und so lange kneten und abschlagen (Teig kräftig auf die Arbeitsfläche schlagen), bis sich der Teig in einem Stück vom Schüsselboden löst. Dann die Schüssel wieder zudecken und den Teig so lange an einem warmen Ort gehen lassen, bis er sein Volumen deutlich vergrößert hat.

❷ Eine Arbeitsfläche mit Mehl bestauben und den Germteig darauf etwa 2 cm dick ausrollen. Mit einem Ausstecher (oder einem umgedrehten passenden Glas) Scheiben im Durchmesser von ca. 6 cm ausstechen. Sie verwandeln die Teigscheiben in Buchteln, wenn Sie nun bei jeder Scheibe die Ränder nach oben klappen und zusammendrücken.

❸ Anschließend das Backrohr vorheizen, die Backform ausbuttern. Auf dem Herd in einem Topf genug Butter schmelzen. Die rohen Buchteln jeweils in die flüssige Butter tauchen und dann, mit der Naht nach unten, nebeneinander in die Backform legen. Dann bei 180 °C ins vorgeheizte Backrohr geben und 20–30 Minuten goldgelb backen. Vorm Servieren mit Staubzucker bestreuen.

❹ Für die Vanillesauce die halbe Vanilleschote längs aufschneiden, ohne das Mark auszukratzen. Milch aufkochen, aufgeschnittene Vanilleschote zugeben und bei schwacher Hitze 5 Minuten ziehen lassen, dann wieder aus der Milch entfernen. In einer Schüssel die drei Eidotter mit Zucker verrühren. Ei-Zucker-Masse in die nicht mehr zu heiße Milch einrühren und auf kleiner Flamme so lange weiterrühren, bis die Sauce leicht eindickt. Dann den Topf ins Eiswasserbad stellen und die Sauce – bei gelegentlichem Rühren – abkühlen lassen. Wenn sie kalt ist, das vorher halbfest geschlagene Obers unterziehen.

❺ Vorm Servieren etwas Vanillesauce auf die Teller gießen, Buchteln daraufsetzen.

TIPP: Die Buchtel, oder Wuchtel, hat ihren Namen vom tschechischen Verb für „anschwellen" – sie legt als Germteiggebäck während der Zubereitung auffällig an Größe zu. Der Zusatz „Dukaten" steht im Wienerischen traditionell für besonders „feine", also Buchteln, die so erfreulich golden aussehen wie Dukaten. Übrigens: Sie können sie leicht füllen, indem Sie vorm Hochklappen der Ränder ein wenig Powidl oder Marillenmarmelade auf die rohen Teigscheiben geben.

Powidltascherln

ZUTATEN

150 g Powidl, 150 g glattes Mehl, 300 ml Milch
2 Eidotter, 2 EL Butter, 2 cl Rum oder Zwetschkenschnaps
1 Prise Salz, 1 Ei zum Bestreichen, Staubzucker zum Bestreuen

BUTTERBRÖSEL

100 g Butter, 100 g Semmelbrösel, 50 g geriebene Walnüsse
2 EL Kristallzucker, 1 EL Vanillezucker, 1 Prise Zimt, gemahlen

❶ In einem Topf Milch mit Butter und einer Prise Salz aufkochen. Hitze stark reduzieren. Dann das Mehl nach und nach unter Rühren in die Milch geben. Weiterrühren, bis die Masse zu einem geschmeidigen Teig geworden ist, der sich leicht vom Topfboden löst. Teig aus dem Topf heben und in einer Schüssel zügig mit den zwei Eidottern vermengen. Abkühlen lassen.

❷ Anschließend Teig auf eine bemehlte Arbeitsfläche legen, mit Mehl stauben und etwa 4 mm dick ausrollen. Mit einem runden Ausstecher 12 Teigscheiben (Durchmesser ca. 8 cm) ausstechen. Den Powidl mit Rum verrühren. Das Ei versprudeln. Die Ränder der Teigscheiben mit versprudeltem Ei bestreichen. In die Mitte jeder Scheibe (genauer: seitlich ihres Mittelpunkts, so dass eine Scheibenhälfte unbelegt bleibt) mit dem Kaffeelöffel ein Häufchen Powidl setzen. Nun jeweils die „leere" Seite der Scheibe über die Powidlfüllung klappen, so dass ein halbmondförmiges Tascherl entsteht. Ränder fest andrücken.

❸ In einem großen Topf Salzwasser aufkochen, die Hitze stark reduzieren und die Powidltascherln einlegen. Schwach wallend 5 Minuten ziehen lassen. (Steigen die Tascherln zur Wasseroberfläche auf, sind sie gar.)

❹ Inzwischen für die Butterbrösel in einer Pfanne Butter erhitzen und Semmelbrösel, geriebene Walnüsse, Kristall- und Vanillezucker sowie eine Prise Zimt hineingeben. Alles gut vermischen und goldgelb braten.

❺ Wenn die Powideltascherln gar sind, mit einem Schaumlöffel aus dem Topf heben, abtropfen lassen. Dann in die Pfanne, zu den Butterbröseln, geben und durchschwenken. Vorm Servieren leicht mit Staubzucker bestreuen.

Salzburger Nockerln

ZUTATEN
150 ml Milch
7 Eiklar, gekühlt
4 Eidotter
80 g Kristallzucker
2 EL Mehl
1 EL Maisstärke (Maizena)
1/2 Vanilleschote
10 g Vanillezucker
abgeriebene Schale von
1 unbeh. Zitrone
1 Spritzer Zitronensaft
Butter zum Einfetten
Staubzucker zum Bestreuen

❶ Eine feuerfeste Form – am besten eine ovale Auflaufform – gut ausbuttern. Dann in einem Topf Milch erhitzen. Die halbe Vanilleschote aufschneiden (ohne das Mark auszukratzen) und mit einem Spritzer Zitronensaft in die Milch geben, diese einmal aufkochen lassen und gleich von der Flamme nehmen. Etwa 5 Minuten ziehen lassen. Dann Vanilleschote entfernen und so viel Vanillemilch in die Form gießen, dass sie gerade den Boden bedeckt.

❷ Nun mit dem Handmixer die 7 gekühlten Eiklar mit etwa einem Drittel des Kristallzuckers und der Prise Salz zu festem Schnee schlagen. Restlichen Zucker langsam einrieseln lassen und dabei den Schnee immer weiter schlagen – so lange, bis er nicht nur fest, sondern auch cremig ist. Dann die 4 Eidotter, Mehl und Maisstärke, Vanillezucker sowie abgeriebene Zitronenschale auf den Schnee geben und mit wenigen Schlägen mit dem Schneebesen unter den Schnee heben (die Masse soll hier nicht gleichmäßig vermengt werden). Anschließend mit der Teigkarte aus der Masse 4 pyramidenförmige Nockerln formen und in die feuerfeste Form setzen. Im vorgeheizten Rohr bei 220 °C etwa 10–12 Minuten goldgelb backen, aus dem Rohr nehmen, mit Staubzucker bestreuen und sofort servieren.

Salzburger Nockerln à la Manfred Stüfler

Als „Erfinderin" der Salzburger Nockerln gilt Salome Alt von Altenau (1568–1663). Sie war die Mätresse des Salzburger Fürsterzbischofs Wolf Dietrich von Raitenau und hat der Legende zufolge ihrem Geliebten die süße Speise zubereitet – wahrscheinlich in der Pfanne. Schließlich gab es damals, vor rund 450 Jahren, noch keine Herde mit Oberhitze. In den folgenden Jahrhunderten wurden – kein Wunder, bei Ihrer Beliebtheit – viele Rezepte für diese „Königin der Aufläufe" entwickelt. Manfred Stüfler, der 1960 in Kärnten geborene, langjährige Küchenchef im Hotel Sacher Salzburg, empfiehlt Ihnen, die im Idealfall luftig-leichten Nockerln nach dem obigen Rezept zuzubereiten. Und sie zur Abwechslung mit frischen Himbeeren zu ergänzen. Dafür müssen Sie nur die Form, in der die Nockerln gebacken werden, ausbuttern und darin frische, leicht gezuckerte Himbeeren verteilen (im Hochsommer können Sie die Himbeeren nach Belieben mit etwas Zitronensaft marinieren). Nun den Eischnee daraufgeben und alles ins Rohr schieben. Wohl bekomm's!

Mohnnudeln mit Zwetschkenragout

Für ca. 6 Portionen

ZUTATEN

TEIG

500 g Erdäpfel, mehlig
100 g Mehl
50 g Hartweizengrieß
50 g Maisstärke (Maizena)
100 g Topfen (20 % Fett)
1 Ei
1 Eidotter
40 g Butter
Muskatnuss, frisch gerieben
Salz

MOHNBRÖSEL

150 g Mohn, fein gemahlen
4 EL Staubzucker
2 EL Semmelbrösel
80 g Butter
4 cl Rum
Staubzucker zum Bestreuen

ZWETSCHKENRAGOUT

500 g kleine, nicht zu weiche Zwetschken
100 g Zucker
Schale von 1/2 unbeh. Orange
Saft von 1 Zitrone
100 ml Rotwein
1 Prise Zimt

❶ Vorher zubereiten können Sie, falls Sie möchten, das Zwetschkenragout. Dafür Zwetschken waschen, halbieren und entkernen. In einem Topf Zucker erhitzen und unter ständigem Rühren karamellisieren. Mit Rotwein aufgießen und auf die Hälfte reduzieren. Orangenschale in Streifen schneiden. Zwetschken, Zimt und Orangenschale mit der Rotwein-Reduktion vermengen und alles ca. 8–10 Minuten köcheln lassen. Dann Orangenschale entfernen, mit etwas Zitronensaft abschmecken und kühl stellen. (Zwanzig Minuten vorm Servieren aus dem Kühlschrank nehmen, damit sich das Aroma entfalten kann.)

❷ Für den Teig Erdäpfel schälen, in Wasser mit wenig Salz weich kochen, ausdampfen lassen und durch die Erdäpfelpresse drücken, solange sie noch heiß sind. Erdäpfelmasse mit den anderen Zutaten – Butter, Ei und Eidotter, Topfen, Mehl, Hartweizengrieß, Maizena – sowie Salz und geriebener Muskatnuss zu einem glatten Teig verkneten. Aus dem Teig mehrere etwa daumendicke Rollen formen und in kleinere Stücke schneiden. Diese auf einer bemehlten Arbeitsfläche mit der flachen Hand zu kleinen, runden Nudeln rollen oder, auf gut Österreichisch, „wuzeln".

❸ In einem großen Topf Salzwasser aufkochen und die Nudeln hineingeben, Hitze reduzieren und die Nudeln leicht wallend gar ziehen lassen. Mit einem Schaumlöffel aus dem Wasser heben (oder insgesamt abseihen), abtropfen lassen.

❹ Für die Mohnbrösel Butter in einer großen Pfanne erhitzen, aufschäumen lassen. Mohn, Semmelbrösel, Staubzucker und Rum hinzufügen und alles gut vermischen. Nudeln dazugeben und gut durchschwenken. Mit Staubzucker bestreut servieren, Zwetschkenragout dazu reichen.

Überbackene Topfenpalatschinken

ZUTATEN
75 g glattes Mehl, 125 ml Milch
1/2 TL Vanillezucker
2 Eier, 2 1/2 EL Öl
abger. Schale von
1/2 unbeh. Zitrone
Salz
Öl oder Butterschmalz
zum Herausbacken
Butter für die Form

FÜLLUNG
200 g Topfen (20 % Fett), passiert
60 g Rosinen, in Rum eingelegt
50 g Kristallzucker
40 g Staubzucker
1 TL Vanillezucker
3 Eidotter, 3 Eiklar
2 TL Puddingpulver, Vanille
abger. Schale von
1/2 unbeh. Zitrone
1 Prise Salz

ÜBERGUSS
125 ml Sauerrahm, 125 ml Milch
30 g Staubzucker, 2 Eier
1 TL Vanillezucker

❶ Erst den Palatschinkenteig machen: Mehl mit etwas Milch, den Eiern und Öl verrühren. Vanillezucker, abgeriebene Zitronenschale und die Prise Salz hinzufügen, nach und nach die restliche Milch zugießen und zugleich unterrühren. Den so entstandenen glatten und dünnflüssigen Teig durch ein Sieb passieren; anschließend 20 Minuten ruhen lassen.

❷ In einer flachen Pfanne wenig Öl oder Butterschmalz erhitzen und durch Schwenken gut in der Pfanne verteilen. Etwas Teig eingießen, verteilen. Palatschinke auf beiden Seiten goldgelb herausbacken. Aus der Pfanne heben und die nächste backen, bis der Teig aufgebraucht ist. Die fertig gewordenen Palatschinken übereinander auf einen Teller legen und mit Alufolie bedecken.

❸ Für die Füllung Butter in Stücke schneiden, in eine Schüssel geben und mit Puddingpulver, Vanillezucker, Staubzucker, abgeriebener Zitronenschale und einer Prise Salz schaumig rühren. Die drei Eidotter nach und nach in die Buttermasse einrühren. Anschließend Topfen einrühren, ebenso die rumgetränkten Rosinen. In einer anderen Schüssel die Eiklar mit dem Kristallzucker zu Schnee schlagen. Eischnee vorsichtig unter die Topfenmasse heben.

❹ Nun eine feuerfeste Form ausbuttern. Die Palatschinken in einer Reihe auf die Arbeitsfläche legen – so, dass sie sich am Rand gut überlappen. Die Topfenfüllung auf dieser „Palatschinkenbahn" auftragen. Anschließend die Palatschinken von der Längsseite her zu einer langen Rolle einrollen. Die Rolle in zehn Stücke schneiden und diese eng nebeneinander in die Form legen. Ins vorgeheizte Backrohr schieben und bei 160 °C zunächst 15 Minuten backen. Inzwischen für den Überguss Sauerrahm, Milch und Eier, Staub- und Vanillezucker in eine Schüssel geben und glattrühren. Wenn die Backzeit um ist, Palatschinken mit dem Überguss begießen. Und noch 15 Minuten weiterbacken, bis sie fertig sind.

Schokoladefondant mit Mango

ZUTATEN
5 Eier
200 g Zucker
100 g Mehl
190 g flüssige Butter
220 g dunkle Schokolade
1 Mango
etwas Kokossirup
Butter zum Einfetten
Zucker für die Förmchen

❶ Schokolade im Wasserbad schmelzen. Butter erhitzen und schmelzen. Eier und Zucker mit dem Schneebesen in einer Schüssel verrühren, das gesiebte Mehl hinzufügen, dann Butter und flüssige Schokolade einrühren, alles glatt rühren. Vier Förmchen mit Butter einfetten und mit Zucker ausstreuen. Schokolademasse einfüllen und im Wasserbad bei 200 °C etwa 8 Minuten im vorgeheizten Rohr backen.

❷ Mango schälen, in dünne Scheiben schneiden und mit Kokossirup marinieren. Anschließend Schokoladefond aus den Formchen stürzen, etwas abkühlen lassen. Zusammen mit Mango auf Tellern anrichten.
Nach Wunsch mit frischen Ribiseln garnieren.

Soufflierte Crêpes mit Rhabarberragout

ZUTATEN
50 g Mehl
25 g Zucker
125 g Milch
1 Ei
100 g braune Butter
Butter für die Form
Staubzucker
1 Prise Salz

FÜLLUNG
20 g Puddingpulver, Vanille
60 g Zucker
5 g Mehl
2 Eidotter
1/4 l Milch
2 EL geschlagenes Obers
60 g kalte Butter

SOUFFLÉ-MASSE
4 Eiklar
30 g Zucker
1 Eidotter
1 Msp. Mondamin

RHABARBERRAGOUT
400 g Rhabarber, fein geschnitten
100 g Zucker
Zitronensaft nach Geschmack

❶ Mindestens zwei bis drei Stunden vorher das Rhababerragout machen: den Rhabarber schälen, klein schneiden, in eine Schüssel geben und mit dem Zucker vermischen. Etwa 2 Stunden stehen lassen. Danach bei 180 °C ca. 10 Minuten ins Backrohr geben. Wenn der Rhabarber bissfest ist, abseihen. Die Flüssigkeit mit etwas Zitronensaft abschmecken und mit Maizena binden und mit den abgetropften Rhabarberstücken vermengen.

❷ Für die Crêpes mit dem Schneebesen das Ei mit Mehl, Zucker und Milch sowie einer Prise Salz gut verrühren. Die heiße braune Butter langsam einrühren und alles kräftig durchmischen. Den Teig passieren und in einer Pfanne dünne Crêpes ausbacken.

❸ Für die Füllung in einem Schälchen Puddingpulver, Mehl, Zucker und Eigelb mit etwas Milch anrühren. Restliche Milch in einem Topf aufkochen lassen und die Pudding-Mischung nach und nach einrühren. Unter Rühren nochmals aufkochen lassen und dann vom Herd nehmen. Die kalte Butter in Stücken hinzufügen und mit dem Schneebesen schlagend verrühren, abkühlen lassen. In die kalte Masse das geschlagene Obers unterheben.

❹ Eine feuerfeste Form mit Butter einfetten. Die Crêpes mit der Puddingcreme füllen und nebeneinander hineinlegen.

❺ Nun für die Soufflémasse die vier Eiklar mit dem Zucker aufschlagen und das Mondamin währenddessen einstreuen. Das Eigelb zügig unterheben. Aus der Masse mit einem Löffel schöne Nockerln ausstechen und auf die Crêpes setzen. Im vorgeheizten Ofen bei 220 °C abflämmen.

❻ Auf einem Teller rechts und links das Rhabarberragout anrichten und die soufflierten Crêpes, mit Staubzucker bestreut, dazwischensetzen.

Gebackene Apfelradeln

Für 6 Portionen:

ZUTATEN

1/2 kg Äpfel (Jonagold, Golden Delicious)
25 g Staubzucker
Saft von 1 Zitrone
2 cl Rum
1 EL Vanillezucker
Zimt, gemahlen
Öl zum Herausbacken
50 g Staubzucker zum Bestreuen

MILCHBACKTEIG

150 ml Milch
100 g Mehl
2 Eidotter
2 Eiklar
25 g Kristallzucker
1 KL Vanillezucker
30 ml Öl
1 Prise Salz

❶ Zunächst die Zitrone auspressen. Zitronensaft in einer kleinen Schüssel mit Rum und Staubzucker verrühren. Dann die Äpfel schälen, Kerngehäuse ausstechen und die Äpfel in Scheiben („Radeln") von etwa 1 cm Dicke schneiden. Apfelscheiben unverzüglich mit der Zitronensaft-Rum-Mischung einstreichen und auf einem Kuchengitter ca. 10 Minuten ziehen lassen.

❶ Für den Teig in einer Schüssel 100 ml Milch mit den zwei Eidottern, Öl, Vanillezucker und Salz verrühren. Mehl sieben, zugeben und glattrühren. Dann die restlichen 50 ml Milch unterziehen. In einer zweiten Schüssel die zwei Eiklar mit Kristallzucker zu Schnee schlagen. Dann den Eischnee vorsichtig unter den Teig heben.

❶ Öl in einer Pfanne erhitzen. Die Apfelscheiben durch den Teig ziehen (der sie rundum bedecken sollte) und im heißen Öl auf beiden Seiten goldgelb herausbacken. Wenn sie fertig sind, aus der Pfanne heben, auf Küchenkrepp abtropfen lassen. Einen Esslöffel Vanillezucker mit 50 g Staubzucker und etwas gemahlenem Zimt vermischen, die Apfelscheiben noch damit bestreuen.

TIPP: Der Milchbackteig passt auch gut zu anderen Früchten, wie Zwetschken, Marillen, Pfirsichen ...
FOTO rechte Seite

Nougattascherln

ZUTATEN

200 g Nougat
250 g Topfen, mager
150 g Mehl
1 Ei
50 g flüssige Butter
Schale von 1 Zitrone, gerieben
Mark von 1/2 Vanilleschote, ausgekratzt
1 Prise Salz

AUSSERDEM

250 g Butter
500 g Semmelbrösel
125 g Zucker
10 g Zimt, gemahlen

❶ Den Teig am besten am Vortag machen. Dafür Topfen und Ei verrühren, das gesiebte Mehl sowie die flüssige Butter, geriebene Zitronenschale, Vanillemark und eine Prise Salz unterrühren und alles gut miteinander vermengen. Anschließend 12 Stunden rasten lassen.

❶ Danach auf einer stark bemehlten Arbeitsfläche den Teig dünn ausrollen und mit runden Ausstechformen (Durchmesser ca. 6 cm) Kreise ausstechen. In die Mitte von jedem „Teigkreise" ein etwa 10 g schweres Stück Nougat setzen, den Teigrand mit Wasser bestreichen, Teig um das Nougat herum zu halbmondförmigen Tascherln zusammenklappen und am Rand gut zusammendrücken.

❶ In einem Topf Wasser mit Salz und einem Schuss Rum aufkochen, Nougattascherln einlegen und 10 Minuten bei milder Hitze ziehen lassen. In einer Pfanne Butter schmelzen, mit Bröseln, Zimt und Zucker vermengen. Die Tascherln aus dem Wasser heben, abtropfen lassen und in den Butterbröseln wälzen.

TIPP: Servieren Sie die Nougattascherln mit Zwetschkenröster und Vanillesauce.

Kekse

Vanillekipferln

ZUTATEN
50 g Mandelgrieß
50 g Haselnussgrieß
Mark von 1 Vanilleschote
70 g Staubzucker
280 g glattes Mehl
200 g handwarme Butter
2 Eidotter
1 Prise Salz
ca. 100 g Staubzucker, mit etwas Vanillemark vermischt, zum Bestreuen

● Sämtliche Zutaten – Mehl, Butter, 70 g Staubzucker, geriebene Mandeln und Haselnüsse, Dotter, Vanillemark und die Prise Salz – vermengen und zu einem Teig verkneten. Aus dem Teig kleine Kipferln formen, diese auf ein Blech mit Backpapier legen, mit Alufolie bedecken und über Nacht kühl rasten lassen. Danach im vorgeheizten Rohr bei 180 °C etwa 8–10 Minuten backen. 100 g Staubzucker mit etwas Vanillemark mischen und über die noch warmen Kipferln streuen.

Eisenbahner

ZUTATEN
100 g Staubzucker
200 g Butter
300 g glattes Mehl
2 Eidotter
abgeriebene Schale von 1/2 Zitrone
1 Prise Salz

MARZIPANMASSE
250 g Rohmarzipan
2 cl Kirschwasser
1 Eiklar
1 Prise Zimt, gemahlen
Ribiselmarmelade (Füllung)
evtl. 1 Blatt Gelatine

❶ Für den Teig sämtliche Zutaten zügig zu einem Mürbteig verkneten. Teig in Klarsichtfolie wickeln und etwa 2 Stunden an einem kühlen Ort ruhen lassen.

❷ Danach ein Backblech mit Butter einfetten oder mit Backpapier auslegen. Den Teig auf einer bemehlten Arbeitsfläche etwa 2 mm dünn in Größe des Backblechs ausrollen. Dann Teig in Streifen von etwa 4 cm Breite schneiden, diese aufs Backblech legen und im vorgeheizten Rohr bei 220 °C hell vorbacken.

❸ Inzwischen Marzipan mit dem Eiklar gut vermengen, bis eine geschmeidige Masse entsteht. Mit Kirschwasser und Zimt aromatisieren. Marzipanmasse in einen Dressiersack mit Sterntülle (Nr. 8) füllen.

❹ Wenn sie etwas abgekühlt sind, die Hälfte der vorgebackenen Teigstreifen mit Ribiselmarmelade bestreichen und mit der anderen Hälfte bedecken. Rechts und links an den Seitenrändern (auf der Oberfläche der gefüllten Teigstreifen) mit dem Dressiersack Marzipan aufspritzen – durch die erhabenen „Marzipanränder" erinnert jeder Streifen nun enfernt an Eisenbahnschienen.

❺ Gefüllte Teigstreifen mitsamt aufdessierten Marzipan-„Schienen" im vorgeheizten Backrohr bei 220 °C Oberhitze goldbraun backen. Danach Ribiselmarmelade erhitzen und in die Vertiefung zwischen die Marzipanränder füllen. Dabei darauf achten, dass die Marmelade geliert (falls nicht: ein Blatt Gelatine einweichen, ausdrücken und unter die heiße Marmelade rühren). Teigstreifen abkühlen lassen, dann mit einem scharfen Messer in ca. 2 cm lange Stücke schneiden. Nach Wunsch die fertigen Eisenbahner in Manschetten legen.

Linzer Augen

ZUTATEN
100 g Ribiselmarmelade oder -gelee
100 g Staubzucker
1 Packerl Vanillezucker
Mark von 1 Vanilleschote
200 g glattes Mehl
150 g handwarme Butter
1 Prise Salz

● Butter in Stücke schneiden und zusammen mit Mehl, Staub- und Vanillezucker vermengen. Vanillemark und eine Prise Salz hinzufügen und alles zügig zu einem Teig verkneten. Über Nacht rasten lassen. Danach den Teig auf einer bemehlten Arbeitsfläche etwa 3 mm dick ausrollen und mit einem kleinen, runden Ausstecher (mit Durchmesser ca. 3 cm) Kreise ausstechen. Anschließend mit einem noch kleineren Ausstecher oder einer Lochtülle (Durchmesser ca. 1 cm) bei der Hälfte der Kreise nochmals mittig kleinere Kreise ausstechen – so dass Sie Teigringe erhalten. Ein Backblech mit Butter einfetten oder mit Backpapier auslegen. Die Teigkreise und -ringe auf das Blech legen und im vorgeheizten Rohr bei 160 °C ca. 20 Minuten backen. Erkalten lassen. Anschließend die Kreise mit Ribiselmarmelade bestreichen. Zuletzt die Ringe mit Staubzucker bestreuen, behutsam auf die Kreise setzen.

Spritzgebäck

ZUTATEN
250 g handwarme Butter
130 g Staubzucker
1 Packerl Vanillezucker
Mark von 1 Vanilleschote
1/4 kg glattes Mehl
1 Eiklar
50 g geschälte Mandeln, gerieben
Marillenmarmelade zum Bestreichen

ZUM EINTAUCHEN
Kuvertüre (dunkle Schokolade)

❶ In einer Rührschüssel mit dem Schneebesen die in Stücke geteilte, handwarme Butter zusammen mit Staubzucker, Vanillezucker, Vanillemark schaumig rühren. Dann nacheinander Eiklar, gesiebtes Mehl und geriebene Mandeln unterrühren und alles zu einem Teig verarbeiten. (Der Rührteig hat die richtige Konsistenz, wenn er schwer vom Löffel fällt; eventuell müssen Sie auch noch etwas Mehl hinzufügen, falls er zu feucht oder flüssig ist.)

❷ Ein Backblech mit Butter einfetten oder mit Backpapier auslegen. Die Teigmasse in einen Dressiersack – mit Tülle Nr. 13 – füllen und als Kringel, S-Formen oder anderen, ganz nach Wunsch, auf das Backblech spritzen (darauf achten, dass Sie immer zwei gleiche Formen zum Zusammensetzen aufs Blech dressieren). Ins vorgeheizte Rohr schieben und bei 170 °C ca. 10–15 Minuten goldgelb backen. Anschließend die Hälfte des noch warmen Spritzgebäcks mit Marillenmarmelade bestreichen. Dann jedes mit Marmelade bestrichene Gebäckstück mit einem anderen „leeren" bedecken. Abkühlen lassen. Danach die dunkle Kuvertüre schmelzen. Spritzgebäck zur Hälfte (oder auch weniger) in geschmolzene Kuvertüre tauchen und auf einem Kuchengitter trocknen lassen.

Butter-Florentiner

ZUTATEN
230 g gehobelte Mandeln
70 g Bienenhonig
100 g Feinkristallzucker
30 ml Glucose (Apotheke)
50 ml Obers, 50 g Butter
50 g Orangeat, gewürfelt
30 g kandierte Kirschen, gehackt
230 g Vollmilchkuvertüre (zum Eintauchen)
Butter zum Einfetten
Mehl zum Bestauben

❶ Obers mit Butter, Zucker, Glucose und Honig aufkochen und bei etwas reduzierter Hitze ein wenig köcheln lassen. Gehobelte Mandeln, Orangeat und grob gehackte, kandierte Kirschen hinzufügen und unter Rühren leicht anrösten.

❷ Backblech mit Butter einfetten und mit Mehl bestauben. Mit einem kleinen Löffel nun immer wieder etwas von der Mandelmasse ausstechen, auf das Backblech geben und mit der – vorher gut befeuchteten – Hand die klebrige Masse plattdrücken. Wenn der Mandelteig aufgebraucht und das Blech mit Florentinern gefüllt ist, ins vorgeizte Rohr schieben und bei 180 °C erst einmal 4 Minuten backen. Dann nach Belieben mit einem runden Ausstecher nochmals die Kekse formen. Kekse abkühlen lassen, anschließend nochmals – wieder bei 180 °C – für 5 Minuten backen (jetzt sollten sie appetitlich goldbraun und honigglänzend aussehen).

Gelees

Erdbeergelee

ZUTATEN
250 g Erdbeermark
250 ml Zitronensaft
600 g Zucker
20 g Pektin
175 g Glukose
10 g Zitronensäure
10 ml Wasser

● Zunächst 100 g Zucker mit dem Pektin vermischen. Erdbeermark und Zitronensaft in einem Topf erhitzen, die Zucker-Pektin-Mischung einrühren und aufkochen lassen. Dann 500 g Zucker und Glukose langsam einrühren, aufkochen lassen und auf 108 °C für 4 bis 5 Minuten unter Rühren kochen. Vom Herd nehmen, Zitronensäure und Wasser einrühren. In einen Tortenring gießen und erkalten lassen. Von beiden Seiten mit Kristallzucker bestreuen, aus dem Tortenring lösen und in mundgerechte Sücke schneiden.

Apfelgelee

ZUTATEN
500 g Apfelpüree (siehe unten)
200 ml Bier
450 g Zucker
16 g Pektin
150 g Glukose
1 Prise Zimt, gemahlen
10 g Zitronensäure
1 EL Wasser
1 1/2 EL Calavados

APFELPÜREE
ca. 700 g grüne Äpfel
eine Prise Zitronensäure

● Für das Apfelpüree Äpfel schälen, kleinschneiden und mit einer Prise Zitronensäure pürieren. Dann 75 g Zucker und Pektin vermischen. In einem Topf Apfelmark, Bier und die Prise Zimt verrühren und erhitzen. Die Zucker-Pektin-Mischung einrühren und aufkochen lassen. Dann Zucker und Glukose einrühren und unter Rühren auf 108 °C für 4 bis 5 Minuten kochen. Vom Herd nehmen und Zitronensäure sowie etwa einen Esslöffel Wasser einrühren. Mit ein wenig Calavados vollenden. In einen Tortenring gießen und erkalten lassen. Von beiden Seiten mit Kristallzucker bestreuen, aus dem Tortenring lösen und in mundgerechte Sücke schneiden.

Marillengelee:

ZUTATEN
250 g Marillenmark
250 ml Zitronensaft
600 g Zucker
20 g Pektin
175 g Glukose
10 g Zitronensäure
1 EL Wasser

● 100 g Zucker und Pektin vermischen. Marillenmark und Zitronensaft erhitzen, die Zucker-Pektin-Mischung einrühren und aufkochen lassen. 500 g Zucker und Glukose langsam einrühren, auf 108 °C für 4 bis 5 Minuten kochen. Vom Herd nehmen und Zitronensäure und einen Esslöffel Wasser einrühren. Anschließend in einen Tortenring gießen und erkalten lassen. Von beiden Seiten mit Kristallzucker bestreuen, aus dem Ring lösen und in mundgerechte Stücke schneiden.

Himbeerpralinen

Für ca. 40 Stück

ZUTATEN
210 ml Schlagobers
250 g dunkle Kuvertüre
50 g weiche Butter
30 ml Himbeergeist
ca. 500 g Kuvertüre zum Überziehen
Himbeerpulver zum Bestauben

● 250 g Kuvertüre im Wasserbad oder in der Mikrowelle schmelzen. Schlagobers aufkochen. Kochendes Obers langsam über die geschmolzene Kuvertüre gießen und beides mit dem Schneebesen glatt verrühren. Weiche Butter, dann Himbeergeist ein-mixen. Die Masse etwa 12 Stunden abgedeckt bei Zimmertemperatur trocknen und härter werden lassen (aushärten). Anschließend Masse in den Spritzbeutel füllen und gleich große „Drops" auf ein Blech dressieren und nochmals 12 Stunden trocknen lassen. Restliche Kuvertüre schmelzen. Pralinenmasse mit den Handinnenflächen zu kleinen Kugeln formen und mit der flüssigen Kuvertüre überziehen. Achtung! Die Kuvertüre sollte Körpertemperatur besitzen. Mit Himbeerpulver bestäuben.

Passionsfrucht-Praline

Für ca. 40 Stück

ZUTATEN
Pralinen-Hohlkörper aus Vollmichkuvertüre, 26 mm Ø
250 g Zucker
275 ml Passionsfruchtsirup
20 g Passoa (Passionsfruchtlikör)
150 ml Obers
500 g weiße Kuvertüre
1 Msp. Fleur de Sel

● 200 g Kuvertüre im Wasserbad schmelzen. Zucker in einem Topf erhitzen und unter Rühren karamellisieren. Mit Sirup, Passoa und Obers ablöschen. Dann mit der Kuvertüre vermengen, alles gut miteinander verrühren. Auf Zimmertemperatur abkühlen lassen. In einen Spritzbeutel füllen und dann in die Pralinen-Hohlkörper spritzen. Über Nacht stehen lassen. Danach die übrige Kuvertüre schmelzen. Pralinen mithilfe eines Stanitzels (Spritzbeutels) mit geschmolzener Kuvertüre verschließen. Dann in Kuvertüre tauchen und auf einem Kuchengitter trocknen lassen. Achtung! Die Kuvertüre sollte nicht wärmer sein als die Pralinen-Hohlkörper!

Rosentrüffel

Für 30 Stück

ZUTATEN
Pralinen-Hohlkörper aus weißer Schokolade, 26 mm Ø
125 g Schlagobers
65 g Honig, 50 g Glukose
375 g weiße Kuvertüre
2 Tropfen Rosenwasser
kandierte Rosenblätter (Verzierung)

● Schlagobers, Honig und Glukose unter Rühren aufkochen und vom Herd nehmen. 175 g Kuvertüre im Wasserbad oder in der Mikrowelle schmelzen. Dann Kuvertüre und heißes Honig-Obers gut verrühren.Mit Rosenwasser aromatisieren. Auf etwa 28 °C abkühlen lassen. Dann mit einem Spritzbeutel in die weißen Pralinen-Hohlkörper füllen und über Nacht stehen lassen. Anschließend die übrige Kuvertüre schmelzen, in einen Spritzbeutel füllen und Hohlkörper mit Kuvertüre verschließen. In die restliche Kuvertüre tauchen und auf einem Kuchengitter abtropfen lassen. Mit kandierten Rosenblättern verzieren.

Makronen

Orangen-Makronen

ZUTATEN
100 g Eiklar
abgeriebene Schale von
2 Bio-Orangen
150 g geriebene Mandeln
200 g Staubzucker, 25 g Zucker

FÜLLUNG
1 Pkg. Puddingpulver Vanille
(nach Anleitung zubereiten)
250 g Orangensaft
250 g Milch

❶ Staubzucker, Mandeln und abgeriebene Orangenschale mischen. Eiweiß mit Zucker zu Schnee schlagen. Die Zucker-Mandel-Orangen-Mischung vorsichtig nach und nach unter den Eischnee mengen. Dann in einen Spritzbeutel mit Lochtülle füllen. Auf ein mit Backpapier ausgelegtes Backblech spritzen und ca. 10 Stunden bei Zimmertemperatur trocknen lassen.

❷ Danach im vorgeheizten Rohr bei 170 °C für 7 bis 10 Minuten backen.

❸ Für die Füllung Milch und Orangensaft aufkochen, mit einem Schneebesen das Puddingpulver einrühren. Kaltstellen. Dann mit dem Rührgerät aufschlagen und die gebackenen Makronenhälften damit füllen, zusammensetzen.

Pistazien-Makronen

ZUTATEN
150 g geriebene Pistazien
200 g Staubzucker
100 g Eiklar
25 g Zucker

FÜLLUNG
1 Pckg. Puddingpulver
(nach Anleitung kochen)
100 g Pistazien, gerieben

❶ Geriebene Pistazien mit Staubzucker mischen. Eiklar mit Zucker zu Schnee schlagen. Pistazien-Staubzucker-Mischung behutsam unter den Eischnee mengen. In einen Spritzbeutel mit Lochtülle füllen und auf ein mit Backpapier ausgelegtes Backblech spritzen. Etwa 10 Stunden bei Zimmertemperatur trocknen lassen.

❷ Dann bei 170 °C für 7 bis 10 Minuten im vorgeheizten Rohr backen.

❸ Für die Füllung so viel Milch, wie auf der Anleitung der Puddingpackung angegeben, mit geriebenen Pistazien aufkochen und das Puddingpulver einrühren. Kaltstellen. Mit dem Rührgerät aufschlagen. Die gebackenen Makronenhälften mit der Pudding-Pistazien-Masse füllen, zusammensetzen.

Schokolade- Makronen

ZUTATEN
125 g geriebene Mandeln
200 g Staubzucker
12 g Kakao, 100 g Eiklar
25 g Kristallzucker

FÜLLUNG
200 g Schlagobers
100 g dunkle Schokolade

● Geriebene Mandeln, Staubzucker und Kakao mischen. Eiklar mit Zucker zu Schnee schlagen. Eischnee vorsichtig mit der Mandel-Staubzucker-Kakao-Mischung vermengen. Dann in einen Spritzbeutel mit Lochtülle füllen. Auf ein mit Backpapier ausgelegtes Bachblech spritzen und 10 Stunden bei Zimmertemperatur trocknen lassen.
Dann im vorgeheizten Rohr bei 170 °C für 7 bis 10 Minuten backen. Für die Füllung dunkle Schokolade klein hacken. Obers aufkochen und über die kleingehackte Schokolade gießen, beides gut verrühren. Abkühlen lassen. Mit dem Rührgerät aufschlagen. Die gebackenen Makronenhälften mit Schokoladenobers füllen und zusammensetzen.

Schwarzwälder Kirsch

SCHOKOGANACHE
70 ml Obers
70 g dunkle Schokolade

SCHOKOLADENMOUSSE
70 ml Milch
70 ml Obers
20 g Zucker
2 Eidotter
200 g dunkle Schokolade
250 g geschlagenes Obers

KIRSCHOBERS
120 ml Obers
1 Ei
1 Eidotter
150 ml geschlagenes Obers
1 Blatt Gelatine,
in Wasser eingelegt
50 ml Kirschwasser

KIRSCHEN
250 g Kirschen, entsteint
150 g Gelierzucker 1:1
Mark von 1 Vanilleschote

❶ Zuerst für die Schokoganache dunkle Schokolade erhitzen und anschmelzen. Nun Obers aufkochen, die angeschmolzene Schokolade beigeben und alles mit dem Stabmixer mixen (emulgieren). Die Schokoganache als unterste Schicht in die Gläser füllen und kaltstellen.

❷ Für die Schokoladenmousse mit dem Schneebesen Eidotter und Zucker schaumig schlagen. Milch und Obers aufkochen und in die Ei-Zucker-Mischung einrühren, dann glatt rühren. Diese Masse auf dem heißen Wasserbad bei einer Temperatur von ca. 84 °C (wichtig: das Wasser darf keinesfalls kochen!) zur Rose abziehen, also die Masse sich etwas binden und eindicken lassen. Schokolade schmelzen und mit dem Stabmixer in die Obersmasse mixen (emulgieren). Dann überkühlen lassen. Anschließend das geschlagene Obers vorsichtig unter die Schokoladenmasse heben, Gläser aus dem Kühlschrank nehmen und Mousse auf die Ganache als zweite Schicht in die Gläser füllen, erneut kaltstellen.

❸ Für die Kirschoberscreme erst das Blatt Gelatine einweichen. Dann 120 ml Obers aufkochen, vom Herd nehmen, unter Rühren Eidotter und Ei hinzufügen und mit dem Schneebesen gut verrühren, dann über Wasserdampf weiterrühren, bis sich die Masse leicht bindet und eine dickliche Konsistenz erhält (zur Rose abziehen). Nun die ausgedrückte Gelatine einrühren und auf dem Eiswasserbad kalt rühren. Kirschwasser beigeben und das geschlagene Obers behutsam unterziehen. Kirschobers in den Dressiersack geben, Gläser aus dem Kühlschrank nehmen und das Kirschobers als dritte Schicht auf die Schokoladenmousse dressieren. Gläser wieder ins Kalte stellen.

❹ Für die letzte Schicht „Schwarzwälder Kirsch" nun die entsteinte Kirschen mit dem Gelierzucker und dem Vanillemark vermengen und 20 Minuten ziehen lassen. Dann in einen Topf geben und zwei Minuten aufkochen lassen. Kühl stellen – und bevor die Kirschmasse komplett geliert, zuoberst in die Gläser füllen.

TIPP: Als Garnitur können Sie, ganz klassisch, gehobelte Schokoladenspäne und je eine kandierte Kirsche nehmen.

Birne Helene

ZUTATEN

VANILLEMOUSSE

250 ml Milch
50 g Zucker
25 g Vanillepuddingpulver
1 Eidotter
2 Blatt Gelatine, eingeweicht und gut ausgedrückt
250 ml geschlagenes Obers

SCHOKOLADENMOUSSE

70 ml Milch
70 ml Obers
20 g Zucker
2 Eidotter
200 g dunkle Schokolade
250 ml geschlagenes Obers

BIRNENRAGOUT

4 Birnen, geschält und würfelig geschnitten
70 g Zucker
400 ml Weißwein
250 ml Wasser
1 Zimtstange
3 Nelken
1 Sternanis
Mark von 1 Vanilleschote
1 EL Maisstärke (Maizena)

❶ Für die Vanillemousse zunächst Gelatine einweichen. Dann Milch mit Zucker, Puddingpulver und Eidotter verrühren, aufkochen lassen und die ausgedrückte Gelatine dazugeben. Vom Herd nehmen und kalt rühren. Geschlagenes Obers vorsichtig unterheben. Vanillemousse als unterste Schicht in vier Gläser füllen und kalt stellen.

❷ Nun für das Birnenragout den Zucker mit den Gewürzen (Zimt, Nelke, Anis, Vanillemark) mischen, im Topf erhitzen und karamellisieren. Unter Rühren mit Wasser und Weißwein ablöschen und eine halbe Stunde einreduzieren lassen.
Mit Maizena eindicken, die gewürfelten Birnen hinzufügen und weich dünsten. Anschließend die Gewürze entnehmen und kalt werden lassen. Gläser aus dem Kühlschrank nehmen und die Hälfte des Birnenragouts hineinfüllen (auf die Vanillemousse). Wieder kalt stellen.

❸ Für die Schokoladenmousse Eidotter und Zucker schaumig schlagen. Milch und Obers aufkochen lassen und mit der Ei-Zucker-Mischung verrühren. Diese Masse über dem heißen Wasserbad bei ca. 84 °C zur Rose abziehen, d.h. so lange rühren, bis sie eine dickliche Konsistenz erhält. Schokolade schmelzen und mit dem Stabmixer mit der Masse vermengen (emulgieren). Dann gut abkühlen lassen. Anschließend das geschlagene Obers vorsichtig unter die kalte Schokoladenmasse heben. Die fertige Schokoladenmousse als dritte Schicht in die Gläser einfüllen und die „Birne Helene im Gläschen" mit einer letzten Schicht Birnenragout vollenden.

Jacques Offenbach inspiriert Auguste Escoffier

Birne Helene: Dieses berühmte Dessert stammt von Auguste Escoffier, einem der berühmtesten Köche aller Zeiten und Begründer der modernen französischen Küche. Er kreierte es 1870, als in Paris Jacques Offenbachs Operette „Die schöne Helena" uraufgeführt wurde. Nach Escoffiers Originalrezept werden in Sirup gekochte Birnen mit echtem (!) Vanilleeis, Schokoladensauce und kandierten Veilchen angerichtet. Allerdings erfuhr das Gericht seither unzählige Varianten.

Mascarponecreme mit Erdbeeren

ZUTATEN

ERDBEERGELEE
100 g Erdbeermark
30 g Zucker
20 ml Zitronensaft
70 ml Sekt
2 Blatt Gelatine, eingeweicht und gut ausgedrückt

MASCARPONECREME
4 Eidotter
100 g Zucker
250 g Mascarpone
4 Blatt Gelatine
30 ml Rum
250 ml geschlagenes Obers

MARINIERTE ERDBEEREN
250 g reife Erdbeeren
etwas Zitronensaft
etwas Staubzucker

MASCARPONE-ESPUMA
iSi-Flasche mit zwei Patronen
200 ml Schlagobers
200 g Joghurt
3 g Matschatee-Pulver
50 g Staubzucker
1 Blatt Gelatine

❶ Für das Erdbeergelee zunächst Erdbeermark mit Zucker, Zitronensaft und Sekt unter Rühren aufkochen. Die eingeweichte und gut ausgedrückte Gelatine dazugeben und vom Herd nehmen. Etwas abkühlen lassen. Dann das Gelee in vier Gläser füllen und kalt stellen.

❷ Für die Marscarponecreme die Eidotter mit dem Zucker aufschlagen, Mascarpone dazugeben und glattrühren. Rum erwärmen und die vier Blatt eingeweichte und ausgedrückte Gelatine dazugeben, im warmen Rum auflösen. Dann abkühlen lassen und in die Mascarponemasse einrühren. Geschlagenes Obers behutsam unterheben. Gläser aus dem Kühlschrank nehmen und die Mascarponecreme über das Erdbeergelee hineinfüllen. Erneut kaltstellen.

❸ Nun die Erdbeeren waschen, Stängel entfernen und Beeren in kleine Stücke schneiden. Mit Zitronensaft und Staubzucker abschmecken. Kurz ziehen lassen, dann über die Mascarponecreme in die Gläser füllen.

❹ Für das Mascarpone-Espuma das Gelatineblatt in ein wenig Schlagobers auflösen. Restliches Obers, Joghurt, Teepulver und Staubzucker hinzufügen und alles gut miteinander verrühren, dann in die isi-Flasche füllen und zwei Stunden kalt stellen. Espuma erst kurz vorm Servieren als letzte Schicht in die Gläser füllen.

Exotischer Milchreis

ZUTATEN

ANANASGELEE

200 g Ananas, klein würfelig geschnitten
150 ml Ananassaft
30 ml Orangensaft
Mark von 1 Vanilleschote, ausgekratzt
2 Blatt Gelatine, eingeweicht und gut ausgedrückt

MILCHREIS

400 ml Milch, 400 ml Kokosmilch
100 g Risottoreis (Arborio oder Vialone)
Mark von 1 Vanilleschote
3 Blatt Gelatine, eingeweicht und gut ausgedrückt
300 ml geschlagenes Obers

AUSSERDEM

Kreolische Sauce (s. das Rezept für „Schokladentarte mit Erdnüssen und kreolischer" Sauce", Seite 366)

❶ Für das Gelee Ananassaft und Orangensaft zusammen mit Vanillemark in einem Topf erwärmen und aufkochen lassen. Die gut ausgedrückte Gelatine einrühren. Ananaswürfel beigeben und vom Herd nehmen, abkühlen lassen. Dann als erste Schicht in die Gläser einfüllen.

❷ Milch und Kokosmilch in einen Topf geben und erhitzen, Risottoreis zugeben und unter Rühren weich kochen. Wenn der Reis fast gar ist, Zucker und Vanillemark einrühren. Dann die eingeweichte, gut ausgedrückte Gelatine zugeben und in der warmen Masse auflösen. Vom Herd nehmen, abkühlen lassen. Wenn der Milchreis kühl genug ist, geschlagenes Obers unterheben. Milchreis über das Ananasgelee in die Gläser füllen. Diese wieder kalt stellen.

❸ Zuletzt, genau wie im Rezept zur „Schokoladentarte mit Erdnüssen und kreolischer Sauce" beschrieben, eine kreolische Sauce zubereiten und als letzte Schicht in die Gläser einfüllen.

TIPP: Exotischen Milchreis mit frischer Minze garnieren. Und: Statt der Ananas können Sie für dieses Rezept auch eine Mischung aus Mango und Ananas nehmen.

Panna cotta mit Marille

ZUTATEN

PANNA COTTA

300 ml Obers
40 g Zucker
2 Blatt Gelatine, eingeweicht und gut ausgedrückt
150 ml Obers, geschlagen

MARILLENRÖSTER

200 g Marillen
250 ml Wasser
400 ml Weißwein
70 g Zucker
1 Zimtstange
1 Vanilleschote mit ausgekr. Mark
1 EL Maisstärke (Maizena)

❶ Zuerst für Marillenröster die Marillen waschen, entkernen und würfelig schneiden. Den Zucker in einem Topf erhitzen und unter Rühren karamellisieren. Zimtstange, Vanillemark sowie die ausgekratze Vanilleschote beigeben, mit Wasser und Weißwein ablöschen. Dann die Flüssigkeit eine halbe Stunde einreduzieren. Mit 1 Esslöffel Maizena abbinden. Marillenwürfel hinzufügen und ziehen lassen, bis sie weich sind. Dann vom Herd nehmen, Vanilleschote und Zimtstange herausnehmen. Marillenröster abkühlen lassen. Die Hälfte des Marillenrösters als unterste Schicht in vier Gläser füllen (und die andere Hälfte für die obere Schicht aufheben).

❷ Für das Panna cotta in einem Topf Obers und Zucker erhitzen, die vorher eingeweichte und ausgedrückte Gelatine beigeben und darin auflösen. Vom Herd nehmen und auskühlen lassen, dann das geschlagene Obers unterheben. Auf die unterste Schicht Marillenröster in die Gläser füllen und kalt stellen. Nach etwa einer halben Stunde den restlichen Marillenröster als oberste Schicht auf dem Panna cotta verteilen.

TIPP: Sie können das Panna cotta mit Kompott der verschiedensten Obstsorten kombinieren.

FOTO rechte Seite

Weiße Schokoladenmousse mit Brombeeren

ZUTATEN

SCHOKOLADENMOUSSE

125 ml Milch
240 g weiße Schokolade
250 g geschlagenes Obers
2 Blatt Gelatine, eingeweicht
und gut ausgedrückt

BROMBEEREN

125 g Brombeeren
15 ml Rum
Limettensaft
Staubzucker
Vanillezucker

❶ Die Schokolade anschmelzen. Milch aufkochen und die angeschmolzene Schokolade beigeben, glattrühren. Rum erwärmen und die eingeweichte, gut ausgedrückte Gelatine darin auflösen, mit der Schokoladenmasse vermengen und abkühlen lassen. Geschlagenes Obers behutsam unter die abgekühlte Masse heben. Die nun fertige weiße Schokomousse in vier Gläser füllen. Kaltstellen.

❷ Die gewaschenen, gut abgetropften Brombeeren mit Limettensaft, Staubzucker und Vanillezucker abschmecken und zum Mousse in die Gläser füllen.

TIPP: Auch diese weiße Schokoladenmousse können Sie je nach Geschmack und Saison mit anderen, frischen Beeren kombinieren.

Pfirsich „Bellini“

ZUTATEN

PFIRSICHRAGOUT

400 g Pfirsiche
70 ml trockener Sekt (Prosecco)
200 ml Wasser
70 g Zucker
1 Vanilleschote
1 EL Maisstärke (Maizena)

SEKTMOUSSE

2 Eidotter
40 g Zucker
500 ml Sekt
300 g geschlagenes Obers
4 Blatt Gelatine, eingeweicht und gut ausgedrückt

VANILLE-ESPUMA

(fehlt auf dem Foto)
iSi-Flasche 500 ml
250 ml Schlagobers
1 Ei
2 Eidotter
1 Vanilleschote u. ausgekr. Mark
1 Blatt Gelatine, einweicht und gut ausgedrückt

❶ Für die Sektmousse Eidotter, Zucker und etwa 480 ml Sekt (etwa 20 ml Sekt für die Gelatine aufheben) über Wasserdampf bei etwa 45 °C warm schlagen. Anschließend in einer Küchenmaschine kalt schlagen. Die eingeweichte und gut ausgedrückte Gelatine in ca. 20 ml Sekt auflösen und in die Sekt-Dotter-Masse einrühren. Das geschlagene Obers unterheben. Sektmousse in Gläser füllen und kaltstellen.

❷ Für das Pfirsichragout die Pfirsische waschen, schälen und in Spalten schneiden. In einem Topf Zucker mit Vanillemark und der ausgekratzten Vanilleschote karamellisieren, mit Wasser und Sekt ablöschen und eine halbe Stunde kochen lassen. Mit Maisstärke abbinden. Etwas abkühlen lassen. Anschließend den lauwarmen Sud über die Pfirsichspalten gießen und eine Weile ziehen lassen. Dann Gläser mit Sektmousse aus dem Kühlschrank nehmen und eine Schicht Pfirsichragout einfüllen. Wieder kühlstellen.

❸ Für das Vanille-Espuma das Ei, die zwei Dotter und das Vanillemark über Wasserdampf bei ca. 45 °C schaumig schlagen, Gelatine beigeben und auflösen lassen. Anschließend im eiskalten Wasserbad kalt schlagen. Flüssiges Obers einrühren und eine halbe Stunde kalt stellen. Dann die Masse in die iSi-Flasche füllen und zwei Patronen hineingeben, schütteln. Vanille-Espuma erst kurz vorm Servieren dekorativ in die Gläser (auf das Pfirsichragout) füllen.

Hotel Sacher Wien
Hotel Sacher Wien

Geeiste Sacher-Melange
mit Whiskeyschaum und Himbeeren

ZUTATEN

1. SCHICHT (SCHOLADEMASSE)

100 g Bitterschokolade, 70 % Kakaoanteil oder mehr
150 ml Milch
2 cl Marillenbrand
1 Prise Salz

2. SCHICHT

(Sachertortenbiskuit, s. S. 299):
40 g weiche Butter
40 g Kuvertüre
40 g Kristallzucker, 30 g Staubzucker
etwas Vanillemark
2 Eidotter, 2 Eiklar
40 g Mehl
1 Prise Salz
starker Espresso

3. SCHICHT (MOCCACREME)

100 g Milchschokolade
200 ml geschlagenes Obers
3 EL Kristallzucker
2 Eidotter, 2 Eiklar
1 EL Instantkaffeepulver
4 cl Tia Maria (Kaffeelikör)
2 cl Rum
1 Prise Salz
1 1/2 Blatt Gelatine, eingeweicht

4. SCHICHT (MOKKAGELEE)

2 Tassen Espresso
1 Blatt Gelatine, eingeweicht

5. SCHICHT (MARILLEN)

Frisch gedämpfte oder eingelegte Marillen (s. Seite 120)

WHISKEYSCHAUM

200 ml Milch
50 ml Schlagobers
50 g Zucker
ca. 13 ml Whiskey
3–4 Eidotter (70 g)

❶ Zunächst für 2. Schicht der geeisten Melange einen Schokoladenbiskuit nach dem Sachertortenrezept auf Seite 299 zubereiten: Weiche Butter mit Staubzucker und Vanillemark cremig rühren, die zwei Eidotter langsam einrühren, schaumig schlagen. Eiklar schlagen, währenddessen Zucker einstreuen und zu einem festen, glänzenden Schnee schlagen. Eischnee auf die Butter-Dotter-Masse geben, Mehl darüber sieben und alles vorsichtig vermengen. Ein Blech mit Backpapier auslegen, die Teigmasse ca. 3 cm hoch aufstreichen, glätten und im vorgeheizten Rohr bei 200 °C etwa 8 Minuten lang backen. Abkühlen lassen und mit einem Ausstecher oder einem passenden Glas Scheiben in Größe der später verwendeten Gläser ausstechen.

❷ Für die 1. Schicht Schokolade zerkleinern. Milch aufkochen, die Schokoladestücke sowie Marillenbrand und eine Prise Salz hinzufügen und alles glattrühren.

❸ Dann für die Moccacreme in einer Schüssel die zwei Dotter mit Zucker, Instantkaffeepulver, Tia Maria und Rum überm heißen Wasserbad schaumig rühren, anschließend ins Eiswasserbad geben und kalt schlagen. Milchschokolade in Stücke brechen und schmelzen (im Wasserbad oder in der Mikrowelle). Geschmolzene Schokolade zur Dottermasse geben, glattrühren. Eingeweichte und gut ausgedrückte Gelatine hinzufügen, verrühren und das vorab geschlagene Obers unterheben. Zuletzt den Eischnee vorsichtig unterziehen.

❹ Für die 4. Schicht zunächst 2 Tassen Espresso kochen und etwas abkühlen lassen (oder kalten Espresso etwas erwärmen). Das eingeweichte Blatt Gelatine gut ausdrücken und in wenig warmem Espresso auflösen. Dann mit dem restlichen Espresso verrühren, abkühlen lassen.

❺ Nun vier Gläser – zum Beispiel Sektschalen oder elegante Wassergläser – mit den einzelnen Schichten füllen: Zunterst in jedes Glas etwa fingerhoch Schokoladenmasse füllen und im Gefrierfach anfrieren. Für die zweite Schicht Sacherbiskuit kurz in kalten Espresso einlegen. Dann den kaffeegetränkten Biskuit etwa 1 cm hoch auf die gefrorene Schokomasse geben und darüber etwa dreifingerhoch Mokkacreme füllen (dritte Schicht). Gläser wieder kurz ins Gefrierfach stellen. Dann mit einer möglichst dünnen, feinen Schicht Mokkagelee überziehen (vierte Schicht) und zwei Stunden kaltstellen.

❻ Inzwischen für den Whiskeyschaum in einem Topf Milch mit Obers aufkochen. In einer Schüssel Dotter und Zucker verrühren. Dotter-Zucker-Mischung in die kochende Milch-Obers-Masse einrühren und kurz weiterkochen lassen. Anschließend vom Herd nehmen, etwas abkühlen lassen, Whiskey hinzufügen und mit dem Stabmixer schaumig mixen. Abkühlen lassen.

❼ Zuletzt die Gläser aus dem Kühlschrank nehmen, behutsam etwas eingelegte oder gedämpfte Marillen auf die letzte, dünne Schicht Mokkagelee legen. Den kalten Whiskeyschaum nochmals mit dem Stabmixer aufschäumen. Die geeiste Sacher-Melange mit einem Hauberl Whiskeyschaum vollenden. Nach Belieben mit ein wenig Kakaopulver bestreuen und servieren.

Sacherparfait

mit marinierten Erdbeeren und Haselnusshippe

ZUTATEN

PARFAIT

100 g Kochschokolade
100 g Nougat
100 g Kristallzucker
3 Eier
500 ml geschlagenes Obers
1 Schuss Milch
1 Schuss Weinbrand

GLASUR

(für eine Tafel 30 x 8 cm)
200 g Kuvertüre
200 ml Schlagobers
2 cl Rum
1 Blatt Gelatine, eingeweicht

MARINIERTE ERDBEEREN

ca. 1/2 kg reife Erdbeeren
2 EL Staubzucker
2 cl Grand Marnier

HASELNUSSHIPPEN

200 g Haselnussgrieß
180 g Kristallzucker
70 g glattes Mehl
Saft von 1/2 Orange
abgeriebene Schale von
2 unbehandelten Orangen
100 g flüssige Butter
1 Prise Salz

❶ Zuerst für das Parfait die Eier mit dem Kristallzucker in eine Schüssel geben und überm heißen Wasserbad schaumig schlagen. Dann im Eiswasserbad kalt schlagen. In einer zweiten Schüssel Kochschokolade schmelzen (im heißen Wasserbad oder in der Mikrowelle). Nougat in Stücke teilen. Nougatstücke zusammen mit Milch und Weinbrand zur geschmolzenen Schokolade hinzufügen, alles zu einer glatten Masse verrühren. Dann die Ei-Zucker-Mischung zugeben, einrühren. Am Schluss das geschlagene Obers vorsichtig unterheben. Das Parfait in Förmchen füllen und für etwa 4 Stunden ins Gefrierfach geben.

❷ Nach dieser Zeit die Glasur zubereiten: Schlagobers aufkochen. Dann Hitze reduzieren und die kleingeschnittene Kuvertüre mit Rum und gut ausgedrücktem Gelatineblatt einrühren. Dabei ständig rühren, bis die Kuvertüre ganz geschmolzen ist. Jetzt Topf vom Herd nehmen und im kalten Wasserbad so lange rühren, bis die Obers-Schokoladenmasse nur mehr lauwarm ist. Nun das gut gefrorene Parfait aus dem Gefrierfach nehmen und auf ein Gitterblech stürzen und dünn mit der Glasur überziehen; anschließend wieder ins Gefrierfach geben. (Falls sich beim Stürzen das Parfait nicht aus den Förmchen löst, Förmchen für ein paar Sekunden in heißes Wasser stellen. Und: Die nicht verbrauchte Kuvertüre wieder hart werden lassen und aufheben.)

❸ Für die marinierten Erdbeeren zuerst Erdbeeren waschen und Stiele entfernen. Die Hälfte der Erdbeeren mit Grand Marnier und Staubzucker in eine Schüssel geben und mit dem Stabmixer pürieren. Die restlichen Erdbeeren vierteln und mit dem Püree vermengen.

❹ Schließlich für die Hippen zunächst in einem Topf Butter schmelzen. Dann sämtliche Zutaten – die geriebenen Haselnüsse, Zucker, Mehl, Orangensaft und abgeriebene Orangenschale, die Prise Salz und die flüssige Butter – miteinander vermengen und zu einer glatten Masse verrühren. Eine Stunde kühl stellen. Dann aus der Masse kleine Kugeln formen, diese auf ein eingefettetes oder mit Backpapier belegtes Blech geben und im vorgeheizten Rohr bei 190 °C goldgelb backen (ca. 8–10 Minuten) – die Kugeln zerlaufen beim Backen und werden quasi selbst zu dünnen, knusprigen Hippenblättchen.

❺ Vorm Servieren das Parfait mittig auf Teller setzen, jeweils mit einer Haselnusshippe dekorieren und den optischen Vorgenuss mit marinierten Erdbeeren vollenden.

Tahiti-Vanilleparfait
mit Schlosserbuben

ZUTATEN

PARFAIT
Mark von zwei Tahiti-Vanilleschoten
1 EL Bourbon-Vanillezucker
150 g Feinkristallzucker
400 ml halb steifgeschlagenes Obers
2 Eier
4 Eidotter
40 ml Wasser
1 Prise Salz

SCHLOSSERBUBEN
12 Dörrzwetschken, entsteint
(12 Holzspießchen für die Zwetschken)
50 g Marzipan
50 g Staubzucker
1 EL Rum
1 EL Maisstärke
50 g geraspelte Bitterschokolade (zum Wälzen)
25 g Zucker (zum Wälzen)

WEINTEIG
2 Eidotter
2 Eiklar
60 ml Weißwein
70 g Mehl
1 EL Pflanzenöl
1 TL Zucker
1 Prise Salz
1/2 l Öl zum Frittieren

❶ Für das Parfait Kristallzucker und Wasser erhitzen und so lange kochen, bis die Mischung leicht Fäden zieht. In einer Schüssel Dotter und Eier mit Salz, Vanillemark und Vanillezucker zügig aufschlagen. Schnell den gekochten – oder, wie's unter Zuckerbäckern heißt, den „zum Faden gekochten" – Zucker einrühren und so lange weiterrühren, bis die Ei-Zucker-Masse auf Raumtemperatur abgekühlt ist. Obers halb steifschlagen und unterheben. Dann das Parfait in Förmchen füllen und für zwei Stunden einfrieren.

❷ Für die Schlosserbuben Marzipanmasse mit Staubzucker und Rum verkneten und die Dörrzwetschken damit füllen. Gefüllte Zwetschken in Maisstärke wenden und einzeln auf Spießchen stecken. Für den Weinteig Eigelb verschlagen und mit Weißwein, Öl und gesiebtem Mehl verrühren. Eiklar mit Zucker und einer Prise Salz zu Schnee schlagen und unterziehen.

❸ Zum Frittieren das Öl in einer passenden Pfanne auf etwa 180 °C erhitzen. Dörrzwetschken jeweils am Spießchen halten und durch den Weinteig ziehen. Ins heiße Öl legen und goldbraun herausbacken. Auf Küchenkrepp abtropfen lassen.

❹ Anschließend Zucker und geraspelte Bitterschokolade mischen und die Schlosserbuben darin wenden. Parfait aus den Förmchen stürzen und in Scheiben schneiden. Auf Tellern anrichten und mit den warmen Schlosserbuben servieren.

TIPP: Dieses klassische Vanilleparfait gelingt auch ohne die feine Tahiti-Vanille. Sie können es praktisch mit jedem Früchtepüree kombinieren oder auch kleine Fruchtstückchen vorm Gefrieren untermengen.

ÜBRIGENS: Auch wenn heute Madagaskar mit fast 80 % der Welternte nahezu ein Monopol auf die Vanille hat, so ist sie doch in Mittelamerika (vor allem Guatemala, aber auch Mexiko) und der Karibik (Antillen und Puerto Rico) heimisch. Mexiko und die Karibik hielten bis zum Anfang des 19. Jahrhunderts ein vollständiges Monopol auf Vanille, weil sie nirgendwo anders gedeihen wollte. Es bedarf nämlich einer gewissen Bienenart zu ihrer Befruchtung, und diese ist nur in Mittelamerika heimisch. Die Blüten öffnen sich nur für einen Tag und werden in dieser kurzen Zeit von der Melipona-Biene und einer ganz speziellen Kolibri-Art bestäubt. Holländern und Franzosen gelang es, die Vanillepflanze in ihre Kolonien zu verpflanzen und zu züchten: Um 1840 wurde auf der Insel Bourbon (heute Réunion) ein Verfahren zur künstlichen Befruchtung entwickelt, das erstmals Vanilleernten außerhalb Guatemalas und Mexikos ermöglichte. Bis heute wird von eigens ausgebildeten Frauen und Mädchen Blüte um Blüte mithilfe eines Dorns des Zitronenbaums per Hand bestäubt. Durch dieses Verfahren kann die Vanille nicht nur in ihrer Heimat geerntet werden, sondern auch auf Mauritius, Réunion, den Seychellen, in Indonesien, Westindien und eben Madagaskar, dem weltgrößten Vanille-Produzenten. Die berühmteste Vanille ist zweifelsohne die Bourbon-Vanille aus Réunion, aber keinesfalls ist diese auch die beste. Die aromatischsten Vanilleschoten stammen heute von der Südseeinsel Tahiti. Vanilla tahitensis heißen sie und riechen wahrlich betörend nach Vanillin – leider ist die Tahiti-Vanille auch eine der teuersten Vanille-Sorten und zugleich eines der teuersten Gewürze überhaupt.

Holunderblütenparfait

mit Rhabarber und gebackener Blüte

ZUTATEN

PARFAIT:
190 ml Holundersirup
500 ml geschlagenes Obers
6 Eiklar
120 g Zucker
4 Blatt Gelatine, eingelegt und gut ausgedrückt
Saft von 1 Limette
Backblech, mit Folie belegt

RHABARBERRAGOUT
400 g Rhabarber, fein geschnitten
100 g Zucker
Zitronensaft nach Geschmack

GEBACKENE HOLUNDERBLÜTEN
4 schöne Holunderblüten
120 g Milch
2 Eidotter
2 Eiklar
90 g Mehl
3 EL Öl
15 g Zucker
1 Prise Salz
Öl zum Herausbacken

❶ Für das Parfait die 6 Eiklar mit dem Zucker über Wasserdampf bei ca. 40 °C schaumig schlagen. Etwas Holundersirup erwärmen und die gut ausgedrückte Gelatine darin auflösen. Dann mit restlichem Sirup und Limettensaft zugießen, gut verrühren. Nun Eiklar vorsichtig mit dem Holundersirup vermengen und das geschlagene Obers unterheben. Die Masse auf ein mit Folie belegtes Backblech aufstreichen und einfrieren.

❷ Für das Rhabarberragout Rhabarber schälen, klein schneiden und in eine Schüssel geben. Zucker hinzufügen, mit dem Rhabarber mischen und alles etwa 2 Stunden ziehen lassen. Danach in eine feuerfeste Form geben und bei 180 °C für etwa 10 Minuten ins vorgeheizte Backrohr geben. Wenn der Rhabarber bissfest ist, abseihen. Sud mit etwas Zitronensaft abschmecken und mit Maizena abbinden. Die abgetropften Rhabarberstücke wieder mit dem Sud vermengen.

❸ Für den Backteig die zwei Eidotter in einer Schüssel verschlagen und mit Milch und Öl glattrühren. Mehl sieben und einrühren. Eiklar zu Schnee schlagen und dabei den Zucker und die Prise Salz langsam einrieseln lassen. Dann Eischnee langsam unter die Teigmasse heben. Die Holunderblüten durch den Teig ziehen und, mit dem Stiel nach oben, in einer Pfanne mit heißem Öl goldbraun herausbacken.

❹ Anschließend Backblech aus dem Tiefkühlfach nehmen und stürzen. Das fertige Holunderparfait in mittelgroße Rechtecke schneiden und diese jeweils in die Tellermitte setzen. Daneben mit einem Löffel etwas Rhabarberragout geben. Die gebackene Holunderblüte dekorativ dazulegen und mit Staubzucker bestreuen.

Grundrezept für Sorbet

Für 4–5 Portionen

ZUTATEN

375 g Fruchtmark, Sorte nach Belieben (z.B. Pfirsich, Blaubeere, Mango u.a.)
75 g Feinkristallzucker
75 g Glukose (Apotheke)
ca. 180 ml Wasser
Zitronensaft zum Abschmecken

● Wasser in einen Topf geben, Zucker und Glukose (Zuckersirup) einrühren, aufkochen lassen. Fruchtmark dazugeben und gut durchrühren, eventuell mit Zitronensaft abschmecken. Etwas überkühlen und dann entweder in der Eismaschine einfrieren oder in einer Gefrierschale ins Tiefkühlfach stellen und etwa 4 Stunden gefrieren, wobei es wichtig ist, dass Sie es etwa jede halbe Stunde umrühren (mit Schneebesen oder Gabel), um die Eiskristalle zu zerkleinern, die sich beim Gefrieren bilden, und dafür zu sorgen, dass das Sorbet eine schön cremige Konsistenz erhält.

TIPP: Das Sorbet nicht direkt aus dem Tiefkühlfach servieren, sondern vorher antauen lassen.

Himbeersorbet

Für 4–5 Portionen

ZUTATEN

375 g Fruchtmark, Sorte nach Belieben (z.B. Mango, Blaubeere, Erdbeere u.a.)
75 g Feinkristallzucker
75 g Glukose (Apotheke)
ca. 180 ml Wasser
Zitronensaft zum Abschmecken

● Wasser in einem Topf mit Zucker und Glukose aufkochen lassen. Himbeermark einrühren, alles gut durchrühren, mit Chili abschmecken. Etwas überkühlen und dann entweder in einer Eismaschine einfrieren oder in einer Gefrierschale ins Tiefkühlfach stellen und gefrieren, dabei halbstündlich umrühren (mit Gabel oder Schneebesen), so dass das Sorbet eine schön cremige Konsistenz erhält.

Mangosorbet

Für 4–5 Portionen

ZUTATEN

560 g Mangopüree
150 ml Orangensaft
Saft von 3 Limetten
160 g Feinkristallzucker
1 EL Glukose (Apotheke)
150 ml Wasser

● Orangensaft in einen Topf gießen, Wasser, Zucker und Glukose zugeben, aufkochen lassen und unter Rühren zu einem Sirup kochen. Dann Limettensaft und Mangopüree hinzufügen, alles gut durchrühren. Dann ein wenig abkühlen lassen und anschließend entweder in der Eismaschine einfrieren oder in einer Gefrierschale ins Tiefkühlfach geben und gefrieren lassen, dabei immer wieder umrühren.

Holunderblütensorbet

Für 4–5 Portionen

ZUTATEN

240 g Holunderblüten, ohne Stiele
150 g Feinkristallzucker
350 ml Weißwein
200 ml Champagner (trockener Sekt)
200 ml Mineralwasser mit Kohlensäure
Saft von 2–3 Zitronen
1 Gewürznelke

● Wasser, Zucker, Wein, Champagner und Mineralwasser in einem Topf aufkochen lassen und zu einem Sirup kochen. Holunderblüten, Zitronensaft und Gewürznelke hinzufügen, gut durchrühren und über Nacht ziehen lassen. Anschließend abseihen und in der Eismaschine frieren oder für vier Stunden in einer Gefrierschale ins Tiefkühlfach geben und wiederholt mit einer Gabel oder einem Schneebesen umrühren, damit das Sorbet fein cremig wird.

Campari-Orangen-Sorbet

Für 4–5 Personen

ZUTATEN

190 ml Blutorangensaft
190 ml Campari
170 g Feinkristallzucker
75 ml Wasser

● Wasser mit Zucker zu einem Sirup aufkochen, Campari und Blutorangensaft zugießen und verrühren. Anschließend entweder in der Eismaschine frieren oder in einer Gefrierschale ins Tiefkühlfach geben, dabei etwa halbstündlich mit einer Gabel oder einem Schneebesen umrühren (Sorbets aus Saft – statt Püree – bilden eher Eiskristalle).

TIPP: Zusammen mit Orangenfilets servieren.

Vanilleeis

Zutaten für ca. 20 Nockerln oder Kugeln

ZUTATEN

1 l Milch
1/2 l Schlagobers
4 Eier
12 Eidotter
1 EL Glucose (Apotheke)
4 cl Rum
2 Schoten Tahitivanille
1 Prise Salz

● In einer Schüssel Eier und Eidotter verschlagen. Milch und Obers in einen Topf gießen und mit der Glucose, den Vanilleschoten und einer Prise Salz zum Kochen bringen. Die Eimasse zugießen und mit dem Schneebesen rasch unterziehen. Nun die Milch-Ei-Masse erhitzen, bis sie leicht verdickt („zur Rose abziehen"), dann den Rum einrühren, alles passieren und entweder in der Eismaschine frieren oder in einer Gefrierschale im Tiefkühlfach gefrieren, dabei immer wieder mit dem Schneebesen oder einer Gabel umrühren, damit das Eis schön cremig wird.

Schokoladeeis

Zutaten für ca. 20 Nockerln oder Kugeln

ZUTATEN

200 g Bitterschokolade, klein gehackt
400 ml Schlagobers
1 l Milch
1 EL Kakaopulver
4 Eier
12 Eidotter
1 EL Glucose (Apotheke)
4 cl Weinbrand oder Bacardi
1/2 Schote Tahitivanille
1 Prise Salz

● In einer Schüssel Eier und Eidotter verschlagen. Milch und Obers in einen Topf gießen und mit Glucose, der halben Vanilleschote und einer Prise Salz aufkochen. Die Eimasse zugießen und mit dem Schneebesen rasch unterziehen. Nun die Milch-Ei-Masse erhitzen, bis sie leicht verdickt („zur Rose abziehen"), dann den Weinbrand, die gehackte Schokolade und das Kakaopulver einrühren. Nun die halbe Vanilleschote entfernen, alles mit dem Stabmixer mixen und entweder in der Eismaschine frieren oder in einer Gefrierschale im Tiefkühlfach gefrieren, dabei immer wieder mit dem Schneebesen oder einer Gabel umrühren, damit das Eis schön cremig wird.

Erdbeereis

Zutaten für ca. 20 Nockerln oder Kugeln

ZUTATEN

1/2 kg reife Erdbeeren, frisch
125 g Feinkristallzucker
Saft von 1 Limette
1 EL Glucose (Apotheke)
125 ml Wasser

● Erdbeeren waschen, abtropfen lassen und Stiele entfernen. Wasser mit Kristallzucker und Glucose in einem Topf erhitzen und unter Rühren aufkochen. Limettensaft einrühren, vom Herd nehmen. Die Erdbeeren mit dem Stabmixer einmixen. Dann in der Eismaschine frieren oder in einer Schale (flachen Wanne) im Tiefkühlfach gefrieren, dabei regelmäßig mit Gabel oder Schneebesen umrühren, damit sich nicht zu viele Eiskristalle bilden und das Eis eine cremige Konsistenz erhält.

Crème-fraîche-Tarte

mit Himbeeren und Zitronenthymian

Für eine Tarte von 22 cm Ø

ZUTATEN

MÜRBTEIGBODEN
300 g Mehl, glatt
200 g Butter, in kleinen Stücken
100 g Kristallzucker
1 Pckg. Vanillezucker
1 Ei
abgeriebene Schale
von 1/2 Zitrone, unbeh.
1 Prise Salz

FÜLLUNG
100 g Crème fraîche
80 g Joghurt
2 Eier
1 Eidotter
60 g Zucker
10 g Puddingpulver Vanille

MARINIERTE HIMBEEREN
250 g Himbeeren
Saft von einer Limette
Zucker nach Geschmack

Himbeercreme s. Seite 367

❶ Zunächst den Mürbteig zubereiten. Dafür in einer großen Schüssel Butter mit gesiebtem Mehl, Zucker, Vanillezucker, etwas abgeriebener Zitronenschale, dem Ei und einer Prise Salz vermengen und zügig zu einem glatten Teig verkneten. Teig in Klarsichtfolie einwickeln und im Kühlschrank mindestens 2 bis 3 Stunden rasten lassen.

❷ Für die Füllung Crème fraîche, Joghurt, Eier und Eidotter glattrühren. Zucker und Puddingpulver dazugeben und wieder glattrühren. Dann Füllung auf den vorgebackenen Teigboden gießen und im vorgeheizten Rohr bei 90 °C etwa 40 Minuten backen. Anschließend mindestens 2 Stunden kalt stellen, rund ausstechen und mit Staubzucker bestreuen.

❸ Nach Belieben eine Himbeercreme zubereiten, wie im Rezept auf Seite 367 für die „Schokoladen-Himbeerschnitte" beschrieben.

❹ Jeweils ein Stück Tarte auf einem Teller richten, marinierte Himbeeren darauf oder daneben verteilen. Dazu etwas Himbeercreme auftupfen und mit einigen Blättchen Zitronenmelisse garnieren.

TIPP: Für diese Tarte können Sie je nach Saison die verschiedensten Früchte nehmen.

Schokoladentarte
mit Erdnüssen und kreolischer Sauce

ZUTATEN

TARTE
220 g dunkle Schokolade
200 g Zucker
100 g Mehl, gesiebt
190 g Butter, 5 Eier

ERDNÜSSE
100 g Erdnüsse, ungesalzen
100 g Zucker, 1 EL Wasser

KREOLISCHE SAUCE
150 g geschälte Bananen, in Stücken
130 g Zucker, 190 ml Kokosmilch
50 g Mangopüree
40 ml Limettensaft
1 Vanilleschote (Mark)

❶ Für die Schokoladentarte zuerst die dunkle Schokolade langsam im Backrohr oder im Wasserbad schmelzen. Eier mit Zucker verrühren, das gesiebte Mehl einrühren und die geschmolzene Schokolade unter die Masse heben. Schokoladenmasse über Nacht in den Kühlschrank stellen und rasten lassen. Danach entweder in kleine Silikonförmchen oder eine Tarteform einfüllen und im vorgeheizten Rohr bei 200 °C etwa 10 Minuten backen.

❷ Für die Erdnüsse den Esslöffel Wasser mit Zucker unter Rühren erhitzen und zum Kochen bringen. Dann Erdnüsse dazugeben und sie unter ständigem Rühren karamellisieren. Anschließend Erdnüsse auf ein Blech legen und auskühlen lassen.

❸ Für die kreolische Sauce den Zucker unter Rühren erhitzen, karamellisieren und mit Kokosmilch ablöschen. Limettensaft und Vanilleschote dazugeben, alles verrühren, dann abkühlen lassen. Bevor die Masse ganz abgekühlt ist (erst am Schluss), mit dem Stabmixer die Bananenstücke einmixen.

❹ Die Schokoladentarte nun – entweder in Stücken (falls Sie eine Tarteform verwendet haben) oder Mini-Tartes (bei Silikonförmchen) – auf Tellern anrichten. Die kreolische Sauce strichförmig daneben auftragen, mit karamellisierten Erdnüssen „bestreuen".

TIPP: Sehr gut kann man zu diesem Dessert auch ein Vanilleeis reichen.

Karamellisierter Honigkuchen
mit Melonenkugeln und Waldmeistersauce

ZUTATEN

HONIGKUCHEN
6 Eier, 180 g Marzipan
60 g Honig, 40 g Mehl
3 g Backpulver. 70 g Butter
Butter für die Form
Kristallzucker zum Wälzen

WALDMEISTERSIRUP
500 g Zucker, 1/2 l Wasser
50 g Waldmeisterblätter

MELONENKUGELN
1 Honigmelone
200 ml Waldmeistersirup (s.o.)

WALDMEISTERSAUCE
100 ml Waldmeistersirup (s.o.)
50 ml Apfelsaft, 50 ml Süßwein
10 g Maisstärke

❶ Zuerst für den Waldmeistersirup Zucker, Wasser und Waldmeisterblätter aufkochen und etwa 4 Stunden ziehen lassen.

❷ Für die Melonenkugeln die Honigmelone halbieren, Kerne und helle Fäden entfernen und aus dem Melonenfleisch mit einem Kugelausstecher kleine Kugeln ausstechen. Melonenkugeln in 200 ml Waldmeistersirup einlegen, etwa zwei Stunden ziehen lassen.

❸ Für den Honigkuchen Eier, Marzipan und Honig in einer Küchenmaschine aufschlagen, dann gesiebtes Mehl und Backpulver unterheben. Zuletzt Butter erhitzen und heiße Butter unter die Masse rühren, bis ein geschmeidiger Teig entsteht. Eine Kastenform mit Butter einfetten, den Teig einfüllen und im vorgeheizten Rohr bei 200 °C etwa 15 Minuten backen. Auskühlen lassen. Anschließend den Honigkuchen portionieren, die einzelnen Stücke in Kristallzucker wälzen. In einer Pfanne 1 Esslöffel Butter erhitzen und darin die Kuchenstücke auf beiden Seiten karamellisieren.

❹ Für die Waldmeistersauce zunächst Maisstärke (Maizena) in 2 Esslöffeln Wasser auflösen. Waldmeistersirup mit Apfelsaft und Süßwein aufkochen, aufgelöste Maisstärke einrühren und alles etwa eine Minute köcheln lassen. Dann vom Herd nehmen, abkühlen lassen.

❺ Vorm Servieren auf jeden Teller einen Spiegel aus Waldmeistersauce gießen, das Kuchenstück darauflegen und die Melonenkugeln rundherum verteilen.

Himbeer-Schokoladenschnitte

mit Sorbet und Creme

ZUTATEN

SCHOKOLADENBISKUIT
80 g Zucker
60 g Mehl, 30 g Kakaopulver
3 Eier, 1 Eidotter
25 ml Milch
25 ml Öl

SCHOKOLADEMOUSSE
150 ml Schlagobers, 150 ml Milch
4 Eidotter
30 g Zucker
600 g Schokolade 70 % (Guanaja)
8 g Gelatine, 500 ml geschlagenes Obers
Die Schoko-Mousse muss zweimal zubereitet werden, da sie schnell zu hart wird! Hier ist die Gesamtmenge an Zutaten angegeben.

HIMBEERMOUSSE
200 g Himbeermark
300 ml geschlagenes Obers
70 g Zucker, 20 ml Himbeergeist
1 Ei, 2 Eidotter
6 g Gelatine, eingeweicht und gut ausgedrückt

SCHOKOLADENGLASUR
150 g Schokolade 70 % (Guanaja)
60 g Kakaopulver
ca. 220 ml Schlagobers
60 g Kakaopulver, 270 g Zucker
90 ml Wasser
20 g Gelatine

HIMBEERCREME
100 g Himbeermark
30 g Zucker, 3 g Xantana
90 ml Schlagobers, 20 ml Crème fraîche
20 g Butter

HIMBEERSORBET
450 g Himbeermark
1,5 g Eisbinder (neutral)
180 g Zucker
300 ml Wasser

❶ Für den Schokoladenbiskuit Eier, Dotter und Zucker schaumig schlagen. Mehl und Kakao sieben und untermengen. Die Milch mit dem Öl erhitzen, verrühren, und unterheben. Dann die Teigmasse etwa einen halben Zentimeter hoch auf ein mit Backpapier belegtes Blech aufstreichen und im vorgeheizten Ofen bei 180 °C ca. 9 Minuten backen.

❷ Nun Schokoladenmousse zubereiten: Die Hälfte der Gelatine (4 g) einweichen. 75 ml Schlagobers und etwa 35 ml Milch (d.h. ein Viertel der Milch) zum Kochen bringen. Noch einmal so viel Milch mit Eidotter vermischen und das kochende Milch-Obers-Gemisch dazugießen, einrühren. Im Topf bei schwacher Hitze ziehen lassen. Eingeweichte, ausgedrückte Gelatine dazugeben.

❸ 300 g Schokolade in kleine Stücke brechen und im Wasserbad leicht anschmelzen. Mit der abgezogenen Milch-Obers-Dotter-Mischung vermengen (emulgieren). 250 ml geschlagenes Obers unterheben. Mousse ca. 1 cm hoch auf den Biskuit gießen. Dann ins Tiefkühlfach geben und anfrieren lassen.

❹ Für die Himbeermousse: Dotter, Eier und Zucker über Wasserdampf warm schlagen. Danach kalt schlagen. Eingeweichte, ausgedrückte Gelatine im Himbeergeist auflösen, mit dem Himbeermark und den geschlagenen Eiern vermischen. Geschlagenes Obers unterheben. Dann Himbeermousse ca. 1 cm hoch auf den angefrorenen Biskuit streichen. Nochmals anfrieren lassen.

❺ Nun nochmals Schokoladenmousse zubereiten (wie oben beschrieben) und wieder ca. 1 cm hoch auf die Himbeermousse streichen. Dann nochmals ins Tiefkühlfach geben und zum Glasieren anfrieren lassen.

❻ Für die Schokoladenglasur 20 g Gelatine einweichen. Flüssiges Obers mit Kakao verrühren und aufkochen, dann die eingeweichte, ausgedrückte Gelatine dazugeben. Die Schokolade im Wasserbad anschmelzen. Das Kakao-Obers mit der angeschmolzenen Schokolade vermengen (emulgieren).

❼ Anschließend Zucker und Wasser auf 125 °C kochen. Zuckersirup zur Schokolade-Obers-Mischung dazugeben und nochmals emulgieren.

❽ Mit der warmen Glasur die halb gefrorene Schnitte glasieren.

❾ Für die Himbeercreme Schlagobers und Himbeermark in einen Topf geben, auf dem Herd unter Rühren auf ca. 40 °C erwärmen. Zucker und Xantana vermengen und mit dem Schneebesen hineinrühren. Zum Schluss mit Crème fraîche und Butter verrühren.

❿ Für das Himbeersorbet Zucker und Eisbinder trocken mischen. Mit dem Wasser verrühren und einmal kurz aufkochen. Abkühlen lassen und mit dem Himbeermark verrühren. Dann das Sorbet einige Stunden in den Kühlschrank stellen. Anschließend frieren.

❿ Himbeer-Schokoladenschnitten auf Desserteller setzen, je ein Nockerl Sorbet und einige Tupfer Himbeercreme dazugeben. Mit frischen Himbeeren garnieren.

FOTO Seite 296

Brownie

mit Espressocreme und Granatapfel

ZUTATEN

BROWNIES

300 g dunkle Schokolade, gehackt
250 g Haselnüsse, ganz
400 g Zucker, 450 g Butter
100 g Mehl, gesiebt
35 g Kakao
8 Eidotter, 8 Eiklar

ESPRESSOCREME

1 Packung Puddingpulver, Vanille
1 doppelter Espresso, frisch gekocht
200 ml geschlagenes Obers

GRANATAPFEL

Kerne von 1/2 Granatapfel
200 g Himbeeren
1 Blatt Gelatine, eingeweicht und gut ausgedrückt

❶ Für die Brownies vorbereitend ein Blech mit Backpapier auslegen. Die Haselnüsse anrösten, grob hacken und kurz beiseitestellen. Acht Eier aufschlagen und trennen. Die acht Eidotter mit 200 g Zucker verrühren. Butter und Schokolade im heißen Wasserbad unter ständigem Rühren schmelzen, die Ei-Zucker-Masse zugeben und alles gut vermengen. Die acht Eiklar mit den restlichen 200 g Zucker zu Schnee schlagen und diesen nach und nach unter die Schokoladen-Ei-Masse heben. Die gehackten Haselnüsse mit Mehl und Kakaopulver mischen und unterziehen. Dann Brownieteig auf das mit Backpapier ausgelegte Backblech streichen und im vorgeheizten Rohr bei 180 °C etwa 15 Minuten backen.

❷ Für die Espressocreme einen doppelten Espresso kochen, abkühlen lassen. Das Puddingpulver nach Anleitung kochen, dann in eine Schüssel geben, abkühlen lassen. Inzwischen Schlagobers steif schlagen. Abgekühlten Pudding mit Espresso glattrühren, geschlagenes Obers unterheben. Kalt stellen.

❸ Nun Himbeeren pürieren und durch ein Sieb passieren. Die Hälfte des so erhaltenen Himbeermarks langsam erhitzen, das gut ausgedrückte Blatt Gelatine unterrühren und sich auflösen lassen. Heißes Himbeermark abkühlen lassen. Das restliche Himbeermark untermengen, dann die Granatapfelkerne dazugeben und alles gut vermischen. (Die Granatapfelkerne lösen Sie am besten aus, wenn Sie den halben Granatapfel mit Schnittfläche nach unten über ein Sieb halten und mit der Rückseite eines Löffels auf den Granatapfel – und so die Kerne ins Sieb – klopfen.)

❹ Die ausgekühlten Brownies in viereckige Stücke schneiden und auf Teller geben. Espressocreme als Tupfen oder Nockerl daraufsetzen und die marinierten Granatapfelkerne daneben platzieren.

TIPP: Zusätzlich Espressobohnen grob zerstoßen und vorher auf die Teller streuen.

Crêpesschnitte

mit Zitronenmousse und Melissensorbet

Für einen Tortenring von 26 cm Ø

ZUTATEN

CRÊPES

500 ml Milch
200 g Mehl
4 Eier
Mark von 1 Vanilleschote
Salz
etwas Butterschmalz oder Öl zum Ausbacken

ZITRONEN-SCHOKO-MOUSSE

100 ml Zitronensaft
abgeriebene Schale von 1 unbehan. Zitrone
350 g weiße Schokolade
300 ml Schlagobers
90 ml Milch
6 Blatt Gelatine, eingeweicht und gut ausgedrückt

MELISSENSORBET

200 g Kristallzucker
1 abgeriebene Zitronenschale
Saft von 4 Zitronen
30 g Melisse, fein geschnitten
100 ml Weißwein
2 Eiklar
2 EL Zucker

❶ Für das Melissensorbet Zucker und Zitronenschale in etwa 440 ml Wasser aufkochen. Etwas abkühlen lassen, Zitronensaft und Weißwein zugießen. Feingeschnittene Melisse beigeben, mit dem Stabmixer einmixen. Zwei Stunden ziehen lassen, dann entweder in der Eismaschine gefrieren oder in einer Gefrierschale tiefkühlen, immer wieder mit dem Schneebesen oder einer Gabel umrühren. Kurz vorm Servieren 2 Eiklar mit 2 Esslöffeln Zucker schaumig rühren und unterheben, damit das Sorbet locker und cremig wird.

❷ Während das Sorbet gefriert, für den Teig die Eier mit der Milch, etwas Salz und Vanillemark verrühren, anschließend Mehl hinzufügen und glattrühren. In einer Crêpes- oder Palatschinkenpfanne etwas Öl oder Butterschmalz erhitzen. Etwas Teig hineingießen, glätten und erst auf der einen Seite hell goldgelb backen, dann auf der anderen. Aus der Pfanne auf einen Teller gleiten lassen und auf dieselbe Art die nächsten dünnen Crêpes oder Palatschinken backen. Falls nötig, in Größe des Tortenringes ausstechen (26 cm Ø).

❸ Für die Mousse die Milch mit der geriebenen Zitronenschale aufkochen, kurz ziehen lassen und dann durch ein feines Sieb passieren. Weiße Schokolade schmelzen, zur Milch dazugeben und beides mit dem Stabmixer gut ineinander mixen. Den Zitronensaft erwärmen, eingeweichte und ausgedrückte Gelatine hinzufügen, im Zitronensaft auflösen. Dann Zitronensaft mit dem Stabmixer unter die weiße Schokolademasse mixen. Abkühlen lassen. Danach Obers aufschlagen und vorsichtig unter die Masse heben.

❹ Ein Backblech mit Folie auslegen. Den Tortenring daraufsetzen und abwechselnd Crêpes und Mousse einfüllen. Mit einer Crêpe beginnen. Nun darauf etwa 80 g Mousse gleichmäßig verstreichen. Die nächste Crêpe darauflegen und wieder mit Mousse bestreichen, dann eine weitere Crêpe, wieder Mousse und so weiter. Das Ganze so oft wiederholen, bis die für die Crêpesschnitten erwünschte Höhe erreicht ist (optimal wären 6–8 Schichten). Mit einer Crêpe abschließen. Übrige Creme in einen Spritzbeutel mit glatter Tülle geben und Torte mit Creme-Tupfern verzieren. Kühlstellen.

❺ Vorm Servieren den Tortenring entfernen, Crêpestorte aufschneiden. Je ein Stück pro Teller anrichten, ein Melissensorbet-Nockerl danebensetzen. Mit frischer Minze garnieren.

TIPP: Servieren Sie mit Staubzucker und Zitronensaft marinierte Beeren dazu.

Blätterteigkissen,
gefüllt mit Pistaziennamelaka und marinierten Kirschen

ZUTATEN

BLÄTTERTEIGKISSEN

200 g Blätterteig, fertig gekauft oder selbstgemacht

FÜLLUNG

340 g weiße Schokolade
80 g Pistaziengrieß
200 ml Milch
400 ml flüssiges Obers
1 Vanilleschote, halbiert und ausgekratzt
4 Blatt Gelatine

KIRSCHENRAGOUT

250 g Kirschen
Kirschkerne
50 ml roter Portwein
Kirschwasser
1 gestr. EL Zucker
1 Vanilleschote, halbiert
1 Zimtstange
8 g Maisstärke
Kirschwasser

❶ Am besten am Vortag für die Füllung Milch, Pistaziengrieß, das ausgekratzte Vanillemark und die Vanilleschote zusammen aufkochen, anschließend 20 Minuten ziehen lassen. Die ausgedrückte Gelatine beigeben und auflösen. Danach die Pistazienmilch durch ein feines Sieb passieren. Schokolade in Stücke brechen und in einem Topf halb schmelzen, heiße Pistazienmilch unterrühren und zum Schluss mit dem Stabmixer das Schlagobers unterheben. Anschließend für rund 12 Stunden in den Kühlschrank stellen.

❷ Auch falls Sie Ihren Blätterteig selbst zubereiten, früh genug (wenigstens vier Stunden vor Zubereitung der Tascherln) damit beginnen – siehe Rezept auf Seite 114. Danach Backrohr auf 200 °C vorheizen. Blätterteig dünn ausrollen, in Quadrate (5 x 5 cm) schneiden. Die Quadrate auf ein eingefettetes oder mit Backpapier ausgelegtes Blech legen, ins Rohr schieben und etwa 6 Minuten backen. Dann aus dem Ofen nehmen und die einzelnen Schichten abziehen. Nebeneinander wieder auf ein Blech legen, Ins Rohr schieben und etwa 5 Minuten goldgelb fertig backen.

❸ Dann die Kirschen entsteinen und halbieren, Kirschkerne aufbewahren. Maisstärke mit kaltem Wasser anrühren. Kirschen in eine Schüssel geben. Zucker erhitzen und unter Rühren karamellisieren. Mit Portwein ablöschen, Kirschkerne, Zimt, Vanille und einen Schuss Kirschwasser beigeben und ziehen lassen. Anschließend durch ein Sieb passieren und mit der angerührten Maisstärke binden. Dann über die Kirschen gießen.

❹ Die Namelaka cremig rühren. Die Blätter von etwa 4 Blätterteigkissen mit Creme bestreichen und Blatt an Blatt zusammensetzen, wie die Rippen eines Heizkörpers. Bis Sie wieder vier Teigkissen haben.

❺ Vorm Servieren das Kirschenragout auf Tellern anrichten, jeweils ein Namelaka-Blätterteig-Kissen daraufsetzen und mit Staubzucker bestreuen.

Weiße Schokoladenmousse

mit Macadamia-Knusperboden und Heidelbeeren

Für eine Torte von 26 cm Ø

KNUSPERBODEN

50 g Vollmilchschokolade
75 g Macadamianüsse, gehackt
125 g Nougat, hell
50 g Butterkekse, zerstoßen

SCHOKOMOUSSE

350 g weiße Schokolade
500 ml Obers
2 Eidotter
2 Eier
5 cl Baileys
4 Blatt Gelantine, eingeweicht

HEIDELBEERGUSS

130 g Heidelbeermark
40 ml Läuterzucker
Saft von 1 Limette
2 Blatt Gelatine, eingeweicht

MARINIERTE HEIDELBEEREN

200 g Heidelbeeren, halbiert
1 Vanilleschote, ausgekratzt
Saft von 1 Limette
50 g Heidelbeermark
1/2 Blatt Gelatine
30 ml Läuterzucker

❶ Zunächst für den Knusperboden Vollmilchschokolade und helles Nougat im heißen Wasserbad schmelzen. Zerstoßene Butterkekse und gehackte Nüsse mischen. Dann die Butterkeks-Macadamia-Mischung mit der Schokoladenmasse vermengen, alles gut verrühren und in einen Tortenring von 26 cm Durchmesser füllen.

❷ Für die Mousse die weiße, in Stücke gebrochene Schokolade im heißen Wasserbad schmelzen. Eigelb und Eier über heißem Wasserdampf schaumig schlagen (der Wasserdampf darf aber nicht zu heiß sein, sonst stocken die Eier), danach mit dem Rührgerät kalt schlagen. Baileys erhitzen und die ausgedrückte Gelatine darin auflösen. Nun Baileys mit Gelatine unter die Eimasse heben. Auch die flüssige Schokolade einrühren, gut verrühren und abkühlen lassen. Obers aufschlagen und vorsichtig unter die Schokoladenmasse ziehen. Die fertige Schokoladenmousse gleichmäßig in den Tortenring füllen, glattstreichen und kühlstellen.

❸ Heidelbeermark in eine Schüssel geben. Läuterzucker erwärmen und Gelatine darin auflösen. Läuterzucker mit Gelatine zum Heidelbeermark geben, gut verrühren und über die Torte gießen.

❹ Für die marinierten Heidelbeeren Läuterzucker erwärmen und Gelatine darin auflösen. Heidelbeermark mit Limettensaft und Vanillemark verrühren. Läuterzucker mit Gelatine beigeben, verrühren und mit den halbierten Heidelbeeren vermengen.

❺ Vorm Servieren die marinierten Heidelbeeren auf Tellern anrichten und jeweils ein Stück weiße Schokoladenmousse-Torte danebensetzen.

TIPP: Zusätzlich können Sie karamellisierte Marcadamianüsse servieren: 50 g Zucker und 10 ml Wasser aufkochen lassen, 100 g Marcadamianüsse dazugeben und karamellisieren.

Tanarivaschokolade

mit Birne und Haselnuss-Crumble

ZUTATEN

TANARIVA-MOUSSE

150 g Tanariva-Schokolade (33 % Kakaoanteil)
50 ml Milch, 50 ml Schlagobers
1 Eidotter, 10 g Zucker
1 Blatt Gelatine, eingeweicht in Wasser, 150 ml Obers

CRUMBLE

100 g gemahlene Haselnüsse
100 g Mehl, 100 g weiche Butter
100 g Zucker
1 Msp. Zimt, gemahlen
Mark von 1 Vanilleschote
1 Prise Salz

BIRNEN

4 reife Birnen, 50 g Zucker
100 g Weißwein, 50 g Birnensaft
etwas Zitronensaft
1 Zimtstange
1 Vanilleschote, halbiert und ausgekratzt
1 Sternanis
Birnenschalen und -abschnitte
10 g Maisstärke, mit Wasser angerührt
Birnenschnaps zum Abschmecken

❶ Für das Crumble alle Zutaten – Mehl, gemahlene Nüsse, Zucker, Zimt, Vanillemark und die Prise Salz – in einer Schüssel miteinander vermengen, zu einem Teigklumpen formen und 20 Minuten kühlstellen. Anschließend mit einer groben Reibe zu Streuseln reiben und im Backrohr bei 180 °C goldgelb backen.

❷ Für die Tanariva-Schokolade zunächst mit dem Schneebesen Eidotter mit Zucker schaumig schlagen. Milch und Obers aufkochen, zu der Ei-Zucker-Mischung gießen, verrühren und alles über dem Wasserbad bei ca. 82 °C schlagen. Schokolade in Stücke brechen und schmelzen. Dann eingeweichte, gut ausgedrückte Gelatine und die geschmolzene Schokolade beigeben und gut verrühren, abkühlen lassen. Das Obers aufschlagen und unter die abgekühlte Schokoladenmasse heben. Anschließend Masse in Förmchen füllen, mit Crumble bestreuen und einfrieren. In gefrorenem Zustand aus den Förmchen nehmen und im Kühlschrank auftauen lassen.

❸ Die Birnen schälen, entkernen und vierteln (Schalen und Abschnitte nicht wegwerfen!) und in Zitronenwasser legen. Zucker in einem Topf karamellisieren, mit Weißwein und Saft aufgießen. Dann die Gewürze (Anis, Zimt, Vanilleschote und -mark) sowie Birnenschalen und -abschnitte beigeben, einmal aufkochen, ziehen lassen. Danach den Sud durch ein Sieb passieren und mit der in Wasser gelösten Maisstärke binden, die Birnen wieder hineingeben und so lange ziehen lassen, bis sie weich sind. Mit Birnenschnaps abschmecken.

❹ Vorm Servieren Birnenstücke auf vier Teller verteilen, jeweils eine Portion Mousse daraufsetzen und mit Birnensud überziehen.

TIPP: Dieses Dessert können Sie auch als Parfait zubereiten; dafür Tanariva-Mousse mindestens vier Stunden tiefkühlen (vorm Servieren die Förmchen aus dem Tiefkühler nehmen, kurz in heißes Wasser halten, dann stürzen).

Nougat-Crème-Brûlée
mit Passionsfrucht

ZUTATEN

NOUGAT-CRÈME-BRULÉE

100 g Nougat, 600 ml Obers
100 ml Milch, 8 Eidotter
Mark von 2 Vanilleschoten
1 g Fleur de Sel

PASSIONSFRUCHT

2 frische Passionsfrüchte
100 g Passionsfruchtmark
20 g Staubzucker
Mark von 1 Vanilleschote
1 Blatt Gelatine, eingeweicht
brauner Zucker zum Bestreuen
frische Minze zum Garnieren

❶ Für die Crème Brulée zuerst Obers aufkochen. In einer Schüssel Milch, Zucker, Dotter, Vanillemark und Salz glattrühren und ins heiße Obers einrühren. Dann die Masse zur Rose abziehen, also erhitzen und so lange rühren, bis die Obers-Dottermasse sich leicht bindet und eine dickliche Konsistenz erhält. Anschließend etwas abkühlen lassen. Nougat zerteilen und mit der noch warmen Creme gut verrühren. Creme dann in geeignete tiefe Teller füllen und für 45 Minuten bei 95 °C ins vorgeheizte Backrohr schieben. Danach kühlstellen.

❷ Passionsfruchtmark mit Staubzucker und Vanillemark leicht erwärmen, die gut ausgedrückte Gelatine einrühren und auflösen. Sauce abkühlen lassen. Passionsfrüchte teilen, mit einem Löffel Fruchtfleisch und Kerne aus den Fruchthälften lösen und mit der Sauce vermengen.

❸ Schließlich die kalte Nougatcreme dünn mit braunem Zucker bestreuen und mit einem Bunsenbrenner abflämmen. Mit der Sauce und etwas frischer Minze dekorieren.

Grießflammerie
mit Früchteminestrone

ZUTATEN

FLAMMERIE

40 g Grieß
250 ml Milch
190 ml Obers
2 Eigelb
65 g Staubzucker
Schale von 1/2 Zitrone
Schale von 1/2 Orange
Mark von 1 Vanilleschote
3 Blatt Gelatine, eingeweicht

FRUCHTMINESTRONE

500 g Früchte nach Saison
(Erdbeeren, Kiwi, Ananas, Mango, rosa Grapefruit, Beeren, Melonen etc.)
1 l Wasser
360 g Zucker
30 ml Limettensaft
1/2 Vanilleschote
1 Stange Zitronengras
1 Zweig Basilikum
1 Zweig Minze
1 Zweig Zitronenthymian
1 Zweig Verbene
1/2 Sternanis
3 g Xanthan

❶ Milch mit Vanillemark, abgeriebener Zitronen- und Orangenschale aufkochen und anschließend durch ein Sieb passieren. Wieder aufkochen und den Grieß einrühren. Und jetzt den Grieß aufkochen und die eingeweichte und ausgedrückte Gelatine einrühren. Danach Grieß abkühlen lassen. Eigelb mit Staubzucker schaumig schlagen und in den abgekühlten Grieß rühren. Obers aufschlagen und unterheben. Förmchen mit Folie auslegen und die Grießmasse einfüllen. Kühlstellen.

❷ Für die Früchteminestrone erst Zucker mit Wasser zu Sirup aufkochen, dann Limettensaft, Gewürze und Kräuter beigeben (Vanille, Zitronengras, Basilikum, Minze, Zitronenthymian, Verbene, Sternanis; von den Minzeblättern einige Spitzen zum Garnieren aufheben). Etwa 1 Stunde ziehen lassen. Durch ein Sieb passieren und mit Xanthana aufmixen. Kühlstellen.

❸ Früchte waschen, trocknen und – so möglich (Beeren!) – in Würfel schneiden. Fruchtwürfel schließlich in tiefen Tellern anrichten, mit dem aromatischen Sirup begießen. Den Grießflammerie obenauf setzen. Alles mit Minzespitzen garnieren.

Grießknödel
mit Waldbeeren und Minzgranité

ZUTATEN

KNÖDEL
170 g Grieß
1/2 l Milch
120 g weiche Butter
3 EL Zucker
3 Eier
1 Vanilleschote
Schale von 1/2 Zitrone, abgerieben
Schale von 1 Orange, abgerieben
10 g Zucker
10 g Salz
1 Prise Salz
Semmelbrösel
etwas Zucker

WALDBEERENRAGOUT
500 g gemischte Waldbeeren
200 g Gelierzucker (1:1)
20 g Himbeergeist

MINZGRANITÉ
250 ml Wasser
50 ml Zitronensaft
100 g Zucker
50 g frische Minze

❶ Milch mit Vanilleschote und abgeriebener Zitronenschale vermischen. Butter, Prise Salz und Zucker mit der Milch gut vermengen. Danach den Grieß einrühren. Bevor die Masse beginnt hart zu werden, Eier verquirlen und zügig einrühren. Gut vermengen. Dann die Grießmasse 2 Stunden kaltstellen.

❷ Anschließend in einen Topf etwa 1 l Wasser füllen, 10 g Zucker, 10 g Salz und die abgeriebene Schale von einer Orange dazugeben. Wasser erhitzen. Aus der Grießmasse mit feuchten Händen Knödel formen. Das Wasser einmal aufkochen lassen, dann die Hitze reduzieren, die Knödel hineingeben und ca. 15 Minuten leicht wallend ziehen lassen. Semmelbrösel in einer Pfanne anrösten (eventuell etwas Butter zugeben), mit Zucker vermischen und die Grießknödel darin wälzen.

❸ Für das Waldbeerenragout die gewaschenen und geputzten Beeren mit Gelierzucker 5 Minuten aufkochen lassen, dann Himbeergeist unterrühren. Abkühlen lassen.

❹ Für das Granité Wasser mit Zitronensaft, Zucker und Minze aufkochen. Dann ein wenig abkühlen lassen, in eine Schüssel geben und einfrieren. Anschließend das gefrorene Granité mit einer Gabel herauskratzen.

❺ Vorm Servieren das lauwarme Waldbeerenragout mittig auf Teller setzen und darauf je zwei Knödel platzieren. Granité in kleinen Schüsselchen dazureichen.

John und Yoko im Sacher

Am 31. März 1969 ging das Sacher sozusagen in die Geschichte der Friedensbewegung und des Rock 'n' Roll ein, und die Bilder des Hotelfoyers um die Welt. Der 27-jährige John Lennon und seine Frau Yoko Ono veranstalteten hier eine Pressekonferenz, auf der sie erstmals zum „Bagism" aufforderten. Bagism war ein von den beiden geprägtes Wort, in dem „bag", also „Tasche", steckt. Und das bedeutete, wie Lennon den versammelten Journalisten gegenüber betonte, „total communication": totale Kommunikation, Offenheit ohne Vorurteile. Kein Mensch solle sich vom Äußeren seines Gegenüber beeinflussen lassen – weder von den (damals heftig kritisierten) langen Haaren junger Männer, noch von Kleidung, Hautfarbe oder anderem. Und so blieben auch John und Yoko die ganze Zeit in Bettlaken verpackt und verborgen – was natürlich zu Spekulationen führte, ob sie bekleidet waren oder nicht. Auf damaligen Fotos sieht man sie als großen, weißen Hügel, umringt von den Vertretern der internationalen Presse und des ORF. Ob die beiden, während sie mit schlagfertigem Witz Journalistenfragen beantworteten, auch ein Stück Original Sacher-Torte aßen? Im zwei Monate später veröffentlichten Beatles-Hit „The Ballad of John an Yoko" heißt es dazu mehrdeutig: „Made a lightning trip to Vienna, eating chocolate-cake in a bag" …

Sablé Breton

mit Mascarpone und „Mieze Schindler"

ZUTATEN

SABLÉ

80 g weiche Butter
110 g Mehl
28 g Backpulver
40 g Eidotter
80 g Zucker

ERDBEERCREME

60 g Erdbeermark
10 g Zucker
1 Blatt Gelatine, eingeweicht
50 ml Crème fraîche
10 g Butter

MASCARPONECREME

2 Eiklar
10 g Zucker
120 g Obers
Mark von 1 Vanilleschote
abger. Schale von 1/2 Bio-Orange
abger. Schale von 1/2 Bio-Zitrone
1 Prise Salz
Saft von 1 Zitrone
60 g Joghurt
160 g Mascarpone
4 Blatt Gelatine, in Wasser eingeweicht

„MIEZE SCHINDLER"

500 g frische Erdbeeren (Mieze Schindler)
50 g Zucker
Saft von 1/2 Zitrone

❶ Sablé Breton (wörtlich übersetzt: bretonischer Sand; Sablé ist ein feiner Sandteig) einen halben Tag vorher zubereiten: Eigelb und Zucker schaumig rühren. Butter, gesiebtes Mehl und Backpulver verkneten und die Ei-Zucker-Mischung einarbeiten. Etwa 6 Stunden kaltstellen. Danach auf einer bemehlten Arbeitsfläche dünn ausrollen. Teigplatte auf ein mit Backpapier belegtes Blech legen und im vorgeheizten Rohr bei 180 °C ca. 15 Minuten backen. Auskühlen lassen und grob zerbröseln.

❷ Für die Erdbeercreme das Erdbeermark mit Zucker vermischen und leicht erwärmen, Gelatine beigeben. Dann mit Crème fraîche und Butter glattrühren, in einen Spritzsack füllen und kaltstellen.

❸ Für die Mascarponecreme Zucker, Vanillemark, abgeriebene Orangen- und Zitronenschale, Salz, Zitronensaft, Joghurt und Mascarpone gut vermengen und glattrühren. Einen Teil von der Masse abzweigen und in einem Topf zusammen mit der ausgedrückten Gelatine schmelzen; dann verrühren und gelierten Mascarpone wieder zurück zum Rest der Masse geben und alles gründlich vermischen. Eiklar zu Schnee schlagen und langsam unterziehen, Obers aufschlagen und vorsichtig unterheben. Danach die Mascarponecreme in mit Klarsichtfolie ausgelegte Förmchen füllen und kaltstellen.

❹ Für „Mieze Schindler" etwa 50 ml Wasser mit Zucker und Zitronensaft aufkochen und erkalten lassen. 60 g Erdbeeren (wenn möglich der alten und besonders aromatischen Sorte „Mieze Schindler") jeweils halbieren, beifügen und marinieren.

❺ Marinierte Erdbeeren mittig auf Teller legen, Mascarponecreme daraufsetzen und mit Bröseln bestreuen. Einige Tupfer Erdbeercreme daneben dressieren. Mit Minzblättchen garnieren und die übrigen „Mieze Schindler"-Erdbeeren dazureichen.

Portweinfeigen
mit knusprigen Nougatsäckchen

PORTWEINFEIGEN
4 Feigen
1/2 l roter Portwein
70 g Zucker
1 EL Maisstärke (Maizena)

Mark von 1 Vanilleschote
2 Gewürznelken
1 Zimtstange

NOUGATSÄCKCHEN
1 fertig gekaufter Strudelteig
1 Block Nougat (ca. 100 g, nach Geschmack auch mehr)
etwas Butter
1 Eidotter

❶ Für die Portweinfeigen die Feigen schälen und vierteln. In einem Topf Zucker erhitzen und unter Rühren karamellisieren, Vanillemark und Nelken beigeben und mit Portwein ablöschen. Dann etwa 1/2 Stunde lang kochen lassen, mit Maisstärke binden. Die Feigenstücke in den Sud einlegen und darin ziehen lassen, bis sie weich sind.

❷ Für die Nougatsäckchen den fertig gekauften Studelteig ausrollen und in vier 8 x 8 cm große Quadrate schneiden. Nougat in ca. 2 cm große Würfel schneiden und diese jeweils in die Mitte der Teigquadrate legen. Etwas Butter schmelzen. Die Ecken der Teigquadrate jeweils mit flüssiger Butter bepinseln, anheben und zu einem Säckchen formen. Nougatsäckchen für ca. 3–4 Stunden kaltstellen. Anschließend mit verquirltem Eigelb bestreichen und bei 170 °C im vorgeheizten Rohr etwa 15 Minuten backen, bis sie goldbraun sind.

❸ Vorm Servieren das Feigenragout mittig auf Teller geben und je ein warmes Nougatsäckchen daraufsetzen.

TIPP: Servieren Sie dazu eine Kugel Eis – am besten Vanille-, Zitronen- oder Schokoladeneis.

Weinbergpfirsich in Texturen

ZUTATEN

SUPPE
8 Weinbergpfirsiche
90 g Zucker
1 Stange Zitronengras, feingeschnitten
Mark von 1 Vanilleschote
100 ml Weißwein, 1/2 l Sekt
1/4 l Wasser
1 EL Maisstärke, in Wasser gelöst

PFIRSICH-SORBET
375 g Pfirsichpüree
75 g Feinkristallzucker
75 g Glukose (Apotheke)
ca. 180 ml Wasser
Limettensaft zum Abschmecken

GESCHMORTER PFIRSICH
4 Weinbergpfirsiche

❶ Das Sorbet, das noch gefrieren muss, früh genug zubereiten: Hierfür Wasser mit Kristallzucker und Glukose (Zuckersirup) aufkochen. Pfirsichpüree und Limettensaft einrühren, alles gut durchrühren, abkühlen lassen. Dann in der Eismaschine frieren oder in einer Gefrierschale ins Tiefkühlfach geben, wo es etwa vier Stunden gefrieren muss; währenddessen immer wieder mit einem Schneebesen oder einer Gabel umrühren, damit das Sorbet cremig wird. Etwa fünfzehn Minuten vorm Anrichten aus dem Gefrierfach nehmen.

❷ Für die Pfirsichsuppe Zucker in einem Topf goldgelb karamellisieren. Fein geschnittenes Zitronengras und Vanillemark beigeben und mit Sekt und Wasser ablöschen. Dann aufkochen. Die Pfirsiche halbieren und entkernen, dann vierteln. Pfirsichstücke in den Sud einlegen und darin ca. 15 Minuten weich dünsten. Mit Maisstärke (Maizena) binden. Dann den Sud aufmixen und durch ein Sieb passieren. Kühlstellen.

❸ Für die geschmorten Pfirsiche die vier Pfirsiche waschen, trockentupfen und in Alufolie wickeln. Im vorgeheizten Rohr bei 180 °C weich schmoren.

❹ Vorm Servieren die kalte Pfirsichsuppe in tiefe Teller gießen, jeweils einen lauwarmen, geschmorten Pfirsich in die Mitte setzen. Mit kleinen Sorbetnocken und frischer Minze garnieren.

Gratin von Sommerfrüchten
mit Erdbeer-Minze-Sorbet

ZUTATEN

ERDBEER-MINZE-SORBET
250 g reife Erdbeeren, frisch
15 frische Minzeblätter, gehackt
120 ml Läuterzucker
Saft und Schale von 1/2 Orange
Saft und Schale von 1/2 Zitrone

GRATIN
250 g gemischte Sommerfrüchte (Erdbeeren, Himbeeren, Brombeeren)
abger. Schale von 1 unbeh. Zitrone
250 g Topfen (40 %)
2 Eidotter, 2 Eiklar
40 g Staubzucker
25 g Maisstärke (Maizena)
1 EL Rum
Mark von 1 Vanilleschote

❶ Für das Erdbeer-Minze-Sorbet die Erdbeeren waschen und Stiele entfernen. Minze waschen und hacken. Zusammen mit Läuterzucker, Saft und abgeriebener Schale von jeweils einer halben Orange und Zitrone gründlich mixen (Stab- oder Standmixer). Anschließend in der Eismaschine frieren oder in einer Gefrierschale ins Tiefkühlfach geben, gefrieren. Regelmäßig mit einem Schneebesen oder einer Gabel umrühren, damit sich nicht zu viele Eiskristalle bilden und das Sorbet eine cremige Konsistenz erhält.

❷ Für das Gratin zunächst Topfen mit Eidotter, Staubzucker und Maizena verrühren. Mit Rum, geriebener Zitronenschale und Vanillemark abschmecken. Die Eiklar mit dem Zucker zu Schnee schlagen und langsam unter die Topfenmasse heben. Vier tiefe, feuerfeste Teller gut ausbuttern und die Topfenmasse einfüllen.

❸ Die gewaschenen und geputzten Früchte auf dem Topfen verteilen. Die Teller auf der untersten Schiene ins vorgeheizte Rohr schieben und bei 250 °C ca. 10–15 Minuten garen. Anschließend die Teller samt Früchten und Topfen mit Staubzucker bestreuen und eine Kugel Erdbeer-Minze-Sortbet in die Mitte legen.

Zitrusfrüchte-Ragout
mit Mandelmousse

ZUTATEN

MANDELMOUSSE
4 EL Mandelpaste
100 ml Obers
200 g weiße Schokolade, zerkleinert
250 g geschlagenes Obers
4 Blatt Gelatine, eingeweicht

ZITRUSFRÜCHTE-RAGOUT
2 Orangen, 2 Limetten
2 Grapfruits

SAUCE
200 ml Orangensaft
5 cl Cointreau, 50 g Zucker
Mark von 1 Vanilleschote
1 Gewürznelke, 1 EL Maisstärke

❶ Für die Mandelmousse 100 ml Obers aufkochen lassen, die in Stücke gebrochene weiße Schokolade dazugeben und mit dem Stabmixer gut vermischen (emulgieren).

❷ Die eingeweichte, ausgedrückte Gelatine dazugeben und auflösen. Dann die Mandelpaste einrühren, abkühlen lassen. Danach das geschlagene Obers vorsichtig unter die Schokoladen-Mandel-Masse heben. Kaltstellen.

❸ Zitrusfrüchte schälen und filetieren (so schälen, dass mit der Schale auch die weiße Haut weggeschnitten wird, dann mit einem spitzen, kleinen Messer die Fruchtfilets auslösen).

❹ Für die Sauce den Orangensaft mit Zucker, Cointreau, Vanillemark und Gewürznelke aufkochen und etwas einreduzieren. Dann mit Maisstärke binden und abkühlen lassen. Erst, wenn die Sauce völlig abgekühlt ist, Fruchtfilets dazugeben.

❺ Zitrusfrüchteragout in tiefen Tellern anrichten, jeweils zwei Mandelmoussnockerln daraufsetzen.

TIPP: Mit frischer Minze und Krokanthippe garnieren. (Für Krokanthippen: 150 g Staubzucker, 100 g glattes Mehl, 40 g Glukose, 130 g Butter, 25 g gehobelte Mandeln mit 1 Packerl Vanillezucker und etwas Salz zu einem Teig verkneten, aus diesem kleine Kugeln formen und im Rohr bei 180 °C für 8 bis 10 Minuten goldgelb backen. Kurz überkühlen, dann die Kugeln zu Hippen formen – fertig.)

Kokos-Ananasparfait

mit Zitronengras-Espuma

ZUTATEN

PARFAIT
100 g Ananaspüree,
10 ml Limettensaft
170 ml Obers
50 g Zucker
30 ml Wasser
3 Eigelb
8 Blatt Gelatine, eingeweicht
50 g Sauerrahm
4 EL Kokosflocken
1 EL Kakao

ESPUMA
100 ml Weißwein
200 ml Zitronensaft
200 ml Läuterzucker (s. Tipp)
2 Stangen Zitronengras
2 EL Maisstärke, mit Wasser angerührt
2,5 Blatt Gelatine, eingeweicht

KARAMELLISIERTE ANANAS
1/2 Ananas
50 g brauner Zucker
20 g Butter
200 ml Weizenbier
1 Bund Estragon

❶ In einem Topf 50 g Zucker mit 30 ml Wasser vermengen und aufkochen. Etwa 5 Minuten zu Sirup kochen (bei 116 °C). In einer Schüssel die drei Eidotter mit dem Rührgerät langsam anschlagen, dann das Rührgerät auf höchste Geschwindigkeit stellen und den Sirup langsam eingießen. Anschließend Eidotter im Eiswasserbad kaltschlagen. Sauerrahm erwärmen, die ausgedrückte Gelatine beigeben und auflösen. Sauerrahm in die Eimasse einrühren, danach Ananaspüree und Limettensaft, und alles gut vermengen. Zuletzt Obers aufschlagen und unter die Dotter-Ananas-Masse heben. Vier Förmchen mit Folie auskleiden, das Parfait hineinfüllen und ins Gefrierfach geben.

❷ Weißwein, Zitronensaft und Läuterzucker mit dem Zitronengras aufkochen, mixen und 1 Stunde ziehen lassen. Dann abseihen. In einen Topf gießen und leicht erwärmen, die ausgedrückte Gelatine beigeben und auflösen. Mit Maisstärke binden. Anschließend in eine iSi-Flasche füllen und kühlstellen.

❸ Die halbe Ananas vierteln, Stücke mit braunem Zucker panieren. Butter in einer feuerfesten Pfanne schmelzen, Ananasstücke hineingeben und rundherum karamellisieren. Mit Weizenbier ablöschen und danach für ca. 15 Minuten bei 200 °C im vorgeheizten Rohr schmoren lassen.

❹ Ananasstücke in kleine Scheiben schneiden, Estragon fein hacken und untermischen. Dann Ananas auf Tellern anrichten. Kokosflocken und Kakao vermengen, das Ananasparfait darin wälzen und auf die Ananasscheiben geben. Dazu Zitronengras-Espuma reichen.

TIPP: Läuterzucker ist ein klarer Sirup, den Sie herstellen, indem Sie Zucker und Wasser im Verhältnis 1:1 – so viel Gramm Zucker wie Milliliter Wasser – unter Rühren kochen, bis die Flüssigkeit geklärt ist.

Grand-Marnier-Parfait
mit Gewürzorangen

ZUTATEN

PARFAIT
90 ml Grand-Marnier
500 ml Obers, 150 g Zucker
120 ml Wasser
4 Eidotter

GEWÜRZORANGEN
6 Orangen, geschält und filetiert
1 l Orangensaft
30 g Zucker
2 Gewürznelken, 1 Zimtstange
2 Sternanis, Minzspitzen
Himbeeren zum Garnieren

❶ Für das Grand-Marnier-Parfait die 4 Eidotter in der Rührmaschine leicht anschlagen. In einem Topf Wasser und Zucker verrühren und etwa 5 Minuten zu Sirup kochen (bei 121 °C). Dann den Sirup unter Rühren langsam in die Eimasse einfließen lassen. Grand-Marnier leicht aufkochen und ebenfalls unter die Dottermischung rühren. Danach im Eiswasserbad kalt schlagen. Obers aufschlagen und unter die Masse heben. Vier Förmchen mit Folie auslegen und Masse einfüllen. Anschließend für etwa 2–3 Stunden ins Gefrierfach geben.

❷ Für die Gewürzorangen Zucker in einem Topf karamellisieren, Gewürze (Zimt, Nelken, Anis) beigeben und mit Orangensaft aufgießen. Etwa eine halbe Stunde einköcheln lassen. Danach mit Maisstärke binden, abkühlen lassen und die Orangenfilets untermengen, kurz ziehen lassen.

❸ Dann die Gewürzorangen auf Teller platzieren, Parfait dazugeben und mit Minze und Himbeeren garnieren.

Frittierte Banane
mit Schokoladen-Ingwer-Sauce

ZUTATEN

BANANEN
8 Mini-Bananen
1 Eiklar
1 Kataifiteig (türk. Lebensmittelhandel)
Öl zum Braten

SCHOKOLADENSAUCE
240 g dunkle Schokolade, 70 % Kakaoanteil
100 ml Schlagobers
200 ml Milch
60 g Zucker
30 g Ingwerwurzel, gerieben

MANGOTATAR
2 Mangos
Kokossirup zum Marinieren

❶ Für das Mangotatar die beiden Mangos schälen und würfelig schneiden; dabei einen Teil des Fruchtfleischs (der eventuell zu faserig für einen schönen Würfel ist) beiseitelegen. Diesen Teil pürieren und mit Kokossirup abschmecken. Würfel unters aromatisierte Mangopüree mengen und ziehen lassen.

❷ Für die Schokoladensauce Milch und Obers mit Zucker und Ingwer aufkochen. Schokolade in Stücke brechen und in einem anderen, kleinen Topf anschmelzen. Angeschmolzene Schokolade zur Obersmischung gießen und alles mit Stabmixer so lange mixen, bis man eine glatte Sauce erhält.

❸ Für die Bananen Eiklar leicht verrühren. Mini-Bananen ganz mit Eiklar bestreichen. Jeweils aus dem Kataifiteig 6 bis 8 Fäden ziehen und eine Banane damit komplett umwickeln, Teig leicht andrücken. In einer tiefen Pfanne ausreichend Öl erhitzen und die „Bananen im Kataifimantel" darin goldbraun herausbacken.

❹ Zuletzt jeweils auf einem flachen Teller mit Mangotatar einen Strich ziehen und zwei gebratene Bananen darauf platzieren, mit Schokoladensauce übergießen.

TIPP: Dieses Tatar können Sie, je nach Früchtesaison und Geschmack, auch mit anderen Früchten herstellen, zum Beispiel Ananas, Kiwi oder Birne. Der Kataifi-Teig besteht aus Weizenmehl, Zucker und Fett; wegen seiner „strähnigen" Konsistenz wird er auch „Engelshaar" genannt; Sie finden ihn im gut sortierten türkischen Lebensmittelhandel.

FOTO rechte Seite

Gäste bewirten mit Stil

DIE BESTEN TIPPS FÜR GUTE GASTGEBER

Feste zu feiern ist ein fundamentales Ereignis. Und ein Bedürfnis. Jede Feier ist stets auch ein Ritual, für das wir uns oft besonders kleiden und das uns dem Alltag enthebt. Die wesentlichen Übergänge in neue Lebensabschnitte begehen wir feierlich, so gelten etwa unsere wichtigsten Feste der Geburt und der Heirat. Dazwischen feiern wir aus den verschiedensten Anlässen – mit immer einem Wunsch: einander näher zu kommen in gemeinsamer Daseinsfreude, im Kreis von Familie und Freunden. Das, kurz gesagt, wäre der Sinn der Feste, dessen Abglanz noch auf dem nüchternsten Geschäftsessen liegt ...

Ein gemeinsames Essen, das friedliche Vergnügen an kulinarischen Köstlichkeiten, ist der Mittelpunkt jeder Feier. Und, im kleineren Rahmen, oft Anlass zum Feiern genug. Der natürlich geplant sein will, wenn Sie Gäste einladen. Denn was wäre das köstlichste Menü der Welt, wenn es in einem unbequemen, etwa zu lauten Ambiente serviert wird? Was schmeckt man noch, wenn Augen, Ohren, Gedanken zu sehr abgelenkt sind? Oder umgekehrt: Wie wunderbar lässt sich ein liebevoll und exzellent gekochtes Menü genießen, wenn es in angemessener Atmosphäre serviert wird, sozusagen in zwangloser Leichtigkeit und Eleganz, mit Stil und geistreichem Charme?

Aus diesem Grund sollte, wer einlädt, nicht nur Gästeliste und Speisenfolge gut überdenken, sondern auch das Tischdekor. Angefangen beim passenden Tischtuch über Besteck und Servietten bis hin zum Blumenschmuck.

Aus diesem Grund finden Sie hier einige Tipps für die geglückte Feier. Zusammengestellt mithilfe des fachkundigen Rates eines erfahrenen „Arrangeur des Fêtes" und Experten für Tischkultur, der seit Jahren mit dem Hotel Sacher zusammenarbeitet – des Salzburger Kunstgärtners und Blumenkünstlers Jörg Doll.

Und zuvor:

Neun Tipps für gute Gastgeber

1. *Beginnen Sie rechtzeitig mit der Planung Ihrer Einladung – je genauer Sie planen, desto weniger geraten Sie später unter Zeitdruck. Außerdem: Seien Sie darauf vorbereitet, dass nicht alles nach Plan verlaufen wird.*

2. *Bedenken Sie Ihre räumlichen Verhältnisse und die Möglichkeiten Ihrer Küchenausstattung – und laden Sie nur so viele Gäste ein, wie Sie ohne zu große Anstrengung bewirten können. Im Zweifelsfall: Bitten Sie Freunde oder Verwandte, Ihnen bei der Vorbereitung zu helfen. Oder beauftragen Sie einen Caterer fürs Kulinarische.*

3. *Achten Sie darauf, dass Sie genug passendes Geschirr haben. Falls nicht, weisen Sie am besten Ihre Gäste vorab charmant und offen auf den kleinen Missstand hin – den Sie somit in Lachen auflösen.*

4. *Der antike Philosoph Epikur schrieb einmal, wichtiger als die Frage, was man speise, sei diejenige, mit wem; denn das feinste Gastmahl gelte nichts, wenn man dabei Personen begegne, die man nicht ausstehen könne. – Dem ist im Grund nichts hinzuzufügen: Gestalten Sie Ihre Gästeliste und die Sitzordnung so, dass die Geladenen gut zueinander passen. Oder dass notfalls, bei einem großen Fest, zwei Personen, die einander nicht mögen, sich halbwegs aus dem Weg gehen können.*

5. *Informieren Sie Ihre Gäste schon auf der Einladung, zu welchem Anlass Sie ein Fest veranstalten und ob es einen Dresscode gibt.*

6. *Gestalten Sie das Menü mit Rücksicht auf Geschmack und eventuelle Unverträglichkeiten Ihrer Gäste; für Vegetarier sollten Sie notfalls eine fleischlose Alternative bereithalten.*

7. *Zur Sitzordnung: Die klassische Regel besagt, dass immer ein Herr neben einer Dame sitzt und Ehepaare nie nebeneinander. Doch eine der notwendigen Ausnahmen sollten Sie machen, wenn Sie wissen, dass zwei Personen einen gemeinsamen Gesprächsstoff haben oder ein Paar sich nicht wohlfühlt, wenn es getrennt sitzt.*

8. *Wenn Ihre Gäste eintreffen, sorgen Sie – vor allem, wenn nicht alle miteinander bekannt sind – mit einem kleinen Aperitif dafür, dass sich die Stimmung auflockert und man einander „beschnuppert", ehe Sie zu Tisch bitten.*

9. *Wenn Sie nicht möchten, dass geraucht oder die Mahlzeit durch Handyklingeln unterbrochen wird, sagen Sie es höflich im Vorhinein. So bringen Sie niemanden in die missliche Lage, sich unwohl oder für eine kurzfristig angespannte Stimmung verantwortlich zu fühlen.*

Tipps für das stilvolle Dekor

„Vertrauen Sie auf Ihren Geschmack und Ihr Gefühl. Der beste Stil ist immer der eigene. Dann klappt so ziemlich alles, was Sie auch immer vorhaben." Dieser Rat Jörg Dolls kann durchaus als Quintessenz sämtlicher Gedanken gelten, die man sich zur Ästhetik des passenden Ambiente macht. Wer von Berufs wegen mit den wunderbarsten Blumen, altenglischen Rosen, Orchideen und Nelken, mit Girlanden und Bouquets stets auch Formen, Farben und Düfte kombiniert, kennt deren Wirkung wie kein zweiter. Weiß, was es braucht, um eine Umgebung zu kreieren, die zugleich feierlich und zwanglos, elegant und heiter wirkt. Für das Sacher etwa empfiehlt er „unaufgeregte Eleganz" und „nicht zu viel Repräsentanz" – eine Atmosphäre, in der die Farben und die Dekoration belebend, doch unaufdringlich sein sollten. Eine Umgebung, in der Gäste sich wohlfühlen – was schließlich die Voraussetzung einer gelungenen Feier ist. In diesem Sinne einige Vorschläge zum Dekor

1. *Tischschmuck und Blumenarrangement sollten zu Ihrer Wohnung passen und deren Stil betonen. Im Zweifelsfall gilt zum Beispiel: keine barock überbordenden Blumengestecke in einer modernen Designerwohnung.*

2. *Im Vordergrund sollten Ihre Gäste stehen und das Bestreben, dass diese sich wohlfühlen. Die Dekoration trägt dazu bei – als erfreuliches, unentbehrliches Detail. Denn:*

3. *Vergessen Sie nicht, dass der Erfolg einer gelungenen Einladung sich auch aus der Summe liebevoll gestalteter Details ergibt: der Platzierung der Tischkarten, dem Blumenschmuck, der angenehmen Beleuchtung.*

4. Oft ist weniger mehr. Stil bedeutet Konzentration auf das Wesentliche – nicht zu viel Dekor; dafür dieses aufeinander abgestimmt. Je dezenter etwa Ihr Geschirr und Ihre Gläser, desto exzentrischer und opulenter dürfen die verwendeten Blumen sein (ohne Grün!).

5. Ihr Tischdekor muss nicht teuer sein. Was zählt, ist Originalität. Schmücken Sie Ihre Tafel etwa mit großen Blättern oder gestalten Sie zum Beispiel Serviettenringe, indem Sie ca. zehn Zentimeter breite Pappringe mit Doppelklebeband bekleben und dieses mit Rosenblättern. Oder verwenden Sie Früchte und Gewürze Ihres Menüs zur Dekoration ... Ihrer Fantasie sind hier keine Grenzen gesetzt!

6. Achten Sie auf Wirkung und Symbolik der Farben. In unserem Kulturkreis werden sie ungefähr so gedeutet:

- Rot steht für Liebe, Romantik, Temperament und Lebensfreude
- Violett für Ausgleich, Regeneration
- Rosa für Sensibilität und zarte Empfindung
- Orange und Gelb für Wärme, Kraft, Ausdauer und Energie
- Grün für Gelassenheit, Konzentration; grüne Pflanzen symbolisieren Werte wie Natürlichkeit und Heiterkeit
- Weiß steht für Reinheit.

6. Vermeiden Sie allzu üppige Dekorationen, die nicht zu Ihnen und Ihrer Wohnung passen.

7. Lassen Sie sich saisonal und regional inspirieren. Die Farben gibt die Natur vor. Blitzblau ist nur im Sommer erfrischend, im Winter eiskalt! Entschließt man sich für eine Farbe, sollte man sie in allen verfügbaren Nuancen verwenden. Im Sacher haben wir so Pink, Orange und Rot als Lieblingsfarben festgelegt – eine unschlagbar elegante Kombination.

Verwenden Sie keine zu hohen Blumengestecke oder -vasen, die den Blickkontakt zwischen Ihren Gästen verhindern könnten. Es sei denn, Sie möchten es halten, wie jener französische Prinz, an dessen Brautsoiree sich Jörg Doll noch gut erinnert: „Auf den ovalen Tischen standen je zwei Meter hohe Blumensäulen, ein Kandelaber mit 50 Kerzen sowie unzählige kleine Sträußchen in Blättervasen. Auf unseren Einwand hin, dass diese dekorative Mauer ein Gespräch mit der gegenüberliegenden Tischhälfte unmöglich machte, schüttelte der Prinz gelassen den Kopf und erklärte: ‚Genau das bezwecke ich damit. Beim ersten Gang unterhalte ich mich mit meinem Nachbarn zur Linken, beim Zweiten mit jenem zu Rechten und so weiter. Und außerdem lehrte mich meine Mutter, nicht über den Tisch zu brüllen ...'"

Fotos: Kunstgärtnerei Doll, Salzburg

Für jeden Anlass der passende Blumenschmuck

Können Sie Selam? „Selam“ nennt man die symbolische „Sprache der Blumen“, die im 18. Jahrhundert noch weithin bekannt war. In unseren Zeiten verstehen wir meist nur noch, dass die dunkelrote Rose ein Zeichen leidenschaftlicher Liebe ist und die Orchidee auf Raffinesse und Exzentrik verweist. Doch wie der roten Rose und der Orchidee war auch vielen anderen Blumen eine Bedeutung, ja Botschaft zugeordnet, die Hyazinthe stand etwa für Treue, das Veilchen für Schüchternheit ... Noch heute, wo uns diese Symbolik kaum mehr bewusst ist, üben Blumen eine emotionale Wirkung auf uns aus. Eine Freude und Melancholie, die nicht zuletzt darauf beruhen, dass jede Blüte für Schönheit und Vergänglichkeit zugleich steht – das jedem veritablen Fest zugrunde liegende Thema. Aber welche Blumen passen etwa zur Taufe, welche zur Hochzeit?

Im Allgemeinen empfiehlt Jörg Doll für eine Taufe – die man zumeist als intime Feier im engeren Familienkreis begeht – ein Blumendekor, das nicht zu feierlich und nicht zu üppig ist, wie zum Beispiel: zarte Blumen mit kleiner Blüte in Weiß und hellen Farben wie zum Beispiel weiße Narzissen, Maiglöckchen, knospige Hyazinthen, helle Wiesenblumen und, wenn die Taufe im Frühjahr stattfindet, Kirsch- oder Pfirsichblüten. Auch bei Hochzeiten sollte, ganz klassisch, das lichte Weiß vorherrschen – allerdings darf der Efeu nicht fehlen, symbolisiert die immergrüne Pflanze doch Treue und Ewigkeit.

Doch dies ist erst der Anfang, ein Beginn sozusagen, von dem aus man weiter planen mag. Ob Themenfeste oder Cocktailpartys: Es gibt unzählige Möglichkeiten, Ihre Tafel zu dekorieren, Ihren Gästen im angenehmen Rahmen ein Menü à la Sacher zu servieren. Aber, vergessen Sie nicht: „Der beste Stil ist immer der eigene.“

Glossar

Erste Hilfe beim Küchenlatein

abflämmen: in der Patisserie das Anbräunen von Kuchen oder Desserts bei starker Oberhitze oder, noch besser (da leichter kontrollierbar), mit dem Bunsenbrenner.

ablöschen: den Bratensatz im Topf oder in der Pfanne mit Flüssigkeit lösen.

abschmalzen: abschmälzen; mit heißem Fett bzw. gebräunter Butter übergießen oder darin wenden. Abgeschmalzt werden vor allem Teigwaren wie Nockerln oder Spätzle.

Agar-Agar: Geliermittel; wird aus den Zellwänden verschiedener, zumeist ostasiatischer Algen (hauptsächlich Rotalgen) hergestellt und hat gegenüber Gelatine den Vorteil, dass es bei hohen Temperaturen – bis zu 95 °C – fest bleibt. Ein halber Teelöffel Agar-Agar entspricht etwa 4 Gelatineblättern.

Augsburger: eine in Österreich übliche Wurstsorte aus Rind- und Schweinefleisch, wird zumeist gebraten serviert.

Bergkäse: ein würziger Hartkäse, der im gesamten Alpenraum nach Emmentalerart hergestellt wird (aber weniger Löcher ausbildet). In Österreich gilt besonders der „Vorarlberger Bergkäse" als Spezialität.

Beiried: Roastbeef

Beuschel: Ragout aus Kalbslunge und -herz vom Kalb; das Wort „Beuschel" ist eine Verkleinerungsform von „Bausch" und bezieht sich auf die bauschige bzw. schwammige Struktur des Lungenfleischs.

Blunzen, die: Blutwurst

Brimsen, der: feiner Schafstopfen, ursprünglich aus den Karpaten bzw. dem Gebiet der heutigen Slowakei. Er ist Grundzutat für den „Liptauer" – einen typischen Heurigen-Streichkäse mit u. a. Paprikapulver und Essiggurkerl.

Brioche: butterreiches Hefegebäck oder -kuchen, oft rund, in Kipferl- und Zopfform

Butterhäuptelsalat: ein besonders zarter Häuptelsalat (Kopfsalat)

confieren: einmachen

dressieren: etwas ansprechend formen; man dressiert (oder spritzt) z. B. eine Creme mit dem Dressiersack (Spritzbeutel) in Rosettenform auf eine Torte.

Eierschwammerl, das: Pfifferling

Eierspeise: Rührei

Erdapfel: Kartoffel

Faschiertes: Hackfleisch

Feinspitz: wienerisch für „Feinschmecker"

Fisolen: grüne Bohnen

Fleur de Sel: besonders hochwertiges Meersalz; Fleur de Sel benötigt bestimmte Witterungsbedingungen und wird ungemahlen verwendet.

Focaccia: italienisches Fladenbrot aus Hefeteig

Gemüse-Nage: Zusammensetzung aus Gemüse und „-nage". „À la nage" – auf Deutsch: „schwimmend" – zubereitet bedeutet, dass eine Zutat, hier eben Gemüse, im Fond oder in der Sauce schwimmend zubereitet wird.

Germ: Hefe

Goderl: Fettkinn

Grammeln: Grieben

Grieß: wird in Österreich auch für geriebene Nüsse verwendet, z. B. Mandelgrieß

Herrenpilz: Steinpilz

Jus: entfetteter, gelierter Bratensaft; wird meistens zur Verfeinerung von Saucen genommen.

Kalbsbries: Thymusdrüse des Kalbs

karamellisieren: Karamell erhalten Sie, wenn Sie Zucker unter ständigem Rühren über 200 °C erhitzen,dann mit ein wenig Wasser kochen (wobei Sie immer weiterrühren), bis sich die Flüssigkeit verfärbt. Beim Karamellisieren überzieht man z. B. Gemüse, Nüsse mit Karamell.

Karfiol: Blumenkohl

Karkasse: Das aus dem Französischen stammende Wort bezeichnet in der Gastronomie den Rumpf bzw. das Gerippe von Geflügel, Wild oder Fisch und die Schalen von Krustentieren. Der Sud von ausgekochten Karkassen – Knochen, an denen oft noch Fleisch hängt – dient als Grundlage von Fonds und Saucen.

Karree, vom Schwein: Rücken

Kasserol(l)e: Stielpfanne, die man zum Braten benutzt, manchmal auch flacher Brat- oder Schmortopf. Im Österreichischen wird auch eine Bratenpfanne oft als K. bezeichnet.

Kipferl: Hörnchen

Kitz: in Österreich für eine junge Ziege, Zicklein, oder auch ein junges Lamm

Lungenbraten, der: Rinderfilet bzw. Rinderlende

Malossol-Kaviar: Kaviar, der mit wenig Salz verarbeitet wurde.

Marille: Aprikose

Maroni: Esskastanien

Melange: Mokka mit viel aufgeschäumter Milch oder mit geschlagenem Obers

Melanzani: Aubergine

mollig: sämig

Mondamin: Maisstärke, geschützte Marke der Firma Unilever

Nockerln: ovale Klößchen, die man aus einer Masse mit dem Löffel aussticht

Nouilly Prat: französischer Wermutwein bester Qualität, wird besonders gern in der gehobenen Gastronomie verwendet.

Obers: s. Schlagobers

Palatschinke, die: dünner Pfannkuchen, einer Crêpe ähnlich.

Paradeiser, der: Tomate

parieren: Fisch oder Fleisch bratfertig machen, Haut, Gräten oder Sehnen usw. entfernen.

Powidl, der: Pflaumenmus

Ribiseln: Johannisbeeren

Risipisi: das Wort stammt vom italienischen „Risi e pisi" – Reis und Erbsen, womit auch schon die wesentlichen Zutaten eines Risipisi genannt sind; in der Wiener Küche typische Beilage zu Naturschnitzeln aus Kalbfleisch, Kalbsnierenbraten oder Ragouts.

Röster: eine Art Kompott; gedünstetes Obst oder Beeren, besonders beliebt: Zwetschken- und Marillenröster.

Rostbraten, Ried: Hochrippe

rühren: einrühren, verrühren, glattrühren

Schlepp: Schwanz

Schöberln: klassische Wiener Suppeneinlage aus Biskuitteig, gerne mit Schinken, Käse oder Erbsen verfeinert.

QimiQ: Markenname einer in Österreich produzierten „Sahne-Basis" (Produktbeschreibung), die statt des gehaltvolleren und weniger hitzebeständigen Schlagobers zum Verfeinern und Binden von z. B. Saucen dienen kann.

reduzieren: Das Einkochen einer Flüssigkeit, wodurch sich der Geschmack konzentriert. Eine bereits eingekochte, konzentrierte Flüssigkeit bezeichnet man dementsprechend auch als „Reduktion".

Rexglas: Einweckglas

Rostbraten, Ried: Hochrippe

Sauteuse: Stielkasserol(l)e, speziell zum Sautieren

sautieren: rasch anbraten oder gar braten

Savarin: ein nach dem Gastrosophen und Schriftsteller Brillat-Savarin (1755-1828) benannter, mit Rum getränkter Hefekuchen in Ringform.

Schlagobers, das: Schlagsahne

Schwammerl, der: Pilz. „Schwammerln" nennt man in Österreich Speisepilze im Allgemeinen. Das Schwammerlgulasch heißt auf Hochdeutsch „Pilzragout". Hierzulande sucht man Schwammerln, statt Pilze zu sammeln. Wenn auch das Wort „Pilz" durchaus verwendet wird – zum Beispiel beim „Herrenpilz", der auf Deutsch „Steinpilz" heißt.

Schwarze Nüsse: Walnüsse, die noch grün in Läuterzucker eingelegt werden und sich dann schwarz verfärben (siehe Grundlagenrezepte).

selchen: räuchern; Geselchtes ist geräuchertes Schweinefleisch. Entsprechend nannte man im alten Wien – und nur hier – einen Fleischhauer für Schweinefleisch „Selcher".

Stanitzel: Tüte; in der Patisserie auch Spritztüte, Spritzbeutel.

Staubzucker, der: Puderzucker

Stelze, die: Haxe; Unterschenkel vom Kalb oder Schwein.

Tafelspitz, der: Bezeichnung für einen speziellen Teil vom Rinderschlögel. Kochbuchautor Gerd Wolfgang Sievers schreibt dazu: „Tatsächlich kennt gerade die Wiener Küche unzählige Fleischteile, welche sich zum Sieden – Wiener Rindfleisch wird nämlich nicht gekocht, sondern gesiedet (gesotten) – eignen, wie z. B. Schulterscherzel, Beinfleisch, Kruspelspitz, Kavalierspitz oder Mageres und Fettes Meisl. Der Tafelspitz wurde zum Sinnbild der Wiener Rindfleischküche, weil sich Kaiser Franz Joseph Zeit seines Lebens nahezu ausschließlich von gesottenem Rindfleisch ernährte, Tafelspitz und Beinfleisch waren seine präferierten Gusto-Stückerln. Zum Rindfleisch servierte man in Wien eingebranntes Gemüse (Gemüse in einer recht molligen Mehlsauce; zumeist Spinat, Kohl, Blumenkohl oder grüne Bohnen), geröstete Kartoffeln, Apfelkren und Schnittlauchsauce. Dazu reichte man gebähtes (geröstetes) Schwarzbrot mit kurz in Rindsbrühe blanchiertem Knochenmark, was als besondere Delikatesse galt."

Teebutter: hängt nicht mit dem Tee zusammen, sondern ist eine österreichische Bezeichnung für feine Tafelbutter bester Qualität. Der Name kam um 1900 auf und entstand aus der Abkürzung TEE für die Marke „Teschner Erzherzögliche Butter", die im österreichischen Schärding produziert wurde (s. Heinz-Dieter Pohl: Die österreichische Küchensprache).

Topfen, der: Quark

Tranche, die: Scheibe, Schnitte

überkühlen: abkühlen, abkühlen lassen

Vogerlsalat, der: Feldsalat

Wadschinken: Beinfleisch, Hesse

Wurzelwerk, das: Suppengrün

Zander, der: auch Hechtbarsch, Schill oder Fogosch genannt; der Fisch aus der Familie der Barsche ist am Neusiedler See und in der Donau heimisch.

Zeller, der: Sellerie

Zunge: in der Wiener Küche eine häufig eingesetzte Innerei, die man natur oder gesurt (gepökelt) weiter verarbeitet – meistens kocht.

Register

T

U

V

W

Z

Sacher-Küchenchef Werner Pichlmaier (Mitte) mit seinem Kochbuch-Team: Barbara Brunner, Franziska Ettmeier, Manuel Weißenböck und Luisa Martini (von links nach rechts)

Für die Erlaubnis zur Übernahme der von ihm kreierten Rezepte bedanken sich Herausgeberin und Verlag bei Hans Peter Fink, bis 2008 Küchenchef im Hotel Sacher Wien.

Ein großes Dankeschön nicht zuletzt an Hoteldirektor Reiner Heilmann und Direktionsassistentin Claudia Berger, die entscheidend zur erfolgreichen Umsetzung des Buches beitrugen.

Zu den Traditionsunternehmen, mit denen das Hotel Sacher zusammenarbeitet, gehört die 1823 gegründete GLASMANUFAKTUR LOBMEYR, *die 1835 anlässlich der Lieferung eines ersten Services an das Kaiserhaus zum K. u. k. Hoflieferanten aufstieg.*
Für die Fotoarbeiten stellte J. & L. Lobmeyr großzügig Gläser zur Verfügung und trug so wesentlich zum Gelingen des Buches bei. Herausgeberin und Verlag bedanken sich herzlich für die Unterstützung.

IMPRESSUM

ISBN 978-3-85431-640-4

Bücher aus der Verlagsgruppe Styria
gibt es in jeder Buchhandlung
und im Online-Shop

styriabooks.at

Fotos: Michael Rathmayer

Rezepte: Werner Pichlmaier

Redaktion: Birgit Schwaner

Redaktionelle Mitarbeit:
Gerd Wolfgang Sievers

Projektleitung:
Johannes Sachslehner

Umschlag- und Buchgestaltung:
Bruno Wegscheider

Reproduktion: Pixelstorm, Wien

Druck und Bindung:
Druckerei Theiss GmbH,
St. Stefan im Lavanttal

7 6 5 4 3 2 1
Printed in Austria